教育部人文社会科学研究青年基金项目（15XJC880015）
陕西省教育科学十二五规划课题（SGH140603）

大学章程实施评估机制研究

杨向卫 著

西北工业大学出版社
西安

图书在版编目（CIP）数据

大学章程实施评估机制研究／杨向卫著. —西安：西北工业大学出版社，2021.9
ISBN 978-7-5612-7964-9

Ⅰ.①大… Ⅱ.①杨… Ⅲ.①高等学校-章程-研究-中国 Ⅳ.①G649.2

中国版本图书馆CIP数据核字（2021）第184511号

DAXUE ZHANGCHENG SHISHI PINGGU JIZHI YANJIU
大学章程实施评估机制研究

责任编辑：李文乾	**策划编辑**：杨　军
责任校对：万灵芝	**装帧设计**：李　飞

出版发行：西北工业大学出版社
通信地址：西安市友谊西路127号　　　**邮编**：710072
电　　话：（029）88491757，88493844
网　　址：www.nwpup.com
印 刷 者：兴平市博闻印务有限公司
开　　本：787 mm×1 092 mm　　1/16
印　　张：15.625
字　　数：371千字
版　　次：2021年9月第1版　　2021年9月第1次印刷
定　　价：66.00元

如有印装问题请与出版社联系调换

序

党的十九届四中全会报告指出："我国国家治理体系和治理能力是中国特色社会主义制度及其执行能力的集中体现。"我国制度建设和治理能力建设的目标："到2035年，'各方面制度更加完善，国家治理体系和治理能力现代化基本实现'；到本世纪中叶，'实现国家治理体系和治理能力现代化'。"[①]这一伟大目标分解到高等教育领域，就是要"加快推进高校治理体系和治理能力现代化，构建和完善中国特色现代大学制度"。

大学章程是中国特色现代大学制度的核心，是推进高校治理体系和治理能力现代化的突破口、切入点。大学章程建设成效具有示范性、引领性及基础性作用，直接关系高校治理体系和治理能力现代化水平的提升，也影响整个国家制度建设、治理能力及建设目标的实现。当前我国大学章程建设进入全面实施阶段，为推进章程建设的有效实施，我们需要在大学章程变迁史、高等教育变革及大学章程运行实践中总结经验、探索规律、创新路径。

一、历史长河中的大学章程

习近平总书记认为，"历史发展有其规律。只要把握住历史发展规律和大势，抓住历史变革时机，顺势而为，奋发有为，我们就能够更好前进。"[②]他在《关于〈中共中央关于坚持和完善中国特色社会主义制度　推进国家治理体系和治理能力现代化若干重大问题的决定〉的说明》中指出："文件起草组成立6个多月来，认真研读相关重要文献，系统总结我国革命、建设、改革进程中的制度演变、制度创新。"习近平总书记关于历史发展的重要论述以及他的实际工作方法，为大学章程实施研究提供了方法论指导，我们有必要从历史的视角审视大学章程发生发展的内在规律，探析其作用和价值，以更好地推进大学章程建设。

一部大学章程史就是一部中华民族的抗争史、一部中华仁人志士的探索史。我国大学章程从诞生之日起，就与觉醒的一代志士探究知识真理、寻求救国救民的伟大使命，与中华民族伟大复兴的中国梦紧密结合。

---

① 习近平.关于《中共中央关于坚持和完善中国特色社会主义制度　推进国家治理体系和治理能力现代化若干重大问题的决定》的说明[N].人民日报，2019-11-06（004）.
② 习近平.在党史学习教育动员大会上的讲话[J].党建，2021（4）：4-11.

鸦片战争以后，近代中国逐渐沦为半殖民地半封建社会，列强入侵、战火频发、山河破碎、生灵涂炭，人民生活在水深火热之中。"放眼看世界"的封建士大夫掀起了洋务运动的热潮，兴办"有希望革新这古老帝国的新教育"，建立新式学堂，制定了《京师同文馆章程》《福州船政学堂章程》等一批新式学堂章程，标志着近代教育和中国大学章程的萌芽。

甲午战争惨败之后，帝国主义列强掀起瓜分中国的狂潮，"天朝上国"迷梦骤然破碎，"废科举，兴学堂，育人才"的潮流逐步兴起。梁启超起草的《奏拟京师大学堂章程》、张百熙主持编定的《钦定京师大学堂章程》、张之洞主导重定的《奏定京师大学堂章程》，这些以全国教育法令为形式的章程秉持"中学为体、西学为用"的方针，促进了高等教育发展。各地纷纷设立新式学堂，制定大学堂章程，其中以《天津中西学堂章程》《山东大学堂章程》最为典型。

民国初期，近代高等教育完成了由儒家书院向分科高校的根本转变，迎来了高等教育近代化的重要发展阶段。《大学令》《修正大学令》《国立大学校条例》的相继颁布，为近代高等教育建设提供了重要的法律制度基础。这些法令明确大学以"教授高深学术、养成硕学闳材、应国家需要"为办学宗旨，厘定基本组织结构，设置评议会和各科教授会，尝试设立董事会，对现代大学制度的建立和完善具有重要影响。各高校也颁布了自己的大学章程，比如《国立北洋大学办事总纲》《复旦大学章程》《国立北京大学现行章程》《国立东南大学大纲》《交通大学大纲》《杭州大学章程》《清华学校组织大纲》等。

国民政府于1929年颁布《大学组织法》，规定了校务会议在大学的核心地位，确立了"校院系"三级设置及治理机制，明确大学的办学宗旨是"研究高深学术，养成专门人才"。1948年颁布的《大学法》，沿袭《大学组织法》的基本内容，同时进一步丰富和发展，增设行政会议、教务会议、处务会议及训育委员会等。至此，近现代高等教育法律基本定型，同时大学章程内容也随之趋于稳定。这一时期比较典型的大学章程包括1932年《国立北京大学组织大纲》、1947年《国立北京大学组织大纲》、《国立清华大学条例》、《国立清华大学规程》、《国立中央大学组织规程》等。

新中国成立初期，在《中国人民政治协商会议共同纲领》教育方针的指导下，教育部门颁布了《高等学校暂行规程》《专科学校暂行规程》《关于高等学校领导关系的决定》等草案，塑造了新中国成立初期高校内部管理制度的基本雏形。这一时期教育部核准颁行了《北京师范大学暂行规程》《金陵大学行政组织大纲》《南京大学暂行组织规程》《湖南农学院暂行规程》等大学章程文件，这些章程是新中国成立初期高校内部管理体制机制探索的重要成果。此后，大学章程逐步淡出历史舞台。

二、高等教育变革中的大学章程

伴随高校自主权扩大的呼声，大学章程重新迈入历史舞台；随着高等教育体制改革的逐步深化，大学章程不断发展、繁荣和壮大。同时，大学章程制定、实施及完善，也不断巩固高等教育改革成果，推动高校教育改革深化发展，加快实现内涵式、高质量及

"双一流"建设目标。

改革开放之后,"给高校一点自主权"的呼唤,拉开了我国高校教育体制改革的帷幕。《关于教育体制改革的决定》颁布之后,高校办学自主权逐步扩大。高校在执行国家的政策、法令、计划的前提下,有权在计划外接受委托培养学生和招收自费生;有权调整专业的服务方向,制订教学计划和教学大纲,编写和选用教材;有权接受委托或与外单位合作,进行科学研究和技术开发,建立教学、科研、生产联合体;有权提名任免副校长和任免其他各级干部;有权具体安排国家拨发的基建投资和经费;有权利用自筹资金,开展国际的教育和学术交流。对不同的高校,国家还可以根据具体情况,赋予其他权力。

1995年《中华人民共和国教育法》提出"章程"是设立学校的必备要件,学校"按照章程自主管理"。1998年《中华人民共和国高等教育法》将章程列为高校设立的必备材料,明确大学章程应当记载的事项:①学校名称、校址;②办学宗旨;③办学规模;④学科门类的设置;⑤教育形式;⑥内部管理体制;⑦经费来源、财产和财务制度;⑧举办者与学校之间的权利、义务;⑨章程修改程序;⑩其他必须由章程规定的事项。该法赋予高校七项办学自主权:高校根据社会需求、办学条件和国家核定的办学规模,制订招生方案,自主调节系科招生比例;自主设置和调整学科、专业;自主制订教学计划、选编教材、组织实施教学活动;自主开展科学研究、技术开发和社会服务;自主开展与境外高校之间的科学技术文化交流与合作;自主确定教学、科学研究、行政职能部门等内部组织机构的设置和人员配备,评聘教师和其他专业技术人员的职务,调整津贴及工资分配;自主管理和使用经费资产;等等。

2010年《国家中长期教育改革和发展规划纲要(2010—2020年)》,提出"落实和扩大学校办学自主权",要求"完善中国特色现代大学制度","坚持和完善党委领导下的校长负责制","健全议事规则与决策程序","充分发挥学术委员会在学科建设、学术评价、学术发展中的重要作用","加强教职工代表大会、学生代表大会建设,发挥群众团体的作用"。要求"扩大社会合作。探索建立高校理事会或董事会,健全社会支持和监督学校发展的长效机制"。要求"加强章程建设。各类高校应依法制定章程,依照章程规定管理学校"。这些规定充实了章程内容,提升了人们对大学章程重要性的认识,加快建立健全以章程为统领、规范行使办学自主权的高校内部治理制度体系。

2011年《高校章程制定暂行办法》全面规范了高校章程制定的原则、内容、程序以及核准和监督中所涉及的主要问题。2012年《全面推进依法治校实施纲要》要求"加强章程建设,健全学校依法办学自主管理的制度体系"。2013年《中央部委所属高等学校章程建设行动计划(2013—2015年)》以及2014年《关于加快推进高等学校章程制定、核准与实施工作的通知》督促各高校尽快完成章程制定和核准工作,明确各类高校的时间节点;规定在2015年12月31日前完成所有高校章程的核准工作。

2011年《学校教职工代表大会规定》明确提出涉及学校发展的重大事项都要提交教职工代表大会讨论,专业技术职务评聘办法、收入分配方案等与教职工切身利益相关的制度、事务，都要经教职工代表大会审议通过。2014年《高等学校学术委员会规程》推进学校健全以学术委员会为核心的学术管理体系与组织架构，克服管理行政化倾向，保障学术权力相对独立行使。2014年《普通高等学校理事会规程（试行）》，推动理事会发挥对高校加强社会合作、扩大决策民主、争取办学资源、接受社会监督等方面的作用。2014年，中共中央办公厅印发《关于坚持和完善普通高等学校党委领导下的校长负责制的实施意见》，为完善中国特色现代大学制度提供重要依据。

2016年《依法治教实施纲要（2016—2020年）》提出章程实施的时间和效果目标，"到2020年，全面实现学校依据章程自主办学"。2017年《教育部等五部门关于深化高等教育领域简政放权放管结合优化服务改革的若干意见》，在学科专业、编制、岗位、进人用人、职称评审、薪酬分配、经费使用管理等方面继续扩大高校办学自主权。这些新的高校自主权，逐步激发高校办学活力，也迫切需要大学章程积极做出回应，促进大学章程不断丰富和发展，为大学章程修订和完善注入新的活力。

三、实践运行中的大学章程

进入新发展阶段以来，我国高等教育改革和探索不断深化发展，正昂首阔步迈向高等教育强国建设。2012年《高等教育专题规划》提出"全面提高高等教育质量，建设高等教育强国"；2015年《统筹推进世界一流大学和一流学科建设总体方案》提出"双一流"建设目标；2018年《关于高等学校加快"双一流"建设的指导意见》要求"引导高校深化认识，转变理念，走内涵式发展道路"；2020年《教育部等八部门关于加快和扩大新时代教育对外开放的意见》提出"加快和扩大教育对外开放，推动高等教育对外开放实现高质量内涵式发展"；2020年《中共中央关于制定国民经济和社会发展第十四个五年规划和二〇三五年远景目标的建议》提出"建设高质量教育体系，提高高等教育质量"的战略任务。但是，我们应该清醒地看到，我国是教育大国，却不是教育强国，也不是高等教育强国，我国的高等教育与世界发达国家之间还存在一定的差距。我们仍处在一个"将强未强、要强还不强"的阶段，建设高等教育强国任重道远。[①]建设高等教育强国，必须大力推动现代大学制度建设，建立完善的以章程为核心的现代大学制度体系。我国大学章程进入全面实施阶段以来，章程建设的预期效果初步显现，多数高校出现一些积极变化。主要表现如下：

第一，各个高校利用学校官网、官微、校内广播、板报、标语、社会传媒等多种形式宣传章程；一些高校领导撰写关于章程的文章、新闻稿件，积极接受新闻媒体关于章程制定与实施的报道，这些都促进了章程的宣传报道。

第二，师生章程意识初步形成。在教育主管部门的积极推动下，国家各级媒体对大学章程建设工作进行了全方位宣传报道，学校也积极宣传本校章程，使高校师生对章程有所认识、了解，初步具备章程意识。

---

① 杜玉波.信息化赋能高等教育高质量发展[EB/OL].[2021-05-20].http://www.xinhuanet.com/info/2021-05/09/c_139933612.htm.

第三，章程配套制度建设工作进展明显。章程制定以后，一些省份积极推动完善以章程为统领的校内规章制度体系建设，如陕西推进高校"一章八制"建设，辽宁颁布《高等学校规章制度建设指导目录》；一些高校也积极推动学校规章制度的"立、改、废、释"工作，颁布新版的学校规章制度汇编，促进校内规章制度的规范化、系统化和法治化。

第四，学校治理结构进一步完善。高等教育进入改革深水区之后，党和国家密集出台一系列政策法规，为高校改革发展提供政策支持，不断健全"党委领导、校长负责、教授治学、民主管理、社会参与"的现代大学制度，不断推动高校完善内部治理结构，提升高校治理体系和治理能力现代化水平。

第五，师生权益保护和民主参与得到进一步落实。一些高校制定了教师申诉制度、学生申诉制度，设立教师申诉委员会、学生申诉委员会；制定听证会制度，设立学校听证委员会；在学校教代会下设各类专门委员会，针对性、常态化听取和征询教职工对学校各方面工作的意见和建议；一些高校在校务委员会中设置教师代表、学生代表，使教师、学生能够直接参与学校重大事务的讨论和决策。一些高校制定信息公开事项清单、构建统一公开平台、建立即时公开制度、完善年度报告制度等，切实保障教职工、学生对学校重大事项、重要制度的知情权。

第六，校院两级管理格局初步确立，二级学院人权、财权和事权不断落实和扩大。高校普遍形成校院两级管理格局，二级学院治理结构也不断完善，学院党政联席会制度、学术委员会制度、教代会制度不断健全，一些高校还成立了董事会或理事会，加强学科建设、重大项目攻关等事项与社会联系。

当然，大学章程实施的初步成果并不能掩饰面临的诸多问题。总体上看，大学章程实施在"双一流建设"高校、地方本科高校、高职高专院校之间并没有呈现显著性差异；在东部地区、中部地区和西部地区之间也没有呈现出显著性差异，表明我国大学章程制定完成以来，还没有充分发挥其作为"大学宪章"的作用与功能，还没有成为办学治校的基本准则。具体情形如下：

第一，章程教育缺乏长效机制。一些高校没有构建常态化的宣传教育举措，没有按照要求将章程纳入新生入学、新教师入职的培训内容，没有建立学校党委中心组学习章程制度，一些高校只是在章程制定期间及章程督导检查前后进行突击性宣传教育，事后一切照旧。

第二，师生章程意识亟待进一步强化。章程知晓度较低，多数人对章程"只闻其名，不知其实"，更有甚者"不知章程为何物"。多数教职工的章程意识不强，还没有形成"尊章程、学章程、守章程、用章程"的思维习惯，更没有养成"自觉守章程，遇事找章程，解决问题靠章程"的行为模式。

第三，高校章程配套制度亟待健全完善。在这个问题上，各省域之间、同类高校之间、不同类型高校之间发展极度不平衡。学校层面尚且如此，二级学院的规章制度、法律文书等普遍不健全。

第四，高校内部治理结构不平衡。一些高校还保持着权力惯性，"行政权力过大，以行政权力治校，行政权力代替学术权力，教授和教职工权力被边缘化"，即学术委员会、教代会满足"形式法治"要求，却无法行使实质的法定职权。

第五，师生权益保护机制弱化或虚化。一些高校制定了学生、教师申诉制度，但没有设立具体处理机构或者设立了机构而不运行；或者所谓的申诉制度、申诉机构，只是为了应付督导检查。一些高校对教代会上的代表提案不做任何处理，或者以各种借口拖延处理，推脱责任。

第六，章程监督机构普遍缺失或有名无实。高校普遍依照教育部规章，指定或设定章程监督机构，以"监督章程执行情况，审查校内部规章制度，受理对违反章程的管理行为、办学活动的举报和投诉"。然而实践中，一些高校指定的机构只是"挂名"而已，难以承担实际监督工作；一些高校设立了新机构，却没有开展工作。

第七，社会参与不足是高校普遍存在的治理短板。一些高校没有设立理事会或有理事会而不运行；一些高校没有形成畅通的社会参与渠道，难以吸收社会方面的意见和建议；一些高校对社会监督、评价反应麻木、迟缓，甚至酿成负面舆情。

对大学章程实施中的问题，有必要探索马克思主义中国化理论的解决之道，寻求科学的理论指南和方法论指导。邓小平指出，"领导制度、组织制度问题更带有根本性、全局性、稳定性和长期性。""制度好可以使坏人无法任意横行，制度不好可以使好人无法充分做好事，甚至会走向反面。"①他在南方谈话中指出，"恐怕再有三十年的时间，我们才会在各方面形成一整套更加成熟、更加定型的制度。"②运用邓小平关于制度的重要论述，可以解释大学章程建设的根本原因——"让好人做好事"，指明大学章程建设的目标——"更加成熟、更加定型的制度"，划出大学章程建设的重点——"领导制度、组织制度"。

习近平总书记指出，"制度是用来遵守和执行的。全党必须强化制度意识，自觉尊崇制度，严格执行制度，坚决维护制度，健全权威高效的制度执行机制，加强对制度执行的监督，推动不忘初心、牢记使命的制度落实落地，坚决杜绝做选择、搞变通、打折扣的现象，防止硬约束变成'橡皮筋'、'长效'变成'无效'。"③习近平总书记关于制度执行的重要论述，指明了推进大学章程有效实施的内容、方法、原则及保障机制。

对于这些问题，究其原因在于鼓励章程实施的内生机制不活，动力不足；"制度产生的问题，最终要靠制度来解决，仅靠良好的愿望、工作热情及干劲是难以奏效的。"高校应该在坚持中国特色社会主义教育理论指导下，加强领导责任、章程宣传、配套完善、机构建设、优化治理、督导问责等方面的制度建设，构建章程实施评估机制，"以评促建""以评优建"，推进章程有效实施，推进治理体系和治理能力现代化，不断提升高校治理体系和治理能力现代化水平。

---

① 邓小平文选：第2卷[M].北京：人民出版社，1994：333
② 邓小平文选：第2卷[M].北京：人民出版社，1994：372.
③ 习近平.在"不忘初心、牢记使命"主题教育总结大会上的讲话[J].共产党员，2020（4）：4-8.

目 录

第一章 大学章程实施评估的基本概念 ……………………………… 001
    一、大学章程实施评估的内涵 ……………………………………… 001
    二、大学章程实施评估的原则 ……………………………………… 015
    三、大学章程实施评估的功能 ……………………………………… 024

第二章 大学章程实施评估的理论基础及法律政策依据 …………… 031
    一、大学章程实施评估的理论基础 ………………………………… 031
    二、大学章程实施评估的法律政策依据 …………………………… 052

第三章 我国大学章程建设的百年变迁 ……………………………… 068
    一、洋务运动时期的大学章程建设 ………………………………… 068
    二、清朝末年的大学章程建设 ……………………………………… 070
    三、民国时期的大学章程建设 ……………………………………… 073
    四、新中国成立以来的大学章程建设 ……………………………… 087

第四章 我国大学章程实施现状及存在问题 ………………………… 121
    一、大学章程实施状况调查量表设计与验证 ……………………… 121
    二、大学章程实施调研数据的统计分析 …………………………… 130
    三、大学章程实施评估调研结果的讨论分析 ……………………… 144

第五章 我国大学章程实施效果提升策略 …………………………… 150
    一、制以载道：培育大学精神、凝聚章程共识 …………………… 150
    二、完善以章程为统领的规章制度体系 …………………………… 158
    三、构建章程宣传教育长效机制 …………………………………… 170

  四、整合章程实施监督机构 ·· 177
  五、健全督导问责机制 ·· 184
  六、借助司法裁判的影响 ··· 189
  七、拓展社会参与渠道 ·· 194

附录 ·· 200

  附录一 大学章程实施状况调查量表 ··································· 200
  附录二 大学令 ··· 202
  附录三 修正大学令 ·· 203
  附录四 国立大学校条例 ·· 204
  附录五 大学组织法 ·· 205
  附录六 大学法 ··· 207
  附录七 高等学校暂行规程 ··· 209
  附录八 教育部直属高等学校暂行工作条例（草案）··············· 212
  附录九 山东省高校章程执行与落实情况调查问卷（教职工）····· 224
  附录十 湖南省高校章程实施工作专项督导指标体系 ············· 227
  附录十一 新疆维吾尔自治区高校章程落实情况督查评估指标体系 ··· 229

参考文献 ·· 234

后记 ·· 239

第一章　大学章程实施评估的基本概念

我国大学章程已经进入全面实施阶段，章程文本质量如何、章程实际效果如何、章程能否实现预期目标，这些问题都需要在章程运行实践中去观测、分析与评估，以翔实数据给予解答。这一过程是循环往复的，评估数据有助于精准定位实施中存在的各种问题。经过文本修改、规则完善、程序修正等措施之后，大学章程建设又进入一个新境界，在更高层次上契合大学实际发展需要；在新一轮评估中再发现新的问题，再采取新措施，循环往复，不断推进章程建设，不断提升大学依法依章程治理能力。"万丈高楼平地起"，这一切必须建立在大学章程实施评估的基础之上，但是，当前我国大学章程实施评估还处于探索时期，还没有形成一套成熟的概念体系、理论架构及实践运行规则，毕竟我国大学章程建设还处于初级阶段。因此，研究大学章程实施评估问题，我们必须"自己动手，丰衣足食"，在借鉴相关学科概念、理论及规则基础上，探索构建大学章程实施评估的基本概念及理论体系。

一、大学章程实施评估的内涵

为探索大学章程实施状况，首先需要进行基本概念的界定。章程在"现实世界"中存在多种多样、各具特色的表象，适当的概念界定能够"帮助我们将那些思想的对象，从众多有所指的可能对象中区分出来。如果思想的对象与现实中的特定表象或现象相同，就产生了有关这些表象的概念。它们统而成为指示被研究现象的表征，并且成为实现目标的手段。应该应用概念对现象进行尽可能全面和尽可能准确地描述。同时，还应该通过概念的应用而尽可能地提出具有普遍意义的法则性假设。"[①]我们对大学章程实施评估的内涵探索，从概念核心词的词义切入，分解组合，剖析核心词的本质内涵，再借鉴相关学科专属概念的内涵，以期尽量准确地描述大学章程实施评估的内涵，并尽可能地构建具有普遍意义的基本假设。

（一）大学章程

研究大学章程实施评估，首先要弄清楚什么是大学章程。只有厘清大学章程的内涵，才能顺利开展后续研究，并在实践中促进大学章程的完善。

---

① 布列钦卡.教育科学的基本概念：分析、批判和建议[M].胡劲松，译.上海：华东师范大学出版社，2001：27.

1. "章程"词义辨析

"章程"两字意义丰富,源远流长。

"章",会意字,从音,从十。"音"指音乐、乐曲;"十"不是指数目,是"竟"的意思,即终结、结束。依据老子的"起一终十"说,"一"为万物之始,"十"为万物之终。"章"的本义,即乐曲演奏完一遍叫一章。由于"章"表示一支乐曲一段的演奏过程,所以"章"引申出文章、诗歌的"章节、段落"的意思。由于法律的文字内容被写成分章节的条文,所以"章"又引申为"条规、法规"的意思。由于乐曲、乐章的构成与演奏都是有规律可循的,所以从"章"引申出"章法、规章、法律、条例、秩序"的意思。①可见,"章"字的主要含义为规章、规则、章程。①规章,法律条款、条目。如《史记·高祖本纪》表示:"吾当王关中,与父老约法三章耳:杀人者死,伤人及盗抵罪。"《三国志·蜀志·诸葛亮传》:"不能训章明法。"②规则,章程或条例。如《诗经·大雅·假乐》称:"不愆不忘,率由旧章。"南朝宋·谢瞻《经张子房庙诗》称:"王风哀以思,周道荡无章。"

"程",形声字,从禾,呈声;本义为单位长度,为一寸的百分之一;指课程,方程,引申为程式、法度、标准。《诗经·小雅·小旻》称,"匪先民是程。"《毛诗故训传》云:"程,法。"②"程"的主要含义为:①法式,章程,规格。《墨子·号令》云:"为守备程而署之曰某程,置署街街衢阶若门。"②典范,法度。《吕氏春秋·慎行》称:"为义者则不然,始而相与,久而相信,卒而相亲,后世以为法程。"③

"章程",依《辞源》记载为章术法式。如淳曰:"章,历数之章术也。程者,权衡丈尺斛斗之平法也。"《史记·太史公自序》表示:"于是汉兴,萧何次律令,韩信申军法,张苍为章程,叔孙通定礼仪。"①泛指各种办事规章条例。如《金史·刘筈传》中,"或请厘革河南官吏之滥杂者,筈曰:'废齐用兵江表,求一切近效,其所用人不必皆以章程,故有不由科目而为大吏,不试弓马而握兵柄者。'"②指组织规程或办事条例。古罗马《十二铜表法》第八表"私犯"称:"士兵或其他社团的成员,得订立其组织的章程,但以不得违背法律为限。"

在现代汉语中,"章"的意思为"条目、规程",如规程、章程④;"程"的意思为"规则、法则",如程式、操作规程、章程。⑤"章程"主要理解为两个含义:①政党规定本组织阶级性质、行动纲领、奋斗目标和组织原则等的文件,如《中国共产党章程》,党的章程,属于党内法规的范畴,具有法律效力。国家机关颁发的章程,是法规的一种,具有法律效力。其他政党、社会团体制定的章程是规定本组织内部关系的规范

---

① 吴东平.汉字的故事[M].北京:新世界出版社,2006:358-359.
② 《毛诗故训传》:《诗经》研究著作,简称《毛传》,其作者和传授渊源,自汉迄唐,说法不一。
③ 汉语大字典编辑委员会.汉语大字典[M].2版.成都:四川辞书出版社,2010:2791.
④ 《新华大字典》编委会.新华大字典[M].北京:商务印书馆国际有限公司,2009:1596.
⑤ 《新华大字典》编委会.新华大字典[M].北京:商务印书馆国际有限公司,2009:145.

性文件。②社会团体、企业和事业单位制定的规章制度,①如《中国法学会章程》《中国电信股份有限公司章程》《中国科学院章程》;社会团体制定的章程,是规定本组织内部关系的规范性文件;企事业单位根据业务需要制定的章程,是具有组织规程或办事条例等性质的规定。

《辞海》将"章程"定义为"用书面形式规定的关于一定的组织及其他重要事项的文件。"

有学者认为,章程是非营利性法人建立时必须具备的法律文件,它是在法律规定范围内对其成员有拘束力的内部规范。除了确定的宗旨和名称外,章程尤其还要规定在法人内部形成决议和对外以法人名义进行活动的规范。②

有司法判例指出:"章程是组织、社团经特定程序制定的关于组织规程和办事规则的规范性文件,是一种根本性的规章制度。"③

综上所述,本研究认为,章程是组织依据特定程序制定的,明确组织宗旨、组织机构、组织各方权利义务等根本事项,具有特定约束力的规范性文件。章程具有以下特征:第一,章程规定组织重要的、基本的事项,如组织宗旨、组织结构、组织大纲、议事规则等;第二,章程是纲领性的规范性文件,其组成要件、记载事项及呈现形式具有规范性要求;第三,章程对组织内外成员具有特定约束力,具有一定强制性;第四,章程的制定与修改须由特定机构、职能部门或成员提出,遵循预设程序规则进行;第五,章程具有权威性、稳定性、可持续性及可操作性;第六,章程内容是参与各方成员共同意志的体现,其制定和修改需要广泛征询各方意见和建议,做到"开门立法""民主立法"。

2. 大学章程名称表述变迁

由于不同国家大学的历史文化、传统、习俗以及发展背景各有不同,古今中外的大学章程名称表述方式也差异较大。在大学历史悠久的欧美国家,大学章程的名称因国家不同而迥然各异。有学者将其按国别列为以下情况:法国为Stuttes(法规,章程)及Odinance(法令),英国上有Charter(特许状,授予特种权力的法令或正式文件),下有Statutes(章程,条例),德国有Statutes和Constitution(章程,宪法),美国有Act、Charter、Bylaws(地方性法规,内部章程,细则)、Statutes多种表述方式,日本在大学法人化改革后开始制定章程并称之为Charter(宪章,共同纲领)。④

也有学者将其总结为四种情况:一是Act(法令)、Charter(宪章)。加州大学在历史上存在Act,1991年《澳大利亚国立大学法》就是澳大利亚司法部专门为澳大利

---

① 商务印书馆辞书研究中心.新华词典[M].北京:商务印书馆,2010:1240.
② 祁占勇.大学章程的法律性质及其完善路径[J].高教探索,2015(1):5-9.
③ 郭光与郑州白求恩医学专修学院一审民事判决书(2016)豫0102民初6094号 文书全文[EB/OL].[2020-12-06].https://wenshu.court.gov.cn/website/wenshu/181107ANFZ0BXSK4/index.html?docId=ab93d61f30644e43940fa71200cb5cf3.
④ 马陆亭,范文曜.大学章程要素的国际比较[M].北京:教育科学出版社,2010:22.

亚国立大学制定的法令，相对于该校局部的Statutes，Act更类似于我们所说的章程。Charter是大学发展史上的特许状，当前仍然存在少数美国大学的Charter，其历经修订，仍然发挥着效力，如耶鲁大学、康奈尔大学的Charter。在日本国立大学法人化改革进程中，东京大学采用Charter（宪章）形式阐明其长期目标与基本理念。二是章程，分为Statutes（呈现较多细节的章程）和Constitution（侧重于组织原则的章程）。欧洲国家普遍适用Statute，如牛津大学、剑桥大学、巴黎第一大学、巴黎高等师范学校等校的章程都以Statute命名。相对而言，Statutes更多重视细节，而Constitution则更多重视组织大纲。三是次要法规（Bylaw），当前美国大学的现行章程多采用Bylaw，但其内容大多以历史存在的Act（法令）或Charter（宪章）为依据。四是Guidelines（准则）或Administrative Guide（行政指南）。如哈佛大学章程就采用了行政指南（Administrative Guide）的形式。[①]上述的不同名称，宪章、校规、规约、规程、条例及大学法等都表达了"大学章程"的共同内涵。

由于受传统书院学规的影响，受各个时期制定主体借鉴不同国家或知名大学的影响，我国历史上的大学章程名称表述也多种多样，从洋务运动到清末时期的"大学堂章程"，北洋政府时期的"试行章程""办事总纲""现行章程""大学大纲""组织大纲""大学章程"，国民政府时期的"组织大纲""大学规程""组织规程"，历经百余年演化，逐步趋向统一。国民政府后期，我国大多数的大学章程名称表述逐步统一为"组织规程"，如"国立中央大学组织规程""国立同济大学组织规程"。中华人民共和国成立初期，教育部核准颁布了一批大学章程，但章程名称表述各异，如《北京师范大学暂行规程》《金陵大学行政组织大纲》《南京大学暂行组织规程》《湖南农学院暂行规程》等。改革开放以后，1995年《中华人民共和国教育法》和1998年《中华人民共和国高等教育法》以教育基本法的形式确立了"章程"的正式表述，此后我国大学章程建设逐步进入繁荣发展时期。

3.大学章程内涵认知梳理

然而，大学章程建设是一个较为复杂的系统工程，涉及庞杂的系统要素，导致学界对大学章程的内涵各抒己见，至今还没有形成完全一致的认识。在此本研究初步梳理学界对大学章程内涵认知的诸多观点，以期深入揭示大学章程的本质特征。

李冀（1989）认为，大学章程是由大学权力机构制定的、关于大学组织性质和基本权利的、具有一定法律效力的治校总纲领。[②]殷爱荪、许庆豫（1997）认为，章程是规定高校及其内部人员权利和义务、行为和活动的社会规范。这是章程的本质内容。[③]蒋超（2000）认为，学校章程是依据教育法，以条款方式全面规定学校重大事项的规范性文件，其目的是保证学校自主管理和依法治校，它既是教育主管部门批准学校设立的前

---

① 张国有.大学章程：第二卷[M].北京：北京大学出版社，2011：1-2.
② 李冀.教育管理辞典[M].海口：海南人民出版社，1989：67.
③ 殷爱荪，许庆豫.试论我国高等学校高校章程的制定和实施[J].苏州大学学报，1997（4）：16-21.

提条件，也是受教育者、监护人以及社会公众充分了解学校的基本依据。①王国文、王大敏（2003）认为，大学章程是规范大学组织及其内部活动的自治法，其制定的根据是国家法律，从而赋予大学自治立法权，大学的其他规章制度都不得与大学章程相抵触，在大学中处于"宪法"的位置，其内部成员都必须遵守大学章程的规定。②刘香菊、周光礼（2004）认为，大学章程是由大学权力机构制定的，上承国家或政府教育政策或法律、法规，下启大学内部管理的具有一定法律效力的治校总纲。③龚隽（2004）认为，高等院校章程是指高等院校根据法律法规规定制定的，关于高校办学宗旨、内部管理体制等重大问题的规范性文件；高等院校一般规章是高校根据法律法规和高校章程规定的权限和范围，制定的有关高校内部管理的具体规范文件。④于丽娟、张卫良（2005）认为，现代大学章程一般是由大学权力机构，如大学董事会，依据大学设立时所取得的特许状，以国家或地方政府教育政策法规为基础，制定进行依法治校的总纲领。⑤李昕欣（2006）认为，大学章程是指为了保证大学自主管理和依法治校，根据教育法律的规定，由大学权力机构制定的，上承国家教育政策或法律法规，下启大学内部管理具有一定法律效力的治校总纲，并以条文形式对学校的办学宗旨、主要任务、内部管理体制及财务活动等重大的基本的问题，做出全面规范而形成的自律性基本文件。⑥米俊魁（2006）认为，大学章程是指为了保证学校自主管理和依法治校，根据《中华人民共和国教育法》等法律的规定，按照一定的程序，以文本的形式对学校重大的、基本的事项做出全面规定所形成的规范性文件。其本质上是对大学内部以及与大学有关的教育利益的调整和分配。⑦傅媛媛（2007）认为，大学章程是指为了保证高校的正常运行，根据法律规定制定的，关于高校的办学宗旨、内部体制等基本问题的规范性文件。⑧张国有（2011）认为，大学章程规定了大学的组织及运转程序，成为大学治理的基础。大学章程大多是根据国家法律、政府法规，按照一定的程序，以条文形式对大学设立、运行的重大事项及行为准则作出基本规定，进而形成的规范性文件。⑨2011年《高等学校章程制定暂行办法》（教育部令第31号）将大学章程定义为，大学章程是高校依法自主办学、实施管理和履行公共职能的基本准则。陈立鹏（2012）认为，大学章程是指为了保障大学正常运行，主要就办学宗旨、内部管理体制及财务活动等重大规定、基本问题作出全面规划而形成的自律性基本文件。它是大学办学和管理的纲领性文件，是大学成为

---

① 蒋超.学校章程初探[J].四川教育学院学报，2000（7）：12-16.

② 王国文，王大敏.学校章程的法律分析[J].中国教育法制评论，2003（2）：104-119.

③ 刘香菊，周光礼.大学章程的法律透视[J].高教探索，2004（3）：39-41.

④ 龚隽.高等院校规章的法律效力分析：兼谈大学章程的价值[J].政治与法律，2004（6）：45-47.

⑤ 于丽娟，张卫良.我国大学章程的现状及建设[J].江苏高教，2005（6）：18-20.

⑥ 李昕欣.我国大学章程历史演进与内涵分析[J].辽宁教育研究，2006（11）：36-37.

⑦ 米俊魁.大学章程价值研究[M].青岛：中国海洋大学出版社，2006：18.

⑧ 傅媛媛.世界一流大学章程探析：以密歇根大学为例[J].中国高等教育评估，2007（3）：72-73.

⑨ 张国有.大学章程：第一卷[M].北京：北京大学出版社，2011：1.

法人组织的必备文件，是大学自身、政府及社会依法治校的重要依据。[①]武暾（2019）从民间法角度提出，大学章程应是一种特殊的民间规范，其制定有法律依据，但其本身并不是法律，必然不具有法律效力。虽然大学章程的法律从渊源上可以追溯到国家法律，可以被司法机关适用，但大学章程借由司法被纳入正式秩序并不能保证大学章程本身具有全面的合法性，唯有通过立法程序使大学章程上升为法律或地方性法规才能从根本上解决问题。[②]

通过以上梳理，本研究认为，大学章程是学校权力主体制定的、有关学校宗旨、组织结构、行为准则以及自主管理等根本事项的规范性文件，主要包括以下内容：第一，大学章程由大学权力机关制定，由国家教育机构核准，是国家意志和大学宗旨的统一。第二，大学章程是学校依法自主管理的根本准则，主要规定办学宗旨、内部管理体制机制及行为规则等基本的、重大的事项。第三，大学章程是依据国家法律法规规章及政策方针而制定的规范性文件，具有强制性法律效力，违反大学章程需承担相应法律责任。第四，大学章程是政府、教职工、学生、校友、家长、社会公众等利益相关主体依法监督大学事务的依据，因而大学章程、校内规章制度及大学事务运行必须公开透明，以便校内外主体行使监督权。

（二）大学章程实施

亚里士多德在《政治学》中认为："法治包含两重含义：已成立的法律获得普遍的服从，而大家所服从的法律应该是本身制定的良好的法律。"[③]这说明"良法"和"普遍守法"是法治的必备条件，而且"良法"是"善治"的前提，只有"良法"得以充分地实施，才能展现其作用和价值，整个社会成员处于"普遍守法"状态，形成整个社会"善治"的局面。同样的道理，大学章程只有得到充分地实施，才能发挥其作用，彰显其价值。大学章程是否符合"良法"标准，只有在实施过程中得以检验，判断其是否符合大学办学宗旨，是否符合大学实际情况和需求，进而不断对大学章程进行修正和完善。

1. "实施"词义辨析

研究大学章程实施问题，应该进一步深入探索"实施""大学章程实施"的基本概念，以更好地挖掘大学章程的价值和作用。

在汉语中，"实"的意思，一是真诚的，真的，不虚假的，如诚实、实话实说；二是事实，实际，如史实、信实、名存实亡等。[④]"施"的意思，即实行，执行，如措施、实际施行、付诸实施。[⑤]实施，就是指法令、政策、计划等的实行。[⑥]"实行"指用

---

① 陈立鹏.大学章程研究：理论与实践的探索[M].北京：北京师范大学出版社，2012：14.
② 武暾.我国大学章程的民间法解读[J].法律科学（西北政法大学学报），2019（4）：75-85.
③ 亚里士多德.政治学[M].吴寿彭，译.北京：商务印书馆，1997：199.
④ 《新华大字典》编委会.新华大字典[M].北京：商务印书馆国际有限公司，2009：1143.
⑤ 《新华大字典》编委会.新华大字典[M].北京：商务印书馆国际有限公司，2009：1140.
⑥ 商务印书馆辞书研究中心.新华词典[M].北京：商务印书馆，2010：894.

行动去实现，将思想上的东西变成现实，实施的对象还可以指理论、纲领、方针、主张、计划和规范等。

通过以上梳理，本研究认为，"实施"是指将法律、政策、章程、计划和规范等对象，真正地、不虚假地付诸实践，并且要产生实际效果，具有时效性。

2.大学章程实施内涵

在理解"章程""大学章程""实施"等概念的基础上，我们进一步探索大学章程实施的基本内涵，以期增加对大学章程实施理论认知水平，增强对大学章程实施评估的理论指导，提高大学章程实施的有效性。

为全面深刻地理解大学章程实施的内涵，我们可以参照和借鉴法学界对法律实施的界定。《法学词典》将"法律实施"界定为："国家机关、公职人员、社会团体和公民实现法律规范的活动，表现为法律规范对一定社会关系的调整过程。通过法律的实施才能达到立法所预期的目的，它使法律规范的要求在社会生活中获得实现。"法律实施有两种形式：国家机关、公职人员和国家授权的单位把法律的一般规范应用于具体情况，通称法律适用；国家机关、公职人员、企业事业单位、社会团体和公民自觉遵守法律规范，从而实现法律规范的要求。[1]有学者认为，法律实施是指法律在社会生活中被人们进行实际施行与贯彻落实。法律是一种行为规范，在制定出来以后到实施之前，只是一种书本上的法律，处在一种应然状态；法律实施就是使法律从书本上的法律变成行动中的法律，使它从抽象的行为模式变成人们的具体行为，从应然状态变成实然状态。[2]

大学章程与法律同属于约束人们行为的制度规范，而且大学章程也属于广义法律的范围。因此，我们可以适当借用法律实施概念的分析范式研究章程实施及其作用发挥机制，以更好地促进章程贯彻落实。我们认为，大学章程实施是指大学章程的价值及规范要求在运行实践中得以贯彻落实，并发挥实际效用的活动。大学章程实施是一个动态的过程，作为大学成员及其利益相关者的行为规范，大学章程在制定公布以后到实际贯彻落实之前，只是一种纸面上的大学章程，处在应然状态，是一种抽象的制度规范。大学章程实施，就是将章程的规范要求、抽象行为模式转化为大学利益相关者主体的具体行为的过程；是使大学章程从纸面上的章程变成行动中的章程，从应然状态进到实然状态的过程；是由章程规范的抽象的可能性转变为具体的现实性过程；是将大学章程规范中的国家意志、社会期望、大学宗旨、师生诉求转化为现实关系的过程。

大学章程实施方式可分为硬实施与软实施，二者相辅相成、相互协调；硬实施是软实施的最终保障，当软实施无效或者无法达到目的时，需要硬实施以国家强制力作为保障，二者共同推动大学章程付诸实践，实现大学章程的价值和目标。[3]

所谓硬实施，就是依靠国家强制力实施大学章程。从大学章程实施主体看，硬实

---

[1] 《法学词典》编辑委员会.法学词典（增订版）[Z].上海：上海辞书出版社，1984：612.

[2] 沈宗灵.法理学[M].2版.北京：北京大学出版社，2003：321.

[3] 刘鹏.法律实施的基本范畴论纲[J].江汉论坛，2017（6）：129-135.

施由国家行政机关、司法机关进行；从大学章程实施手段看，硬实施依靠国家强制力进行，并有行政问责、民事赔偿、刑事处罚等；从大学章程实施保障看，硬实施由国家财政或地方财政资金予以保障。如《高等学校章程制定暂行办法》第31条规定，"高校的主管教育行政部门对高校履行章程情况应当进行指导、监督；对高校不执行章程的情况或者违反章程规定自行实施的管理行为，应当责令限期改正。"2017年《高等学校学生管理规定》第65条第2款规定，"教育主管部门在实施监督或者处理申诉、投诉过程中，发现学校及其工作人员有违反法律、法规及本规定的行为或者未按照本规定履行相应义务的，或者学校自行制定的相关管理制度、规定，侵害学生合法权益的，应当责令改正；发现存在违法违纪的，应当及时进行调查处理或者移送有关部门，依据有关法律和相关规定，追究有关责任人的责任。"

所谓软实施，即依靠国家强制力以外的方式实施大学章程。从大学章程实施的主体看，软实施由学校职能部门、教职员工、学生、社团组织、学术组织、社会组织、公民个人等非权力机关进行；从大学章程实施手段看，软实施不直接依靠国家强制力。一方面，实施主体自觉遵守大学章程，按照大学章程的要求行事，如前所述，大学章程遵守也是一种大学章程实施；在大学章程遵守的情形下，举办者、教育行政机关、教职工、学生、校友等利益相关者主体自觉遵守大学章程，按照大学章程的要求履行职责、行使权利、承担义务。另一方面，实施主体借助或者启动国家机关的对大学章程的行政执法活动，如向行政机关举报违法活动，向人民法院提起民事诉讼、行政诉讼，以此也可以促成或者实现大学章程实施。如2017年《高等学校学生管理规定》第62条规定，"学生对复查决定有异议的，在接到学校复查决定书之日起15日内，可以向学校所在地省级教育行政部门提出书面申诉。省级教育行政部门应当在接到学生书面申诉之日起30个工作日内，对申诉人的问题给予处理并作出决定。"第63条规定，"省级教育行政部门在处理因对学校处理或者处分决定不服提起的学生申诉时，应当听取学生和学校的意见，并可根据需要进行必要的调查。根据审查结论，区别不同情况，分别作出下列处理：（一）事实清楚、依据明确、定性准确、程序正当、处分适当的，予以维持；（二）认定事实不存在，或者学校超越职权、违反上位法规定作出决定的，责令学校予以撤销；（三）认定事实清楚，但认定情节有误、定性不准确，或者适用依据有错误的，责令学校变更或者重新作出决定；（四）认定事实不清、证据不足，或者违反本规定以及学校规定的程序和权限的，责令学校重新作出决定。"

在大学章程实施的实践中，软实施应当是常态化实施方式，是普遍性的，是第一位的；硬实施是非常态化实施方式，是救济性的，是第二位的。当前，大学章程实施面临诸多困境，其中一个主要原因就在于教育行政机关、学术界等在观念和实际工作中，过度依赖非常态化的硬实施方式，一定程度上忽视常态化的软实施方式，这导致在制度设计、制度运行中很少为软实施方式预留制度空间，许多本可以软实施的普通事项，不得不转变为依靠硬实施的焦点案件，如2019年"柴某诉上海大学博士学位评定案"。

柴某诉上海大学博士学位评定案一审判决书

（2019）沪0115行初362号

裁判摘要：就被告（上海大学）以原告（博士研究生柴某）发表论文的数量未达到经济学院的科研量化指标为由，对原告的博士学位申请不予组织审核评定，且以微信的方式告知，其行为是否符合相关规定，本院认为：

第一，根据《学位条例》[①]第六条和《暂行办法》[②]第二十五条的规定，被告上海大学作为博士学位授予单位有权制定博士学位授予的相关细则。《上海大学学位实施细则》相关条款对博士学位授予条件进行了限定，规定了学位授予的申请程序、博士学位审批、不授予学位的情形，来源于上位法的授权，并未违反《学位条例》和《暂行办法》的规定。《学位条例》第六条对"学术水平"的界定比较原则，上海大学将学术水平的衡量标准通过科研成果量化指标予以具体化，并未违反《学位条例》第六条关于授予博士学位条件的相关规定。原告关于被告将科研量化指标作为申请学位的申请要件属于突破上位法规定，应属违法的主张，缺乏依据，本院不予采纳。

第二，根据上位法和被告相关规定，原告的博士学位申请材料应当由所属学科的学位评定分委员会进行审查。《学位条例》第十条、《暂行办法》第十条、第十八条、第十九条及《上海大学学位实施细则》第十三条、第二十四条规定，学位评定委员会根据授予学位权限，在规定期限内具有履行审查通过接受申请博士学位的人员名单的相关职责。学位评定分委员会协助学位评定委员会工作，负责审查学位申请材料是否符合规定。本案中，除原被告争议的科研成果是否达标的问题外，原告在规定的期限内提交了全部申请材料，被告未出具证据证明学位评定分委员会曾就原告的博士学位申请材料进行过审查，不能证明被告的程序正当性。

第三，学院秘书通过微信向原告告知，不能当然视为学位评定分委员会履职的行为。《上海大学学位评定委员会章程》《上海大学经济学科学位评定分委员会工作章程》规定，学位评定委员会下设若干学位评定分委员会，学位评定分委员会设秘书一人，协助学位评定分委员会主席处理日常工作。上述规定将学院秘书在学位授予工作中的职责限定于协助主席工作。学院秘书的行为是否可视为学位评定分委员会的履职行为，应结合上述规定对秘书协助开展相关工作的性质予以认定。

学院秘书对明显不符合申请材料形式要件的，可以通过简便方式告知申请人补充相关材料。但本案中，原告向被告提交的申请材料中所涉已发表两篇论文，一篇刊载于核心期刊（属于经济学院指标中的三级论文），一篇是会议论文（不属于经济学院指标中的任何论文级别），已符合学校科研标准关于两篇核心期刊或者全国性会议论文的数量要求，但不符合经济学院科研量化指标中关于两篇三级论文和一篇二级论文的数量要求。原被告对应当适用学校科研标准还是学院科研标准存有争议，该争议的判断结论不仅会影响申请材料是否完备的审查定性，更关乎学生的重大权利义务，显然不宜直接由

[①] 全称为《中华人民共和国学位条例》，在此补充说明。
[②] 全称为《中华人民共和国学位条例暂行实施办法》，在此补充说明。

学院秘书予以决定，也不能当然视为学位评定分委员会的履职行为。

关于原被告争议的学校科研标准和学院科研标准的问题，本院认为，《上海大学学位实施细则》规定，对博士学位申请者的科研成果应当符合《上海大学研究生学位授予科研成果量化指标》，该量化指标是上海大学校级层面的规定。该校级科研量化指标2004年版本仅规定"文科中的美术学研究生学位"可以另行制定标准。2018年版本仅说明"硕士不再统一要求，由学位评定分委员会确定。""艺术类学位科研成果量化指标的标准由学位评定分委员会制订。"由此可见，上海大学并未将经济学院应用经济学学科纳入另行制定科研成果量化指标的学科范围。经济学院的科研量化指标规定的论文发表载体和数量与学校规定不相一致，并非对学校规定的简单细化，而是重新定义。学位的授予与否关涉学生重大切身利益，经济学院的相关规定并不能如被告所称通过事先告知的方式，当然上升为校级规定。本院还认为，在不违反上位法的前提下，高校对博士学位申请者的学术衡量标准有自主自治的权力，可以设置相关规范，但设定的规则应当被严格遵守，以防止学术评价标准上的混乱。各学科标准高于或低于学校标准，应在学校规定中予以体现，高校在学位授予方面的程序规制并未否定各学科制定具有本学科特点科研标准的自主性。

值得指出的是，通过规定发表论文数量和期刊载体的方式评价博士的学术水平，历来颇受争议，是否科学合理，各方意见不尽一致，但此属高校学术自治的范畴，本院予以充分尊重。各方期待能有更科学合理的评价博士学术水平的途径或者多样评价方式，需要学位授予单位、教育管理部门和学子们共同推进。

综上，在原被告对学院科研标准和学校科研标准存有争议的情况下，被告仅通过学院秘书以微信告知的方式驳回原告的博士学位申请，缺乏事实和法律依据，属于未履行法定职责的行为，依法应予纠正。在本案审理过程中，原被告确认被告已于2019年12月对原告的博士学位申请组织学位评定委员会进行了审核评定，并出具了评定结论。经本院释明，原告不撤回本案起诉。故本院依法确认被告之前对原告的博士学位申请未予组织审核评定的行为违法。[①]

由此可见，我们不能过分依赖章程硬实施，也不能轻视硬实施的作用，特别是在大学章程建设初期，硬实施对于依法治教、法治高校的良好秩序的建立，具有深远影响和重要意义。

3.大学章程实施特征

作为"宪章"的大学章程，其付诸实践会伴随着一些独特而标志性的表征，如外生性、稳定性、约束性等。明确章程实施的这些特征，有利于深刻认识大学章程实施的基本属性。

第一，外生性。外生性是指大学章程的制定、实施及修订完善的主要动力依赖于政

---

① 柴某与上海大学教育一审行政判决书[EB/OL].[2021-02-03]. https://wenshu.court.gov.cn/website/wenshu/181107ANFZ0BXSK4/index.html?docId=a0a09458f52547f9b209abd000f9fe52.

府行政力量的推动进行，大学组织内生力量薄弱，亟待培育。

依据形成发展动力的内生性和外生性，可以将大学章程分为组织内生型和外部推动型两类。组织内生型是指大学章程制定完善的动力源于大学自主管理、实践运行的需要，源于教师、学生及其他利益相关者推动教学科研及公共利益发展的需要，最大限度地排除政府力量的参与和干涉，如"央格鲁撒克逊"传统大学的特许状。在大学的发展史上，"以理事会和董事会为代表的学校行政管理力量负责大学内部管理和发展"，[①] 自主制定学校发展规划，设计组织机构、设定愿景目标，制定管理，聘任教职员工，分配学校资源，布置课程安排，推进教学研究等，其大学章程制定完善的动力来自学校发展的自身要求。

外部推动型是指大学章程制定完善主要依赖政府行政力量推进的模式。此种状况下，一些大学对已公布章程的实施动力不足，态度消极，要进一步推动章程建设需要长期的、持续不断的行政力量供给。在我国大学章程发展史上，从洋务运动时期的学堂章程、民国时期的大学组织规程，到建国初期的大学暂行规程，都是在政府强力推动下进行，政府控制着学校发展规划、组织机构、管理机制、人员配备、教学大纲计划，甚至上课时间和放假安排等，学校自主权缺失，大学章程难于真正实施，极大抑制了其效力的发挥。改革开放后的大学章程建设，依然属于行政外推行的，一方面，国家通过《中华人民共和国教育法》《中华人民共和国高等教育法》以教育基本法的形式，将章程列为学校设立的必备要求，并概括列举了章程的具体内容。另一方面，教育部出台《高等学校章程制定暂行办法》《教育部办公厅关于加快推进高等学校高校章程制定、核准与实施工作的通知》等部门规章，配合教育基本法，明确以行政力量推动章程建设目标的实现。"各地教育部门和高校主要领导要高度重视，树立紧迫意识和责任意识，把抓好高校章程建设与核准"放在当前推进高等教育改革的突出位置，一把手亲自主持和推动，明确章程起草，核准各环节的时间点、任务图，确保按时完成工作任务。要把推进章程建设作为学校办学水平和治理能力，衡量领导班子管理水平和改革精神的重要标志，纳入高校评估、领导班子考核的重要内容。[②]

第二，稳定性。大学章程是大学的基本纲领和行动准则，在一定时期内稳定地发挥其作用，不宜轻易变动。大学章程的变动或修订，应依据预定程序和流程，由校长、一定数量的教职工代表或学术委员会委员等提议，经教职工代表大会审议、校长办公会审核，党委会审定，然后提交教育行政主管部门核准，最后公布实施。如《北京师范大学章程》第80条规定，"本章程的制定和修改，须提交教职工代表大会讨论并征求意见，由校长办公会研究审议，经学校党委常委会讨论审定后，报国务院教育行政部门核准。"《上海交通大学章程》第69条规定，"出现下列情形之一时，由校长或学术委员会或教代会提议，经校长办公会审议通过，启动章程的修订：（一）本章程依据的法律

[①] 石连海.国外大学章程执行力的模式、运行机制与启示[J].教育研究，2014（1）：132-137.

[②] 教育部办公厅关于加快推进高等学校章程制定、核准与实施工作的通知[EB/OL].[2020-12-16]. http://www.moe.gov.cn/srcsite/A02/s5911/moe_621/201405/t20140529_170122.html.

发生变化；（二）学校的举办者发生更替；（三）学校发生合并、分立、更名等变化；（四）学校办学宗旨、战略目标、管理体制、运行机制等发生重大变化；（五）举办者依法要求学校修订章程；（六）其他影响本章程执行的环境或实质内容发生重大变化。"

第三，约束性。大学章程是依法自主管理的纲领性文件，通过国家公权力机关通过或核准之后，对于举办者、教职工、学生、社会公众等利益相关者产生规范作用和拘束力，任何"违章"行为都需承担相应"法律责任"。《高等学校章程制定暂行办法》第30条要求"高校应当指定专门机构""监督章程执行情况""受理对违反章程的管理行为、办学活动的举报和投诉"，第31条要求"主管教育行政部门""对高校不执行章程的情况或者违反章程规定自行实施的管理行为，应当责令限期改正。"当前，大学章程的法律效力来源主要有四种途径：①由国家或地方立法机构通过。欧美国家的一些大学章程由国会或州议会以立法形式通过实施，如1571年，英国议会通过《牛津与剑桥大学法人地位法》，赋予两所大学"特惠权、自由权和特许权"，以及"更大的强制力和影响力"。②由国家或地方最高行政机构通过，以政府令形式颁布。如《巴黎高等师范学校章程》经国务委员会同意、讨论通过，由国家总理颁布法令而实施。具有大学章程性质的《南方科技大学管理暂行办法》，由深圳市政府常务会议审议通过，以深圳市政府令形式颁布实施；《澳门大学章程》由特区行政长官以行政命令形式颁布实施。③由国家或地方教育行政机构核准颁布。《高等学校章程制定暂行办法》第23条规定，"地方政府举办的高等学校的章程由省级教育行政部门核准，其中本科以上高等学校的章程核准后，应当报教育部备案；教育部直属高等学校的章程由教育部核准；其他中央部门所属高校的章程，经主管部门同意，报教育部核准。"西班牙《马德里自治大学章程》经教育管理理事会审议通过，由教育部部长以部长令形式颁布实施。④由学校最高决策机构制定而直接实施，或经主管教育行政机关备案后实施。如2005年《吉林大学章程》、2006年《上海交通大学章程》、2007年《中国政法大学章程》等，这种情形在我国已经随着《高等学校章程制定暂行办法》的颁布实行而退出历史舞台。大学章程的效力等级与审核通过机关的权威性直接相关，议会通过的大学章程效力等级最高，大学自身制定的章程效力等级最低。

通常情况下，大学章程一经核准公布，便对政府、举办者及师生等利益相关者产生法律约束力。在"甘露诉被暨南大学开除学籍决定案"中，人民法院认为"在审理此类案件时，应当以相关法律、法规为依据，参照相关规章，并可参考涉案高等院校正式公布的不违反上位法规定精神的校纪校规。"可见，在我国司法实践中，大学章程以"人民法院参照、参考"的形式进入审判领域，从而被赋予较高法律效力，形成较强法律拘束力和司法影响力。在大学历史悠久的欧美国家，大学依据章程"拒绝来自城市、地方社团、国王或帝王、主教以及其他权威的意图与意志"，"获得了特权和豁免权，使它完全掌握自己的命运"。如在美国"达特茅斯学院诉伍德沃德案"（1819）中，马歇尔大法官认为，特许状是大学与州政府之间签订的契约，依据《美国联邦宪法》第1条第10款关于州政府不得制定"损害契约义务"的法律的规定，州政府不得单方面损害该契约。[①]州议会不能干涉学院所拥有的绝对权利，特别是财产权和管理权，因为宪法契约条款的目的就是保护私人产权，它不允许各州损害州与学院之间最初契约的义务。只要法人的行为或特许状是州与私人团体间的契约，它就免受立法机关的干涉。

第四，依赖性。大学章程实施的依赖性是指大学章程实施效果受到章程文本质量、配套规章、人员专业化及资源配置等因素的制约。首先，大学章程实施是对现行章程文本的贯彻执行，其实施效果，一方面受章程文本质量影响，另一方面则受以章程为统领的校内规章制度完备程度影响。一般来说，章程文本质量高，章程内在规则完善、内容详细、程序清晰、责任明确，则章程的可操作性强，章程的实施效果就好；校内规章制度完备也会提升章程的实施效果。如果大学章程规范模糊、漏洞百出、程序失当、缺少配套规章制度，那么其实施效果肯定难以实现预期目标。为保障章程文本质量，《高等学校章程制定暂行办法》第6条要求"章程用语应当准确、简洁、规范，条文内容应当明确、具体，具有可操作性"。第二章第7条至第15条详细列举了章程的具体内容。《教育部办公厅关于加快推进高等学校章程制定、核准与实施工作的通知》等文件要求"完善配套制度。要以章程为准则，全面清理学校的各项规章制度、管理文件。"其次，大学章程实施无论是形式上，还是实质上，都离不开人自觉自愿的行动。人是章程实施的核心，人的认知因素是孕育章程实施成效的土壤。实施主体的章程认知、法律知识、社会知识、专业素养、实施态度、执行能力等深刻影响着大学章程的实施效果。最后，大学章程实施是有成本的，具有资源约束性。章程实施资源主要是指保障章程实施的财力和人力资源。一方面，大学章程实施要由专门的组织机构和人员，按照正式规定的程序和方式进行，如果为章程实施设置专业机构，配置充足的专业人员，则章程实施效果容易达到预期目标；另一方面，大学章程实施物质资源配置状况将直接影响实施机构及其人员、设施的配备程度，也直接决定了章程实施可否以及能够多大范围内采取先进技术、新型工具来辅助实施。资源是稀缺的，资源约束一般是刚性的，因此在大学章程实施过程中，必须充分考虑实施成本，理性设计章程实施目标。[②]

此外，一些学者对大学章程实施特征的独特性进行了具体分析。如有学者认为：大学章程，从"法律地位"上来讲，是大学的"宪章"；从内容特点上讲，是大学的"组织法""权利法"和"程序法"；从性质上看，属于软法的范畴。这些特性决定了章程实施的独特性：一是作为学校的宪章，依据大学章程在学校内部制定形成的一套制度规则体系体现了大学章程的实施；二是大学章程作为学校的组织法，学校的机构设置、权力分配、组织构成等方面依据章程内容体现章程的实施，同时作为行为法，大学章程所涉相关主体依据章程规定享有权利、履行义务、开展活动也体现了章程的实施；三是作为软法，大学章程不能以国家强制力为实施的保障。依据这些特性，大学依据学校章程形成一套自己的规则体系，并依据章程规定设置机构、分配权力等，这体现了学校章程

[①] 柴芬斯.公司法：理论、结构和运作[M].林华伟，魏旻，译.北京：法律出版社，2001：488.
[②] 王红霞.论法律实施的一般特性与基本原则：基于法理思维和实践理性的分析[J].法制与社会发展，2018（4）：167-189.

的实施，但是这并不是章程实施的全部。章程实施不仅仅是与章程规定相一致的实施内容，而且也包括与章程规定不一致情况下的回应，相关主体可以依据章程的规定使其恢复到与章程规定相一致的轨道上来，即章程规范效力的发挥。①

（三）大学章程实施评估

在前述概念的基础上，继续探究大学章程实施评估的内涵，首先剖析"评估"的汉语意义。从语义上看，"评"是指议论或判定是非、优劣等，如评价、评判、评比等。②"估"是指大致地推测，揣测，如估计、估算成本。③"评估"是指根据一定的标准进行衡量、评价。④评估概念的适用非常广泛，如资产评估、绩效评估、政策评估、法律评估、风险评估、安全评估、文化评估、健康评估等等。与大学章程实施评估相关的概念有法律制度实施评估、立法后评估、教育督导评估等，我们考察这些相关概念，为界定大学章程实施评估内涵提供参考。

法律制度实施评估是指在法律制度颁布实施一段时间之后，由评估主体对其实施情况进行全面评估，以反映法律制度实施状况及所存在问题，并作出一定形式报告的评价机制。⑤该评估是根据必要的标准或要求去判断法律制度的实施效果，重点考察其与设立目的、社会需求的符合程度，以及制度内部诸要素和环节的功能状态。⑥

立法后评估是指运用动态方式了解某项规范性法律文件在实践中的运行状况，通过实践来检验法律与经济社会发展的要求是否适应，与其他法律之间是否存在不协调之处，从而确定该项法律文件是否应当继续实施、修改或者废止的制度。⑦

教育督导评估是教育督导部门进行的教育行政评估，它是代表政府和教育行政部门按照国家教育法律、法规和方针、政策，对有关部门、学校的教育管理工作，教育质量、效益，以及发展水平进行价值判断的过程。⑧教育督导评估的实质是以教育法律、法规和方针、政策为依据，代表政府和教育行政部门，对各级政府教育工作和教育行政部门的工作，对学校和其他教育机构及其举办者的工作，进行督导、评估和检查、验收。

对比以上评估概念可以发现，从评估时间上看，这些评估都属于后期评估，即在制度实施一段时间之后进行评估；从评估内容上看，这些评估包括合法性、合目的性、合规律性、合社会性等方面内容；从评估标准来看，这些评估通常依据国家法律、法规、

---

① 湛中乐.大学章程法律问题研究[M].北京：北京大学出版社，2016：298.
② 《新华大字典》编委会.新华大字典[M].北京：商务印书馆国际有限公司，2009：970.
③ 《新华大字典》编委会.新华大字典[M].北京：商务印书馆国际有限公司，2009：405.
④ 商务印书馆辞书研究中心.新华词典[M].北京：商务印书馆，2010：758.
⑤ 江国华，李江峰.法律制度实施效果评估程序研究[J].贵州民族大学学报（哲学社会科学版），2018（2）：127-144.
⑥ 江国华，庞羽超.法律制度实施效果评估触发机制研究[J].社会科学动态，2018（1）：42-56.
⑦ 王称心.立法后评估标准的概念、维度及影响因素分析[J].法学杂志，2012（11）：90-96.
⑧ 教育部关于印发《中等职业教育督导评估办法》的通知[EB/OL].[2021-03-06].http://old.moe.gov.cn//publicfiles/business/htmlfiles/moe/moe_764/201203/xxgk_131750.html.

方针、政策等；从评估目的看，这些评估致力于发现存在问题，观测实施效果；从评估结果看，这些评估数据将成为相关制度修订完善或废止的重要依据。

通过以上梳理，可以将大学章程实施评估概念界定为：评估主体依据特定标准对大学章程实施状况进行全面考察，以期反映章程实施效果与章程制定目的、大学运行实践、社会发展需要等契合度以及大学章程内部要素、与配套规则以及相关法律法规之间协调程度的价值判断过程。

大学章程实施评估的内涵具体包括以下三方面：

第一，对大学章程实施一段时间之后的评估，属于"立法后评估"的范畴。我国新一轮大学章程建设正式开启于《高等学校章程制定暂行办法》颁布实施之后，随着中国人民大学、东南大学、上海外国语大学、武汉理工大学和华中师范大学等6所高校章程获得教育部首批核准，全国高校章程建设进入全面发展阶段，截至2015年底基本形成"一校一章程"的局面。各高校章程经历了5年的实施运行，其效果如何，是否实现当初的预设目标，需要相关部门及机构进行"立法后评估"。

第二，大学章程具有法律属性、具有法律效力，大学章程实施评估属于"法律实施"效果评估范畴。我国大学章程虽然不是经过国家立法机构通过，不属于狭义法律范畴；但是，我国大学章程经过国家行政机关核准和备案，具备法律效力，对举办者、政府部门、教职工、学生等利益相关者产生法律拘束力。《高等学校章程制定暂行办法》第23条规定："地方政府举办的高等学校的章程由省级教育行政部门核准，其中本科以上高等学校的章程核准后，应当报教育部备案；教育部直属高等学校的章程由教育部核准；其他中央部门所属高校的章程，经主管部门同意，报教育部核准。"

第三，大学章程实施评估是合目的性、合社会需求性、合法性的统一。就目的性而言，是考察大学章程实施效果与大学章程制定初衷的相符程度，即预期目标的实现程度；就社会需求性而言，是考察大学章实施效果与社会需求的契合程度；就合法性而言，是考察大学章程在运行过程中与《中华人民共和国教育法》《中华人民共和国高等教育法》以及相关法律法规的统一协调问题。此外，还有大学章程内部的和谐性，大学章程诸要素，如行政权力、学术权力及民主权力的协调运行，大学章程与校内规章制度的协调配套等。在以上原则指导之下，评估主体全面评估大学章程实施状况及存在问题，并根据必要的标准或要求去判断，重点考察其与章程制定目的、社会需求的符合程度，以及章程内部诸要素和环节的功能状态。虽然大学章程实施的出发点始终围绕大学章程设立的目的，但在实施过程中由于部分风险因素的不可控性，大学章程的实施结果可能与设立目的不一致。此外，还要通过实施评估来检验大学章程与经济社会发展的要求是否适应，与其他法律法规之间是否存在不协调之处；在此基础上确定大学章程的条款是否应当继续实施、修改或者废止，以促进大学章程完善。

二、大学章程实施评估的原则

大学章程实施评估原则，对大学章程文本及其运行过程进行评估所应遵循的基本准则，贯穿于大学章程实施评估的各个环节，是大学章程实施评估活动的指南。只有确保章程实施评估基本原则的正确性，才能保障评估过程的有序进行以及评估结果的科学、准确和有效。大学章程实施评估的原则是指在大学章程实施评估过程中与大学章程实施评估相关的基本原则，包括"公平与效率兼顾、事实与价值统一、超前与适用结合"原则，①"主观指标与客观指标相结合、事实指标与价值指标相结合、定量指标与定性指标相结合、普遍指标与特殊指标相结合、整体指标与具体指标相结合、内在指标与外在指标相结合"原则②，"政治监督、依规依纪依法、协同高效等专属"原则，③"分类推进、主体性、针对性"原则④。本研究认为大学章程实施评估具有政治性、合法性、合理性、公开透明、客观真实和系统科学等原则。

（一）政治性原则

政治性原则是大学章程实施评估应当坚持的基本原则，是大学章程建设方向的根本保障。在大学章程实施评估过程中，必须以坚持党的领导、坚持社会主义办学方向、贯彻以人民为中心的发展理念、办人民满意的教育、遵循新发展理念、促进高质量发展等为指导原则，将其贯彻于大学章程实施评估的各个环节。2021年4月19日，习近平总书记在清华大学考察时强调，"我们要建设的世界一流大学是中国特色社会主义的一流大学"。他为我国世界一流大学建设指明了方向，"一流大学建设要坚持党的领导，坚持马克思主义指导地位，全面贯彻党的教育方针，坚持社会主义办学方向，抓住历史机遇，紧扣时代脉搏，立足新发展阶段，贯彻新发展理念、服务构建新发展格局，把发展科技第一生产力、培养人才第一资源、增强创新第一动力更好结合起来，更好为改革开放和社会主义现代化建设服务。"2021年《中国共产党普通高等学校基层组织工作条例》⑤第1条："为了深入贯彻习近平新时代中国特色社会主义思想，贯彻落实新时代党的建设总要求和新时代党的组织路线，坚持和加强党对普通高等学校（以下简称高校）的全面领导，加强和改进高校党的建设，扎根中国大地办好中国特色社会主义大学，根据《中国共产党章程》和有关法律，制定本条例。"第2条规定："高校党组织必须高举中国特色社会主义伟大旗帜，以马克思列宁主义、毛泽东思想、邓小平理论、'三个代表'重要思想、科学发展观、习近平新时代中国特色社会主义思想为指导，增强'四个意识'、坚定'四个自信'、做到'两个维护'，全面贯彻党的基本理论、基本路线、基本方略，全面贯彻党的教育方针，坚持教育为人民服务、为中国共产党治国理政服务、为巩固和发展中国特色社会主义制度服务、为改革开放和社会主义现代化建设服务，坚守为党育人、为国育才，培养德智体美劳全面发展的社会主义建设者和接班

---

① 李琪，王兴杰，武京军.新时期我国公共政策评估的原则、标准和要点[J].干旱区资源与环境，2019（10）：1-8.
② 王利军.论法治评估指标设计的基本原则[J].西南民族大学学报（人文社科版），2019（9）：93-97.
③ 桂梦美，王思涵.治理视域下纪检监察派驻机构改革：原则、职责和评估[J].河北法学，2021（4）：134-145.
④ 刘梦今，林金辉.构建中外合作办学评估制度的基本依据与原则[J].教育研究，2015（11）：123-128.
⑤ 《中国共产党普通高等学校基层组织工作条例》[EB/OL].[2021-03-03].http://www.gov.cn/zhengce/2021-04/22/content_5601428.html.

人。"2011年《高等学校章程制定暂行办法》第4条规定："高等学校制定章程应当以中国特色社会主义理论体系为指导，以宪法、法律法规为依据，坚持社会主义办学方向，遵循高等教育规律，推进高等学校科学发展。"

我国大学章程建设必须坚持正确的政治方向，反映国家、社会、公众及师生的集体意志。正如有学者对法律本质的论述：法律是人民意志的反映，记录着人民关于国家权力的主张。人民对国家权力的要求是由法律来记载、反映和体现的。国家权力的人民属性决定它的法治属性。法律成为国家机关及其公务人员的行为准则，成为法律化的政治标准。这是人民民主的体现，是法治的要求。[①]如同法律一样，大学章程建设必须严格遵循《中华人民共和国宪法》《中华人民共和国教育法》《中华人民共和国高等教育法》的本质要求，体现国家、人民意志，记载国家、社会、教师、学生的主张和诉求。大学章程的实质是国家、社会、公众及师生意志的综合体现，是其最清晰的表达，也是其最重要的载体。大学章程实施者是否忠于国家、社会、公众及师生意志，就看其是否忠于大学章程；大学章程文本制定必须坚持正确的政治方向，也从深层次要求大学章程实施必须具有坚定的政治立场。

（二）合法性原则

在行政法上，合法性原则即依法行政原则。德国行政法学家奥托·迈耶认为依法行政主要包括两方面：第一，法律优先原则，即法律对于行政权，具有优越地位，行政行为与法律相抵触者不应发生法律效力；第二，法律保留原则，即有关基本权利的限制应当由法律规定。法律优先原则强调一切行政行为不得与法律相抵触，根本目的在于禁止违法行政行为，但并不要求所有行政行为都必须具有明确的法律依据，只要不违背现行法律规定即可，被称为消极的依法行政原则[②]。法律保留原则被称为积极的依法行政原则，强调减损基本权利的行政行为必须于法有据，强调"法无规定不行政""法无授权即禁止"，否则就构成违法行政。

对大学章程实施评估而言，合法性是指作为法律、法规授权组织的高校必须坚持依法治教、依法治校原则，处理内外事务应当依照法律、法规、规章的规定进行；没有相关的法律、法规、规章依据时，也不得作出影响举办者、教职工、学生、社会公众等利益相关者合法权益或增加其义务的决定。大学章程实施评估原则的合法性，就是要监测高校行为是否遵循依法治校、依法治教原则，同时也要求评估过程符合法律、法规及规章的要求，既要实体公正，也要程序公正。大学章程实施的合法性越高，就越能提升善治的程度；大学章程实施评估的合法性越高，则越能为大学善治提供有效的数据支撑。大学善治的合法性特质要求通过章程的大学治理最大限度地协调各利益相关者的利益冲突，使大学治理活动在权利利益主体之中取得最大限度的认可。

大学章程实施源于上位法的法律效力，具有行使的权威性和正当性，通过章程的大

---

① 左泽渊.加强对法律实施的监督[EB/OL].[2020-11-06].http://www.qstheory.cn/llwx/2019-12/16/c_1125351058.html.
② 王名扬.法国行政法[M].北京：中国政法大学出版社，1989：196-198.

学治理具有合法性。合法性是大学章程被利益相关者普遍认可的基础，也是通过章程治理大学的理论根基。大学章程的合法性体现在其实质的合法性，大学章程的价值选择符合大学利益相关者的利益诉求、道德传统信念和社会价值观，因而被利益相关者普遍接受、认可和遵守，并对大学各利益相关者具有普遍的约束力。

大学行政行为和校纪校规的合法性是依法治校的基本要求。《高等学校章程制定暂行办法》第25条明确要求对章程进行合法性审查，"核准机关应当指定专门机构依照本办法的要求，对章程核准稿的合法性、适当性、规范性以及制定程序，进行初步审查。"2017年《普通高等学校学生管理规定》第56条也规定了合法性审查原则，"对学生作出取消入学资格、取消学籍、退学、开除学籍或者其他涉及学生重大利益的处理或者处分决定，应当提交校长办公会或者校长授权的专门会议研究决定，并应当事先进行合法性审查。"

在大学运行实践中，应当通过行政、司法等途径积极修正与法律法规不一致的做法。在"田永诉北京科技大学"案中，法院认为，"高校依法具有相应的教育自主权，有权制定校纪、校规，并有权对在校学生进行教学管理和违纪处分，但是其制定的校纪、校规和据此进行的教学管理和违纪处分，必须符合法律、法规和规章的规定，必须尊重和保护当事人的合法权益。该案原告在补考中随身携带纸条的行为属于违反考场纪律的行为，被告可以按照有关法律、法规、规章及学校的有关规定处理，但其对原告作出退学处理决定所依据的该校制定的第068号通知，与1990年《普通高等学校学生管理规定》第29条规定的法定退学条件相抵触，故被告所做退学处理决定违法。"①

对华中科技大学的"本降专"规定，也应该进行合法性审查，及时消解社会公众的争议和困惑。本研究认为，从合法性上看，"本降专"存在两方面问题：第一，具有违反上位法条款的情形。"高校依法制定的校纪校规和据此进行的教学管理和违纪处分，必须符合法律、法规和规章的规定"，该原则为最高人民法院指导案例——1998年"田永诉北京科技大学拒绝颁发毕业证、学位证案"所确认。"本降专"规定与2017年《普通高等学校学生管理规定》第34条相抵触，"学校应当严格按照招生时确定的办学类型和学习形式，以及学生招生录取时填报的个人信息，填写、颁发学历证书、学位证书及其他学业证书"。显然，"本降专"将导致被处分学生的学籍信息前后不一致，难以满足法定要件。另外，2017年《普通高等学校学生管理规定》第67条也明确要求"学校应当根据本规定制定或修改学校的学生管理规定"。因此，按照上述条款，"本降专"规定应该属于被"修改"的对象，于是2017年《北京大学本科生学籍管理办法》取消了该规定。第二，涉嫌超越内部行政职权。法律保留原则依其适用范围，具体可分为"侵害保留说""全面保留说""重要事项保留说"等。其中，"重要事项保留说"②是指涉及人民自由权利的行政领域应适用法律保留原则，"强调法律应当对侵害行政的对象、内容、程序以及相应的法律后果等作出明确规定，以使侵害行政不仅可以预见，而且

---

① "田永诉北京科技大学拒绝颁发毕业证、学位证案".最高人民法院指导性案例38号.
② 翁岳生.行政法[M].北京：中国法制出版社，2000：180-183.

可以衡量。""高校教育领域的重要事项是对实现学生受教育权利具有重大意义的事项，如教育内容、学习目标、学科范围、学校组织结构、学生法律地位、学生纪律处分等[①]。"这些重要事项，都应该有上位法的明确规定，不能由高校机关自行规定。尽管高校实施"本降专"的行政管理行为，没有彻底剥夺学生的受教育权，没有使学生彻底丧失受教育机会，但是从本科降至专科，改变了学生的受教育层次，使学生身份发生重大变化，对学生的未来就业和职业选择产生重大影响，甚至对学生的未来生活产生重大的消极影响，构成"对学生利益的重大减损"。因此，该规定应当属于高等教育领域的重要事项，应该由上位法明确规定或授权。

（三）合理性原则

大学章程实施评估既要合法，也要合理。依据行政法原理，行政机关实施行政管理应当遵循公平、公正的原则，平等对待行政管理，相对人，不偏私、不歧视；行使行政自由裁量权应当符合法律目的，排除不相关因素的干扰；所采取的措施和手段应当必要、适当；行政机关实施行政管理可以采用多种方式实现行政目的，应当避免采用损害当事人权益的方式。

合理性原则的核心是比例原则，主要强调手段和目的之间的相称性，手段要适度、合理。1998年"德弗雷塔斯案"对比例原则提出了三项标准：第一，立法目标是否足够明确，以设立对基本权利的限制；第二，手段能否以理性的方式有助于立法目标的实现；第三，对基本权利的限制不能超过所要达到的目的，必须是必要的。具体来讲：第一，行政机关在行使行政管理职能时，即便是依照法律可以限制相对人的合法权益、设定相对人的义务，也应当使相对人所受的损失保持在最小范围和最低程度。这就要求行政机关在行使自由裁量权时所采取的措施和手段必须是最轻微的，不到万不得已时，不得采取激烈手段外，行政机关在做出行政行为时，面对多种可能选择的手段时，对手段的选择应按照目的加以衡量。第二，行政机关实施行政管理的方式很多，有直接管理手段和间接管理手段，有事前管理手段、事中管理手段和事后管理手段等，不同的管理方式所需要付出的管理成本不相同，给行政机关管理带来的便利也不相同。

大学章程实施评估要遵循合理性原则，即要求对大学行为及其校纪校规进行合理性审查，使其符合公平、公正原则，符合公益目的、教育规律及高校人才培养目标和宗旨。以"本降专"规定为例，我们认为，该规定手段与目的错位，不符合适当性原则，而且学校除"本降专"之外还有更多选择，不具有唯一性，该规定不符合最小侵害原则。具体如下：

首先，该规定手段与目的错位，该规定不符合适当性原则。适当性是指行政机关的行政行为能够或有助于实现行政目的，即目的和手段之间必须是适当的。2017年《普通高等学校学生管理规定》第3条、第54条确立了"管理和育人相结合""教育和惩戒相结合"的原则，体现了以育人为本的价值取向。依据1882年"十字架山案"的原理，

[①] 毛雷尔.行政法学总论[M].高家伟，译.北京：法律出版社，2000：177.

警察局以促进民众福祉为由而制定的禁令，未获得法律授权，属于不必要的措施。虽然"本降专"对促进学生学习具有一定的激励作用，但有碍于实现育人目的，因为其考虑更多的是如何严肃学纪、维护学校管理权威。统计近些年关于试读、退学的新闻资料和研究文章，部分原因在于：对专业不感兴趣，转专业又未成功，玩物丧志，沉迷游戏。面对这些情形，我们必须思考一个问题，这些能够进入像清华大学、华中科技大学这样名校的"学渣"，以前都是各个地方的"学霸"，哪些因素使这些昔日的"学霸"成为如今的"学渣"而面临"降入专科"或退学的窘境？学校在这个过程中应该承担哪些责任？学生应该承担哪些责任？学校有没有改变一些不合时宜的规章制度，如取消"转专业限制"，有没有从思想教育、禁绝网瘾、开设课外帮扶班等方面进行补救工作，从根本上解决问题。如果单纯对这些暂时陷入学习困难的学生采取"本降专"措施，是否能收到良好效果，值得商榷。

其次，该规定对学生权益造成较大伤害，不符合高校立德树人的本质要求，更不符合最小侵害原则，学校除"本降专"之外还有更多选择。最小侵害原则，又称为必要性原则，指立法或行政机关针对同一目的，有多种手段可供选择时，应选择对相对人损害最小的手段。高校应以保障学生权益为立足点，应该在多种同样能达成目的的方法和手段中，选择对学生的合法权益可能造成的损害最小的一种措施来进行规制。对学业不达标学生的惩戒，可供选择的方式包括留级、降级、重修、退学试读、休学等，"本降专"并非最小侵害的措施。1987年，国家教委曾提出"退学试读"①制度，"对已经退学的学生，经学生本人申请，收费试读一年，期满成绩合格者，转为正式生，不合格者解除试读。试读只能试行一次。"2015年《清华大学本科生学籍管理规定》第38、40条也引入了"退学试读"规定，"学生因课程学习不合格导致一学期所取得学分低于12学分者，转入试读，暂保留学籍一年。""试读期间，春秋两个学期取得的学分总和达到30学分以上，且取得夏季学期全部学分者，可以解除试读。学生在校学习期间，只能试读一次，试读期为一学年。试读期满，未达到解除试读学分要求者，转入专科学习或者退学。"该制度在"本降专"之前加入了"退学试读"条款，既对学生进行了学业警示，也为学生留有充分的时间去提升学业，可能会更有助于保障学生受教育权益。为了适应北京大学教学改革与人才培养发展的需要，2017年6月16日北京大学教务长办公会审议通过《北京大学关于本科生退学试读的意见》，在校本部本科生（含留学生）范围内执行，对因学业成绩原因达到《北京大学大学生学籍管理办法》退学标准的学生试行"试读"制度。②通过这些措施，将教育关口前移，强化过程管理，加强精准帮扶，既可以实现对学生教育和惩戒的目的，也能够维护学校的管理秩序。

---

① 教育部高校学生司.中国高等教育学生管理规章大全（1950—2006）[M].北京：首都师范大学出版社，2007：258.
② 北京大学关于本科生退学试读的意见[EB/OL].[2021-03-07].http://www.dean.pku.edu.cn/web/rules_info.php?id=70.

（四）公开透明原则

大学章程实施内容的公开透明能够有效保障学校教师、学生、校友、社会公众、政府部门及其他利益相关者主体的知情权、参与权、表达权和监督权，也是督促学校依法自主办学的重要措施。2020年7月颁布的《教育部关于进一步加强高等学校法治工作的意见》（教政法〔2020〕8号）要求"推动校内规范性文件管理信息化和公开化，提高管理效率，方便师生查阅。"[1]2010年3月30日，第5次教育部部长办公会议审议通过教育部颁布的《高等学校信息公开办法》（教育部令第29号），并于2010年9月1日起施行。[2]其中，第2条规定"高校在开展办学活动和提供社会公共服务过程中产生、制作、获取的以一定形式记录、保存的信息，应当按照有关法律法规和本办法的规定公开。"第4条规定"学校应当遵循公正、公平、便民的原则，建立信息公开工作机制和各项工作制度。"除涉及国家秘密、商业秘密、个人隐私以及法律、法规和规章以及学校规定的不予公开的信息之外，第7条明确列举了高等学校高校应当公开主动信息内容。为保障高校信息内容的有效公开，增强高校工作透明度，2014年7月25日，教育部印发《关于公布〈高等学校信息公开事项清单〉的通知》（教办函〔2014〕23号），要求各个高校确保信息真实及时、建立即时公开制度、构建统一公开平台以及加强公开监督检查。[3]2014年5月，《教育部关于改进评审评估评价和检查工作的若干意见》（教政法〔2014〕7号）第6条要求"加大信息公开力度。要按照政府信息公开规定，公开三评和检查的管理制度、工作规则、评价指标体系和评分标准、工作部署通知和工作结果。要通过设置和公开咨询电话或者网络平台，提供咨询服务，受理举报和投诉。"[4]

教育部关于公布《高等学校信息公开事项清单》的通知

为进一步推进高校信息公开工作，扩大社会监督，提高教育工作透明度，根据《中华人民共和国政府信息公开条例》《高等学校信息公开办法》，我部研究制定了《高等学校信息公开事项清单》（以下简称清单）。现予公布，并就有关事项通知如下。

一、确保信息真实及时。各高校要把清单实施工作作为完善内部治理、接受社会监督的重要内容，对清单所列各项信息公开的真实性、及时性负责，切实保障人民群众的

---

[1] 教育部关于进一步加强高等学校高校法治工作的意见[EB/OL].[2020-11-06]. http://www.moe.gov.cn/srcsite/A02/s5913/s5933/202007/t20200727_475236.html.

[2] 高等学校高校信息公开办法[EB/OL].[2020-11-06]. http://www.moe.gov.cn/srcsite/A02/s7049/201005/t20100511_170528.html.

[3] 教育部关于公布《高等学校高校信息公开事项清单》的通知[EB/OL].[2021-01-16].http://www.moe.gov.cn/srcsite/A01/s7048/201407/t20140728_174685.html.

[4] 教育部关于改进评审评估评价和检查工作的若干意见[EB/OL].[2021-01-16]. http://www.moe.gov.cn/srcsite/A02/s7049/201405/t20140528_170120.html.

知情权、参与权和监督权。公民、法人或者其他组织有证据证明公开的信息不准确的，高校应当及时予以更正；对公开的信息有疑问的，可以申请向高校查询。

二、建立即时公开制度。各高校应当在清单信息制作完成或获取后20个工作日内公开，信息内容发生变更的，应当在变更后20个工作日内予以更新。各事项公开的具体要求，遵照清单"有关文件"栏目所列文件的规定执行。各高校可在清单基础上进一步扩大公开范围，细化公开内容。教育部还将根据最新政策要求对清单进行动态更新。

三、完善年度报告制度。各高校应当编制学校上一学年信息公开工作年度报告，对清单所列信息的公开情况逐条详细说明。年度报告应当于每年10月底前向社会公布，并报送所在地省级教育行政部门和上级主管部门备案。

四、构建统一公开平台。2014年10月底前，部属高校应当在学校门户网站开设信息公开专栏，统一公布清单各项内容。应充分利用新闻发布会及微博、微信等新媒体方式，及时公开信息，加强信息解读，回应社会关切。教育部将在部门户网站集中添加教育部直属高校信息公开专栏链接，为社会公众查询提供统一入口。

五、加强公开监督检查。要根据《高等学校信息公开办法》要求，高校监察部门会同组织、宣传、人事等机构及师生员工代表，对清单实施开展监督检查，省级教育行政部门负责本行政区域内高校日常监督检查，监督检查的结果要向社会公开。对于不按要求公开、不及时更新、发布虚假信息的，由省级教育行政部门责令改正；情节严重的，予以通报批评，并依法追究相关人员责任。教育部将引入第三方对教育部直属高校落实情况开展评估，并适时组织督查，评估和督查情况将向社会公开。

教育部直属高校要制定落实细化方案，明确清单各事项的公开时间、责任机构和责任人。地方高校和有关部门所属高校根据各省级教育部门和主管部门（单位）教育司（局）要求做好清单落实工作。

在大学章程实施内容的公开透明之外，评估机构的评估程序、评估内容、评估指标、评估结果等应该是公开的、可查询的，应该以多种方式向社会公开。评估过程、结果等的公开，有助于拓展民主开放的校内"执法"渠道，让社会对评估活动进行监督。同时，也有助于评估获取真实可靠的章程实施状况，从而能够完善章程文本，健全校内规章制度体系，[1]提升高校治理能力，形成章程有效实施的局面。但是，当前一些省份也对辖区内的大学章程实施情况进行了评估，但是没有公开章程实施的详细情况，师生和社会公众等群体不了解章程实施情况，更是无从监督。

（五）客观真实原则

客观真实原则是大学章程实施评估的基本原则，贯穿于章程实施评估过程的各个环节。该原则要求章程实施评估机构，应当深入调查广泛地征询学校党政领导、学术组织

---

[1] 杨向卫，仵桂荣.高校"本降专"规定的合法合理性审视：兼论高校校规合法性审查机制[J].法学教育研究，2019（3）：419-432.

负责人、教师代表、学生代表、相关专家代表、行政主管机关代表、社会知名人士、退休教职工代表、校友代表等的意见，全面收集、分析与评估相关的信息资料，根据信息资料分析，实事求是地得出评估结论，提出评估建议。大学章程实施评估结论必须一切从实际出发，以数据和事实说话，评估机构不能预设评估结论，不得按照评估机构和个人的偏好随意取舍信息资料，更不应该以假定结论，做虚假评估，进行数据造假；而应当坚持客观真实原则，主观意志围绕客观事实转变，克服部门利益、校本利益甚至个人利益倾向。①这一点可以参照全国人大常委会办公厅《关于争议较大的重要立法事项引入第三方评估的工作规范》第11条规定，"开展评估工作，应当做到客观、独立、公正，不得进行可能影响评估客观性、独立性、公正性的活动，不得弄虚作假和抄袭剽窃。"②

在大学章程实施评估过程中应该秉持以下态度：第一，大学章程实施评估应该坚持以中立、超然的态度对待每一所高校的实施状况。现实的状况是，当前正式相关评估都是由各省教育厅牵头进行或委托第三方机构实行，这些评估机构与被评估高校存在千丝万缕的联系，评估专家也都是同一个"朋友圈"的。这样的章程实施评估，就像父母看自家子女，看哪儿都好，容易忽视客观实际情况，有些甚至还帮着隐瞒真实情况，制造虚假报告。即便是谈问题，也往往是大而化之，大事化小，小事化无，章程实施评估成了走过场、做形式，不能有效及时地发现章程实施中存在的问题，也难以提出有针对性的建议和措施。第二，结合现行教育法律、法规、规章及政策方针，紧扣大学章程建设的宗旨和目标，考察各个大学章程、以章程为统领的校内规章制度体系是否有可操作性、实效性，把客观性与针对性有机结合起来，动态地对大学章程实施状况作出科学合理的分析和评价。

（六）系统科学原则

系统是由相互联系、相互作用、相互协调的要素组成的，具有一定功能和结构的有机整体。③大学章程实施是一个较为复杂的有机系统，涉及大学内外运行的方方面面，如"党委领导、校长负责、教授治学、社会参与"的治理结构，"科学研究、社会服务、人才培养、国际交流合作"的基本职能，"学生参与、纪律处分、学生组织、入学转学、分配就业、退学试读"的学生工作，"教师招聘、职称评定、科研组织、民主管理监督、纪律处分、申诉维权"的教师管理，"党委会、校长办公会、校务委员会会议、党政联席会、学术委员会、院务会议、教务会议、教职工代表会、董（理）事会"的会议制度，"大学愿景、目标、宗旨、价值观、内部制度及行为规范"的组织文化等不同层面、不同类型的相互联系、相互依存的要素组成的集合体。

大学章程实施评估的系统科学原则，一方面体现在评估标准、评估方法和评估程

---

① 任尔昕.地方立法质量跟踪评估制度研究[M].北京：北京大学出版社，2011：30.
② 关于争议较大的重要立法事项引入第三方评估的工作规范[EB/OL].[2021-03-11].http://www.npc.gov.cn/npc/c30834/201801/725399c451964e75aab6323017afc464.shtml.
③ 李明超.基于系统科学的城市病评估、实证与治理[J].上海对外经贸大学学报，2019（4）：90-99.

序等技术性规范问题上；另一方面则反映在深层次的评估观念、理念上。大学章程实施评估应当制定系统科学的评估指标体系，对已经实施了一段时间的大学章程和以其为统领的规章制度体系，进行全面系统的审查评价，不仅进行法律技术性分析，还包括制度设计的合法性、制度条款的衔接协调性、可操作性及实施成效等方面。在具体评估过程中，评估机构既采用定量分析，也采用定性分析，运用科学的方法和技术设计调查问卷，系统收集、分析评估信息资料，也充分听取专家的意见和建议。只有运用系统科学的方法对大学章程实施状况进行评估，才能得到最具前瞻性的评估结论，为今后修订完善章程、提升章程实施成效提供最有价值的意见和建议。

三、大学章程实施评估的功能

功能是指系统与外部环境相互联系和相互作用中表现出来的性质、能力和功效，是系统内部相对稳定的联系方式、组织秩序及时空形式的外在表现形式。系统的功能是与系统的结构相对应的范畴。[①]一个系统往往具有多种功能，一种环境下，一个系统可以表现出多种功能；不同环境下，同一系统也可表现出不同的功能。有学者从认识论出发，提出高等教育评估具有鉴定、自省、参谋、批判、中介等五种形式的功能；[②]有学者通过梳理我国高等教育评估历程，认为其具有诊断改进、激励导向、鉴定改进、咨询决策等四种功能。[③]此外，我国教育督导评估具有鉴定、激励、导向、调控等功能。[④]有学者提出，评估具有价值判断、发现、选择、反思、导向的功能。比较普遍并被广泛认同的认识是：评估是对事物价值关系的判断活动。评估的最普遍的功能是价值判断。[⑤]

大学章程实施评估是对大学章程实施价值的认知和判断活动，以大学章程自身价值为前提，以优化章程文本、完善内部治理结构、提升依章治理能力为目的。大学章程实施评估的功能是指该项评估能够对国家、举办者、学校、教职工、学生及其他利益相关者所产生的影响及效果。大学章程实施评估呈现出多方面能力和功效，它能够促进大学更好地满足国家政治、经济、文化、社会发展需要，满足学校内涵式高质量发展需要，满足教师学术发展需要，满足学生全面发展需要等诸多方面现实或潜在的价值需求。大学章程实施评估的多样功能主要表现在以下五方面。

（一）认知优化功能

大学章程被誉为"大学宪章"，是现代大学制度的核心载体，是全面依法治校的根本准则。《高等学校章程制定暂行办法》第二章对章程内容做了详细规定，细化了1998

---

① 魏宏森，曾国屏.系统论[M].北京：清华大学出版社，1995：290.
② 别敦荣.论高等教育评估的功能[J].高等教育研究，2002（6）：34-38.
③ 顾月琴，张红峰.我国高等教育评估的功能及其面临的问题[J].淮海工学院学报（社会科学版），2011（18）：11-13.
④ 教育部关于印发《中等职业教育督导评估办法》的通知[EB/OL].[2021-03-11].http://old.moe.gov.cn//publicfiles/business/htmlfiles/moe/moe_764/201203/xxgk_131750.html.
⑤ 刘徐湘.提升高等教育评估的价值发现功能[J].高教发展与评估，2012（2）：64-68.

年《中华人民共和国高等教育法》第28条的规定，几乎涵盖学校系统的全部内容，形成了大学章程实施评估的基本依据。大学章程实施评估不仅涉及静态的章程文本内容，更涉及动态的大学章程运行机制，既包括宗旨使命、机构职能等的描述，也包括宗旨使命如何贯彻落实、职能机构如何协调运行等。可见，不论是章程制定时期的文本内容，还是章程实施时期的运行环节，涉及范围都非常庞杂、烦琐，学校内部人员尽可能规划仔细、统筹全面，也难免出现瑕疵和意料之外的问题，可能还存在着"不识庐山真面目，只缘身在此山中"的认知僵化现象。

大学章程实施评估是一个大学章程再教育过程，能够促进学校在章程制定完成之后，再掀起一股大学章程知识宣传教育的热潮，帮助学校管理人员、教职工、学生等培养章程观念，提升章程意识，树立章程权威。一些学校在章程通过审核之后，章程宣传教育就暂告一段落，没有建立起常态化的章程宣传教育机制。为此，2020年《教育部关于进一步加强高等学校法治工作的意见》中要求，"推进学校章程的学习宣传和贯彻实施，在学校网站显著位置公布章程；在校内开展过章程宣传活动，教职工入职培训、学生入学教育包含有章程内容；学校有解释章程的程序。""推动校内规范性文件管理信息化和公开化，提高管理效率，方便师生查阅。"

大学章程实施评估是一个自查自纠过程，能够促进学校系统认识章程建设的价值和意义。在准备评估或实施评估的过程中，学校领导、各个部门负责人、学术单位负责人都需高度重视，对学校章程建设状况依据评估标准，进行一次全面系统地梳理，查漏补缺，发现一些平常没有引起重视的问题，解决一些平时久拖不决的问题，从而提升对本校章程建设的认知水平，也可达到"以评促建、以评优建"的目标。

大学章程实施评估是一个引进"外脑"的过程，能够促进学校吸收借鉴大学章程建设的新思想新技能。总体来看，大学章程建设是一个"内部人"行为的过程，受学校地域限制、领导及管理人员认知差异等，一些高校的章程制定及实施存在诸多亟待完善的地方。大学章程实施评估专家组，由不同领域的专家学者组成，这些专家往往是大学章程制定的献策者、大学章程完善的参与者、大学章程建设政策的解读者、依据章程自主管理的探索者，[①]既有理论优势，也有实践经验，可谓见多识广，对大学章程建设具有一些独特的见解和意见。在评估过程中，通过评估专家的指导和帮助、交流与沟通、诊断及建议等，使校内相关人员增长见识、开阔视野，纠正一些对大学章程建设的错误认知，对大学章程建设的认知更加精准化、严密化和系统化。

（二）诊断改进功能

诊断的内涵在医学和教育之间具有相通之处。从医学上看，诊断是指医生对人们的精神和体质状态作出的判断，是对人的健康状态、劳动能力和某一特定生理过程的判断。诊断过程一般分为三个步骤：第一，收集资料。通过询问就诊者的主观感受症状采

---

① 罗昕，李芷娴.外脑的力量：全球互联网治理中的美国智库角色[J].现代传播（中国传媒大学学报），2019（3）：74.

集病史资料；同时，还以实验检查、影像检查、脑电图、心电图、肌电图、内窥镜检查、病理检查、功能检查、试验治疗、手术探查等辅助诊断。第二，评价资料。对收集的资料，一方面要估计其真实性和准确性，另一方面要辨别其反映的是正常还是异常。若属异常，再进一步评价其诊断价值。第三，分析推理判断。在评价资料的基础上进行综合分析、联想推理，然后给出诊断意见。

在教育领域，教育诊断是指对教育工作中存在的问题进行具体分析，开出处方，提出改进措施的咨询形式。其具体步骤和方法：第一，团体或个人向主管教育领导机关或诊断部门提出诊断要求；第二，接受诊断申请的有关部门需建立诊断组织，了解和熟悉有关文献和资料，以及对各项工作的标准要求，拟定诊断提纲，统一评价标准；第三，采取多种方法进行现场调查，在调查的基础上，召开讨论会，分析该教育组织或个人存在的主要问题及其形成过程；第四，进行全面或专题性诊断；第五，提出诊断报告，包括解决问题的办法，报上级主管部门批准后执行。[①]

大学章程实施评估的诊断，是指通过章程实施评估，评估组织者收集整理大学章程实施的相关信息资料，采用一定的手段进行选择和处理后，将处理结果与相关标准进行对比分析，以研判大学章程实施效果，揭示存在问题，进而提出针对性建议。当前在大学章程实际运行中，一些大学章程存在条款不周全、程序不公正、逻辑体系不严密等问题，导致难以有效执行；一些大学章程在国家政策法规修订之后，没有及时跟进修订；一些大学章程难以适应社会及学校发展的现实及前瞻性发展要求；一些大学对章程存在"重制定、轻实施"的问题；一些大学章程存在运行"空心化"、执行"肠梗阻"的问题，这些问题产生的主要原因在于我国大学章程建设采取的是政府利用行政力量强制推动的后补性制度建设的模式，大学内部章程制定和实施的内生动力不足。这些问题在微观上的表现如何，以及如何改善这些情况，需要通过章程实施督导、第三方监督评估、社会监督、司法监督等途径，采取"自评自查、外部监督，职能督导、调查核实、反馈交流、落实整改"，尽可能准确把握章程实施的详细情况，全面分析有效经验、突出问题及其原因，及时修改完善大学章程。

大学章程实施评估的诊断，不仅适用于单个高校，而且适用于大学群体。通过开展章程实施评估活动，既能发现和处理单个大学章程实施中的个别突出问题，又能发现群体大学章程建设的共性问题；评估组织者应及时向被评估大学反馈评估情况，逐项反馈存在的问题，给出修订建议和要求；进而推动单个大学修订完善章程文本及配套规则，促进教育行政部门修订和完善章程建设相关规章制度，不断提升大学章程建设质量，夯实大学高质量发展的制度基础。

（三）厘清权责功能

权力是指在法律上由国家机关授予的具有通过做出或不做出一定行为而改变一定法律关系的能力或资格。权责统一中的"权"与"责"更多地特指行政权及相应的行政

---

① 顾明远.教育大辞典[M].上海：上海教育出版社，1998：1879.

责任。①行政权是一种职权，意味着行政机关或获得授权的公共事业单位具有依据相关法律法规从事特定行为的资格或能力，而且也意味着它必须从事这一行为，否则就是失职或违法。行使行政职权，首先必须坚持依法行政，"法定职责必须为，法无授权不可为"；其次要坚持权责统一，"有权必有责、用权受监督、违法要追究。"

在大学章程运行实践中，权力与责任是一对共生体，②权责统一是大学内部权力有序运行的基本价值取向。以权责统一为基本原则，科学合理地配置权力，处理好不同权力主体之间的关系，③是推进大学治理体系和治理能力现代化的关键所在，也是推动大学章程有效实施的内在动力。《高等学校章程制定暂行办法》第5条要求，"高等学校的举办者、主管教育行政部门应当按照政校分开、管办分离的原则，以章程明确界定与学校的关系，明确学校的办学方向与发展原则，落实举办者权利义务，保障学校的办学自主权。"2015年教育部《关于深入推进教育管办评分离 促进政府职能转变的若干意见》指出，"坚持权责统一。依法明晰政府、学校、社会权责边界，构建系统完备、科学规范、运行有效的制度体系，形成决策、执行、监督相互协调、相互制约的教育治理结构。"

当前一些学校内部权责关系不清晰，学校自主发展、自我约束机制不健全，存在有权无责、责权不配、过罚失当等问题，一些学校职能部门及其工作人员对待工作避重就轻、拣易怕难、互相推诿、久拖不决。开展大学章程实施评估，有助于学校厘清内部权力关系，构建内部权力制约与监督机制。首先，科学界定权责。能合理分解权力，科学配置权力，不同性质的权力由不同部门、单位、个人行使，形成科学的权力结构和运行机制。对外，厘清政府、学校、社会之间的权责关系，构建三者之间良性互动机制，促进各方职能的转变；对内，深化学校综合改革，推进校内机构、职能、权限、程序、责任的法定化、规范化、精细化和科学化，建立权责清晰、管理科学、治理完善、运行高效、监督有力的学校组织系统。其次，强化问责机制建设。我国大学章程制定主要依赖于外在的行政强制力推动，为保证大学章程的有效实施，应当继续保持外在行政推力不间断、不停歇，同时要尽快建立健全科学合理的问责机制，④把监督评估、目标考核、责任追究有机结合起来，培育大学章程实施的内在动力。在设定章程实施目标任务、明确各方权责关系的基础上，坚持有责必问、问责必严的原则，将问责内容、问责对象、问责事项、问责主体、问责程序、问责方式等明细化、制度化和程序化。

（四）民主参与功能

对一所大学而言，章程具有根本性的地位和作用，章程内容则主要是关于学校生存发展的重大问题；对这些重大问题的决策应该是周密审慎和民主开放的，不论是章程的

---

① 谭波.权责统一：责任型法治政府建设的基本思路[J].西北大学学报（哲学社会科学版），2020（4）：168.
② 冷书君，林杰.权责统一视角下大学内部权力运行制约与监督机制研究[J].现代教育管理，2018（12）：63-67.
③ 毕宪顺.决策·执行·监督：高等学校内部权力制约与协调机制研究[M].北京：教育科学出版社，2013：5.
④ 张磊，周湘林.问责：大学章程制定实施的制度保障[J].河南社会科学，2013（6）：80-82.

制定过程，还是实施过程。另外，我国大学章程建设走的是先"有"后"优"的路子，章程实施过程更是一个发现问题、检验思想和不断优化完善的过程，也是另一种形式的"立法"过程；对这个过程的评估应当坚持开放、民主、参与的原则，以保证全面客观地获取章程实施的真实情况。

无论是对章程的具体执行，还是对校内规章制度的健全完善、大学章程的修订优化，都不是找几个人出几个题目，或找几个专家关起门来做个评估报告就结束了。而应当明明白白地告诉全校、全社会，大学章程实施评估要调研和解决的问题，对全校师生、社会公众及其他利益相关者的各种思想，各种意见反复比较，最后作出评估结论。应当深入研究、分析学校的特色与需求，总结实践经验教训，广泛听取政府有关部门、学校内部组织、师生员工的意见，充分反映学校举办者、管理者、办学者，以及教职员工、学生的诉求和愿望；涉及学校发展定位、办学方向、培养目标、管理体制，以及与教职工、学生切身利益相关的重大问题，应当采取多种方式，广泛征询党政领导、学术组织负责人、教师代表、学生代表、相关专家，及行政主管部门、社会知名人士、退休教职工代表、校友代表等的意见，充分研讨论证，将大学章程实施过程打造为一个加强沟通、凝聚共识、促进管理、增进和谐的过程，一个完善内部治理机构、促进治理能力现代化的过程。

随着高校法治化建设进程的不断深入，民主管理、民主监督及民主参与已经成为高校管理方式的重要内容。为此，在章程实施评估过程中，应该将高校师生、社会公众参与学校治理列为重要的参考指标。尽管相关教育法律规范、学校章程及相关规章制度都规定师生拥有民主参与高校管理权，然而从高校管理实践来看，大学生参与高校管理的实际情况与理想状态还存在很大的差距。高校民主管理与监督存在参与制度、参与途径、参与回应以及参与主体等诸多困境。为了突破这些困境，我们应该以大学章程实施评估为契机，以评促改，以评优建，督促高校建立健全民主参与制度，不断拓展民主参与途径，建立健全民主参与的回应机制以及大力培养民主参与意识和能力等。①

（五）效率提升功能

效率在不同层面上有多重含义，一般是指人或机器在单位时间内完成工作量的大小。②生产效率，是指在特定时间内，组织的各种投入与产出之间的比率关系。社会效率，是指在给定投入和技术等条件下，最有效地使用社会资源以满足设定的人们愿望或社会需要。帕累托效率，是指当社会不能够增加一种物品的产量而不减少另一种物品的产量的时候，其生产便是有效率的；也可指资源分配的一种理想状态，假定固有的一群人和可分配的资源，从一种分配状态到另一种分配状态的变化中，在没有使任何人境况

---

① 施彦军.依法治校背景下现代大学生民主参与高校管理法治化建设问题多维透视[J].黑龙江高教研究，2020（7）：55-60.
② 商务印书馆辞书研究中心.新华词典[M].北京：商务印书馆，2010：1086.

变坏的前提下，使得至少一个人变得更好。①

大学章程实施评估的效率功能主要体现在"成本收益分析"中，即计算大学章程文本及其实施后对不同主体的得失，"得"即收益，"失"即成本。一方面，评估分析大学章程文本自身设计能否体现效率原则；另一方面，要观察大学章程实施过程中是否有明确的程序、流程、时效等规范，以促进相关部门和人员积极履行职责，提高办事效率，提供优质服务，使各部门机构之间协调顺畅，使师生及社会公众享受便捷的服务。

以学生纪律处分制度而言，如《北京大学学生申诉处理办法》第6条规定："学生本人对学校处理或处分决定有异议的，可以在学校处理或处分决定书送达之日起10日内，向学生申诉处理委员会书面提出申诉。"第15条规定："申诉人对学生申诉处理委员会的复查结论或学校相关机构的复查决定有异议的，可以在接到复查结论或复查决定之日起15日内，向北京市教育委员会提出书面申诉。"

在校大学生违反校纪校规，应当承受相关纪律处分，这是惩戒教育的基本要求。但是在适当减损学生利益的同时，也要防止学生利益的不当减损，给学生造成不必要的成本损失。北京大学、北京市教育行政部门通过设定时效，如10日、15日、5日，明确告知学生申诉机构、申诉流程、申请材料、结果名称及样本、设定依据基本信息、收费标准及依据等基本信息。②这样有利于督促学生及时请求相关机构维护自身合法权益，有利于学生及时、便利地获得相关机构的帮助，有利于督促处理学生申诉的机构提升行政工作效率，及时定纷止争，使学生在合法惩戒之后，所承受的成本能够最小化。

帕累托效率是衡量效率的一种重要标准。通过完善以大学章程为统领的校内规章制度体系，完善和优化制度规范，一方面增加制度供给，增加制度收益；另一方面，通过新制度安排，调整学校与学校成员间、学校成员间的资源分配状态。如湖南农业大学为推动农业知识产权转化运用，完善了《湖南农业大学知识产权保护管理办法》等与知识产权转化相关的管理办法。2020年，该校还专门成立湖南农业大学知识产权中心和湖南农业大学技术转移中心，管理和运营学校知识产权，促进创新成果尽快转化落地。2017年，湖南大学出台了《湖南大学促进科技成果转化实施办法（试行）》，明确规定对于科技成果许可、转让产生的收益，在扣除学校前期支持的成果孵化、培育、维护等费用后，净收入的80%可归于成果完成人；对于以科技成果作价投资的，该项成果形成的股份或者出资比例中的80%可归于成果完成人。《湖南大学促进科技成果转化实施办法（试行）》的出台对湖南大学科技成果转化带动作用明显。③湖南两所大学通过完善校内知识产权制度，促进知识产权成果转化，不仅增加了制度供给数量，而且通过调整原有知识产权制度内部的收益分配模式，创造了巨大的社会效益。其中，湖南大学的知识产权收益分配符合帕累托效率原则，"科技成果许可、转让产生的收益，在扣除学校

---

① 林立.波斯纳与法律经济分析[M].上海：上海三联书店，2005：72-73.
② 北京市人民政府.对学生申诉的处理[EB/OL].[2021-02-22]. http://banshi.beijing.gov.cn/pubtask/task/1/110000000000/a75f62f8-7674-4703-a04f-163e4419c88f.html?locationCode=110000000000.
③ 为高校知识产权转化探索"长沙经验"知识产权[EB/OL].[2021-02-22].http://ip.people.com.cn/n1/2021/0201/c136655-32018728.html.

前期支持的成果孵化、培育、维护等费用后",使学校利益没有降低,"净收入的80%可归于成果完成人",使完成科研成果的教师或学生收益大幅度增加,极大地激励高校科技人员的创新创业热情。这种知识产权收益分配制度,通过学校提供的"制度产品服务"满足利益相关者的不同收益偏好,鼓励创新创业,力求以最小成本获得最大收益,从而最大限度地促进经济发展或者最大限度地减轻对经济发展的妨碍。

第二章 大学章程实施评估的理论基础及法律政策依据

"没有革命的理论,就不会有革命的运动",[①] "不以理论为指导的实践是盲目的实践"。[②]大学章程实施评估是一个复杂的系统工程,涉及利益相关主体众多,覆盖学校管理各个环节,必须在正确理论指导下,依据相关法律政策的预设目标有序推进,以保障评估过程细致缜密,评估结果科学公正,进而才能准确研判章程实施效果。本研究综合运用组织文化理论、政策执行理论、法律实施理论、全面质量管理理论、利益相关者理论及协同治理理论等,系统梳理与大学章程建设紧密相关的法律、法规及政策方针,以期构建大学章程实施评估的理论分析框架和法律政策依据。

一、大学章程实施评估的理论基础

大学章程实施评估是一个较为复杂的系统,可以从不同角度进行解读,需要不同学科理论指导,形成系统合力,以保证评估效果,助推大学章程有效实施。从组织文化方面看,大学章程是制度文化的组成部分,受理念文化的约束和指导,同时又反作用于理念文化,约束和指导行为文化和符号文化;从政策执行角度看,大学章程实施是其制定的延续,是为实现章程制定者的预期目标而采取"上下交互"的系列活动集合体;从法律实施角度看,大学章程实施是法律运行机制的组成环节,需要"执法、司法、守法及法律监督"的密切配合;从全面质量管理角度看,大学章程实施按照"计划、执行、反馈及处理"四个环节运行,能够及时发现问题,修改完善制度,优化治理结构,提升治理现代化水平和大学运行效率;从利益相关者角度看,大学章程实施评估是一个"再立法"过程,需要举办者、教育行政部门、学校、教职工及学生等群体的广泛参与和智慧支持;从协同治理角度看,大学章程的有效实施需要大学系统中各个要素之间相互协作,进行良好沟通,形成系统协同功能,从而增强各个参与方的满意度,使大学的公共利益最大化。

(一)组织文化理论

每个组织都有自己的文化,根据组织的不同性质和类型,组织文化可以分为企业

[①] 列宁全集:第2卷[M].北京:人民出版社,1995:443.
[②] 斯大林全集:上卷[M].北京:人民出版社,1979:199-200.

文化、学校文化、社区文化、机关文化等。在有些组织中，组织文化是脆弱的，还有一些组织文化是强有力的，富有凝聚力的，每个人都知道组织的目标，并为目标而努力工作。组织文化会对组织产生深刻影响，影响着组织实践的各个方面。

《韦氏新大学词典》将文化定义为："包括思想、言谈、行动和人造物品的人类行为的综合方式，并依赖于人们的学习和传递知识的能力向后代传递。"特伦斯·迪尔和艾伦·肯尼迪认为，组织文化是"我们做事的方式"。[①]埃德加·沙因认为，组织文化是群体在适应外部环境与整合内部问题的过程中发明、发现或发展出来的一种基本假设模型，由于运作效果好而被认可，并传授给组织新成员，以作为理解、思考和感受相关问题的正确方式。[②]我国学者张德将"组织文化"界定为：组织在长期的生存和发展过程中形成的，为组织成员所共同遵循的根本目标、基本信念、价值标准和行为规范。[③]

组织文化是一个由多种元素组成的系统结构，对于组织文化的构成要素，学界具有不同观点。迪尔和肯尼迪认为，组织文化的构成要素包括企业环境、企业价值观、英雄人物、礼仪和仪式以及文化网络。企业环境是组织所处的环境，决定了组织应该怎样做才能成功；企业价值观是组织的基本理念和信仰，构成了组织文化的核心，界定了"成功"这一概念的具体内容，"如果你这样做，你就会成功了！"建立了组织内部的成就标准。英雄人物是人格化的组织文化，为员工树立有形的榜样。礼仪和仪式是组织日常生活中的一些系统化和程序化的惯例，向员工传达组织期望的行为方式。文化网络是由"说书人、谍报人员、牧师、非正式团体和小道消息传播者"形成了一种隐蔽的"权力阶层"。文化网络是公司价值理念和英雄"神话"的载体。[④]

我们采用较为普遍的"四要素说"，即通常认为组织文化分为理念、制度、行为和符号四个层次。理念是组织文化的内核和灵魂，制度是组织文化的规则和秩序，行为是组织文化的人格化表征和载体，符号是组织文化的物质化表征和载体。理念制约和决定制度、行为和符号；制度承载和反映理念，规范和指导行为和符号，并反作用于理念；行为受理念、制度的制约规范，并反作用于理念和制度，是组织文化最直观的反映；符号服从理念、制度的支配和决定，并影响和制约行为。[⑤]

1.理念文化

理念文化是在组织历史演化中产生或选择而形成的，为组织领导者和成员共同信守并积极践行的一套系统的价值观念。理念是组织文化的核心，是决定制度、行为和符号

[①] 迪尔，肯尼迪.企业文化：企业生活中的礼仪与仪式[M].李原，孙健敏，译.北京：中国人民大学出版社，2008：4-5.
[②] 沙因.组织文化与领导力[M].4版.章凯，罗文豪，朱超威，等译.北京：中国人民大学出版社，2014：44-45.
[③] 张德.企业文化建设[M].北京：清华大学出版社，2009：1.
[④] 迪尔，肯尼迪.企业文化：企业生活中的礼仪与仪式[M].李原，孙健敏，译.北京：中国人民大学出版社，2008：13-14.
[⑤] 张德.企业文化建设[M].北京：清华大学出版社，2009：3-6.

的关键。卓越的组织必然具有鲜明的理念,理念是衡量一个组织有无文化的基本标志;没有鲜明的组织理念,即使一时辉煌的组织,也是"没有灵魂的卓越",注定难以"基业长青"。组织理念的构成要素通常包括以下几项:

第一,组织目标与愿景。组织目标,反映组织领导者和全体成员的价值追求和理想抱负,是共同价值观的集中体现,也是组织文化建设的出发点和归宿。组织愿景是全体成员对组织未来一定阶段发展的共同期待和愿望,包括对组织使命的认识、未来发展规划以及达成目标手段的共识。组织目标成为全体成员或大多数成员的共识后,就成为组织愿景。凡是卓越组织,无一不把国家、民族、社会乃至人类的责任放在组织目标的首位,以明确的组织目标作为激发成员凝聚力的焦点,借此充分整合内部各级组织和各个成员。1921年《国立东南大学大纲》确立"以研究高深学术,培养专门人才"为目标。《南京大学章程》第9条规定:"学校以人才培养作为办学的根本任务,致力于培养适应时代特征,具有创新精神、实践能力和国际视野的各行各业未来领军人才和拔尖创新人才。"《厦门大学章程》规定学校"致力于培养德智体美全面发展的精英人才,为国家富强、民族复兴和人类文明进步作出卓越贡献。"

第二,核心价值观。价值观是指组织长期坚持,并积极践行的基本信仰和价值取向。围绕价值观,多数组织都会形成一套自身特有的价值观念体系,从各方面制约着组织对各种内外关系和自身行为的思考、判断和决策。随着内外环境的变化,组织价值观念体系中的一些内容可能需要相应改变,但是其核心价值观往往会持久不变,深刻地影响着组织及其成员的生存和发展。"核心使命就像是地平线上指引的恒星,可以永远追寻,却永远不可能达到;尽管使命本身不会变化,他却能激发改变","永远激发改革和进步"。[①]北京大学作为新文化运动的中心和"五四"运动的策源地,作为中国最早传播马克思主义和民主科学思想的发祥地,作为中国共产党最早的活动基地,为民族的振兴和解放、国家的建设和发展、社会的文明和进步做出了不可替代的贡献,[②]铸就了生生不息、代代相传的爱国、进步、民主、科学的传统精神,勤奋、严谨、求实、创新的优良学风,"循思想自由原则,取兼容并包主义"的学术氛围。

第三,组织宗旨。组织存在的社会价值及其对社会的承诺,表明了组织社会使命,体现了组织所承担的主要社会责任,其实质是组织核心价值观在组织与社会关系上的集中体现。例如,1911年《清华学堂章程》就以"培植全才,增进国力"为宗旨;1929年《国立清华大学规程》以"求中华民族在学术之独立发展,而完成建设新中国之使命"为宗旨。南洋公学创办之初,即确立"求实学,务实业"的宗旨,以培养"第一等人才"为教育目标,精勤进取,笃行不倦。一百多年来,交通大学始终把人才培养作为办学的根本任务,为国家和社会培养了逾三十万各类优秀人才。[③]《厦门大学章程》明确"以养成专门人才、研究高深学术、阐扬世界文化、促进人类进步"为办学宗旨。

---

① 柯林斯,波勒斯.基业长青[M].北京:中信出版社,2009:256.
② 北京大学概况[EB/OL].[2021-02-11].https://www.pku.edu.cn/about.html.
③ 上海交通大学学校简介[EB/OL].[2021-02-11].https://www.sjtu.edu.cn/xxjj/index.html.

第四，组织精神。组织精神是组织有意识地提倡、培养组织成员群体的优良作风，是对组织现有的观念意识、传统习惯、行为方式中的积极因素进行总结、提炼和倡导的结果。组织文化是组织精神的源泉，组织精神则是组织文化发展到一定阶段的产物。如《吉林大学章程》在"序言"中指出，学校在长期发展历程中，"形成了优良的传统和校风，凝练出以求真务实、自由民主、开放兼容、隆法明德、与时俱进为核心的大学精神。"《厦门大学章程》要求弘扬"爱国、革命、自强、科学"的大学精神。《哈尔滨工业大学章程》要求弘扬"铭记责任、竭诚奉献的爱国精神；求真务实、崇尚科学的求是精神；海纳百川、协作攻关的团结精神；自强不息、开拓创新的奋进精神。"

第五，组织风气。这是指组织及其成员在组织活动中逐步形成的一种具有普遍性的重复出现且相对稳定的行为心理状态。组织风气是约定俗成的行为规范，是组织文化在员工的思想作风、传统习惯、工作方式、生活方式等方面的综合体现。组织风气是组织文化的最直观反映，人们总是通过组织全体员工的言行举止感受到组织风气的存在。南京大学的校训为"诚朴雄伟，励学敦行"，校风为"严谨求实，勤奋创新"。哈尔滨工业大学秉承"规格严格，功夫到家"的校训。四川大学的校训为"海纳百川，有容乃大"，校风为"严谨、勤奋、求是、创新"。西北工业大学秉承"公诚勇毅"校训，弘扬"三实一新"校风，坚持"教书育人、管理育人、服务育人"的优良传统。其中，"三实一新"，即"基础扎实、作风朴实、工作踏实、开拓创新"，其本质就是强调"求实""求真"和"求新"——也就是教会学生如何做事、做学问，既能仰望天空又能脚踏实地，在不断突破、不断超越的扎实求索中追求真理。"三实一新"代表着西工大对人才培养"高标准"的追求，这就是追求一流、追求卓越。这种追求不是来自外部的压力，而是发自内心、融入血脉的要求，为西工大培养拔尖创新人才及学校未来的发展注入源源不断的生机与活力。

2.制度文化

制度文化是指对组织及其成员的行为产生规范性、约束性影响的部分，集中体现了组织文化的符号、理念对组织中个体行为和群体行为的要求。制度通常由三个层面构成：一是传统、习惯、经验与知识积累形成的制度文化的基本层面；二是由理性设计和建构的制度文化的高级层面；三是包括机构、组织、设备等的实施机制层面。其中，基本层面是一个自生自发的规范层面，反映着价值观念、道德伦理、风俗习惯等文化因素；高级层面是一个有意识、有目的的理性设计和建构的制度层面，反映着组织由法律制度确认的政治、经济、社会、文化等正式制度层面。制度文化的基本层面与高级层面是相互统一与协调一致，是实现制度功能的关键。制度是文化的集中体现，反映和维系着文化的符号层面、理念层面构成的整体。组织文化的整体协调互动必须依赖一个良性有效的秩序，这唯有通过制度才能达到。

组织制度文化主要包括领导体制、组织机构和管理制度三个方面。领导体制的产生、发展、变化，是企业生产发展的必然结果，也是文化进步的产物。组织结构，是组织文化的载体，包括正式组织结构和非正式组织。组织管理制度是组织在进行生产经营管理时所制定的、起规范保证作用的各项规定或条例。

首先，领导体制是企业领导方式、领导结构、领导制度的总称，其中主要是领导制度。在制度文化中，领导体制影响着组织结构的设置，制约着组织管理的各个方面。因此，领导体制是组织制度文化的核心内容。卓越的组织应当善于建立统一、协调的制度文化，特别是统一、协调的企业领导体制。

其次，组织机构，是指为了有效实现组织目标而筹划建立的组织内部各组成部分及其关系。如果把组织视为一个生物有机体，那么组织机构就是这个有机体的骨骼。不同的组织文化，有着不同的组织机构。影响组织机构的不仅是制度文化中的领导体制，而且，组织文化中的环境、目标、生产技术及员工的思想文化素质等也是重要因素。组织机构形式的选择，必须有利于组织目标的实现。

最后，管理制度是组织为求得最大效益，在管理实践活动中制定的各种带有强制性义务，并能保障一定权利的各项规定或条例，包括人事制度、财务制度、奖惩制度、会议制度、资产管理制度、民主管理制度等规章制度。管理制度是实现组织目标的有力措施和手段。优秀组织文化的管理制度必然是科学、完善、实用管理方式的体现。

制度文化是一个不断运动、变化着的过程。制度文化与符号文化的关系是相辅相成的关系。一方面符号文化的发展推动着制度文化的发展；另一方面制度文化对符号文化又具有强大的反作用，它可以推动、也可以阻碍物质文化的发展。正如邓小平同志所说，"制度好可以使坏人无法任意横行，制度不好可以使好人无法充分做好事，甚至会走向反面。"[①]

3.行为文化

行为文化是组织成员在运营管理、教育宣传、人际活动、文体活动及人员管理中产生的活动现象，是组织作风、精神风貌、人际关系的动态体现，也是组织精神、核心价值观的反映。行为文化建设的好坏，直接关系到组织成员工作积极性的发挥，关系到组织经营生产活动的开展，关系到整个组织的发展未来。从人员结构上划分，组织行为包括领导者行为、模范人物行为、员工的群体行为等。

领导者行为是组织管理中的一种特殊的"角色集"：思想家、设计师、牧师、艺术家、法官和朋友。领导者是理念文化的创立者，精通人生、生活、工作、经营哲学，富有创见，管理上明理在先，导行在后；领导者高瞻远瞩，敏锐地洞察组织内外环境的变化，为组织设计长远战略和目标。蔡元培在北大任职的第一次演讲中说道："大学学生，当以研究学术为天职，不当以大学为升官发财之阶梯。"清华大学校长梅贻琦曾说过："教授是学校的主体，校长不过就是率领职工给教授搬椅子凳子的。"这是组织领导者的行为文化。

模范人物行为是组织价值观的人格化，是组织员工身边的榜样，鼓励全体员工模仿其行为规范。一个组织中所有模范人物的集合体构成模范群体，卓越的模范群体

---

① 邓小平文选：第2卷[M].北京：人民出版社，1994：333.

必须是完整的组织精神的化身,是组织价值观的综合体现,在各方面都应当成为组织员工的行为规范。如被誉为"太行新愚公"的河北农业大学的李保国教授、"新时代归国战略科学家"的吉林大学黄大年教授、"扎根西藏的人民科学家"的复旦大学钟杨教授等。

员工的群体行为决定了组织整体的精神风貌和管理水平,体现了组织未来的发展趋势,员工群体行为的塑造是组织文化建设的重要组成部分。组织要通过各种方法去培训和激励措施,使员工提高知识素质、能力素质、道德素质、勤奋素质、心理素质和身体素质,将员工个人目标与组织集体目标结合起来,形成合力。《北京大学杂役》记载,"时各学系有一休息室,系主任在此办公,有一助教常驻室中。上课前,教授在此休息。教授一到,即有校役捧上热毛巾擦脸,又给泡上热茶一杯。待到上课时,早有人将粉笔盒送过去。"[1]这是当时教授和职员的精神面貌,是大学成员的行为文化。

在大学运行过程中,要积极营造健康、有序、向上的大学行为文化,制约和监管不良行为文化,惩戒失范的行为文化。2005年3月,教育部发布《高等学校学生行为准则》,倡导学生"志存高远,坚定信念。热爱祖国,服务人民。遵纪守法,弘扬正气。诚实守信,严于律己。明礼修身,团结友爱。勤俭节约,艰苦奋斗。强健体魄,热爱生活。"2018年11月,教育部发布《新时代高校教师职业行为十项准则》,制定教师职业行为准则,明确新时代教师职业规范,深化师德师风建设,致力于打造政治素质过硬、业务能力精湛、育人水平高超的高素质教师队伍。2020年11月,教育部发布《研究生导师指导行为准则》,规范研究生导师的指导行为,强化监督指导,依法处置违规行为。行为文化反映理念文化对大学成员的外在要求,越具体越容易执行;通过行为文化的有效执行,可以促进大学成员回归大学理念的认同和践行。

4.符号文化

符号文化也称物质文化、器物文化,是组织文化在物质上的体现,是组织文化的表层部分。符号是组织创造的物质文化,是塑造组织理念、制度和行为的基础条件,是组织核心价值观的物质载体。符号文化在大学领域内,通常表现为大学标识、大学建筑、大学文体生活设施、大学纪念物等。

大学标识主要指大学名称标志、标准字、标准色。这是大学文化最集中的外在体现,大学的徽标、旗帜、歌曲等,如校徽、校旗、校歌、校服等,这些元素中包含了鲜明的物质文化内容,是大学文化较为形象化、直观化的反映。如《西北工业大学章程》第75条规定:"学校校标为圆形,中间主体部分两个三角代表航行器,示意航空、航天、航海特色,三角下浪花示意海洋,点状圆环示意大气层。航行器的三个尖角分别延伸到点状圆环、圆环外以及浪花之中,分别代表'航空、航天、航海'三航领域。标志中'1938'字样表明学校的建校时间,标志中还有学校的中文标准字及标准译文。"

大学建筑。学校的建筑风格、办公室与教室的设计和布置方式、绿化美化情况等,

---

[1] 陈平原,谢泳.民国大学:遥想大学当年[M].北京:东方出版社,2013:7-8.

是人们对大学的第一印象，这些均反映了不同大学文化的特点。如在首批中国20世纪建筑遗产名录的98个项目中，包含了清华大学早期建筑、南京中央大学旧址、集美学村、厦门大学旧址、清华大学图书馆、武汉大学早期建筑、未名湖燕园建筑群、北京大学红楼、金陵大学旧址、北洋大学旧址、天津大学主楼、同济大学文远楼、北京大学图书馆等15个高校的经典建筑。

大学文化体育生活设施。这些设施是大学群体活动的载体，反映了大学价值观念和管理理念。大学纪念建筑物和造型，包括校园雕塑、纪念碑、纪念墙、纪念林、英模塑像等。大学纪念品和公共关系用品，也是反映和传播大学文化的重要载体。大学文化传播网络，包括学校自办的网站、报刊、广播、微博、微信、APP以及宣传栏、广告牌、招贴画。

大连理工大学扎实推进大学文化建设①

大连理工大学高度重视校园文化建设，结合文化建设新形势，不断推进学校文化建设，文化育人功能日益凸显，校园文化氛围日益浓厚。

第一，以精神文化建设为引领，将文化建设内化于心。学校注重凝练办学传统和大学精神，重视优良校风和学风的维护，发挥潜移默化的育人作用。组织展开大工精神大讨论活动，将大工精神提炼为"海纳百川、自强不息、厚德笃学、知行合一"；完成"大学精神与大学文化研究"调研报告，明确大学精神在文化建设中的重要地位；通过评选确定白玉兰为学校代表性花卉，以标志性实物凝聚大工精神；编写大连理工大学文化系列丛书，反映学校优秀文化成果。

第二，以物质文化建设为依托，将文化建设外化于形。学校将文化传统和大学精神寓于设计中，通过推广学校VI系统，明确校名、校徽、校旗、校歌等文化标识，形成统一美观的文化形象。建设"奥运·刘长春园""雷锋园"，用"奥运第一人"刘长春"敢为天下先"的精神和雷锋精神育人。2009年大连理工大学校史馆建成、开馆，开辟了历史文化育人的新基地。2012年大连理工雅歌文化用品有限公司成立，推动学校文化建设在产业领域的新发展。

第三，以行为文化建设为导向，将文化建设动化于行。学校高度重视新生入学"第一课"，每年组织新生参观校史馆和学部（院）荣誉馆、听学部（院）历史报告、听院士讲座。鼓励学生走近老教授，听他们口述大工历史故事，再由同学们动手整理文字，共同寻找大工记忆。以全国道德模范邵春亮等为代表的一批优秀教师组成的报告团，用他们的事迹和精神感染、教育师生。学校还创建了一大批特色品牌文化活动，如校园文化节、校园嘉年华、感动大工年度人物评选、大工讲坛、百川讲堂、"攀登杯"科技竞赛、"峰岚杯"文艺大赛、"文明杯"辩论赛等，全方位培养大学生爱校荣校情怀，通

---

① 大连理工大学扎实推进大学文化建设[EB/OL].[2021-03-14].http://www.moe.gov.cn/jyb_xwfb/s6192/s133/s160/201307/t20130701_153716.html.

过形式新颖富有内涵的活动提升文化素质，传承大工精神。

第四，以制度文化建设为保障，将文化建设固化于制。近年来，学校逐步完善制度体系建设，通过起草修订《大学章程》，完善现代大学管理制度。坚持教代会制度、校务公开制度、学术委员会制度、学生参与学校民主管理制度等，建立健全学校民主管理制度。规范、设计开学典礼、毕业典礼、学位授予、学位答辩等重要典仪的标准流程。同时，加强制度监管，确保制度执行到位。

从组织文化看大学章程实施，大学章程属于制度层的组织文化范畴，是大学制度文化的"统帅"；大学制度是大学精神、价值观、宗旨、愿景、目标等理念文化的载体和"影像"。简单地说，制度是精神的载体，精神是制度的灵魂。因此，从这个角度看大学章程实施，就是大学精神、价值理念得以实现的根本保障。第一，大学精神必须充分体现在大学的制度安排和战略选择上，使大学所倡导的价值理念充分体现在大学实际运行过程中的各个环节；[①]另一方面，大学理念、精神作为大学倡导的价值追求，必然要转化为具有一定强制性的制度安排，以影响大学成员的思想和行为，"内化于心"，使大学成员在思想上认同大学理念、精神，"外化于行"，将各种管理制度逐渐转化为员工的自觉自愿的行为，成为大学成员思想行为上的自然存在，达到一种"日用而不觉"的境界。

此外，大学章程建设以大学精神、理念为核心，推动大学章程实施必须首先彰显大学精神、理念、宗旨、目标、愿景等"灵魂"要素，没有"灵魂"的大学注定难以成为一流大学。其次，大学精神、理念要素并不能与大学制度、大学章程自然地画上等号。受教育环境、立法技术、立法意识等因素的影响，大学理念文化与制度文化之间存在不匹配的现象，必须推动精神文化转化为制度，需要创造性转换、创新性发展。否则，没有制度支撑的大学精神、理念，只能沦为流于形式的"标语""口号"。再次，大学制度文化与大学组织行为、领导者行为及员工群体行为之间也不是无缝对接的，存在错位、越位、缺位等现象，需要不断健全完善章程，以达到大学制度、大学章程与大学行为的高度统一。

（二）政策执行理论

执行是一个复杂的过程，是政策期望与政策结果之间的活动，[②]其实质在于贯彻落实政策目标。政策目标可以体现在政策、法规之中，也可直接采取行政命令、法院决定的形式。从理论上说，政策在于清晰地界定所提出的问题，确立要实现的目标，并以多种方式建构执行的过程。这一过程通常由一系列阶段构成：首先，开始于基本的政策、法规的通过和颁布；然后，执行机构对政策决定进行"输出"，目标群体对政

---

① 王吉鹏.企业文化建设[M].北京：中国发展出版社，2009：158.

② DE LEON P. The Missing Link Revisited: Contemporaty Implementation Research[J]. Policy Studies Review, 1999,16（3/4）311-338.

策的遵循和服从，颁布实施的政策决定在执行中产生包括预期的和未曾预料的实际影响，政策执行机构认知、感知政策效果；最后，对政策、法规进行必要修正或制定修正计划。[①]

政策执行以预设目标为先决条件，进一步阐明两组问题。第一，谁是规划者，谁是决策者，谁是执行者，需要界定行动者的各种类型，弄清楚谁参与了政策过程，如何参与以及参与效果如何。第二，关于规划者或决策者是否比执行者拥有更多的权力，或者更具有合法性的作用，规划和决策必须与随之而来的执行相互联结，相互支撑，这被称为"遵循规划与决定的执行原理"。[②]

政策执行通常可以分为三种模式，即由上至下、由下至上以及二者结合模式。在三种模式中，政策执行的内涵各具特色。第一，在由上至下的执行模式中，是科层制的控制过程；第二，在由下至上的执行模式中，是上下层之间的互动过程，偏向于"具有较强内在不确定性的政策执行"；第三，在政策与行动相互演进的过程中，"政策在执行中建构，在建构中执行"，[③]政策与行动是连续性的，政策制定与政策执行是交互行动、相互议价的过程。一方面，上层决策者规范执行细节，希望政策目标能够付诸实践；另一方面，基层执行者以自己的专业知识与经验，选择性地执行政策内涵与目标，形成自己的政策。在这个模式中，分析的重点就在于权力与依赖性、利益与动机之间的问题。政策执行不是由上至下或由下至上的模式，而是针对政策再形成新政策，对行动作出回应的过程。[④]在此，我们分析两种政策执行理论，为进一步研究大学章程提供政策执行方面的理论支撑。

1.米特—霍恩执行模型

美国学者范·米特和范·霍恩（1975）[⑤]认为，政策执行是政策期望与政策结果之间的活动，在政策决定与政策效果这一转变过程之间存在许多影响执行者的变量，既有系统本身的因素，也有系统环境的因素。对政策执行状况的考察，应该依据执行难度对政策进行分类，必须关注政策需要调整的幅度和达成共识的难度。"当政策只需要做很小变化而目标共识程度很高的时候，执行将最易成功。"比如，战时状态下的高度共识使政策执行的较大变化成为可能。他们强调政策决定的共识和遵从，也承认基层执行者参与政策塑造的重要性。与"由下至上"政策执行模式相比，基层执行者参与早期的政策形成非常关键。

范·米特和范·霍恩提出"米特—霍恩"执行模型，该模型是一种"由上至下"政策执行模式的典型代表，结合了传统政治科学与公共行政理论，以行政组织的层级原则

---

① MAZMANIAN D A, SABATIER P A. Implentation and Public Policy[M]. Glenview: Scott Foresman, 1983：20-21.
② 希尔，休普.执行公共政策[M].黄建荣,译.北京：商务印书馆，2011：2-5.
③ ANDERSON J E. Public Policy-Making[M]. New York: Praeger, 1975.
④ 李允杰，丘昌泰.政策执行与评估[M].北京：北京大学出版社，2008：12.
⑤ VAN METER D, VAN HORN C E. The Policy Implementation Process: A Conceptual Framework[J]. Adiministration and Society, 1975, 6（4）:445-488.

和自上而下的指挥控制为核心,强调代议制政治的有效性与行政裁量权的综合运用。

"米特—霍恩"执行模型是一个六种变量与政策执行结果之间存在着动态联系的模型,它把执行视为基于最初的政策制定的一个过程:"政策执行包括那些公共部门或私人部门的个人或群体的旨在完成之前决策所确定目标的行动"。这个过程中的一系列活动的最终指向,是达成政策执行结果,而非返回政策本身。模型的主要内容包括:第一,政策标准与目标:基于对政策决定的总目标的细致考虑,为绩效评估提供具体和更加明确的标准。第二,可获得的资源与激励手段。第三,组织间关系的性质。第四,执行机构的特征,包含组织控制的问题,并且也必定要回到组织间问题,如"有关机构与政策制定或政策执行主体的正式与非正式关系"。第五,经济、社会与政治环境。第六,执行人员的处置或回应,这包含三个要素:对政策的认知、领悟和理解;对政策回应方向;包括接受、中立、拒绝以及对政策回应的强度。

总体看来,该模型吸收了众多政策执行模型的优点,将影响政策执行的主要因素均纳入模型之中。该模型把政策目标或标准、政策资源作为最重要的变量的原因,在于它们是政策有效执行的前提,组织间沟通和执行活动可以深刻影响政策执行者的意向,而政策执行机构面临的经济、社会与政治环境对实施过程亦有着很强的影响。该模型的优点在于找出了影响政策执行的重要因素,建立了政策与执行之间的联系,说明了各个变量之间的关系,为处理常见的政策执行问题,构建了一个可以有效解决的路径。但是,该模型的不足之处在于,六个因素之间的互动关系还不够明确,即没有清晰地界定某一因素对其他因素是否会产生直接或间接的影响,甚至根本不影响其他因素。

2.完美执行理论

完美执行是一种政策执行的标杆,是政策得以有效执行的典范。我国学者认为,完美执行的必要条件包括完全共识的政策目标、清晰可行的政策内容、充分整合的政策资源、高效推进的执行组织以及协力配合的执行对象。[①]豪格伍德与甘(1984)曾提出完美执行的十项必备条件:[②]

第一,没有无法克服的外在限制。如果政策执行者所面临的外在环境是严峻复杂的,凭借执行机关本身的权力、人力与资源,根本无法克服外在环境的制约,将会导致政策难以贯彻实施。相反,如果没有外在环境的限制,就容易形成完美的政策执行。

第二,充分的时间与足够的资源。完美的政策执行需要充裕的时间与资源,但在现实世界中这几乎是不可能的。执行时间过于短促,执行资源不足,执行效果难以达到预期结果。

第三,能够充分整合所有必要的资源。公共政策执行所需要的资源相当广泛,如人员、经费、时间与组织系统等,如果这些必要的资源无法有效整合,完美的政策执行也不可能成功。

第四,政策以有效的理论为基础。有效的理论是指政策制定者对于公共问题的认

---

① 精准扶贫:完美执行的典范[EB/OL].[2021-03-14].http://theory.gmw.cn/2016-10/17/content_22502134.html.
② 李允杰,丘昌泰.政策执行与评估[M].北京:北京大学出版社,2008:131-133.

定，是否符合不同利益相关者的期望与价值认知；政策议程，能否确实反映社会公众的基本诉求。

第五，直接而清晰的因果关系。所制定的公共政策与所针对的公共问题之间具有直接的、清晰的因果关系，二者具有良好的匹配性、契合性，则完美执行能够较好实现。

第六，最低的依赖关系。在政策执行过程中，如果政策执行机关具有较大的自主权和责任，则政策执行较易获得成功；如果政策执行机关需要向多个上级机关负责，遇事需要多方请示、汇报，需要获得多个部门的审核批准，政策才能得到实施和执行，则政策执行失败的风险较高。

第七，充分共识与完全理解的政策目标。政策目标的共识与理解是完美政策执行中非常重要的条件，如果大家对政策目标的认识相互冲突，执行者的认识也不够清晰，则执行起来就有很大的困难。政策目标的确定是一个渐进过程，也是一个随着经济发展、国力增强而逐步提高的过程，当然更是一个达成完全共识和共同理解的过程。正是这一政策目标的逐渐达成，才成就了完美执行的目标要求。

第八，任务必须在正确的行动序列上陈述清楚。政策执行不是单一的，而是涉及一系列逻辑上相关的任务的组合。如果政策执行所负担的任务陈述不清，就容易导致政策执行的失败。

第九，完美沟通与协调。政策执行过程中，所有参与者的信息必须是共享的、互通的。在相互信息透明的环境下，各方进行充分沟通与协调，以充分了解各自的立场，则政策执行结果相对比较理想。

第十，权力与服从。政策执行者必须具有实质性权力，并且政策的利益相关者也必须从内心深处服从权力。正确地行使权力，真心地服从权力的运行逻辑，政策执行成功的可能性就较高。然而，实践中，政策执行的权力往往受到各种各样的限制，社会公众的服从程度也不尽如人意，政策执行效果就会大打折扣。

在完美执行之外，其他学者还提出了一些政策执行的理论，如马特兰德（1995）提出了成功执行理论[①]包括的五个必要条件：第一，遵从法规的指令；第二，遵从法规的目标；第三，实现特定的成功指标；第四，实现地方确认的具体目标；第五，项目所处的行政氛围得到改善。与这五个条件紧密相关的是，政策执行过程中，政策、法规设计者的价值处于优势地位，而基层政策执行者一方面需要对政策设计者的价值与政策承受者的价值的一致性程度做出判断，另一方面也需要判断政策、法规是否清晰地界定了政策目标。可见，马特兰德将执行成功的基本标准定位于忠诚于政策目标的程度。如果一个政策没有清晰地阐明目标，就会很难选择成功执行的标准，在这种状况下，基层执行者更多关注的是社会普遍规范和价值发挥作用的状况。[②]

---

① MATLAND R E. Synthesizing the Implementation Literature: The Ambiguity Conflict Model of Policy Implementation[J]. Journal of Public Adiministration Research and Theory, 1995, 5(2):145-174.

② MATLAND R E. Synthesizing the Implementation Literature: The Ambiguity Conflict Model of Policy Implementation[J]. Journal of Public Adiministration Research and Theory, 1995,5(2):155.

（三）法律实施理论

《法治社会建设实施纲要（2020—2025年）》指出，"法治社会是构筑法治国家的基础，法治社会建设是实现国家治理体系和治理能力现代化的重要组成部分。建设信仰法治、公平正义、保障权利、守法诚信、充满活力、和谐有序的社会主义法治社会，是增强人民群众获得感、幸福感、安全感的重要举措。"[1]建设社会主义法治社会，就必须厉行法治，大力推进法律实施。法治社会建设不仅需要制定良法，更需要严格实施这些良法，以实现良法的价值追求。美国法学家博登海默指出，如果包含在法律规定部分中的"应当是这样"的内容仍停留在纸上而不影响人的行为，那么法律只是一种神话，而非现实；另外，如果私人与政府官员的所作所为不受社会行为规则、原则或准则的指导，那么是专制而不是法律，会成为社会中的统治力量。遵守规范制度而且是严格地遵守规范制度，是法治社会的一个必备条件。[2]

1.法律实施内涵

党的十九届四中全会公报提出"加强对法律实施的监督"，要求"保证行政权、监察权、审判权、检察权得到依法正确行使，保证公民、法人和其他组织合法权益得到切实保障，坚决排除对执法司法活动的干预。""加大全民普法工作力度，增强全民法治观念，完善公共法律服务体系，夯实依法治国群众基础。各级党和国家机关以及领导干部要带头尊法学法守法用法，提高运用法治思维和法治方式深化改革、推动发展、化解矛盾、维护稳定、应对风险的能力。"[3]那么，什么是法律实施？为什么要加强对法律实施的监督？我们有必要探究法律实施的基本内涵。

法律实施是法律在社会生活中被人们实际施行与贯彻落实，使"书本上的法律"变成"行动中的法律"，"应然的法律"变成"实然的法律"，"抽象的法律"变成"具体的法律"，这一过程主要包括法律执行、法律适用、法律遵守和法律监督四个方面。在法律运行系统中，法律制定是法治的起点和前提，而法律实施是法治的落实和归宿。法律实施是实现法律的作用与目的的条件。法律本身反映了统治者或立法者通过法律调整社会关系的愿望与方法，反映了立法者的价值追求。法律实施是实现立法者的立法目的、实现法律作用的前提，是实现法律价值的必由之路。

法律实施是建立法治国家的必要条件。在人治社会下，法律的效力来源于掌权者的个人权威；是否实施法律，如何实施法律，不是依照通过民主协商制定规则决定的，是凭少数掌权者的个人意志。这种社会没有一个保证全面、严格实施法律的有效机制。法治国家的要义在于法律的权威高于个人的权威，是依法而治，而不是依人而治。[4]

---

[1] 中共中央印发法治社会建设实施纲要（2020—2025年）[N].人民日报，2020-12-08(001).
[2] 博登海默.法理学：法哲学及其方法[M].北京：华夏出版社，1987：232.
[3] 中共中央关于坚持和完善中国特色社会主义制度 推进国家治理体系和治理能力现代化若干重大问题的决定[N].人民日报，2019-11-06（001）.
[4] 沈宗灵.法理学[M].2版.北京：北京大学出版社，2003：321.

2.法律实施机制

法律的基本内容为权利和义务，法律所规定的权利、义务以及与之密切相关的权力、职权、职责，为一定社会的人们提供了行为准则。以实施法律的主体和内容为标准，法律实施方式可以分为法律遵守、法律执行、法律适用及法律监督四种形式。

第一，法律遵守。即守法，是法律实施的根本途径，指公民、社会组织和国家机关以法律为自己的行为准则，依照法律行使权利、履行义务的活动。法律遵守包括积极、主动守法和消极、被动守法两种形态。前者是指人们根据授权性法律规范积极主动地去行使自己的权利、实施法律的状态；后者是指不违法，不做法律所禁止的事情、做法律所要求做的事情的状态。

守法的一个核心问题是谁来遵守法律，谁是守法主体。守法主体，即要求谁守法，与法律的本质、政体的性质、社会力量对比关系、历史及文化传统有着直接的关系。在现代法治社会中，法律面前人人平等，所有组织机构、法人、自然人都要遵守法律，都是守法主体。[①]《中华人民共和国宪法》明确规定："一切国家机关和武装力量、各政党和各社会团体、各企业事业组织都必须遵守宪法和法律，一切违反宪法和法律的行为，必须予以追究。任何组织或者个人都不得有超越宪法和法律的特权。"这表明，我国现阶段的守法主体是广泛的、普遍的，所有守法主体都应当依法行事，所有守法主体都应当依法享受权利，依法履行义务，都应遵守宪法和法律，都应在宪法和法律的范围内活动。[②]

法律要实现良好的社会效果，就必须得到全社会的普遍遵行。一个美好的社会必须是普遍守法的社会，人们自觉普遍的守法成就了良好的法治状况。没有良好的守法，必无良好的法治。要促进全社会的自觉守法，就必须增强全民的法治观念。增强全民法治观念的重要措施，就是加大普法工作力度，持续推进普法工作，使法治深入人心。通过强化普法工作，增强全民法治观念，引领自觉守法。全民守法的现实，需要进一步完善包括全民普法在内的公共法律服务体系，夯实依法治国的群众基础。提供良好的公共法律服务，为法治发展提供良好的社会基础、群众基础，是法治社会建设的当务之急。公共法律服务不是空洞的说教，而是具体的组织建设、队伍建设、体制机制建设，需要应有的思想引领，人力、物力的投入保障。公共法律服务体系是社会法治建设的硬件，是法治建设的基础设施，必须倾情打造，不断完善。[③]

第二，法律执行。即执法，是国家执行机关及其公职人员依法行使管理职权、履行职责、实施法律的活动。国家行政机关执行法律是法律实施的重要方面。在现代社会，国家行政机关被称为国家权力机关或立法机关的执行机关，后者制定的法律和其他规范性法律文件，主要由前者贯彻、执行、付诸实现。法律执行是以国家名义履行社会管理职能；执

---

① 沈宗灵.法理学[M].2版.北京：北京大学出版社，2003：322.
② 刘鹏.法律实施的基本范畴论纲[J].江汉论坛，2017（6）：129-135.
③ 左泽渊.加强对法律实施的监督[EB/OL].[2021-03-18]. http://www.qstheory.cn/llwx/2019-12/16/c_1125351058.html.

法主体是国家行政机关及其公职人员；执法具有国家强制性、主动性和单方面性。①

第三，法律适用。即司法，是国家司法机关根据法定职权和法定程序，具体应用法律处理案件的专门活动。由于这种活动是以国家名义来行使司法权，因此也成为"司法"。法律适用情况主要分为两种状况：第一，当公民、社会组织和其他国家机关在相互关系中发生了自己无法解决的争议，致使法律规定的管理义务无法实现时，需要司法机关适用法律裁决纠纷，解决争端。第二，当公民、社会组织和其他国家机关在其活动中遇到违法、违约或侵权行为时，需要司法机关适用法律制裁违法、犯罪、恢复权利。②

第四，法律监督。法律监督是指由特定国家机关依照法定权限和法定程序，对立法、司法、和执法活动的合法性所进行的监督，或者是指由所有国家机关、社会组织和公民对各种法律活动的合法性所进行的监督。这两种情况都是以法律实施和人们行为的合法性为监督对象的。③

中国特色社会主义法律监督的实质在于以人民民主为基础，以权力的合理划分与相互制约为核心，依法对各种行使国家权力的行为和其他法律活动进行监视、查看、约束、控制、检查和督促的法律机制。要对各种法律实施活动和人们的法律行为进行有效监督，就必须构建完善的法律监督机制，彻底厘清谁监督、监督谁、监督什么、用什么监督及怎样监督等问题，即明确法律监督主体、监督客体、监督内容、监督权力以及监督规则等五个法律监督要素。法律监督是建设社会主义法治国家、提升国家治理体系和治理能力现代化重要保证。

加强法律监督，促进法律实施，必须建立健全问责机制，形成有责必问、问责必严的法治氛围。在完备的问责法治氛围中，执法、司法及守法能够更加严密，法律责任更容易落实，极大地促进了法律的实施。④在教育领域，监督问责机制也不断建立健全，2015年《教育部关于深入推进教育管办评分离　促进政府职能转变的若干意见》（教政法〔2015〕5号）、2017年《教育部等五部门关于深化高等教育领域简政放权放管结合优化服务改革的若干意见》（教政法〔2017〕7号）、2020年《中共中央办公厅、国务院办公厅关于深化新时代教育督导体制机制改革的意见》等均提出贯彻落实问责机制的问题，对推动教育法律实施，提升依法治教、依法治校水平具有积极的推动作用。

（四）全面质量管理理论

提高教育质量，坚持走以提高质量为核心的内涵式发展道路，是我国科教兴国的必然选择，人才强国的应然要求，立德树人的本真要义。⑤党的十八大以来，习近平总书

---

① 史永平.什么是法律实施：兼及相关概念之法理辨析[J].北京社会科学，2015（9）：88-97.
② 沈宗灵.法理学[M].2版.北京：北京大学出版社，2003：323.
③ 沈宗灵.法理学[M].2版.北京：北京大学出版社，2003：398-405.
④ 肖北庚.法律实施中的政党引领、中国行为法学会[EB/OL].[2021-03-16].http://www.lawcd.net/a/old-15-217.html.
⑤ 教育部课题组.深入学习习近平关于教育的重要论述[M].北京：人民出版社，2019：202-203.

记明确提出要"推进教育改革,提高教育质量,培养更多、更高素质的人才",[①] "围绕建设高质量教育体系,以教育评价改革为牵引,统筹推进育人方式、办学模式、管理体制、保障机制改革。要增强教育服务创新发展能力,培养更多适应高质量发展、高水平自立自强的各类人才"。[②]把提高教育质量作为教育改革发展的核心任务,努力营造有利于创新人才成长的良好环境。教育质量是教育组织、机构、单位在既定的社会条件下,根据科学规律和客观发展的逻辑,考虑到其所培养的学生、创造出的新知识,还有提供的服务,对满足当前社会发展需求和长远社会需求的程度。[③]教育质量涉及教育过程的所有环节,全面质量管理理论适应提高教育质量的时代要求,在高等教育领域得以广泛适用。

1.全面质量管理内涵

全面质量管理源自阿曼德·费根堡姆提出的全面质量控制概念[④]。全面质量控制最初是企业管理领域的理论哲学和管理方法,强调企业在生产过程中,要以产品质量为中心,要通过控制企业产品生产过程的各个环节来控制产品的质量。全面质量控制理论后来经过著名质量管理大师戴明、朱兰等的进一步研究和发展,形成了著名的、在国际上普遍认可的全面质量管理理论。

全面质量管理理论强调以质量为核心,全员参与质量管理,目的是让所涉及的人员受益,是全过程的质量管理。该理论的目的在于通过顾客满意、组织成员满意、社会公众满意而达到企业长期的成功管理。

全面质量管理的主要特点是全面性、全员性、预防性、服务性及科学性。其中,全面性是指全面质量管理的对象,是企业生产经营的全过程;全员性是指全面质量管理要依靠全体职工;预防性是指全面质量管理应具有高度的预防性;服务性主要表现在企业以自己的产品或劳务满足用户的需要,为用户服务;科学性是指质量管理必须科学化,必须更加自觉地利用现代科学技术和先进的科学管理方法。

全面质量管理对提高产品质量、改善产品设计、加速生产流程、鼓舞员工士气和增强质量意识、改进产品售后服务、提高市场的接受程度、提升顾客满意度、降低经营质量成本、减少责任事故等方面具有重要的价值和作用。

2.全面质量管理流程

全面质量管理过程可以概括为"一个过程""四个阶段""八个步骤"。"一个过

---

① 习近平会见清华大学经管学院顾问委员会海外委员[N].人民日报,2013-10-24(001).
② 习近平.把保障人民健康放在优先发展的战略位置 着力构建优质均衡的基本公共教育服务体系[N].人民日报,2021-03-07(001).
③ 胡祖莹,曲恒昌.高等教育评估与质量保证:来自五大洲的最新经验与发现[M].北京:北京师范大学出版社,1998:17.
④ FEIGENBAUM A V. Quality Control: Principles, Practice and Administration[M].New York: Mcgraw Hill Book Company, 1951:34.

程"是指管理是一个过程性概念,每种活动都经历一个过程,包括计划、实施、验证和处理等阶段。

"四个阶段"是指PDCA,是美国管理学大师戴明提出的PDCA动态质量管理理论,由计划(Plan,P)、执行(Do,D)、检查(Check,C)、处理(Action,A)等四个阶段构成,在整个管理活动中形成一个封闭的环,因此也被称为"戴明"循环。

"八个步骤"是对PDCA四个阶段的细分,包括以下几个方面:计划阶段包括"分析现状""找出原因""找主要原因""制定措施"四步,主要通过分析研究对象的现状,找出目前存在的问题,然后指定具体的措施;执行阶段包括"实施计划与措施",涉及根据计划进行实施的过程阶段;检查阶段涉及"实施结果与目标对比"阶段,主要是对照计划,及时发现实施过程中的问题;处理阶段包括"对实施结果总结分析"和"未解决问题转入下一轮"两个部分,主要是总结过程,将发现的问题纳入下一轮循环。

全面质量管理与大学章程实施评估具有高度的契合性,能够为大学章程实施评估提供较好的理论支撑。全面质量管理过程的计划、执行、检查和处理等四个阶段,质量控制的"制订质量标准、评价标准的执行情况、偏离标准时采了纠正措施、安排改善标准的计划"的四个环节,能够较好运用于大学章程实施评估过程,对指导评估标准的建立、评估实施状况、观测章程实施与章程制定预期目标之间的差距、采取修正措施以提升章程实施效果等方面均具有理论参考和借鉴价值。

(五)利益相关者理论

伴随高等教育管理的复杂化和类企业化,利益相关者理论被广泛地引入该领域,成为高等教育管理研究的理论"利器"。利益相关者理论是大学章程制定和实施的重要理论指导,大学章程建设涉及举办者、教育行政管理部门、学校、教职工、学生、社会公众等众多利益相关者,《高等学校章程制定暂行办法》第16条规定:章程起草组织应当"由学校党政领导、学术组织负责人、教师代表、学生代表、相关专家,以及学校举办者或者主管部门的代表组成,可以邀请社会相关方面的代表、社会知名人士、退休教职工代表、校友代表等参加。"

1.利益相关者理论的演化

从理论形态上看,利益相关者理论经历了三种形态,即利益相关者的企业依存观点、战略管理观点和动态演化观点,主要回答利益相关者的界定、利益相关者利益的正当性、利益相关者利益的实现途径、利益相关者理论下公司的经济绩效等问题。

从理论演化时间序列看,利益相关者理论经历了萌芽、产生、发展及成熟等阶段。利益相关者理论的思想萌芽可追溯到伯利和米恩斯,在《私有财产与现代公司》一书中,伯利和米恩斯认为:"以所有者为一方和以控制者为另一方之间形成了一种新的关系","这一关系涉及公司的参与者股东、债权人及某种程度上还包括其他债权人。"[①]

---

① 赵旭东. 新公司法制度设计[M].北京:法律出版社,2006:207.

20世纪60年代，斯坦福研究院的学者首次提出了利益相关者的概念，"对企业来说，存在这样一些利益群体，如果没有他们的支持，企业就无法生存。"[1]该理论认为："公司是一种有效率的契约组织，是各种生产要素的所有者为了各自的目的联合起来的契约关系网络，股东利润的最大化不等于创造财富的最大化，各利益相关者的利益最大化才是现代企业追求的目标，它将社会公平与效率结合起来。"[2]

20世纪70年代，利益相关者理论逐渐被企业界所接受，是该理论的重要发展期。经济学家迪尔·威廉曾描述该理论的影响，"我们原本只是认为利益相关者的观点会作为外因影响企业的战略决策和管理过程"，"但变化已经表明，我们正从今天的利益相关者影响，迈向利益相关者参与。"[3]

20世纪80年代以后，利益相关者理论逐步发展成熟。随着弗里曼的《战略管理：利益相关者方法》一书的出版，利益相关者理论获得广泛传播和认可，成为学术界和企业界的共识。人们普遍认识到企业的生存、发展和繁荣离不开利益相关者的支持，"企业的目标是为其所有利益相关者创造财富和价值""企业是由利益相关者组成的系统。"[4]

2.利益相关者的内涵

谁是利益相关者，这是利益相关者理论首先要解决的问题。从利益相关者的概念产生以来，迄今为止学者们已经提出众多定义，这些概念大致可归纳为三类：

第一，最宽泛的定义。凡是能影响企业活动或被企业活动所影响的人或团体都是利益相关者。1984年，美国经济学家弗里曼提出，利益相关者是指"那些影响企业目标实现，或者能够被企业实现目标的过程影响的任何个人和群体。"[5]该定义将股东、债权人、雇员、消费者、政府部门等全部纳入利益相关者范畴，大大扩展了利益相关者的范围。

第二，相对宽泛的定义。凡是与企业有直接关系的人或团体才是相关者。该定义排除了政府部门、社会组织、社会团体及周边的社会成员等。"要想制定企业的目标，必须平衡考虑企业诸多利益相关者之间相互冲突的索取权，他们可能包括管理人员、工人、股东、供应商以及顾客等。"[6]

第三，最狭窄的定义。只有在企业中下了"赌注"的人或团体才是利益相关者，就

---

[1] CLARK, SOULSBY A. Organizition-Community Embeddedness: The Social Impact of Enterprise Restructuring in Post-Community Czech Republic[J].Human Relation, 1998, 51（1）：125-146.

[2] MARGARET B. Ownership and Control-Rethinking Corporate Governance for the Twenty First Century [M]. Washington D.C.：The Brookings Institution, 1995.

[3] WILLIAM D R. Public Participation in corporate-planning: Strategic Management in A Kibitzer's World [J]. Long Range Planing, 1975, 8（1）.

[4] 李志强.企业价值创新[M].上海：上海社会科学院出版社，2007：88.

[5] FREEMAN R E. Corporate Views of the Public Interest [J].The Academy of Management Review, 1984, 9（2）：247-279.

[6] ANSOFF, H I. Corporate Strategy[M]. New York: McGraw-Hill, 1995.

是在企业中承担风险或决定企业生死存亡的个人和团体。克拉克逊认为,利益相关者就是"在企业中承担某种形式风险的个人或群体","在一个企业的过去、现在和未来的活动中拥有或宣称拥有权利或利益的个体或群体"。①

3.利益相关者的分类

一个公司涉及的利益相关者众多,主要包括股东、经营者、债权人,更大范围的利益相关者还包括公司职员、供应商、客户及政府官员等。按照不同标准,可以将众多的利益相关者分为不同类型。

根据相关群体与企业是否存在合同交易关系,可以分为契约型利益相关者和公众型利益相关者。前者包括股东、员工、顾客、供销商、分销商等;后者包括全体消费者、政府、监督者、媒体、所在社区等。②

根据相关群体在企业经营中承担风险的不同,可以分为自愿型利益相关者和非自愿型利益相关者。前者指主动在企业中进行物质资本和人力资本投资的个人和群体,他们自愿承担企业经营活动给自己带来的风险;后者指由于企业的经营活动而被动地承担了企业经营风险的个人和群体。

根据利益相关者的社会性和紧密性的不同,可以将利益相关者分为四种形式:一是首要的社会利益相关者,他们与企业有直接关系,并且有人的参加,包括顾客、投资者、员工、社区、供应商等;二是次要的社会利益相关者,与社会性活动和企业形成了间接关系,如居民团体、相关企业等;三是首要的非社会利益相关者,他们与企业有直接的关系,但没有具体人的参加,包括环境、人类后代;四是次要的非社会利益相关者,他们与企业有间接联系,但不包括人的参与,如各种物种等。③

不同利益相关者的利益需求是不同的,股东与顾客的利益需求存在明显的差异,这就需要企业决策者非常清楚企业利益相关者的利益需求究竟是什么,哪些利益需求是合法、合理的,哪些利益需求是不合理、不正当的。只有真正明白企业的利益要求,积极寻求满足利益需求的现实途径,尽可能满足不同利益相关者的利益需求,从而改善企业的绩效,只有这样的企业才能实现"基业长青"。

(六)协同治理理论

协同治理(Collaborative Governance)理论是协同理论与治理理论的交叉性理论。协同治理是一种管理安排,即一个或多个公共机构直接让非国家利益相关者参与集体决策的正式过程,旨在制定或实施公共政策、管理公共项目或资产。

---

① CLARKSON M. A Stakeholder Framework for Analyzing and Evaluating Corporate Performance [J]. The Academy of Management Review, 1995, 20(1):367-390.

② CHARKHAM J P. Corporate Goverance: Lessons from Abroad[J]. European Business Journal, 1992, 4(2)::16-180.

③ WHEELER D. Including the Stakeholders: The business case[J]. Long Range Planing, 1998, 31(2):346-368.

1.协同治理的内涵

协同治理理论源于德国物理学家赫尔曼·哈肯创立的"协同学"。1977年,赫尔曼·哈肯在《协同学》一书中首次提出"协同"的概念,认为"协同主要强调系统内部各个要素之间的关系,关注整个系统从杂乱无序到井然有序的变化规律",指出"当系统中各个要素之间能相互协作,能进行良好沟通时,系统就具有协同功能。"①此后,协同治理理论在西方国家逐步得到学界的推崇。沃尔特和切赫将协同治理描述为涉及"联合活动、共同结构和共享资源的正式活动"。②埃莫森认为协同治理是"公共政策决策和管理的过程",在治理过程中,人们跨越公共机构、政府层级、私人、公民领域的界限,以实现公共目标。③约翰·多纳休等在《合作:激变时代的合作治理》一书中指出,协同治理是走出治理需求与治理能力失衡迷宫的"阿莉阿德尼之线",协作过程是公共部门与私营部门创造公共价值的过程,其目的是实现公共目标。④大卫·惠顿研究了协同治理产生的条件,即积极的态度、共同目标的达成度、共同的认知、科学的评估以及及时的反馈。⑤安赛森和卡什在《协同治理的理论与实践》中,认为协同治理是一个或多个公共机构允许非国家利益相关者直接参与正式的、共识导向的、审慎的集体决策过程,旨在制定公共政策、执行公共计划和管理公共资产。⑥

我国学者对协同治理的研究始于20世纪90年代中期,经过近三十年的探索和沉淀,取得了较为丰富的研究成果。颜佳华、吕炜从内涵、外延、内容等方面对"协商治理""协作治理""协同治理"与"合作治理"进行了辨析,分析它们之间的异同。⑦田培杰考察了协同治理概念的发展演化过程,认为协同治理是政府与社会组织共同参与,是调动利益相关者实现公共管理的过程。⑧张贤明、田玉麒通过对"协同"概念的词源学分析,认为协同治理是"全球化时代,由跨组织、部门和空间边界的公共部门、市场组织、社会组织或个人相互协调合作,共同解决棘手公共问题的过程"。⑨刘光容认为,协同治理是政府部门、社会组织、公民个人等多元治理主体为了共同的社会公

---

① HAKEN H. Synergetics [J]. Physics Bulletin, 1977, 28 (9):412.

② WALTER, UTA, CHRISTOPHER P. A Template for Family-Centered Interagency Collaboration: Families in Society[J]. The Journal of Contemporary Human Services, 2000 (81):494-503.

③ EMERSON K, NABATCHI T, BALOGH S. An Integrated Framework for Collaborative Governance[J]. Journal of Public Administration Research and Theory, 2012, 22 (1):1-29.

④ 多纳休.合作:激变时代的合作治理[M].徐维,译.北京:中国政法大学出版社,2015.

⑤ WHETTEN D A. Internalization Relations: A Review of the Field[J].The Journal of Higher Education, 1981, 52 (1):668-710.

⑥ ANSELL C, GASH A. Collaborative Governance in Theory and Practice [J].Journal of Public Administration Research and Theory, 2008,18 (4):543-571.

⑦ 颜佳华,吕炜.协商治理、协作治理、协同治理与合作治理概念及其关系辨析[J].湘潭大学学报(哲学社会科学版),2015(2):14-18.

⑧ 田培杰.协同治理概念考辨[J].上海大学学报(社会科学版),2014(1):124-140.

⑨ 张贤明,田玉麒.论协同治理的内涵、价值及发展趋向[J].湖北社会科学,2016(1):30-37.

共利益，运用一定的治理机制和方式对社会公共事务进行治理的过程。①何水认为，协同治理是政府、民间组织、企业、公民个人等，对于社会公共事务的相互协调和合作治理，以维护和增进公共利益②。郑巧、肖文涛认为，协同治理是政府、非政府组织、企业、公民个人等相互协调、共同作用，实现力量的增值，最终增进公共利益最大化③。张康之认为，协同治理是公共部门与非公共部门协调、平等参与公共事务管理，体现地位平等的共同治理。④

由于译介方法不同、理解概念的视角不同等原因，与协同治理相似的概念相互混淆、交叉使用，所以协同治理的概念界定比较模糊与含混。目前为止，对于协同治理的概念界定莫衷一是。学者们一般将协同治理称为"协力治理""合作治理""协作治理"，我们更倾向于协同治理这一术语，因为其包含范围更广，涵盖治理过程中的规划、决策和管理等各个方面，涉及参与、互动、协作、合作等多种因素。协同治理以"去中心化"为核心，强调"参与主体的多元化"。⑤

2.协同治理的特征

联合国全球治理委员会认为，协同治理强调行为者的多元化和多样性、治理效果的整体性以及参与方式的尊重、协调和平等性。⑥协同治理具有以下特征：

第一，治理主体多元化。在当前复杂的社会背景下，依靠传统的、单一的行政力量管理社会公共问题难以满足社会及人民群众的要求，亟需联合多种力量协作解决。⑦协同治理的主体具有多元化特征，协同治理的主体包括政府、组织机构、企业、个人等，各个主体所占有的社会地位、社会资源不同，在社会治理过程当中发挥不同的作用。各个治理主体相互博弈，在相互博弈中，逐渐形成协同合作结构。协同治理目标达成后，系统内各要素循环建构，不断生成新的协同合作，协同治理渐趋完善。⑧多元治理主体之间的关系是平等的、相互信任的，各主体之间充分进行信息交换共享、沟通协商，开展公共事务治理活动，形成稳固有序的协作机制。多元主体之间的协作关系是处于动态变化中的，各个主体之间的协同方式需要依照治理情况变化而实时进行调整。

---

① 刘光容.政府协同治理：机制、实施与效率分析[D].武汉：华中师范大学，2008.

② 何水.协同治理及其在中国的实现：基于社会资本理论的分析[J].西南大学学报（社会科学版），2008（3）：102-106.

③ 郑巧，肖文涛.协同治理：服务型政府的治道逻辑[J].中国行政管理，2008（7）：48-53.

④ 张康之.合作治理是社会治理变革的归宿[J].社会科学研究，2012（3）：35-42.

⑤ ANSELL C, GASH A. Collaborative Governance in Theory and Practice[J]. Journal of Public Administration Research and Theory, 2008, 18（4）:543-571.

⑥ DINGWERTH K, PATTBERG P. Global Governance as a Perspective on World Politics[J]. Global Governance: A Review of Multilateralism and International Organizations, 2006, 12（2）: 185-203.

⑦ 张成福，党秀云.公共管理学[M].北京：中国人民大学出版社，2001.

⑧ 韩建力.政治沟通视域下中国网络舆情治理研究[D].长春：吉林大学，2019:107.

第二,治理过程系统化。在日益复杂多变的社会环境下,很多社会问题展现复杂性、多样性、动态性等特征,要求政府各职能部门之间相互协同,也要求政府部门与市场组织、社会组织和群众间相互协作,运用系统治理来推动社会向良好的方向发展。协同存在于一切领域当中,人类社会也是一个协同系统,系统的各个主体之间的关系不是单纯的叠加,而是各个子系统或各要素依照一定的规律有机联系在一起,子系统本身也具有系统性。各个子系统时刻与外部环境保持信息、物质、能量沟通,通过相互竞争而实现从无序到有序的协同运动。只有在一个系统内部各个子系统或者各个要素之间形成了良好的协同关系后,该系统才得以持续稳定运行下去。

第三,治理结果有效性。协同治理强调以共识为导向的集体决策,将公共和私营利益相关者聚集在一起,与公共机构共同参与"集体论坛",体现当面对话、信任建立、承诺兑现及共享发展理念,最终构建一种应急协作模式,以突出协同治理在决策和公共管理方面的有效性。

传统治理模式主要是自上而下的,需要经过政府职能部门的许可、授权、审批等,治理周期较长。协同治理要求政府职能部门发动市场组织、社会组织和群众等多元力量共同参与,共同化解社会治理过程中遇到的难题和困境。协同治理可以解决单一主体管理所带来的一系列问题,能够最大限度地优化资源配置、整合社会资源,提升系统有序性和稳定性,实现善治和协同增效目标,产生整体大于部分之和的治理效果,实现公共利益最大化。[①]

3.协同治理的应用

协同理论在经济学、社会学、公共管理学等领域都有广泛的适应性。"协同治理"一词最初用于教育和卫生领域的实践活动,用于描述教学管理和公共卫生服务领域中各个部门之间的合作。随着知识越来越专业化,基础设施变得相互依赖且更加复杂,合作需求也日益增加。协同治理理论得到广泛应用,美国研究人员运用协同理论描述跨界合作的协同规划、协作过程、协作环境管理、环境治理和冲突解决等管理过程。协同治理已经成为一种新的现代公共管理工具,涉及公共危机、区域合作、生态环境等诸多领域。20世纪90年代末期,英国政府引入"协同政府"理念,旨在更好地实现政府间的协同,不断提高政府职能部门的行政效率。

协同治理理论的应用模型从分析协同治理的构成要素开始,以实践活动为支撑,构建组织协同的理论框架。唐娜·伍德和芭芭拉·格雷分析三个协同阶段,前期—过程—结果,并按时间顺序进行协同治理,达到治理目的。[②]安·玛丽·汤姆森等分析协同要

[①] 蔡岚,寇大伟.雾霾协同治理视域下的社会组织参与:协同行动、影响因素及拓展空间[J].北京行政学院学报,2018(4):1-9.

[②] WOOD D J, GRAY B. Toward a Comprehensive Theory of Collaboration[J]. The Journal of Applied Behavioral Science, 1991, 27(2):139-162.

素，构建多维协同模型。①我国学者曹堂哲构建的"基于政策循环和政策子系统的跨域治理协同分析模型"，包括政策循环—政策子系统—跨域事务。②陶国根构建"动因—过程—结果"的社会协同机制模型，其中，动因即社会协同形成，需要确认目标、了解现实状况并分析差距；过程即社会协同的实现，包括机会识别、责任分配、信息沟通以及功能整合；结果即社会协同的效果评价，包括效果检验和监督反馈。

二、大学章程实施评估的法律政策依据

推进大学章程实施是建设中国特色现代大学制度的核心内容，也是高等教育管理体制改革的重要内容。现行的法律、法规、规章及政策是大学章程建设的"约束条件"，也是大学章程实施评估的基本依据。与大学章程实施评估密切相关的现行教育法律、法规和部门规章，主要包括高等教育宏观管理、高校内部治理和决策机制、综合管理、质量建设与教学评估、财务管理与基本建设、教师与学生管理、学位管理、对外交流与合作等各个方面，全面涵盖了大学章程建设的各个方面。

（一）大学章程实施评估的基本法律依据

《中华人民共和国教育法》《中华人民共和国高等教育法》《中华人民共和国教师法》《中华人民共和国学位条例》构成了大学章程实施评估的基本法律依据，为评估活动本身、评估内容及评估程序提供合法性依据。

《中华人民共和国教育法》是指导教育事业发展的根本大法，是全面依法治教的根本准则，推动教育体制改革不断发展深化。该法于1995年3月18日第八届全国人民代表大会第三次会议通过，2009年8月27日第十一届全国人民代表大会常务委员会第十次会议第一次修正，2015年12月27日第十二届全国人民代表大会常务委员会第十八次会议第二次修正，2021年4月29日第十三届全国人民代表大会常务委员会第二十八次会议第三次修正。该法包括总则、教育基本制度、学校及其他教育机构、教师和其他教育工作者、受教育者、教育与社会、教育投入与条件保障、教育对外交流与合作、法律责任、附则，共10章86条。该法全面规定了教育的性质、地位、国家教育方针、教育基本原则和基本制度、教育投入和条件保障、学校的法律地位、教育与社会的关系、教育对外交流与合作以及法律责任等。

该法明确了我国教育的教育方针和基本原则，"教育必须为社会主义现代化建设服务、为人民服务，必须与生产劳动和社会实践相结合，培养德智体美等方面全面发展的社会主义建设者和接班人。"教育必须坚持"对受教育者进行政治思想道德教育原则；继承和吸收优秀文化成果的原则；教育公益性原则、教育与宗教相分离原则；受教育机会平等原则；帮助特殊地区和保护弱势群体的原则；建立和完善终身教育体系原则、鼓

---

① THOMSON A M, PERRY J L. Collaboration Processes: Inside the Black Box[J]. Public Administration Review, 2010, 66（S1）:20-32.
② 曹堂哲.政府跨域治理协同分析模型[J].中共浙江省委党校学报,2015（2）:33-39.

励教育科学研究原则；推广普通话原则；奖励突出贡献原则"。

该法规定学校的法人资格，"学校及其他教育机构具备法人条件的，自批准设立或者登记注册之日起取得法人资格。学校及其他教育机构在民事活动中依法享有民事权利，承担民事责任。"该法明确章程为学校设立的基本条件，学校依据章程进行自主管理；明确规定学校的权利和义务，"组织实施教育教学活动；招收学生或者其他受教育者；对受教育者进行学籍管理，实施奖励或者处分；对受教育者颁发相应的学业证书；聘任教师及其他职工，实施奖励或者处分；管理、使用本单位的设施和经费；拒绝任何组织和个人对教育教学活动的非法干涉；法律、法规规定的其他权利。"学校应当"遵守法律、法规；贯彻国家的教育方针，执行国家教育教学标准，保证教育教学质量；维护受教育者、教师及其他职工的合法权益；以适当方式为受教育者及其监护人了解受教育者的学业成绩及其他有关情况提供便利；遵照国家有关规定收取费用并公开收费项目；依法接受监督"。

《中华人民共和国高等教育法》于1998年8月29日第九届全国人民代表大会常务委员会第四次会议通过，2015年12月27日第十二届全国人民代表大会常务委员会第十八次会议修正。该法分为总则、高等教育基本制度、高等学校的设立、高等学校的组织和活动、高等学校教师和其他教育工作者、高等学校的学生、高等教育投入和条件保障、附则等，共8章69条。

该法将章程列为高校设立的必备材料，明确了大学章程应当记载的事项："学校名称、校址；办学宗旨；办学规模；学科门类的设置；教育形式；内部管理体制；经费来源、财产和财务制度；举办者与学校之间的权利、义务；程修改程序；其他必须由章程规定的事项。"

该法明确了高校法人资格。"高等学校自批准设立之日起取得法人资格，在民事活动中依法享有民事权利，承担民事责任。高等学校应当面向社会，依法自主办学，实行民主管理。"

该法规定了高校办学自主权的范围。"高等学校根据社会需求、办学条件和国家核定的办学规模，制定招生方案，自主调节系科招生比例；自主设置和调整学科、专业；自主制定教学计划、选编教材、组织实施教学活动；自主开展科学研究、技术开发和社会服务；自主开展与境外高等学校之间的科学技术文化交流与合作；自主确定教学、科学研究、行政职能部门等内部组织机构的设置和人员配备，评聘教师和其他专业技术人员的职务，调整津贴及工资分配；自主管理和使用经费资产等。"

《中华人民共和国教师法》于1993年10月31日第八届全国人民代表大会常务委员会第四次会议通过，自1994年1月1日起施行，以法律形式确认教师的法律地位，全面规定教师的权利、义务、任用、考核、培训和待遇等，是我国教师队伍建设规范化、法制化的根本保障。该法明确指出，"教师是履行教育教学职责的专业人员，承担教书育人，培养社会主义事业建设者和接班人、提高民族素质的使命"。该法规定教师行使以下权利："进行教育教学活动，开展教育教学改革和实验；从事科学研究、学术交流，参加专业的学术团体，在学术活动中充分发表意见；指导学生的学习和发展，评定学生的品行和学业成绩；按时获取工资报酬，享受国家规定的福利待遇以及寒暑假期的带薪休假；对学校教育教学、管理工作和教育行政部门的工作提出意见和建议，通过教职工代表大会或者其他形式，参与学校的民主管理；参加进修或者其他方式的培训。"该法规定教师应当履行下列义务："遵守宪法、法律和职业道德，为人师表；贯彻国家的教育方针，遵守规章制度，执行学校的教学计划，履行教师聘约，完成教育教学工作任务；对学生进行宪法所确定的基本原则的教育和爱国主义、民族团结的教育，法制教育以及思想品德、文化、科学技术教育，组织、带领学生开展有益的社会活动；关心、爱护全体学生，尊重学生人格，促进学生在品德、智力、体质等方面全面发展；制止有害于学生的行为或者其他侵犯学生合法权益的行为，批评和抵制有害于学生健康成长的现象；不断提高思想政治觉悟和教育教学业务水平。"

《中华人民共和国学位条例》于1980年2月12日第五届全国人民代表大会常务委员会第十三次会议通过，2004年8月28日第十届全国人民代表大会常务委员会第十一次会议修正。该条例规定："学位分学士、硕士、博士三级"，明确授予各级学位的条件："高等学校本科毕业生，成绩优良，达到下述学术水平者，授予学士学位：（一）较好地掌握本门学科的基础理论、专门知识和基本技能；（二）具有从事科学研究工作或担负专门技术工作的初步能力。高校和科学研究机构的研究生，或具有研究生毕业同等学力的人员，通过硕士学位的课程考试和论文答辩，成绩合格，达到下述学术水平者，授予硕士学位：（一）在本门学科上掌握坚实的基础理论和系统的专门知识；（二）具有从事科学研究工作或独立担负专门技术工作的能力。高校和科学研究机构的研究生，或具有研究生毕业同等学力的人员，通过博士学位的课程考试和论文答辩，成绩合格，达到下述学术水平者，授予博士学位：（一）在本门学科上掌握坚实宽广的基础理论和系统深入的专门知识；（二）具有独立从事科学研究工作的能力；（三）在科学或专门技术上做出创造性的成果。"条例规定了有异议、撤销学位及撤销学位授予权条款，"非学位授予单位和学术团体对于授予学位的决议和决定持有不同意见时，可以向学位授予单位或国务院学位委员会提出异议。学位授予单位和国务院学位委员会应当对提出的异议进行研究和处理。学位授予单位对于已经授予的学位，如发现有舞弊作伪等严重违反本条例规定的情况，经学位评定委员会复议，可以撤销。国务院对于已经批准授予学位的单位，在确认其不能保证所授学位的学术水平时，可以停止或撤销其授予学位的资格。"

（二）大学章程实施评估的党内法规制度依据

《中国共产党普通高校基层组织工作条例》是高校党建工作的基本法规，为推进高校党建工作的制度化、规范化、科学化提供政治保障。该条例于2009年11月5日由中共中央政治局常委会会议审议批准，2010年8月13日中共中央发布；2021年2月26日由中共中央政治局会议修订，2021年4月16日中共中央重新发布。该条例全面规定高校党的基层组织的组织原则、组织设置、主要职责、党的纪律检查工作、党员队伍建设、干部和人才工作、思想政治工作、对群团组织的领导、领导和保障等，全面规范普通高等学校基层组织工作。①

条例要求"全面贯彻党的教育方针，坚持教育为人民服务、为中国共产党治国理政服务、为巩固和发展中国特色社会主义制度服务、为改革开放和社会主义现代化建设服务，坚守为党育人、为国育才，培养德智体美劳全面发展的社会主义建设者和接班人。"

条例规定高校党的领导体制，"高校实行党委领导下的校长负责制。高校党委全面领导学校工作，支持校长按照《中华人民共和国高等教育法》的规定积极主动、独立负责地开展工作，保证教学、科研、行政管理等各项任务的完成。""高校党委实行民主集中制，健全集体领导和个人分工负责相结合的制度。凡属重大问题都应当按照集体领导、民主集中、个别酝酿、会议决定的原则，由党委集体讨论，作出决定；党委成员应当根据集体的决定和分工，切实履行职责。"

条例指明高校的教育方针，"全面贯彻党的教育方针，坚持教育为人民服务、为中国共产党治国理政服务、为巩固和发展中国特色社会主义制度服务、为改革开放和社会主义现代化建设服务，坚守为党育人、为国育才，培养德智体美劳全面发展的社会主义建设者和接班人。"

条例规定高校二级单位的领导机制，"高校院（系）级单位党组织应当强化政治功能，履行政治责任，保证教学科研管理等各项任务完成，支持本单位行政领导班子和负责人开展工作，健全集体领导、党政分工合作、协调运行的工作机制。通过党政联席会议，讨论和决定本单位重要事项。召开党组织会议研究决定干部任用、党员队伍建设等党的建设工作。""涉及办学方向、教师队伍建设、师生员工切身利益等事项的，应当经党组织研究讨论后，再提交党政联席会议决定。"

条例要求加强对思政工作的领导，"高校党委应当牢牢掌握党对学校意识形态工作的领导权，统一领导学校思想政治工作。发挥行政系统、群团组织、学术组织和广大教职工的作用，共同做好思想政治工作。"

条例要求加强对党建和思政工作的评估监督，"高校党的建设和思想政治工作情况应当纳入巡视巡察，作为学校领导班子综合评价和领导人员选拔任用的重要依据，作为"双一流"建设等工作成效评估的重要内容。"

2014年10月，中共中央办公厅印发《关于坚持和完善普通高等学校党委领导下的校长负责制的实施意见》，明确规定"党委统一领导学校工作""校长主持学校行政工作"，要求"健全党委与行政议事决策制度""完善协调运行机制"。

实施意见指出"党委统一领导学校工作"。"高等学校党的委员会是学校的领导核心，履行党章等规定的各项职责，把握学校发展方向，决定学校重大问题，监督重大决议执行，支持校长依法独立负责地行使职权，保证以人才培养为中心的各项任务完成。""党委实行集体领导与个人分工负责相结合，坚持民主集中制，集体讨论决定学

---

① 中国共产党普通高等学校基层组织工作条例[EB/OL].[2021-02-11]. http://jl.people.com.cn/n2/2021/0423/c349771-34690908.html.

校重大问题和重要事项，领导班子成员按照分工履行职责。党委书记主持党委全面工作，负责组织党委重要活动，协调党委领导班子成员工作，督促检查党委决议贯彻落实，主动协调党委与校长之间的工作关系，支持校长开展工作。""学校党的全委会在党员大会闭会期间领导学校工作，主要对事关学校改革发展稳定和师生员工切身利益及党的建设等全局性重大问题作出决策，听取和审议常委会工作报告、纪委工作报告。会议由常委会召集，议题由常委会确定。全委会必须有三分之二以上委员到会方能召开。表决事项时，以超过应到会委员人数的半数同意为通过。""常委会主持党委经常工作，主要对学校改革发展稳定和教学、科研、行政管理及党的建设等方面的重要事项作出决定，按照干部管理权限和有关程序推荐、提名、决定任免干部。常委会会议由党委书记召集并主持。会议议题由学校领导班子成员提出，党委书记确定。会议必须有半数以上常委到会方能召开；讨论决定干部任免等重要事项时，应有三分之二以上常委到会方能召开。表决事项时，以超过应到会常委人数的半数同意为通过。不是党委常委的行政领导班子成员可列席会议。"

实施意见明确"校长主持学校行政工作"。"校长是学校的法定代表人，在学校党委领导下，贯彻党的教育方针，组织实施学校党委有关决议，行使高等教育法等规定的各项职权，全面负责教学、科研、行政管理工作。"校长办公会议或校务会议是学校行政议事决策机构，主要研究提出拟由党委讨论决定的重要事项方案，具体部署落实党委决议的有关措施，研究处理教学、科研、行政管理工作。会议由校长召集并主持。会议成员一般为学校行政领导班子成员。会议议题由学校领导班子成员提出，校长确定。会议必须有半数以上成员到会方能召开。校长应在广泛听取参会人员意见基础上，对讨论研究的事项作出决定。党委书记、副书记、纪委书记等可视议题情况参加会议。

实施意见要求"加强学术组织建设，健全以学术委员会为核心的学术管理体系与组织架构，合理确定学术组织人员构成，制定学术组织章程，保障学术组织依照章程行使职权，充分发挥其在学科建设、学术评价、学术发展和学风建设等方面的重要作用，积极探索教授治学的有效途径。""发挥教职工代表大会及群众组织作用，健全师生员工参与民主管理和监督的工作机制。实行党务公开和校务公开，及时向师生员工、群众团体、民主党派、离退休老同志等通报学校重大决策及实施情况。"

2016年3月，《中共教育部党组发布关于直属高校进一步贯彻落实党委领导下的校长负责制等若干事项的通知》（教党函〔2016〕25号），就教育部直属高校进一步贯彻落实党委领导下的校长负责制、严格执行"三重一大"制度、建立定期述责述廉制度等进行重点部署。

通知要求"推动党委领导下的校长负责制落地落实落细"全面梳理学校党政领导班子会议制度和议事规则。与党委领导下的校长负责制内容要求相抵触的，要予以废止；与学校实际不相适应的，要予以修订完善；配套制度不健全的，要抓紧研究建立。

通知要求"严格执行'三重一大'决策制度"。领导班子成员特别是党政正职要牢固树立制度意识、规则意识，严格执行"三重一大"制度。要在进一步完善校级"三重一大"制度的基础上，建立健全学院等二级单位"三重一大"制度。"三重一大"事项范围、程序规则要结合学校实际确定,将"重"细化分解,将"大"量化分档,减少自由裁量空间。学校党委要加强对学院等二级单位"三重一大"制度实施情况的监督检查,定期开展全面检查、抽样检查,及时发现并纠正存在的问题;学院等二级单位要定期向学校党委报告"三重一大"制度的贯彻执行情况。学校领导班子对"三重一大"制度的执行情况要在年度考核中向部党组书面报告。校院两级"三重一大"决策制度以及非涉密的决策事项要在校内公开,接受教职工监督。要完善责任追究制度,科学界定调研失误、决策失误、执行失误的责任内容,细化责任认定,防止以"集体决策之名"逃避个人责任,防止"不作为""乱作为"。

(三)大学章程实施评估的专项法规政策依据

1.大学章程实施评估落实和扩大办学自主权法律政策依据

2014年7月,教育部发布《关于进一步落实和扩大高校办学自主权完善高校内部治理结构的意见》(教改办〔2014〕2号),对扩大高校办学自主权作出全面部署,重点扩大高校在选拔学生、调整优化学科专业、开展教育教学活动、选聘人才、开展科研活动、管理使用财产经费和扩大国际交流合作等七个方面的自主权。意见进一步明确了高等教育的管理职责和权限,进一步明确了高校的办学权利和义务,有助于更好地落实高校的办学主体地位。

2015年5月,教育部发布《关于深入推进教育管办评分离 促进政府职能转变的若干意见》(教政法〔2015〕5号),明确指出"推进管办评分离,构建政府、学校、社会之间新型关系,是全面深化教育领域综合改革的重要内容,是全面推进依法治教的必然要求。"意见要求"推进依法行政,形成政事分开、权责明确、统筹协调、规范有序的教育管理体制";"推进政校分开,对建设依法办学、自主管理、民主监督、社会参与的现代学校制度";"推进依法评价,对建立科学、规范、公正的教育评价制度"。意见要求围绕"完善和发展中国特色社会主义教育制度、推进教育治理体系和治理能力现代化"的总目标,以落实学校办学主体地位、激发学校办学活力为核心任务,加快健全学校自主发展、自我约束的运行机制;以进一步简政放权、改进管理方式为前提,加快建设法治政府和服务型政府,主动开拓为学校、教师和学生服务的新形式、新途径;以推进科学、规范的教育评价为突破口,建立健全政府、学校、专业机构和社会组织等多元参与的教育评价体系。到2020年,基本形成政府依法管理、学校依法自主办学、社会各界依法参与和监督的教育公共治理新格局,为基本实现教育现代化提供重要制度保障。

2017年4月,教育部等五部门印发《关于深化高等教育领域简政放权放管结合优化服务改革的若干意见》(教政法〔2017〕7号),对完善高校内部治理和强化监管优化服务做出专门规定。在学科专业、编制、岗位、进人用人、职称评审、薪酬分配、经费使用管理等方面提出扩大高校办学自主权的政策举措。意见提出积极探索实行高校人员总量管理,为改革现行编制管理方式提供了政策依据和改革通道;明确将职称评审权下放到高校,标志着完全取消了行政管理部门对高校教授和副教授职称评审权的审批,落实和扩大高校办学自主权。对学校内部管理,意见提出:一是加强党对高校的领导、从校级、院系级和基层党组织建设等方面做出明确规定。二是加强制度建设、从教育法律规定的基本制度、高校章程、纪律及校内管理制度等方面提出全面要求,促进高校治理有方、管理到位、风清气正。三是完善民主管理和学术治理,健全高校民主管理和监督机制。坚持学术自由和学术规范相统一,完善学术评价体系和评价标准,提高学术委员会建设水平。四是强化信息公开与社会监督。依法推进校务公开,畅通监督渠道。①

2.大学章程实施评估完善内部治理机制的法规政策依据

随着高等教育改革的深入推进,高校办学自主权逐步落实,高校内外部环境愈加复杂、治理难度越来越大。大学章程是大学"宪章",上承国家法律法规规章,下启高校校内规章制度,是高校内外联系的制度"总阀门"。推动大学章程实施评估,有助于理顺大学、政府和社会的关系,规范高校办学行为;有助于完善高校内部治理结构、提升高校治理体系和治理能力的现代化水平;有助于加强高校教职工代表大会、学术委员会等相关机构建设,完善决策程序,规范高校内部权力运行,推进科学民主决策;有助于全面落实校务公开,建立社会参与和监督高校办学的有效机制,加快形成高校自我发展、自我约束的良性机制。大学章程实施评估过程中,涉及完善内部治理结构方面的法规政策主要包括以下内容。

2011年12月,教育部发布《学校教职工代表大会规定》,全面规定教职工代表大会的性质、组织规则、工作机构等,为依法保障教职工参与学校民主管理和监督提供制度保障,促进完善现代学校制度。②规定明确了教职工代表大会的职权,包括:①听取学校章程草案的制定和修订情况报告,提出修改意见和建议;②听取学校发展规划、教职工队伍建设、教育教学改革、校园建设以及其他重大改革和重大问题解决方案的报告,提出意见和建议;③听取学校年度工作、财务工作、工会工作报告以及其他专项工作报告,提出意见和建议;④讨论通过学校提出的与教职工利益直接相关的福利、校内分配实施方案以及相应的教职工聘任、考核、奖惩办法;⑤审议学校上一届(次)教职工代表大会提案的办理情况报告;⑥按照有关工作规定和安排评议学校领导干部;⑦通过多种方式对学校工作提出意见和建议,监督学校章程、规章制度和决策的落实,提出整改意见和建议;⑧讨论法律法规规章规定的以及学校与学校工会商定的其他事项。教职工代表大会的意见和建议,以会议决议的方式做出。

2014年1月,教育部颁布的《高等学校学术委员会规程》明确了高校学术委员会的定位和职责,规范了学术委员会的组成和运行规则,突出了教授治学和学术民主的理

---

① 教育部有关部门负责人就《关于深化高等教育领域简政放权放管结合优化服务改革的若干意见》答记者问[EB/OL].[2021-02-11].http://www.moe.gov.cn/jyb_xwfb/s271/201704/t20170406_301996.html.
② 学校教职工代表大会规定[EB/OL].[2021-02-14].http://www.moe.gov.cn/srcsite/A02/s5911/moe_621/201112/t20111208_170439.html.

念与原则。①同年3月，教育部办公厅关于学习宣传、贯彻实施《高等学校学术委员会规程》的通知，通知要求"把握重点，全面贯彻落实好《规程》"。具体规定包括：第一，确立学术委员会校内最高学术机构的地位，落实学术委员会职权。尽快对现有学术委员会的组成、职责等进行调整，形成统一的学术管理体系和组织框架，从制度上保证学术委员会具有对学校学术事务的统筹权。根据自身实际，高校可以对现有的学科建设、教师聘任、教学指导、科学研究、学术道德等学术机构的职能和组织架构进行调整，整合为学术委员会的专门委员会；也可以保留有关学术组织的独立地位，但要相应调整职能，明确与学术委员会的关系并接受学术委员会的指导、监督。学位评定委员会可以保留独立设置，依法履行学位评定和授予的职权，但学位授予标准及细则等涉及学位制度整体设计的事项，应当提交学术委员会审议。第二，要遵循学术委员会的组成规则，保证学术委员会的代表性、权威性和公正性。高校现有学术委员会的组成人数和人员构成不符合《高等学校学术委员会规程》原则要求的，要尽快进行调整、改组，应当结合实际，遵循教授治学、尊重学术、鼓励创新的原则，进一步细化学术委员会委员条件。第三，要加强学术委员会自身建设，保障学术委员会规范有效运行。学术委员会要在高校的学术事务中充分发挥作用，加强自身建设，公平、公正、公开地履行职责是基础和保障。高校及学术委员会要根据《高等学校学术委员会规程》，调整、完善学术委员会的运行机制，健全会议制度、议事规则、公示制度等，加强信息公开，建立健全对学术委员会及委员履行职责的监督机制，提高运行的透明度，维护学术委员会的公信力。②

2014年12月，教育部颁布的《普通高等学校理事会规程（试行）》明确了理事会的作用，根据面向社会依法自主办学的需要，设立的由办学相关方面代表参加，支持学校发展的咨询、协商、审议与监督机构，是高校实现科学决策、民主监督、社会参与的重要组织形式和制度平台。规程要求"推动高校建立并完善理事会制度，充分发挥理事会的作用"，主要包括：①密切社会联系，通过理事会制度提升高校的社会服务能力，与地方政府、企业事业组织等相关方面建立长效合作机制；②扩大决策民主，使办学的利益相关方能够以理事会为平台，参与学校的相关决策，保障与学校改革发展相关的重大事项，在决策前，能够充分听取相关方面意见；③争取社会支持，借助理事会及其成员，丰富社会参与和支持高校办学的方式与途径，探索、深化高校办学体制改革；④接受社会监督，依托理事会，引入和健全对学校办学与管理活动的监督、评价机制，提升自身的社会责任意识。③理事会代表一般应包含：①学校举办者、主管部门、共建单位的代表；②学校及职能部门相关负责人，相关学术组织负责人，教师、学生代表；③支

---

① 高等学校学术委员会规程[EB/OL].[2021-02-14].http://www.moe.gov.cn/srcsite/A02/s5911/moe_621/201401/t20140129_163994.html.

② 教育部办公厅关于学习宣传、贯彻实施《高等学校学术委员会规程》的通知[EB/OL].[2021-02-15].http://www.moe.gov.cn/srcsite/A02/s7049/201403/t20140306_165877.html.

③ 《普通高等学校理事会规程（试行）》[EB/OL].[2021-02-15]. http://www.moe.gov.cn/srcsite/A02/s5911/moe_621/201407/t20140725_172346.html.

持学校办学与发展的地方政府、行业组织、企业事业单位和其他社会组织等理事单位的代表；④杰出校友、社会知名人士、国内外知名专家等；⑤学校邀请的其他代表。

3.大学章程实施评估教师队伍建设法律政策依据

教师是大学的重要成员，关于教师的规章制度是大学章程制定与实施的重要内容。依据《高等学校章程制定暂行办法》规定，教师是大学章程制定的参与者、实施的监督者，大学章程的权威依赖于教师对大学章程的认同和信任，教师的合法权益有赖于大学章程的厘定和保护。

2016年8月，教育部发布《关于深化高校教师考核评价制度改革的指导意见》（教师〔2016〕7号），意见主要内容包括：一是明确教师考核评价是高等教育综合改革的重要内容、坚持问题导向推进改革、坚持考核评价改革的正确方向、把握考核评价的基本原则等内容；二是明确主要措施，包括加强和改进师德考核、突出教育教学业绩和教学质量考核、完善科研评价导向、重视社会服务考核、引领教师专业发展等内容；三是强化组织保障，包括合理运用考核评价结果、建立政策联动机制、推进贯彻落实等内容。①

意见指出，考核评价是高校教师选聘、任用、薪酬、奖惩等人事管理的基础和依据。考核评价政策是调动教师工作积极性、主动性的"指挥棒"，对于新时期高校推动教学改革、提高教育质量、坚持正确科研导向、促进科研成果转化、开展创新创业和社会服务，具有全局性和基础性影响。

意见要求指出，"坚持考核评价改革的正确方向"。一是以"师德为先、教学为要、科研为基、发展为本"为基本要求，坚持社会主义办学方向，坚持德才兼备，注重凭能力、实绩和贡献评价教师，克服唯学历、唯职称、唯论文等倾向。二是把握考核评价的基本原则。坚持社会主义办学方向与遵循教育规律相结合、全面考核与突出重点相结合、分类指导与分层次考核相结合、发展性评价与奖惩性评价相结合，推动学校和教师共同发展。三是力求解决考核评价存在的突出问题。坚持问题导向，以解决问题为文件起草的出发点，从扭转教师从事教育教学工作重视不够等方面，提出具有针对性的解决措施。

意见提出有针对性的解决措施：第一，严把关教师选聘师德考核。强调在教师招聘过程中，坚持思想政治素质和业务能力双重考察。将思想政治要求纳入教师聘用合同，并作为职称评聘、岗位聘用和聘期考核的重要内容。第二，切实扭转对教师从事教育教学工作重视不够的现象。加强对教学工作的激励和约束，提高教师教学业绩在校内绩效分配、职称评聘、岗位晋级考核中的比重，充分调动教师从事教育教学工作的积极性。第三，调整完善科研评价导向。探索建立"代表性成果"评价机制，鼓励潜心研究、长期积累，遏制急功近利的短期行为。针对不同学科领域和研究类型，建立分类评价标准和合理的科研评价周期。第四，综合考评教师社会服务工作。综合评价教师参与学科建

---

① 《教育部关于深化高校教师考核评价制度改革的指导意见》答记者问[EB/OL].[2021-02-16]. http://www.moe.gov.cn/jyb_xwfb/s271/201609/t20160920_281619.html.

设、人才培训、科技推广、专家咨询和承担公共学术事务等方面的工作。充分认可教师在政府政策咨询、智库建设、在新闻媒体及网络上发表引领性文章方面的贡献。第五，将教师专业发展纳入考核评价体系。要求高校在教师考核指标体系中增设教师专业发展指标，细化对教师专业发展的要求。第六，推动建立各类评估评价政策联动机制。提出建立教师评价政策与院校评估、本科教学评估、学科评估的联动机制，扭转过度强调教师海外学历、经历或在国外学术期刊上发表论文的倾向。

2017年10月，教育部、人力资源社会保障部发布《高校教师职称评审监管暂行办法》，明确规定"高校教师职称评审权直接下放至高校，尚不具备独立评审能力的可以采取联合评审、委托评审的方式，主体责任由高校承担。高校副教授、教授评审权不应下放至院（系）一级。高校主管部门对所属高校教师职称评审工作实施具体监管和业务指导。教育行政部门、人力资源社会保障部门对高校教师职称评审工作实施监管。"该办法要求：高校按照中央深化职称制度改革的部署，结合学校发展目标与定位、教师队伍建设规划，制定本校教师职称评审办法和操作方案等，明确职称评审责任、评审标准、评审程序。校级评审委员会要认真履行评审的主体责任。院（系）应按规定将符合职称评审条件的教师推荐至校级评审委员会。高校制定的教师职称评审办法、操作方案等文件须符合国家相关法律法规和职称制度改革要求。文件制定须按照学校章程规定，广泛征求教师意见，经"三重一大"决策程序讨论通过并经公示后执行。中央部门所属高校教师职称评审办法、操作方案和校级评审委员会组建情况等报主管部门、教育部、人力资源社会保障部备案。其他高校报主管部门及省级教育、人力资源社会保障部门备案。[1]

2018年1月，中共中央、国务院颁布《关于全面深化新时代教师队伍建设改革的意见》，针对加强高校教师队伍建设提出了20条重点举措，主要包括8个方面：[2]①明确新时代高校教师队伍建设的指导思想和目标任务。提出高校教师队伍建设方向，确立实现教师队伍治理体系和治理能力现代化的目标。②提升教师思想政治素质和师德素养。强化党对高校的政治领导，完善教师思想政治工作组织管理体系，充分发挥高校党委教师工作部在教师思想政治工作和师德师风建设中的统筹作用。强化高校教师"四史"教育，规范学时要求，在一定周期内做到全员全覆盖。③着力提升教师专业素质能力。健全高校教师发展制度、夯实高校教师发展支持服务体系等2项举措，健全教师发展体系，系统化建立教师发展的培训制度、保障制度、激励制度和督导制度；健全教师发展组织体系。④完善现代高校教师管理制度。完善高校教师聘用机制、加快高校教师编制岗位管理改革、强化高校教师教育教学管理、推进高校教师职称制度改革、深化高校教师考核评价制度改革、建立健全教师兼职和兼职教师管理制度。⑤切实保障高校教师待

---

[1] 教育部 人力资源社会保障部关于印发《高校教师职称评审监管暂行办法》的通知[EB/OL].[2021-02-16]. http://www.moe.gov.cn/srcsite/A10/s7030/201711/t20171109_318752.html.

[2] 健全高校教师发展支持体系 造就高素质专业化创新型高校教师队伍：教育部教师工作司负责人就《关于加强新时代高校教师队伍建设改革的指导意见》答记者问[EB/OL].[2021-02-16]. http://www.gov.cn/zhengce/2021-01/27/content_5583073.html.

遇。推进高校薪酬制度改革、完善高校内部收入分配激励机制。⑥优化完善人才管理服务体系。优化人才引育体系、科学合理使用人才。⑦全力支持青年教师成长。强化青年教师培养支持、解决青年教师后顾之忧。⑧加强高校教师队伍建设保障。从组织保障、责任落实、社会支持等方面，确保教师队伍建设取得实效。

4.大学章程实施评估高校财务法律政策依据

高校财务制度是大学章程制定和实施的重要内容，《高等学校章程制定暂行办法》第7条第7款规定："学校经费的来源渠道、财产属性、使用原则和管理制度，接受捐赠的规则与办法"；第8条第8款规定："学校财产和经费的使用与管理"。如《北京大学章程》第二章"职能"第12条规定："学校严格规范财务制度，依法管理、使用、处置资产，组织收入，决定收益分配。"第六章专列"资产、财务"内容，第40~43条规定了学校经费来源、财务管理体制、资产管理体制、学校无形资产等，如"学校办学经费以国家投入为主，多渠道筹措经费为辅，受教育者合理分担培养成本。学校积极拓展经费来源渠道，鼓励和支持各方面筹措事业发展资金。""学校依法管理、保护、合理使用专利权、商标权、著作权、土地使用权、非专利技术、校名校誉等无形资产。"

为规范高等学校财务行为，加强财务管理和监督，建立健全国库管理工作运行机制，落实高校国有资产管理主体责任，规范和加强高校国有资产管理，教育部及相关部门颁布《高等学校财务制度》（2012）、《关于规范和加强直属高校国有资产管理的若干意见》（2017）、《教育部经济责任审计整改工作办法》（2017）、《关于推进直属高等学校内部审计信息化建设的意见》（2017）、《关于进一步加强直属高校直属单位国库管理工作的意见》（2018）、《教育系统内部审计工作规定》（2020）等规章制度，这些制度是促进高校事业持续健康发展的基本保障，也构成大学章程实施评估的基本法律政策依据。

为进一步规范高等学校财务行为，加强财务管理和监督，提高资金使用效益，促进高等教育事业健康发展，2012年12月，财务部、教育部颁布《高等学校财务制度》，其中规定高校财务管理的基本原则为"执行国家有关法律、法规和财务规章制度；坚持勤俭办学的方针；正确处理事业发展需要和资金供给的关系，社会效益和经济效益的关系，国家、学校和个人三者利益的关系。"高校财务管理的主要任务为"合理编制学校预算，有效控制预算执行，完整、准确编制学校决算，真实反映学校财务状况；依法多渠道筹集资金，努力节约支出；建立健全学校财务制度，加强经济核算，实施绩效评价，提高资金使用效益；加强资产管理，真实完整地反映资产使用状况，合理配置和有效利用资产，防止资产流失；加强对学校经济活动的财务控制和监督，防范财务风险。"高校财务管理体制主要包括：第一，高等学校实行"统一领导、集中管理"的财务管理体制；规模较大的学校可以实行"统一领导、分级管理"的财务管理体制。第二，高等学校财务工作实行校（院）长负责制。第三，高等学校应当设置总会计师岗位。总会计师为学校副校级行政领导成员，协助校（院）长管理学校财务工作，承担相应的领导和管理责任。第四，高等学校应当单独设置一级财务机构，在校（院）长和总会计师的领导下,统一管理学校财务工作。第五,高等学校校内非独立法人单位因工作需要设置的财务机构,应当作为学校的二级财务机构。二级财务机构应当遵守和执行学校统一制定的财务规章制度,并接受学校一级财务机构的统一领导、监督和检查。该制度还规定了高校财务的预算管理、收入管理、支出管理、结转结余管理、专用基金管理、资产管理、负债管理、成本费用管理、财务清算、财务报告、财务分析和财务监督等内容。

2017年12月,教育部颁布《关于规范和加强直属高校国有资产管理的若干意见》,落实高校国有资产管理主体责任,规范和加强高校国有资产管理。意见明确指出:高校承担本校占有、使用国有资产的具体管理职责,高校校长是国有资产管理工作第一责任人,分管校领导是国有资产管理工作的主要负责人。高校应结合实际,建立和完善本校资产配置、使用、处置、绩效评价、信息化建设、统计报告、日常监督等具体制度。科学合理设置内部国有资产管理机构,对学校国有资产实施统一领导、归口管理。高校应按照国家对事业单位资产配置数量、价格上限、最低使用年限等规定,结合本校实际,科学论证,从严控制,厉行节约,建立健全资产配置标准。

为规范直属高校基本建设管理,提高决策水平,保证投资效益,促进直属高校事业持续健康发展,2017年4月,教育部关于印发《教育部直属高校基本建设管理办法(2017年修订)》的通知,明确规定"直属高校是基本建设的责任主体,负责编制报审校园规划和五年基本建设规划,报批报备建设项目、筹措建设资金并组织实施项目。""直属高校基本建设决策应当严格执行'三重一大'制度,遵守基本建设程序,坚持先规划论证、后设计施工。"

5.大学章程实施评估科研学术法规政策依据

1998年12月,教育部颁布《高等学校知识产权保护管理规定》(教育部令第3号),明确高校知识产权的范围包括:专利权、商标权;技术秘密和商业秘密;著作权及其邻接权;高等学校的校标和各种服务标记;依照国家法律、法规规定或者依法由合同约定由高等学校享有或持有的其他知识产权。规定高校知识产权保护工作的任务是:"(一)贯彻执行国家知识产权法律、法规,制定高校知识产权保护工作的方针、政策和规划;(二)宣传、普及知识产权法律知识,增强高校知识产权保护意识和能力;(三)进一步完善高校知识产权管理制度,切实加强高校知识产权保护工作;(四)积极促进和规范管理高校科学技术成果及其他智力成果的开发、使用、转让和科技产业的发展。"要求高校应建立知识产权办公会议制度,建立健全知识产权工作机构。高校应当依法保护职务发明创造、职务技术成果、高等学校法人作品及职务作品的研究、创作人员的合法权益,对在知识产权的产生、发展,科技成果产业化方面作出突出贡献的人员,按照国家的有关规定给予奖励。[①]

2004年1月,教育部、国家知识产权局发布《关于进一步加强高等学校知识产权工

---

① 高等学校知识产权保护管理规定[EB/OL].[2021-03-11].http://www.moe.gov.cn/srcsite/A02/s5911/moe_621/199904/t19990408_81867.html.

作的若干意见》（教技〔2004〕4号），强调从战略高度认识和开展知识产权工作，加强知识产权组织机构和管理制度建设，全面提高知识产权管理水平。重申"知识产权工作是高等学校科技工作的重要组成部分"，要求"把知识产权工作，特别是发明专利的数量、质量和实施情况，作为评价高等学校科技工作的重要指标，纳入高等学校的评价、考核体系。在教育部各类研究计划或科研基地建设项目评审和验收中，项目单位、课题负责人及课题组的相关知识产权将作为重要参考指标"。"健全知识产权组织机构，完善知识产权管理制度。高等学校要设立专门的知识产权管理机构，形成人员、场所、经费三落实和管理人员专业化的知识产权管理体系。建立完善知识产权管理的各项规章制度，包括组织机构、技术秘密审查、专利申请及保护、产权归属、档案管理、人员流动、奖励、人员培训等。"要求"建立有效的激励机制，激发和保护高校科技人员发明创造的积极性"。"加大对发明人的奖励，保护发明人的权益。高等学校应按照国家有关规定，落实对职务发明创造的发明人的奖励。对在专利自己实施，以及专利许可、专利申请权和专利权转让、专利技术的折价入股中做出贡献的发明人、设计人和其他有关人员，应根据国家相关政策给予奖励。"[①]

2018年8月，教育部、科技部发布《关于加强高等学校科技成果转移转化工作的若干意见》。意见指出，高校要引导科研工作和经济社会发展需求更加紧密结合，为支撑经济发展转型升级提供源源不断的有效成果。意见要求如下：

第一，简政放权鼓励科技成果转移转化。高校对其持有的科技成果，可以自主决定转让、许可或者作价投资，除涉及国家秘密、国家安全外，不需要审批或备案。高校有权依法以持有的科技成果作价入股确认股权和出资比例，通过发起人协议、投资协议或者公司章程等形式对科技成果的权属、作价、折股数量或出资比例等事项明确约定、明晰产权，并指定所属专业部门统一管理技术成果作价入股所形成的企业股份或出资比例。

第二，建立健全科技成果转移转化工作机制。高校要加强对科技成果转移转化的管理、组织和协调，成立科技成果转移转化工作领导小组，建立科技成果转移转化重大事项领导班子集体决策制度；统筹成果管理、技术转移、资产经营管理、法律等事务，建立成果转移转化管理平台；明确科技成果转移转化管理机构和职能，落实科技成果报告、知识产权保护、资产经营管理等工作的责任主体，优化并公示科技成果转移转化工作流程。

第三，健全以增加知识价值为导向的收益分配政策。高校要根据国家规定和学校实际，制定科技成果转移转化奖励和收益分配办法，并在校内公开。在制定科技成果转移转化奖励和收益分配办法时，要充分听取学校科技人员的意见，兼顾学校、院系、成果完成人和专业技术转移转化机构等参与科技成果转化的各方利益。

第四，建立科技成果转移转化年度报告制度和绩效评价机制。按照国家科技成果年

[①] 教育部 国家知识产权局关于进一步加强高等学校知识产权工作的若干意见[EB/OL].[2021-03-16].http://www.moe.gov.cn/jyb_xxgk/gk_gbgg/moe_0/moe_495/moe_496/tnull_5986.html.

度报告制度的要求，高校要按期以规定格式向主管部门报送年度科技成果许可、转让、作价投资以及推进产学研合作、科技成果转移转化绩效和奖励等情况，并对全年科技成果转移转化取得的总体成效、面临的问题进行总结。高校要建立科技成果转移转化绩效评价机制，对科技成果转移转化业绩突出的机构和人员给予奖励。高校主管部门要根据高校科技成果转移转化年度报告情况，对高校科技成果转移转化绩效进行评价，并将评价结果作为对高校给予支持的重要依据之一。高校科技成果转移转化绩效纳入世界一流大学和一流学科建设考核评价体系。

2018年5月，中共中央办公厅、国务院办公厅发布《关于进一步加强科研诚信建设的若干意见》。意见指出，科研诚信是科技创新的基石，就进一步加强科研诚信建设的总体要求、完善科研诚信管理工作机制和责任体系、加强科研活动全流程诚信监管、推进科研诚信制度化建设、切实加强科研诚信的教育和宣传、严肃查处严重违背科研诚信要求的行为、加快推进科研诚信信息化建设、保障措施等进行具体部署。意见要求，以优化科技创新环境为目标，以推进科研诚信建设制度化为重点，以健全完善科研诚信工作机制为保障，坚持预防与惩治并举，坚持自律与监督并重，坚持无禁区、全覆盖、零容忍，严肃查处违背科研诚信要求的行为，着力打造共建共享共治的科研诚信建设新格局。意见明确，严肃查处严重违背科研诚信要求的行为，自然科学论文造假监管由科技部负责，哲学社会科学论文造假监管由中国社科院负责。坚持零容忍，保持对严重违背科研诚信要求行为严厉打击的高压态势，严肃责任追究。建立终身追究制度，依法依规对严重违背科研诚信要求行为实行终身追究，一经发现，随时调查处理。[①]

2016年6月，教育部颁布《高等学校预防与处理学术不端行为办法》，要求高校预防与处理学术不端行为应当坚持教育与处罚原则，经历"受理和调查""认定与处理""复核与监督"等过程。首先，明确界定学术不端行为的内涵。"学术不端行为是指高等学校及其教学科研人员、管理人员和学生，在科学研究及相关活动中发生的违反公认的学术准则、违背学术诚信的行为。"其次，规定高等学校是学术不端行为预防与处理的主体，预防与处理学术不端行为的原则"应坚持预防为主、教育与惩戒结合"，应当建设集教育、预防、监督、惩治于一体的学术诚信体系，建立由主要负责人领导的学风建设工作机制，明确职责分工；依据本办法完善本校学术不端行为预防与处理的规则与程序。再次，高等学校应当充分发挥学术委员会在学风建设方面的作用，支持和保障学术委员会依法履行职责，调查、认定学术不端行为。最后，高等学校应当按年度发布学风建设工作报告，并向社会公开，接受社会监督。高等学校对本校发生的学术不端行为，未能及时查处并做出公正结论，造成恶劣影响的，主管部门应当追究相关领导的责任，并进行通报。高等学校为获得相关利益，有组织实施学术不端行为的，主管部门调查确认后，应当撤销高等学校由此获得的相关权利、项目以及其他利益，并追究学校主要负责人、直接负责人的责任。

[①] 中共中央办公厅 国务院办公厅印发《关于进一步加强科研诚信建设的若干意见》[EB/OL].[2021-03-16]. http://www.moe.gov.cn/jyb_xxgk/moe_1777/moe_1778/201805/t20180531_337857.html.

6.大学章程实施评估"双一流"建设法规政策依据

"双一流"建设法规政策构成了"双一流"大学章程制定和实施的重要内容,也是对"双一流大学"章程实施评估的重要依据。当前我国"双一流"建设法规政策主要包括《统筹推进世界一流大学和一流学科建设总体方案》(2015)、《统筹推进世界一流大学和一流学科建设实施办法(暂行)》(2017)、《关于高等学校加快"双一流"建设的指导意见》(2018)、《"双一流"建设成效评价办法(试行)》(2020)等,为提升国家教育发展水平、增强国家核心竞争力奠定长远发展基础。

2015年10月,国务院颁布《统筹推进世界一流大学和一流学科建设总体方案》,部署了"双一流"建设的总体要求、主要任务、支持举措和组织实施等,提出了"三步走"的战略目标:到2020年,若干所大学和一批学科进入世界一流行列,若干学科进入世界一流学科前列;到2030年,更多的大学和学科进入世界一流行列,若干所大学进入世界一流大学前列,一批学科进入世界一流学科前列,高等教育整体实力显著提升;到本世纪中叶,一流大学和一流学科的数量和实力进入世界前列,基本建成高等教育强国。

为推进"双一流"建设方案贯彻实施,2017年1月,教育部、财政部、国家发展改革委联合印发《统筹推进世界一流大学和一流学科建设实施办法(暂行)》。实施办法指出:坚持以"中国特色、世界一流"为核心要求,坚持"以一流为目标、以学科为基础、以绩效为杠杆、以改革为动力"的基本原则,对遴选条件、遴选程序、支持方式、管理方式、组织实施等做出具体规定。实施办法明确了对"一流大学和一流学科建设高校实行总量控制、开放竞争、动态调整","打破身份固化,建立建设高校及建设学科有进有出动态调整机制。"

为了加快"双一流"建设,2018年8月,教育部、财政部、国家发展改革委印发《关于高等学校加快"双一流"建设的指导意见》的通知,通知要求:以中国特色世界一流为核心,以高等教育内涵式发展为主线,落实立德树人根本任务,紧紧抓住坚持办学正确政治方向、建设高素质教师队伍和形成高水平人才培养体系三项基础性工作,以体制机制创新为着力点,全面加强党的领导,调动各种积极因素,在深化改革、服务需求、开放合作中加快发展,努力建成一批中国特色社会主义标杆大学,确保实现"双一流"建设总体方案确定的战略目标。

为贯彻落实《深化新时代教育评价改革总体方案》,加快"双一流"建设,促进高等教育内涵式发展、高质量发展,推进治理体系和治理能力现代化,2020年12月,教育部、财政部、国家发展改革委关于印发《"双一流"建设成效评价办法(试行)》的通知。通知指出:成效评价是对建设高校及其学科实现大学功能、内涵发展及特色发展的多元多维评价,由大学整体建设评价和学科建设评价两部分组成,均按"前置维度+核心维度+评价视角"方式布局考核内容。成效评价结果作为建设范围动态调整的主要依据。教育部、财政部、国家发展改革委根据综合评价结果,对实施有力、进展良好、成效明显的建设高校及建设学科,加大支持力度;对实施不力、进展缓慢、缺乏实效的建设高校及建设学科，减少支持力度，切实引导高校科学定位、凝练特色、内涵发展。

7.大学章程实施评估高职院校法律政策依据

对高职院校章程的实施评估不但要遵循普通高校的一般性法律法规政策要求，而且关注高职院校的特别规律，符合国家对高职院校的个性化、特色化要求。主要涉及的法律政策包括《中华人民共和国职业教育法》（1996）、《国务院关于加快发展现代职业教育的决定》（2014）、《关于职业学校校企合作促进办法》（2018）、《关于实施中国特色高水平高职学校和专业建设计划的意见》（2019）、《中国特色高水平高职学校和专业建设计划项目遴选管理办法（试行）》（2019）、《国家职业教育改革实施方案》（2019）《建设产教融合型企业实施办法（试行）》（2019）、《本科层次职业教育专业设置管理办法（试行）》（2021）等。

第三章　我国大学章程建设的百年变迁

一部大学章程史就是一部中华民族探索史。我国大学章程发轫于洋务运动时期，历经百余年沧桑变迁，承载着中华优秀儿女探究知识、探求真理、探索救国道路的豪情壮志，开创了一条从同文馆、大学堂、大学校、国立大学到"为工农服务"大学、扩大自主权的大学，到中国特色世界一流大学建设的教育强国之路。

一、洋务运动时期的大学章程建设

我国近代教育发轫于晚清洋务运动，京师同文馆、福州船政学堂等一批新式学堂的建立，奏响了中国新教育的序曲。[①]这一时期颁布实施的《京师同文馆章程》《福州船政学堂章程》等新式学堂章程孕育着近代中国大学章程的胚芽。

以"自强"和"求富"的洋务运动，面对外交的失败，迫切需要培养外语翻译、船械制造及海陆军人才。从19世纪60年代开始，洋务派在全国各地陆续建立一系列新式学堂，主要分为外语、科技及军事三类，以京师同文馆、福州船政学堂影响最大。1862年，恭亲王奕䜣创设京师同文馆，隶属于总理衙门，是中国近代第一所培养外语人才的新式学堂。随着学生人数增多、课程多样化和校舍规模的扩大，学堂逐渐演变为培养外语人才和科学技术人才的综合性学校。1866年，闽浙总督左宗棠创建福州船政学堂，初名为"求是堂艺局"，"一是表明探求科学之意，二是明确学堂乃是务实技艺之用"。该学堂是最早创办的专门培养造船技术和海军人才的学校。1867年，沈葆桢出任福建船政大臣时，写下对联"以一篑为始基，自古天下无难事；致九译之新法，于今中国有圣人"，以联明志，发誓锻造新一代海军栋梁之材，圆巩固海防长城之梦。

新式学堂的兴起促进了近代教育制度萌芽和发展。1862年6月，由恭亲王奕䜣拟定的《京师同文馆章程》获准颁行，内容共六条，主要包括：第一，学生招收，"请酌传学生以资练习也"；第二，教师选聘与管理，"请分设教习以专训课也"；第三，管理者任命，"请设立提调以专责成也"；第四，学业考核惩戒，"请分期考试以稽勤惰也"，"请定年试一定优劣"；第五，待遇，"请酌定俸饷以资调剂也"。

1862年12月左宗棠上奏的《求是堂艺局章程》（即《福州船政学堂章程》）获准颁行，内容共八条。章程对学生入学资格、学制、学业考核、奖惩及就业等进行了具体规

---

① 金林祥.中国教育制度通史：第六卷[M].济南：山东教育出版社，2000：144.

定。①主要内容包括：第一，明确学生休假、作息制度。"每逢端午、中秋给假三日，度岁时于封印回家，开印日到局。""每日晨起、夜眠，听教学洋员训课。"第二，明确在学期间的待遇。"饮食及患病医药之费，均由局中给发。""饮食既由艺局供给，仍每名月给银四两，俾赡其家，以昭体恤。"第三，明确学业考核及奖惩。"每隔三个月考试一次，由教习洋员分别等第，其学有进境，考列一等者，赏洋银十元，二等者无赏无罚，三等者记惰一次，两次连考三等者戒责。三次连考三等者斥出，其三次连考一等者，于照章奖赏外，另赏衣料以示鼓励。"第四，规定就业方向及待遇。学生毕业之后，"准以水师员弁擢用"。"学成监造者，学成船主者，即令作监工、作船主，每月薪水照外国监工、船主辛银数发给，仍特加优擢，以奖异能。""凡学成船主及能按图监造者，准授水师官职，如系文职文生入局习者，仍准保举文职官阶。"

总体上看，洋务派举办的各类学堂都经过清政府批准而设立，通常附设于各衙门机构，并且由相应的衙门直接管理，各个学堂从创办到发展、从办学目标到管理结构、从学生招聘到就业分配、从管理人员到教师的选聘管理等，都由举办衙门决定，学堂没有任何自主权利。在此场景中颁行的学堂章程格式单一、内容单薄、篇幅较短，所列事项多为学堂规模、教员岗位、学生资格、待遇及奖惩措施等，具有强烈的行政管理性质，与如今的现代大学章程具有很大差异。

《求是堂艺局章程》

第一，各子弟到局学习后，每逢端午、中秋给假三日，度岁时于封印回家，开印日到局。凡遇外国礼拜日，亦不给假。每日晨起、夜眠，听教学洋员训课，不准在外嬉游，致荒学业；不准侮慢教师，欺凌同学。

第二，各子弟到局后，饮食及患病医药之费，均由局中给发。患病较重者，监督验其病果沉重，送回本家调理，病痊后即行销假。

第三，各子弟饮食既由艺局供给，仍每名月给银四两，俾赡其家，以昭体恤。

第四，开艺局之日起，每三个月考试一次，由教学洋员分别等第。其学有进境考列一等者，赏洋银十元；二等者，无赏无罚；三等者，记惰一次，两次连考三等者，戒责，三次连考三等者斥出。其三次连考一等者，于照章奖赏外，另赏衣料，以示鼓舞。

第五，子弟入局肄习，总以五年为限。于入局时，取具其父兄及本人甘结，限内不得告请长假，不得改习别业，以取专精。

第六，艺局内宜拣派明干正绅，常川住局，稽查师徒勤惰，亦便剽学艺事，以扩见闻。其委绅等应由总理船政大臣遴选给委。

第七，各子弟学成后，准以水师员弁擢用。惟学习监工、船主等事，非资性颖敏人不能。其有由文职、文生入局者，亦未便概保武职，应准照军功人员例议奖。

第八，各子弟之学成监造者，学成船主者，即令作监工、作船主，每月薪水照外国

---

① 柳燕妮.福建船政学堂章程对现代大学章程建设的启示[J].高教发展与评估，2015（3）：43-47.

监工、船主辛银数发给,仍特加优擢,以奖异能。

二、清朝末年的大学章程建设

清朝末年,随着中国在甲午战争中惨败,帝国主义列强掀起瓜分中国的狂潮,中国的民族危机和社会危机空前加剧。"唤起吾国四千年之大梦,实自甲午一役始也",举国上下"天朝上国"的迷梦骤然破碎。在康有为、梁启超等维新变法志士的推动下,"废科举,兴学堂,育人才"的潮流逐渐兴起。

(一)《奏拟京师大学堂章程》

戊戌变法期间,清政府筹建京师大学堂,促进了中国近代教育的发展。1898年7月,总理衙门《遵筹开办京师大学堂折》明确指出兴办近代教育的重要性,"窃维今日中国亟图自强,自必以育才兴学为要综。考欧美各国富强之故,实由于无人不学,无事不学。"并提出了举办京师大学堂的具体举措,"臣等仰体圣意,广集良法,斟酌损益,草定章程,规模略具,举其要义,凡有四端:一曰宽筹经费,二曰宏建学舍,三曰慎选管学大臣,四曰简派总教习。提纲挈领,在此数者。"

该奏折附呈梁启超起草的《奏拟京师大学堂章程》,该章程包括总则、学堂功课、学生入学、学成出身、聘用教习、设官、经费和暂章共8个部分,主要内容包括:第一,在"总纲"中开宗明义地提出,把京师大学堂办成"各省之表率、万国所瞻仰,规模当极宏远,条理当极详密,不可因陋就简,有失首善体制"的宏伟目标。第二,奠定现代学制雏形。要求各省创办新式学堂,皆归大学堂统辖,大学堂为最高教育行政机关。"各省近多设立学堂,然其章程功课皆未尽善,且体例不能划一,声气不能相通。今京师既设大学堂,则各省学堂皆当归大学堂统辖,一气呵成。一切章程功课,皆当遵依此次所定,务使脉络贯注,纲举目张。"第三,重视师范教育。章程规定:"西国最重师范学堂,盖必教习得人,然后学生易于成就。中国向无此举,故省学堂不能收效。今当于堂中别立一师范斋,以养教习人才。"第四,重视教材建设。章程提出要在上海等处设编译局,负责教材的编写:"其言中学者,荟萃经、子、史之精要,及与时务相关者编成之,取其精华,弃其糟粕。其言西学者,译西人学堂所用之书,加以润色,既勒为定本。除学堂学生人给一份外,仍请旨颁行各省学堂,悉遵教授,庶可以一趋向而广民智。"第五,明确"学堂功课"。课程和专业设置"中西并重,观其会通,无得偏废;以西文为学堂之一门,不以西文为学堂之全体,以西文为西学发凡,不以西文为西学究竟"。章程明确规定必修和选修课,"通学"包括经学、理学、初级算学、初级格致学、初级政治学、初级地理学、文学等必修课;英、法、俄、德、日五门外国语言,学生须各选一门;数学、矿学、农学、工程学、商学、地理学等为专门学。第六,明确经费预算。京师大学堂采用西式做法,列出常年的预算表,各项支出按表拨款办理。对大学堂的管理人员薪俸、学生膏火及伙食费、课本纸张费、奖励费、杂用费等列出预算表,并规定所有费用由总办提调经理,一切费用采取实支实销，以力除官场积弊。[1]

总体上看，《奏拟京师大学堂章程》以"中学为体、西学为用"的办学方针，明确"乃欲培植非常之才，以备他日特达之用"的人才培养宗旨，提出了重视师范教育、基础学科与专门学科结合、课程设置"严密切实"、破格选拔人才等主张，具有浓厚的维新变法思想，为中国近代高等教育制度探索奠定了良好基础。

（二）《山东大学堂章程》

八国联军侵华和《辛丑条约》的签订，使举国震撼，民族危机加重，社会矛盾尖锐。在此背景下，1901年清政府宣布推行"新政"，以缓解内外矛盾，维护清王朝统治。在教育领域，"兴学堂、育人才"是新政的核心内容，其中重要的措施就是将传统书院改为新式学堂，逐步建立新式学制。1901年9月，清政府诏令全国，要求将各地书院分别改为大、中、小学堂，诏令规定："人才为庶政之本，作育人才，端在修明学术……除京师已设大学堂，应行切实整顿外，著将各省所有书院，于省城均改设大学堂，各府及直隶州均改设中学堂，各州县均设小学堂，并多设蒙养学堂。"于是，在全国范围内掀起了一个书院改学堂的热潮，各地纷纷建成一批大学堂，并制定大学堂章程，其中以《山东大学堂章程》最为典型。

《山东大学堂章程》主要包括学堂办法、学堂条规、学堂课程、学堂经费等4章96节，对大学堂的各项管理制度和如何创办大学堂做了十分详尽的规定，为当时正在兴起的书院改学堂提供了一个操作性极强的参照榜样，被清政府通饬各省，要求参酌办理，推动了全国各地书院改学堂的进程。章程明确"中学为体，西学为用"的办学原则，"教法以四书、五经为体，以历代史鉴及中外政治、艺学为用，务各实事求是，力戒虚浮，节为明达用之才，仰副朝廷图治作人之至意。"提出"为天下储人才，为国家图富强"的办学宗旨，将大学堂、学生命运与国家民族命运紧紧地联系在一起，引导学生了解时局之艰难，感受国恩之深重，"感而思奋，穷而思通"，奋发学习以报效国家。章程第3章第8节指出："责成总教习率同西学各教习认真督课。西学、中学名虽区别，理仍致，各国学堂，亦以伦理为重，其研求伦常、性理诸学，复甚精备，而恪守国宪，尤为学中要义。在堂诸生，未有不知尊君亲上之义者，盖以从学士子，皆国家培养之人，其义固相属也。课程余暇，宜令各教习酌照中西各学堂办法，随时传集学生恭维朝廷培育人材振兴实学、推广选举、优待士类之盛德，相与导扬而激励之，俾人人知时局之艰难、国恩之深重，感而思奋，穷而思通。"[2]

（三）《钦定京师大学堂章程》

"戊戌变法"失败后，作为变法产物的《奏拟京师大学堂章程》也备受清廷顽固派的质疑，因害怕维新变法思想影响大学堂，朝廷要求张百熙重订章程加以取代。1902

---

[1] 张国有.大学章程：第一卷[M].北京：北京大学出版社，2011：3-11.
[2] 张文珍，王晓兵.山东大学堂暂行试办章程：中国第一部大学规章制度[N].学习时报，2019-10-04（006）.

年8月，张百熙经过"谨上溯古制，参考列邦"的反复修订，贯彻"端正趋向、造就通才，明体达用"的旨意，上奏所拟章程，包括《京师大学堂章程》《考选入学章程》《高等学堂章程》《中学堂章程》《小学堂章程》《蒙学堂章程》等六份文件，共8章84节。该章程经慈禧太后钦准颁行，所以叫《钦定学堂章程》，该年为"壬寅年"，所以又叫"壬寅学制"，这是近代第一个以政府名义颁布的学校系统文件。[①]《钦定京师大学堂章程》虽经公开颁布，但未实际实施。[②]

《钦定京师大学堂章程》包括全学纲领、功课、学生入学、学生出身、设官、聘用教习、堂规、建制等8章74节。章程确立"激发忠爱、开通智慧、振兴实业""端正趋向、造就通才"的办学宗旨；将大学堂分为大学院、大学专门分科、大学预备科，附设仕学馆和师范馆，其中大学院旨在研究，不设课程，不主讲授，不定年限，是当时教育的最高阶段，以培养特异之才；明确大学分科课程分为政治科、文学科、格致科、农业科、工艺科、商务科、医术科；设总教习一名，总理学堂一切事务，设副总教习两名，助理总教习管理学堂事务，监督中外教习及学生功课。

（四）《奏定京师大学堂章程》

1904年1月，清政府颁布由张之洞主导制定的《奏定学堂章程》，该章程对学校系统、课程设置、学校管理都做了具体规定，是中国近代第一个以教育法令公布并在全国实行的学制，史称"癸卯学制"。该章程包括《学务纲要》、《大学堂章程》（附《通儒院章程》）、《高等学堂章程》、《优级师范学堂章程》、《初级师范学堂章程》、《实业教育讲习所章程》、《高级农工商事业学堂章程》、《实习补习普通学堂章程》，以及《各学堂管理通则》《任用教员章程》《各学堂考试章程》《各学堂奖励章程》等。

《大学堂章程》属于《奏定学堂章程》的重要组成部分，通常称为《奏定京师大学堂章程》，是京师大学堂的第3个章程。该章程包括立学总义、各分科大学科目、考录入学、屋场图书器具、教员管理员、通儒院、现在办法等，共7章72节。该章程在办学指导思想上，与《钦定京师大学堂章程》一致，同样把"谨遵谕旨，端正趋向，造就通才"作为大学堂的办学宗旨。该章程取消了《钦定京师大学堂章程》中封建色彩浓厚的"设官"和"学生出身"章节，首次提出了在大学堂内设通儒院，即研究生院的主张，并对各分科大学堂和通儒院的学习年限作出规定。该章程规定各分科大学堂之学习年数，均以三年为限；政法科及医科中之医学门以四年为限，通儒院以五年为限。该章程一一列举经学、政法、文学、医科、格致、农科、工科、商科等各学科应修的课程，甚至详细规定了每学年、每星期各课程应学的课时。该章程要求各学堂设置一所图书馆，收集古今中外书籍以资考证。此外还介绍了各科的学习重点及国外各课程的研究方向。

该章程使大学堂办学逐步走向正规，改变了原有的官学、私学、书院等旧形式，开现代新式学制之先河，并且一直沿用到清朝终结，对后世影响较大。如章程规定，"堂

---

① 璩圭玉，唐良炎.中国近代教育史资料汇编·学制演变[M].上海：上海教育出版社，1991：5-6.
② 陈学恂.中国近代教育史教学参考资料：上册[M].北京：人民教育出版社，1986：532-551.

内设会议所，凡大学各学科有增减更改之事，各教员次序及增减之事，通儒院毕业奖励等差之事，或学务大臣及总监督有咨询之事，由总监督邀集分科监督、教务提调、正副教员、监学公同核议。由总监督定议。"这条规定可以看作是1912年《大学令》中"评议会"的雏形。章程还规定，"各分科大学亦设教员监学会议所，凡学科课之事。考试学生之事，审察通儒院学生毕业应否照章给奖之事，由分科大学监督邀集教务提调、正副教员、各监学公同核议，由分科监督定议。"这与1912年《大学令》中的"各科教授会"也颇有相似之处。①

三、民国时期的大学章程建设

民国时期，我国高等教育在承继清末改革的基础上赓续前进，近代中国高等教育逐步完成了由儒家书院向分科高校的根本转变，迎来了高等教育近代化的重要发展阶段。1936年统计数据显示，民国高等院校数量分别为国立大学12所，省立大学5所，私立大学18所，国立学院6所，省立学院6所，私立学院20所，国立专科学校6所，省立专科学校9所，私立专科学校9所，总计91所；到1948年，高等院校数量大幅增长，国立大学31所，私立大学25所，国立学院23所，省立学院24所，私立学院32所，国立专科学校20所，省立专科学校32所，私立专科学校23所，总计210所。②国民政府相继颁布了《普通教育暂行办法通令》《大学令》《专门学校令》《大学规程令》《修正大学令》《学校系统改革令》《国立大学校条例》《大学组织法》《专科学校组织法》《学位授予法》《大学法》等一系列教育法律。据有关统计，中华民国自1912年至1949年覆亡的38年间，重视教育立法，正式制定公布了约1500部教育法规，为近代中国高等教育的建立与发展提供了法律依据和规范，推动了近代高等教育的全面发展。

（一）民国初期的大学章程建设（1912—1927）

民国初期，南京临时政府及北洋政府相继颁布《普通教育暂行办法通令》《大学令》《专门学校令》《大学规程令》《修正大学令》《学校系统改革令》《国立大学校条例》等一系列教育法律制度，推动了近代中国高等教育逐步由儒家书院向分科高校的根本转变，使大学章程逐步褪去大学堂章程的封建色彩，呈现出近代"民主、科学"的时代特征。

1.民国初期的教育法律制度

民国初期，中国学制经历了重要变革，先由壬子癸卯学制取代了壬寅癸卯学制，再由壬戌学制取代壬子癸丑学制，在学制设置上完成了整个教育历程的近代化。1912年1月，中华民国教育部成立，通告各省各类学校迅速开学，同时颁布《普通教育暂行办法通令》，要求"从前各项学堂，均改称学校；监督、堂长，一律改称为校长。"1912年9月，民国教育部公布新教育宗旨："注意道德教育，以实利教育、军国民教育辅之，

---

① 张正峰.中国近代大学教授治校制度建立的影响因素分析[J].黑龙江高教研究，2011（8）：1-3.
② 于述胜.中国教育制度通史：第七卷[M].济南：山东教育出版社，2000：300-330.

更以美感教育完成其道德教育。"①1913年壬子癸丑学制把清末的公共科改为预科，分类科改为本科，加习科改为研究科，另设专修课、选科，并重新设置大学院，基本奠定了大学学科设置的基本模式，表明民国初期高等教育全面进入了近代教育的范畴。1913年1月，民国教育部颁布《大学令》，1917年公布《修正大学令》，这是民国初年第一部高等教育法律，为近代中国高等教育建设提供了重要的法律制度基础。《大学令》规定大学"以教授高深学术、养成硕学闳材、应国家需要"为办学宗旨；确立了大学设置的基本标准，"分文、理、法、商、医、农、工七科；以文理二科为主，须文理二科并设，或文科兼法商二科，或理科兼医农工科者，方得称大学。"首次以法令的形式提出在大学设立评议会、教授会等制度。《大学令》第16、17条规定大学评议会及其职权，"大学设评议会，以各科学长及各科教授互选若干人为会员，校长可随时召集评议会，自为议长。"评议会审议事项包括各学科设置及废止、讲座种类、校内规则、大学院生成绩及授学位、教育总长及大学校长咨询事件等事项；同时规定评议会具有教育总长建议高等教育事项的权限。《大学令》第18、19条教授会及其职权，"各科设教授会，以教授为会员，学长可随时召集教授会并自为议长"；教授会负责审议学科课程、学生试验、该科大学院生成绩、审查提出论文、请授学位者合格与否等事项。②该法令基本明确了大学章程应该记载的内部基本组织结构，对于现代大学制度的建立和完善具有重要影响。《大学令》中评议会和各科的教授会的设置，可以看作是我国近代大学"教授治校"制度的起源。③

1922年《学校系统改革令》（即"壬戌学制"）仿照美国"六三三制"建立近代中国教育新学制，在高等教育上，对清末学制及"壬子癸丑学制"作出重大改革，但对国立大学的管理办法、管理形式等方面未作具体确定。1924年2月，北洋政府教育部颁布《国立大学校条例》，明确规定国立大学校的办学宗旨为"教授高深学术、养成硕学闳材、应国家需要"；国立大学校分科为文、理、法、医、农、工、商等科，各学校得设数科或单设一科，各科分设各学系；修业年限为四年至六年；为大学毕业生及同等学历者设大学院，大学院生研究有成绩者依学位规程给予学位。大学设校长一人总辖校务，由教育总长聘任。《国立大学校条例》与《修正大学令》不同之处主要有三方面：第一，增设董事会，审议学校计划、预算、决算及其他重要事项；董事包括例任董事为校长，部派董事由教育总长就部员中指派，聘任董事由董事会推选呈请教育总长聘任；同时规定，董事会决议事项应由校长呈请教育总长核准施行。第二，恢复教授会，"各科各学系及大学院各设教授会，规划课程及其进行事宜，各异本科学系及大学院指正教授、教授组织。"第三，增设教务会议，审议学则及全校教学训育事项，由各科各学系及大学院主任组织。④

---

① 湛中乐.大学章程法律问题研究[M].北京：北京大学出版社，2016：60.
② 王学珍，郭建荣.北京大学史料：第二卷[M].北京：北京大学出版社，2012：93-94.
③ 鲁幽，周安平.民国初期"学术本位"现代大学观：基于《大学令》的法律表达[J].复旦教育论坛，2017（6）：46-52.
④ 王学珍，郭建荣.北京大学史料：第二卷[M].北京：北京大学出版社，2012：103-106.

值得一提的是,《国立大学校条例》的董事会条款引起了巨大争议,北京大学评议会多次致函教育部,要求取消该条例。北京大学诸多教授认为董事会制度只是模仿国外大学,不适合于中国国情。他们认为,董事会制度主要适应于纯粹私立大学,公司合办大学等,主要因为这些大学的经费来自私人捐赠、公共机构或私人财团,而我国大学经费主要来自政府出资,均来自国库,极少有私人捐助。而且董事会中的部派董事,大多是官僚政客,学术上无建树,对学校情形也缺乏了解,既不专业也不专注,可能危害学校自治精神。"以校外之官僚财阀组织董事会或理事会,以处理学校之大政。夫大学为研究学术之机关,教授为研究学术之专门人才,今必以研究学术者,听命于非研究学术者,而受其盲目支配,于理为不可通,于情为不堪受。"

这一时期的大学章程模仿西方大学制度,借鉴国外名校办学经验,逐步具备了近代大学章程的基本雏形,促进了近代大学制度的建立和完善,具有极其深远的影响。

2.民国初期大学章程文本简析

◆《国立北洋大学办事总纲》

1912年《国立北洋大学办事总纲》是清末新式学堂章程向近代大学章程转变的重要代表,经历了《天津中西学堂章程》和《天津大学堂新订各规则》两个章程的演化阶段。1895年盛宣怀所奏《拟设天津中西学堂章程禀》,是北洋大学的第一个办学章程,内有学制、招生办法、规模、功课、经费及管理等具体规定,这也是早期近代大学章程的重要代表,此章程亦为后起之校所效仿。盛宣怀在《拟设天津中西学堂章程禀》和《津海关道盛宣怀创办西学学堂禀明立案由》中提出,西学学堂(成立后改称北洋大学堂)"拟请设立头等学堂二等学堂各一所以资造就人才。惟二等学堂功课,必须四年方能升入头等学堂。头等学堂功课,亦必须四年方能造入专门之学。"北洋大学堂以美国哈佛大学为蓝本筹建,设立工程、电力、矿冶、机械等应用学科和法律学科,这是中国设立分科大学之始。1904年,北洋大学堂根据清政府颁布的《奏定学堂章程》,进一步完善制定出的《天津大学堂新订各规则》,是北洋大学的第二个办学章程,对总办及以下各员应尽的义务职责,及学生应守的课堂纪律等重新做了规定,这种严格管理、从严治校的规则制定,为学校严谨治学校风的形成奠定了基础。1912年,北洋大学依据民国教育部颁布的《大学令》等法规,重新制定了《国立北洋大学办事总纲》,这是北洋大学历史上第三个基本管理制度,分为职任、会议及附则3章23条。其中,职任部分规定学校事务由教务主任、学监主任、庶务主任、斋务主任、图书主任、图书主任、文牍主任等商承校长处理;学校设校务会议、教务会议及事务会议。校务会议由校长、各主任及在本校连续任职两年以上的本国教员组成,校长为议长,处理下列事项:各学门设立及废止,各项规则至增删及修正,学生纳费增减问题,本校应行兴革问题,其他重要事项。该总纲明确规定了校长职责,强调了各职能部门的作用,对凡属学校全局性重大问题,都由校务委员会议决,校务委员会议成为学校管理中最具权威性的决策机构,以保障决策的科学性和民主性,体现了"校长负责、专家治校"的管理体制,反映了"科学、民主"的时代精神。

为了配合该总纲的具体实施，北洋大学还制定了《国立北洋大学学事通则》，共14章100余条，详细规定了入学资格、学生考查、升级、留级、退学、奖惩、品德教育、操行考查、体育考核、纪律卫生、宿舍管理、膳食管理、费用开支、图书借用、就医等内容。该通则是一部系统、全面的管理规则，在实施过程中，也是要求得细致入微，如通则第2章规定：新生入学后，按规定须经过一次复试。"1914年复试题目为默写入学考试时的作文，目的是对照一下新生的笔迹，查对在入学考试时是否有人替考，一经查出，一律取消入学资格。"通则也不是机械地管束学生，内在的许多条款潜移默化地体现出培养学生高尚情操的目的，通过创造良好的人文环境使学生人格品性得以净化。该通则第8章关于斋舍内的规则，"要求学生在斋舍中保持安静，不得喧嚣高谈及高声歌唱；在斋舍内要极力保持清洁，不得任意抛弃秽物及唾吐；要爱护斋舍内的设备，不得任意污损。"不仅是对学生日常行为的规范，也是对学生的思想素质和道德情操的熏陶。《国立北洋大学办事总纲》和《国立北洋大学学事通则》的制订，较之以往的学校规则，更加具有可操作性，也更加科学而切合实际，符合高等学校的发展规律，提升北洋大学的管理水平，为民国初期高校管理工作提供了范例。[①]

◆《复旦大学章程》

1920年《复旦大学章程》是新式学堂章程向近代大学章程转变又一重要代表。复旦大学的第一个章程是1905年制定颁布的《复旦公学章程》，全文共19章，分为五个部分，一是学校的纲领及宗旨；二是学校编制等学术、学业相关事务；三是学校教学活动运行规则；四是学生发展相关的事务；五是余列，对章程的制定、公布等略做说明。由于学校初创，组织精简，行政制度尚未周章，故章程未加着墨。章程明确规定了立校宗旨："内之以修立国民之资格，外之以栽成有用之人才，诗曰：高山仰止，景行行止，虽不能至，心向往之。宗旨正鹄，因如是已。"该章程中不仅包含宗旨、纲领层面的事务，也对学生日常生活做了事无巨细的约定。如每节课都要点名、擤鼻涕不能发声音、上课低语偷笑也违规，这些都作为"课堂规则"被写入章程中；另如，章程还规定"桌子坐满了才能动筷，餐厅里不能高声谈笑，老师学生都得自己添饭。"而且还规定，"烹饪失宜"时，应暂且容忍，不能当场发作，而应餐后沟通。

1917年，复旦公学升格为复旦大学；之后，学校根据《修正大学令》等法令，修正颁布了1920年《复旦大学章程》。该章程沿用1905年章程的模式，原有体例基本保留不变，只是将内容增加至28章，包括宗旨及编制、学期及休假、入学程度、投考规则、入校规则、缴费、大考规则、授凭规则、优待生及贷费规则、奖励规则、告假规则、寄物规则、惩戒规则、课堂规则、自修规则、宿舍规则、膳厅规则、游息规则、亲诚、藏书、演说、杂志、学校自治、兵操童子军及技击、演剧、音乐、英语辩论会等28章。章程开篇即明确"宗旨及编制"，规定"以研究学术，造就专科人才"为办学宗旨，编制分为国文、大学及中学三部。其中，"大学分为预科、本科两级，预科三年毕业，升入

---

① 爱国教育家赵天麟与北洋大学的校风校训[EB/OL].[2021-03-16].http://www.022net.com/2015/6-4/514928142787844.html.

本科，本科两年毕业，可得学士；再继两年，可得硕士。"章程明示仿行美国大学制度，同时又尊重民国教育部法令，又特别说明，专设国文一科，以示尊重国学。章程在严密规定学校纪律的同时，也十分尊重学生权利，"尽力鼓励自治，使全校学生共受其益。""每级由学生中推选一级长，每宿舍推一舍长，参与学校秩序、同学品行、宿舍整洁等事项，互相监察劝勉之益，每星期六开讨论会一次；又立学生评议部，由学生推选评议员若干，随时就商庶务部，整理校务。凡关于食品卫生问题皆得建议。"

从内容和结构上看，该章程虽有章程之名，但依然保持着浓厚的传统书院特色，内容详细庞杂，事无巨细，皆有规矩可以遵循；从现代大学章程的角度看，其实质就是学生管理制度，相当于当时的学事通则，主要内容是关于学生日常管理事务的，没有涉及学校内部组织机构设立及权责分配等问题。

◆《国立北京大学现行章程》

北京大学是新文化运动的重要阵地，"引领中国新思潮，既有新精神，不可不有新组织"。[①]北京大学对修订组织章程的工作极为重视，组织了以蒋梦麟为委员长的组织委员会以起草章程大纲，经历了"定大纲""推行时以体察情形""评议会征求同意""规定细目"等过程，才最终定稿呈送教育部。1919年12月3日，北京大学评议会通过《国立北京大学内部章程试行章程》，在经过一段时间的试行、初见成效后，于1920年10月呈送教育部审核备案。蔡元培在送审《国立北京大学现行章程》的呈文中指出："查本校开办以来历廿余年，期间变通至数。盖以大学为研究高深学术、养成硕学闳才之所，而组织完善与否，与学术之滞达、人才之盛衰均极有关系。故因事势之需要，不能不随时变通以求适应。""因复内察事势之转移，外觇各国大学现行制度之短长，量为变通，以图尽善。""辄先便宜推行，以观利弊；年余以来，颇见成效。"

《国立北京大学现行章程》是民国初期大学章程的重要代表，是北京大学探索新组织的重要成果，"合欧美两洲大学之组织，使效能与德谟克拉西并存，诚为世界大学中之最新组织"，[②]包括学制、校长、评议会、教务会议、行政会议、教务处、事务等7章17条。开篇即明确建立预科、本科、研究所三级学制，奠定了近现代大学的学制基础，着重规定评议会、教务会议、行政会议、教务处及事务等组织机构的设置及权责分配，确立了"教授治学"的内部治理机制。《国立北京大学现行章程》将教授治校嵌入学校运行的各个环节，评议会成员由教授互选产生，教务长由各学系主任互选产生，各学系主任由各系教授会选举产生，总务长由校长从总务委员中委任，但须具有教授资格。评议会作为学校最高决策机构，议决下列事项：学习设立变更及废止、校内机构设立变更及废止、各种规则、委任行政委员会委员、预算决算、教育总长及校长咨询事件、赠予学位、向教育部提出关于高等教育的建议、校内其他重要事件等。教务会议职权包括增减及支配各学系的课程、对评议会建议增设废止学系、向评议会建议赠予学位的候选人以及关于其他教务事件。行政会议的职权包括规划学校事宜、审查及督促各行政委员会

---

① 王学珍，郭建荣.北京大学史料：第二卷[M].北京：北京大学出版社，2012：81.

② 王学珍，郭建荣.北京大学史料：第二卷[M].北京：北京大学出版社，2012：116.

及各事务机关完成任务、评议各行政委员会相关或争执事项、审查各行政委员会及各事务机关的章则。《国立北京大学现行章程》改变了校长独揽大权的传统，将权力下放，交由教学及学术活动主管人员自行管理，此举有利于按照高等教育规律办学，也有利于除去大学的官僚衙门习气，[①]该章程的颁布实施推动了近代大学制度的基本定型。

◆《国立东南大学大纲》

1921年时，校长郭秉文主持制定《国立东南大学大纲》，包括定名、校址、目的、学制、组织、经费、附则等7章46条。首先，章程明确提出大学"以研究高深学问，培养专门人才"为办学宗旨。其次，章程明确学校治理结构，校长、校董会、教授会、行政委员会和评议会共同构成了权力中枢，保障学校有效运行。①大学设校长一人，总管全校事务，确立校长在学校事务中的核心地位。②大学设校董会，其简章另订立之。③大学设校教授会，由校长与各科系主任组成，以校长或其代表人为主席；基层单位设科或系教授会，以科或系主任为主席；教授会的主要职权在于建议系或科增设废止或变更于评议会；决议赠予名誉学位；规定学生成绩的标准等。④大学设行政委员会，规划全校的公共行政事务，审查各部门行政事务；执行临时发生的各种行政事务；行政委员会以校长或其代表人为主席，由校长就各部、各科主任中委任若干人组成。⑤大学设评议会，议决全校的重大事项，包括学校教育方针、经济建设事项、重要建筑及设备、系或科的增设废止或变更、其他重要事项等。评议会设立运动委员会、图书委员会、招生委员会等八个常设委员会，还可以就临时发生的事务设立临时委员会。最后，章程规定"本大纲呈请教育部核准施行"，并附有详细的组织系统表及说明。该大纲仿行美国大学制度，贯穿通才与专才、人文与科学、设备与师资、国内与国际"四个平衡"办学方针，促进兼容并包，推动民主治校，助推东南大学成为当时中国学术交流的重镇。

◆《交通大学大纲》

1921年《交通大学大纲》"参照各国大学学制，设置董事会，举定教育方针、厘订学制、筹划经费、监督财政、推举校长董事，胥委由董事会执行，以昭慎重而固基础，"[②]包括定名、校址、经费、学制、学程、董事会、校长主任及教职员之任用、校长及主任之权责、评议会、行政会议、教务会议、教务处、事务处、附则等14章38条。[③]首先，该大纲建立了以董事会为核心的治理机制，明确董事任职资格，突出董事会地位，扩大董事会职权。大纲第9条规定董事需具备下列资格之一：有工业或经济专门学术者；负有教育经验者；曾办理交通事业卓著成绩者；捐助巨款于本大学者。第10条规定董事数额限制、选举办法。董事以21人为限制，每三年改选三分之一；第一、二次以抽签法决定人选；第一次推选董事，由临时董事会负责实施。第11条规定了候补董事制度，候补董事以十人为限，遇董事出缺时进行递补。第12条规定董事会的职权包

---

① 王文杰.民国初期大学制度研究（1912—1927）[M].上海：复旦大学出版社，2017：76.
② 王杰，祝士明.学府典章：中国近代高等教育初创之研究[M].天津：天津大学出版社，2017：314.
③ 侯佳.中国近代大学章程文本的基本要素分析：以《交通大学大纲》和《复旦大学章程》为例[J].山西大学学报（哲学社会科学版），2018（3）：92-97.

括规定教育方针、核定学科与规章、筹划经费、监督财政、推举校长。第13条进一步规定，大学校长由三分之二以上出席董事推举，经由交通部呈请大总统任命。第14条规定，各学校设主任一人，有大学校长推荐，经董事会同意聘任。第20条规定"大学校长裁定经费出入，督饬各校会计员造送预算，送报交通部及董事会核销。"第37条明确规定了大学章程的修订程序，"经过半数以上董事提议，四分之三以上董事出席，出席人四分之三以上议决，得修正之。"其次，明确评议会地位及职权。大纲第九章规定评议会制度，评议会由校长、学校主任、教务长、事务长、各科科长及教授组成，以校长为会长，校长不在当地时，以学校主任为会长。评议会职权包括订定及修改各种规章，讨论一切兴废事宜，议决各教科设立及废止、审核财务，审议董事会、校长或学校主任咨询事项等。最后，扩大教授会组成范围，降低教授会地位及职权。第31条将各科教授置于教务会议之下，由各科教授、助教及讲师组成，但仅具有规划本科教授的职权。

◆《杭州大学章程》

1923年3月，《杭州大学章程》在《北京大学日刊》上刊载，该章程分为宗旨、义务、权利、学制、董事会、校政会议、校长、会计处、秘书处、图书馆、聘任委员会、教授会、教职员、学费及免费、奖学学额、经费及基金、预算编制指标准、附则等17章92条。该章程内容完善，体系完备，结构严谨，特色鲜明，体例独特，凝结了民国初期较为"先进办学理念和成功的治校经验"，[①]反映了当时大学章程建设的较高水平，堪称民国初期大学章程的重要典范。

《杭州大学章程》主要包括以下内容：第一，该章程明确了地方院校的办学宗旨，"发展高深学术；养成对于国家及本省服务之人才；整理及研究本国固有之文化及自然界之事物；利用本省自然界之事物，发展本省之资源。"第二，明确规定学校独特的权利义务，显示出鲜明的"大学自治"特色，"本大学完全独立。学术自由，经济独立，学校行政独立。"并且将学校学术与地方发展结合起来，服务于地方发展需要，"对于本省有贡献学术之义务，对本省机关与人民有答复关于学术咨询之义务。"第三，确立董事会在学校的最高决策地位，"学校董事会以全体董事组成，设董事长一人，主持本会一切事务。"董事会负责大学经费预算审定、大学会计长聘任及辞退、大学基金的保管等。特别值得一提的是，章程规定董事会审定的经费预算事项，最后要由本省最高立法机关议决。第四，设立聘任委员会，审查待聘各种教员及图书馆长、秘书长、秘书的资格。其会员由校长在讲座教授中推举三人至七人，经校政会议之同意担任，任期一年。第五，大学设学院教授会和学系教授会，学院教授会由各学院讲座教授组成，负责编制学院课程，制定学院学生入学升级毕业标准，以及其他关于学院教授应行之事务；学系教授会由各学系全体教员组成，草定各科目预算、筹划各科目设备、计划各科目联络以及其他关于学系教授会应行之事务。第六，明确规定了教职员的任职资格、聘任程序、辞职辞退程序、在职及退休后的薪资待遇等，并且明确规定教职员不得在他校兼职

---

① 张国有.大学章程：第一卷[M].北京：北京大学出版社，2011：7.

或担任校外职务，在校内兼职也不得兼薪。第七，明确章程的制定修改程序，"由本大学校政会议或董事会提议，经董事会议决后，由董事会函请本省行政机关最高级官员提交本省最高立法机关议决。并且，由本省最高立法机关议决后公布施行。"①

令人遗憾的是，由于当时政局混乱、经费短缺，杭州大学筹建未果，所以《杭州大学章程》并未得以实施。然而，这部章程中的诸多制度创新影响深远，不仅为当时大学章程的制定提供蓝本，而且成为之后《国立大学校条例》《大学组织法》等教育法律法规完善发展的重要参考。

（二）国民政府时期的大学章程建设（1928—1949）

国民政府时期，教育部制定了《大学教员资格条例》《大学组织法》《专科学校组织法》《学位授予法》《大学法》等系列教育法律法规，基本确立了高等教育体制，促使了近现代大学章程的规范化和定型化发展。

1.国民政府时期的教育法律制度

1929年7月，国民政府教育部颁布《大学组织法》，彻底改变了《大学令》《修正大学令》《国立大学校条例》中关于大学内部的机构设置及权力分配，确立了校务会议在大学治理中的核心地位，取消了公立大学中董事会、评议会、教务会议、教授会等的设置，首次以法律形式确认了"校—院—系"三级设置及治理机制。《大学组织法》第1条规定大学的教育宗旨是"研究高深学术，养成专门人才。"第2至5条规定，国立大学由教育部审察全国各地情形设立，省、市政府设立省立、市立大学，私人或私法人设立私立大学。大学之设立、变更及停办，须经教育部核准。大学分文、理、法、农、工、商、教育、医药、艺术及其他各学院，凡具备三个学院以上者，始得称为大学。不具备三个学院者，为独立学院，得分两科。第15、16条规定，大学设校务会，以全体教授、副教授所选出代表若干人，以及校长、各学院院长、各学系主任组织之，校长为主席。校务会议负责审议大学预算、院系设立及废止、课程、内部各种规则、学生试验、训育事项及校长交议事项等，校务会议可以设各种委员会。第18条规定，大学各学院设院务会议，以院长、系主任及事务主任组织之，院长为主席，计划学院学术设备事项，审议学院一切事宜；各学系设系务会议，由本系教授、副教授、讲师构成，系主任为主席，计划本系学术设备事项。

1929年8月，国民政府教育部依据《大学组织法》，制定颁布《大学规程》。《大学规程》分为总纲、学系及课程、经费及设备、实验及成绩、专修科及附则等6章30条，进一步明确大学设立标准，"大学分为文、理、法、教育、农、工、商、医各学院"，"独立学院得分两科"，大学各学院及独立学院学系分类及课程内容，大学毕业实验、暑期实习及成绩评定标准等。

1939年3月，国民政府召开第三次全国教育会议，该会议通过关于增进学校行政效

---

① 张国有.大学章程：第一卷[M].北京：北京大学出版社，2011：87-96.

能的决议案，要求"统一规定专科以上学校行政组织系统以健全学校机构"，"划一学校行政组织，并使其灵活运用，以增减效率。"为贯彻落实该决议案，同年5月，国民政府教育部颁布《大学行政组织补充要点》。其中第1条规定，"大学教务、训导、总务三处，分别设教务长、训导长、总务长各一人，秉承校长分别主持全校教务、训导及总务事宜。"

该"补充要点"规定：大学设校务会议，以全校教授、副教授所选出的代表若干人（每十人至少要举代表一人）及校长、教务长、训导长、总务长、各学院院长、各系主任、会计主任组织之。大学设训导会议，由校长、训导长、教务长、主任导师，全体导师及训导处各组主任组织，校长为主席，讨论一切训导事宜，从学校层面协调训导事务。大学设训导处，从组织上保障训导制度的建立与推行；细化训导处组织机构，充实组成人员；明确训导长在学校事务中的重要地位。

1948年1月，国民政府教育部颁布《大学法》，沿袭《大学组织法》的基本内容，如教育宗旨、学制、教员类别、院系结构、校务会议、院务会议以及系务会议等，同时进一步丰富和发展，在大学内部设立教务、训导、总务三处，设置校长室、会计室及图书馆，增设行政会议、教务会议、处务会议及训育委员会等。至此，我国近现代高等教育法律历经半个世纪的修订完善，基本定型，同时大学章程内容也随之趋于稳定。

2.国民政府时期的大学章程文本简析

◆《国立北京大学组织大纲》

1930年12月，蒋梦麟出任北大校长，提出"校长治校、教授治学、职员治事、学生求学"十六字方针，改评议会为校务委员会，作为学校大政方针的决策机构，保留行政会议和教务会议，确立学院制和研究院制，使学校管理更趋规范。1932年6月，北京大学依据《大学组织法》，制定颁布《国立北京大学组织大纲》，将一系列的治校理念和实践贯穿其中，以校内立法的形式固定下来。该章程的主要内容包括：第一，大学教育宗旨在"研究高深学术""养成专门人才"的基础上，增加"陶融健全品格"的职责。第二，确立学院制，改文、理、法三科为文、理、法三个学院，下设14个学系：文学院有哲学系、史学系、中国文学系、外国语文学系、教育学系；理学院有数学系、物理学系、化学系、地质学系、生物学系、心理学系；法学院有法律学系、政治学系、经济学系。第三，建立教师聘任制，"各学系置教授、副教授、助教若干人，有各院院长商请校长聘任，必要时得聘请讲师"，并且对教师队伍进行整顿，延揽国内一流学者，北京大学的教学和科研得以较快发展。第四，建立研究院，下设三部：原研究所国学门改为文史部，增设自然科学部和社会科学部。后又将三部改为文科、理科、法科三个研究所。研究生入学考试、论文答辩等制度日臻规范。[①]同时，为了贯彻实施组织大纲，北京大学颁布实施《国立北京大学学则》，实行学分制，要求学生具有文、理方面的基本知识，文学院一年级开设必修课"科学概论"，理学院一年级开设必修课"国文"。第

---

① 三十年代的北京大学. [EB/OL].[2021-04-10].https://www.pku.edu.cn/detail/907.html.

五，完善内部组织机构和会议制度。在组织机构方面，取消总务处、总务委员会；设置课业处，商承校长并商同各院院长综理学生课业事宜；设秘书处，商承校长处理全校事务上行政事宜，并监督所辖各机关。在会议制度方面，取消评议会，学系教授会，保留行政会议、教务会议，增设校务会议，院务会议、系务会议、事务会议等，逐步确立了在校务会议体制下相对平衡的治理机构格局。第六，在章程制定修改方面，规定本大纲经校务会议议决后，由校长公布施行；校或校务会议会员五人以上提出修改提议，经校务会议议决之后，由校长公布。

1947年4月，北京大学重订《国立北京大学组织大纲》，为抗战胜利后回归的北京大学恢复发展提供制度支撑。该章程的主要内容包括：第一，设立理、文、法、医、工、农六个学院，其中新增医、工、农三个学院，学系由十四个增加到二十七个。第二，重新确立教授会制度，贯彻"教授治校"的方针。第21条规定，"本大学教授、副教授全体组成教授会，由校长召集，审议校长或校务会议交付事项，每学期至少开会一次。"并且第25条将议决章程的权利赋予了教授会，而1947年《国立北京大学组织大纲》也正是由教授会审定通过的。第三，行政会议的职权扩充至十项，在编造全校预算草案，拟定学院学习设立及废止案之外，增加拟定大学各种规程、议定全校教务事项及训导重要事项、议定校舍建筑及分配事项、审议校长提交关于教职员聘任及待遇事项等。第四，扩大校务会议组成人员的范围，促进学校民主管理。在教授代表、校长、各学院院长、各学系主任、课业长、秘书长、图书馆馆长的基础上，增加了训导长、校医院院长、医学院院长、医学院护士学校主任等。第五，改革各组各室，完善秘书处职能。第15条规定，本大学设秘书处，置秘书一人，处理全校行政事宜，由校长在教授中聘任。秘书处设事务组、出纳组、文书组、工程组、人事室、计核室等六个组室；各组各室置主任一人，由校长聘任。第六，取消事务会议，增设训导处。第16条规定，大学设训导处，综理学生训导事项；在训导处设体育委员、卫生委员会、生活指导组、课外活动指导组、斋务组等。总体上看，两部组织大纲前后相承，除个别条款有所变动外，结构、体例及内容基本保持稳定，反映了这一时期大学内部组织机构及治理机制逐渐趋于成熟，也为《大学法》等教育法律的制定和完善提供了重要"滋养"。

◆《国立清华大学规程》

清华大学的前身清华学堂创建于1911年，1912年更名为清华学校。[①]1926年4月，学校制定颁布《清华学校组织大纲》，该大纲以实施"教授治校"为原则，分为学制总则、校长、评议会、教授会、教务长、学系及学系主任、行政部及附则，共8章25条。其主要内容包括：第一，设大学部及留美预备部，大学部分本科及大学院，大学院未成立之前暂设研究院，先办国学研究院。第二，设评议会，以校长、教务长以及教授互选评议员七人构成，校长为当然主席。评议会职权包括：规定全校教育方针、议决各学系设立废止及更改、议决校内各机关设立废止及更改、制定校内各种规则、审定预算决算、授予学位、议决教授、讲师及行政部各主任任免，议决其他重要事项。评议员任期

[①] 清华大学学校沿革[EB/OL].[2021-04-10].https://www.tsinghua.edu.cn/xxgk/xxyg.htm.

一年，于每年五月改选。第三，设教授会，以全体教授及行政部各主任组成，以校长为主席，教务长为副主席。教授会职权包括：选举评议员及教务长，审定全校课程，议决向评议会建议事项，议决其他教务上公共事项。第四，设教务长一人，由教授会选举，任期两年，负责召集各学系主任办理编制全校课程、考核学生成绩、主持招考及毕业事项、会审各系预算，施行学生训育及指导学生学业等。第五，学系主任由该系教授、教员于教授中推选，任期两年；负责召集学系会议，办理编制课程，编制预算，推荐教授、讲师、教员及助教，审定本系图书仪器购置及其他设备，保管本系一切设备，讨论本系教学及学生训育问题等。

该大纲使"教授治校"原则贯彻于学校运行的全过程，使教授更多地参与学校治理，主要表现在：第一，评议会成员中教授占比例大，除去校长、教务长皆为教授；第二，作为评议会成员的教务长由教授会选举产生；第三，教授会意见得到高度重视，评议会议决之前要先征求教授会意见，评议会议决事项经教授会三分之二否决时，评议会应进行复议；第四，作为基层学术单位的学系，其主任也有教授、教员在教授中推选；第五，章程的修订最终要提交教授会讨论决定，"本大纲之修正由评议会三分之二通过，提出于教授会讨论决定之。"从章程内容可以看出，教授在治校方面，能够有效决定或参与学校重大事务决策；在学术治理方面，能够决策学校学术事务和基层学术事项。该章程体现了教授治校和治学有机统一，一定程度上"实现了既包括学术事务又包括非学术事务的完全的'治校'权。"[①]这一时期的清华学校"教授治校"是内外环境相互作用的结果，是西方大学民主管理方式本土化的产物。

1928年8月17日，国民政府教育部决议清华学校更名为"国立清华大学"。同年，《国立清华大学条例》颁布实施，该条例意图在通过加强校长和董事会的权力，以抑制"教授治校"，从而实现政府教育行政机构对学校的控制，遭到清华师生的质疑和反对，掀起了"专辖废董"运动。1928年9月18日，罗家伦宣誓就职，发表《学术独立与新清华》的演讲，提出"学术独立"，要求"中国的学术在国际也有独立自由平等的地位"，宣布"廉洁化、学术化、平民化、纪律化"的办学方针。[②]1929年6月，学校制定《国立清华大学规程》，分为总纲、本科及研究院、校内组织、留学生监督处、基金、学生附则，共7章29条。规程与条例相比，相对提升了评议会和教授会的权力，保留了校长的多数权力，取消了董事会，形成了评议会、教授会与校务会议三会制衡的局面。

该规程在"总纲"中明确"以求中华民族在学术之独立发展，而完成建设新中国之使命"的办学宗旨；当时学校设文、理、法三学院，文学院包括中国文学系、外国文学系、哲学系、历史学系、社会人类学系；理学院包括物理学系、化学系、算学系、地理学系、生物学系、心理学系、土木工程系、法律学系、政治学系及经济学系。此后，1931年，根据国民政府"提倡理工、限制文法"的教育政策，清华开始发展工程学科。

---

① 秦惠民，付春梅.20世纪二三十年代清华大学"教授治校"制度及其文化意蕴[J].高等教育研究，2013（3）：80-86.

② 国立清华大学1928年大事记[EB/OL].[2021-04-10].http://www.tsinghua.org.cn/info/1435/30880.htm.

1932年成立工学院，包括土木工程、机械工程和电机工程3个系。同时，清华设研究院，以训练大学毕业生继续研究高深学术的能力，并协助国内研究事业之进展。

该规程与1926年组织大纲相比，以校长为核心的行政权力大幅增强。首先，校长权力增大，教务长、秘书长、学院院长由校长聘任，事务机关主任及事务人员则由校长任命。其次，教务长负责范围增大，除"商承校长管理关系大学全部教务"之外，还负责"监督图书馆、注册部、军事训练部、体育馆等机关。"最后，由于教务长、秘书长及各院院长皆由校长聘任，从而形成了校长对校务会议的绝对控制地位，也显著增强了校长在评议会中的影响力和控制力。

该规程不同于当时所有章程的一个创新是增加了"学生"一章，规定了本科生入学资格、研究院学生入学资格、学生转学、修业年限及授予学位等内容，初步明确了本科生、研究生在入学、转学及学位授予事项中的权利和义务。

◆《国立中央大学组织规程》

国立中央大学，其前身是创建于1902年的三江师范学堂，[①]1905年，三江师范学堂易名两江师范学堂，以"嚼得菜根，做得大事"为校训，大力提倡科学、国学和艺术教育。1911年辛亥革命爆发后，两江师范学堂停办。1914年8月，两江师范学堂得以改设，成为南京高等师范学校。"苏省原有两江师范学校，前因军兴中辍，现在大局已定，亟应由省续行开办，以储师资"。1923年7月，南京高等师范学校正式并入国立东南大学，此时国立东南大学学科齐，全居全国之首。1927年，国立东南大学与其他院校在"大学区制"下合并成国立第四中山大学。同年，制定《国立第四中山大学组织大纲草案》，分为名称、校址、宗旨、学制、学年、学位、会议、委员会和附则等，共10章20条。然而，面对各省纷纷成立中山大学的形势，"不但失却了纪念的意义，而且在国际上，尤感不便。"为此，大学院正式决定除保留第一中山大学以资纪念外，其余中山大学均悉易以地名命名。

1928年5月，"国立第四中山大学"正式更名为"国立中央大学"，同年制定《国立中央大学本部组织大纲》，分为名称、校址、宗旨、学院、教职员、会议、委员会、附则等共8章20条。[②]该章程主要内容包括：

第一，章程明确规定"以教授并研究高深学术，以养成党国需要人才，阐扬世界文化"为办学宗旨，并且规定"各学院对全区学术教育之进步及各级学校相互衔接，负倡导协助之责。"学校设文、理、法、教育、医、农、工、商等8个学院34个系科。

第二，章程规定"教职员"专章，其中第8条规定"教职员设置及聘任规定如下：（一）每学院设院长一人，由校长聘任；（二）每系或科设主任一人，由校长聘任或由该系或科所属之院长提出，会同高等教育研究处处长荐请校长酌核聘任之；（三）各学院设教授、副教授、讲师、助教若干人，由校长聘任之或由该管院长提出，会同高等教

[①] 南大简介[EB/OL].[2021-04-10].https://www.nju.edu.cn/3642/list.htm.
[②] 国立中央大学本部组织大纲（1928）[EB/OL].[2021-04-12].https://history.seu.edu.cn/2018/0324/c18687a210599/page.htm.

育研究处处长荐请校长酌核聘任之；（四）各学院设助理、技术员或事务员若干人，由校长聘任之或由院长根据各系或科主任之推荐，会同高等教育研究处处长荐请校长酌核聘任之。"

第三，学校设行政会议、评议会议①、教授会议、教务会议、院务会议、学系或科会议、事务会议。各会议组成及职权如下：

行政会议由校长、秘书长、秘书、高等教育教育长、各学院院长、图书馆长及教授会议选出之代表每院一人组成。其职权包括：①依据评议会议决之教育方针，拟定其实施方案；②议定系与科增设、废止或变更，提交评议会；③审议本部预算决算，提交评议会；④议定建筑设备事项；⑤议定本部各种委员会之设立与废止；⑥议定向评议会建议事项；⑦核定教授会议、教务会议、事务会议、院务会议之建议案及决议案；⑧议定其他重要事项。

教授会议由校长、秘书长、秘书、高等教育教育长、各学院院长、教授、副教授及讲师组成；其职权包括：①议决向评议会及本部行政会议建议之事项；②议决关于全校风纪之事项；③议决关于名誉学位之事项；④选举出行政会议之代表。

教务会议以高等教育处处长、各学院院长、各系科主任组成，高等教育处处长为主席，商议各学院课程联络事项、拟定各学院联络通则、审定学生成绩事项、议定其他教务上的重要事项。

院务会议以院长为主席，其会议议程由学院自行拟定，送请校长、高等教育处长核定。其议决案分别报送于本部行政会议。

学系或科会议以系或科主任为主席，其会议规程由各学系或科自行拟定，送请高等教育处长、院长核定，其议决案分别建议报送于院务会议。

事务会议以高等教育处长、各组组长构成，以高等教育处长为主席。必要时，请有关学院院长出席。其会议事项包括各组事务上联络及改进、本部行政会议议决案的实行、其他事务上的重要事项。

1930年1月，《国立中央大学组织规程》颁布实施，分为名称、校址、宗旨、校长及副校长、教务处、事务处、秘书处、学院、研究院、会议、委员会、学生及附则，共13章43条。②该规程依据《大学组织法》制定，结合学校"规模较大，事类繁多"，规程"切实厘定即明专责任，取分工合作主义，以实现整个完全的大学精神为标的"。该规程主要内容包括：第一，增设副校长，襄助校长处理校务，由校长聘任之；校长不在时，副校长代行校长职务。第二，设教务处、事务处和秘书处，教务处长、事务处长及秘书处长均由校长聘任，分别秉承校长、副校长处理各学院、图书馆等一切教务事宜，处理大学会计、庶务及医药卫生等事宜，处理大学文书及其他关系全校事宜。第三，取消"教职员"专章，列为29条"教职员设置及聘任"，放在第8章"学院"之下。具体

---

① 笔者添加。组织大纲中没有列出评议会设置，但依据第11条规定的行政会议事项中第1、2、3、6款可见，学校实际上设置了评议会。

② 南大百年实录（上卷：中央大学史料选）[M].南京：南京大学出版社，2002：156-159.

规定如下：每院设院长一人，由校长聘任；每系或科设主任一人，由校长商同教务长、院长聘任之；各学院设教授、副教授、讲师、助教若干人，由校长商同教务长、院长、系或科主任聘任；各学院设院务助理员或技术员若干人，由校长商同院长任用。第四，取消评议会、教授会及事务会议，保留校务会议、院务会议及系或科会议，校务会议成为学校最高决策机构。校务会议由校长、副校长、教务长、事务长、秘书长、各学院院长、图书馆馆长及教授代表每院一人组成，以校长为主席。校务会议审议下列事项：大学预算、学院学系或科的设立废止、大学课程、内部各种规则、学生实验事项、学生训育事项、建筑设备事项及校长交议事项。

从"本部组织大纲"到"组织规程"，以校长为核心的行政权力不断加强，而学术权力不断式微；代表学术组织权力的评议会、教授会均被取消，教授代表仅存在于校务会议之中，学术权力参与学校治理的机会大幅缩减。

◆《国立上海商学院章程》

国立上海商学院是上海财经大学的前身，历经南京高等师范学校商业专修科、国立东南大学分设上海商科大学、国立中央大学商学院等，至1932年6月，学校独立建校，更名为"国立上海商学院"，成为当时国内唯一的国立商科类本科高校。[1]同年，学校制定《国立上海商学院章程》，此后学校章程和下位规章制度不断完善。从1932年至1949年，学校先后制订、修订章程，如《国立上海商学院组织规程》（1933）、《国立上海商学院组织大纲》（1946）。同时，学校为了配合章程的贯彻落实，制订了一系列重要校内规章制度，行政制度如《院务会议规程》（1946）和《国立上海商学院校务委员会暂行组织条例》（1949）等，教师管理制度如《国立上海商学院教员服务章程》（1932），学生管理制度如《学生通则》（1936）和《学生课外活动规则》（1948）等。

章程规定设院务会议、教务会议、事务会议以及科务会议。院务会议为最高会议机关，"有决定本院院务会议之权"。院务会议下设三大会议，分别是教务会议、事务会议和科务会议，分别对本院教务、本院事务和该科教务上一切事项"有讨论或建议及议决之权"，"但遇有重要事项，应仍请院务会议复核"。章程规定了各会议的组成人员、产生方式，可操作性较强。委员会逐渐成为学校治理结构的重要组成部分。章程规定院务会议下暂设五个委员会，成绩审查委员会、章程编制委员会、招生委员会、预算及审计委员会、军事训练委员会。如章程编制委员会"由本院院务会议公推三人组织之。草订或修改本院章程及各种细则提交院务会议"。[2]

1932年《国立上海商学院章程》反映出学校在治理结构上的新变化。在会议制度方面，科务会议取消，新增训育会议，仍以院务会议为最高会议机关；在委员会制度上，根据需要，对此前的5个委员会有所保留或撤销，形成了学生指导委员会、出版委员

---

[1] 上海财经大学简介[EB/OL].[2021-04-12]. http://www.shufe.edu.cn/41/list.htm.
[2] 吴云香.我校章程的历史发展与传承（1917—1949）[EB/OL].[2021-04-12]. http://news.sufe.edu.cn/49/6e/c192a18798/page.htm.

会、事务委员会、预算及稽核委员会、图书委员会、军事训练委员会、体育委员会7个委员会。学校取消了事务会议和科务会议，保留院务会议和教务会议，治理结构更加精简。委员会仍然是学校的重要部分，共5个委员会，分别是：训育、招生、出版、图书和经济委员会。1946年，学校颁布《国立上海商学院组织大纲》，组织机构再次发生变化。院务会议更名为校务会议，是学校最高行政机构。其下设教务会议、训导会议和总务会议三大会议，这满足1939年《大学行政组织补充要点》关于组织机构的要求。

回溯洋务运动至国民政府时期大学章程建设的变迁历程，我们认为具有以下特征：首先，我国高等教育机构及其大学章程具有较强的历史继承性，管理特色鲜明，侧重于行为规制。第二，以大学章程为统领的高校规章制度体系建设已然成为我国高等教育机构有序发展的前提条件，高校建章立制已成为常态化情形。第三，中国大学章程的发展之路，"因复内察事势之转移，外觇各国大学现行制度之短长，量为变通，以图尽善"，借鉴吸收西方国家知名大学章程的建设经验，以我为主，博采众长，促进了我国高等教育制度沿着"世界视野、中国特色"的方向不断发展完善。第四，我国学术权力与行政权力的博弈过程中，学术权力不断弱化和缩小，行政权力不断得到强化，使高校行政化现象日趋严重。伯顿·克拉克认为："那些探讨现代机构中的权力差别的人，如果不注意组织结构中各团体的位置，那他就没有抓住关键问题，即巩固的地位决定稳固的权力。传统的形成和利益的合法化都是以一个团体的牢固地位为中心的。"[①]在这一时期的高校章程建设历程中，以教授会、评议会为代表的教师参与学校事务决策的组织日渐式微，直至消失。

四、新中国成立以来的大学章程建设

新中国成立以来的大学章程建设，经历了建国初期转型探索和改革开放以后的发展完善两个阶段。随着社会主义法制的初步建立和深化发展、依法治国方略确立到全面依法治国的推进，大学章程建设进入全面繁荣时期，以大学章程为统领的校内规章制度体系建设已经成为推进高等教育治理体系和治理能力现代化的重要内容。

（一）建国初期的大学章程建设

建国初期，教育部、高等教育部以《中国人民政治协商会议共同纲领》和1954年《中华人民共和国宪法》（也称"五四宪法"）为依据，制定和发布的一系列教育法规、政令和规范性文件，初步形成了多层次、调整各方面教育关系的教育法规体系。这对于废除旧中国半殖民地半封建社会的教育法制，确立民族的、科学的、大众的新民主主义及社会主义教育法制具有重要作用，"教育为工农服务"成为教育的基本方针。[②]

---

① 范德格拉夫，等.学术权力：七国高等教育管理体制比较[M].王承绪，张维平，徐辉，等译.杭州：浙江教育出版社，2001：217.
② 刘颖.论新中国初期高等教育中的"教育为人民服务"思想[J].扬州大学学报（高教研究版），2012（1）：8-12.

这些教育法规和政令的制定实施，有效地保障了对旧教育的改造和新中国教育制度的建立，也为新中国的教育法制建设奠定了基础。

1.建国初期的教育法律政策

《中国人民政治协商会议共同纲领》和"五四宪法"是建国初期教育法律政策制定实施的根本遵循。1949年9月29日，中国人民政治协商会议第一届全体会议通过《中国人民政治协商会议共同纲领》，该纲领是中国共产党领导制定的一个起临时宪法作用的文件，成为中央人民政府的施政方针。其中，第五章"文化教育政策"中的有关条款对新中国教育的性质、任务、教育方法、国民道德标准以及教育与发展的步骤和重点等做了详细的规定。如第41条规定，新中国的"文化教育为新民主主义的，即民族的、科学的、大众的文化教育。人民政府的文化教育工作，应以提高人民文化水平，培养国家建设人才，肃清封建的、买办的、法西斯主义的思想，发展为人民服务的思想"为主要任务。第46条规定，新中国的"教育方法为理论与实际一致。人民政府应有计划有步骤地改革旧的教育制度、教育内容和教学法"。1950年5月，教育部副部长钱俊瑞在《人民教育》创刊号上发表《当前教育建设的方针》，对新民主主义的教育方针做了重要阐释，把"为工农服务""为生产建设服务"作为当前实施新民主主义教育的中心。①

1954年9月20日，第一届全国人民代表大会第一次会议全票通过我国第一部宪法，因其在1954年颁布，故称为"五四宪法"。宪法以国家根本法的形式确认了公民的"受教育权""科学研究权"及其保障措施。如第94条规定"中华人民共和国公民有受教育的权利。国家设立并且逐步扩大各种学校和其他文化教育机关，以保证公民享受这种权利。"第95条规定"中华人民共和国保障公民进行科学研究、文学艺术创作和其他文化活动的自由。国家对于从事科学、教育、文学、艺术和其他文化事业的公民的创造性工作，给以鼓励和帮助。"②在第一届全国人民代表大会上，教育部长马叙伦向大会报告了建国初期高等教育发展现状、问题及未来建设方针。他指出高等教育的根本任务在于：培养为国家社会主义建设服务的，体格健全的，热爱祖国的，具有一定马克思列宁主义思想水平的，能够掌握先进科学技术的各项专门建设人才。他提出今后一段时期内，高等教育工作的基本方针：一方面，有计划按比例培养国家建设需要的各类干部，"核计国家建设对各项专业干部的需要情况，并据以制定分专业、按比例培养的计划"；另一方面，进一步结合中国实际学习苏联经验，尽快完成教学计划与教学大纲的修订工作，大量编译教材，积极培养师资之外，有机会有步骤地制定实施各种必要的教学制度，以保障教学秩序、开展教学研究，提升教学质量。

建国初期全国教育工作会议推动新教育政策法规的制定实施。1949年12月，第一届全国教育工作会议在北京召开，参加会议的有部分大行政区、省、市、自治区的教育部、厅、局长和中央有关部门负责干部200余人。会议确定了全国教育工作的总方针，

---

① 苏渭昌，雷克啸，章炳良.中国教育制度通史[M].济南：山东教育出版社，2000：9-10.
② 马叙伦.在第一届全国人民代表大会第一次会议上关于高等教育工作的发言[J].人民教育，1954（10）：15-16.

明确了改革旧教育的方针、步骤和"发展新教育"的方向。会议决定：第一，根据《中国人民政治协商会议共同纲领》的规定，以老解放区的教育经验为基础，吸收旧中国教育有用的经验，借助苏联教育的先进经验，建设新民主主义教育。第二，教育必须为国家建设服务，学校必须为"工农开门"。第三，发展教育要普及与提高相结合，即在提高的指导下普及，在普及的基础上提高。在相当长时期内应以普及为主。教育应着重为工农服务，培养工农知识分子干部。大量举办业余补习教育，开展全国规模的识字运动。在普及的基础上，逐步提高科学技术和政治教育水平。第四，对原有老解放区的教育，首先是中、小学教育，以巩固与提高为主，条件许可时，可以适当发展。巩固与提高的关键是解决师资和教材问题，改进师范教育，加强教师轮训和在职学习，培养称职的教师。第五，对新解放区的教育，坚持团结、教育、改造知识分子的政策。谨慎地推行"维持原校，逐步改善"的方针，在师生中有效地进行政治思想教育，使其逐步建立革命的人生观。第六，逐步改革旧的教育制度、教育内容和教学方法。课程改革的重点是加强革命的政治学习，合理地精简现有课程。对教学方法的改革，重点在于反对书本与实际分离的教条主义，同时防止轻视基本理论学习的狭隘实用主义，坚持理论与实际一致。第七，学校的管理，必须贯彻实行民主集中制。[①]1950年6月，教育部在北京召开第一次全国高等教育会议，参加会议的有各大行政区教育部、文教部及全国主要高等学校的负责人、高等教育方面的专家、中央各部门代表等300余人，共商高等教育的方针、任务、课程、学制、领导关系等。会议讨论了改造高等教育的方针和新中国高等教育建设的方向，一致通过《高等学校暂行规程》《专科学校暂行规程》《关于实施高等学校课程改革的决定》《关于高等学校领导关系的决定》《私立高等学校管理暂行办法》等5项草案，呈请政务院批准。[②]

建国初期教育立法活动塑造了高校内部管理制度的基本雏形。1950年5月，中央政务院颁布《各大行政区高等学校管理暂行办法》，该办法规定：为了更有效地管理全国高校，除华北区高校、由中央教育部直接领导外，其他各大行政区高校暂由各大区教育或文教部代表中央教育部领导。各大行政区高校的重要方针，除由中央教育部作一般性的统一规定外，各大行政区教育部或文教部可作适应地方性的规定，但须报中央教育部核准后才能实施。此外，办法还对高校校长的任免，教育部与各大行政区教育部或文教部的分工做了具体规定。[③]1950年8月，政务院和教育部批准并发布《高等学校高校暂行规程》[④]《专科学校暂行规程》[⑤]《私立高等学校管理暂行办法》[⑥]《关于实施高等学校课程改革的决定》《关于高等学校领导关系的决定》《关于加强高等学校与中等技术学

---

① 苏渭昌，雷克啸，章炳良.中国教育制度通史[M].济南：山东教育出版社，2000：466-467.
② 马叙伦.第一次全国高等教育会议开幕词[J].人民教育，1950（3）：11-14.
③ 何东昌.中华人民共和国重要教育文献（1949—1975）[M].海口：海南出版社，1998：14.
④ 高等学校暂行规程[J].人民教育，1950（5）：68-69.
⑤ 专科学校暂行规程[J].人民教育，1950（5）：70-71.
⑥ 私立高等学校管理暂行办法[J].人民教育，1950（5）：71.

校学生生产实习工作的决定》①等文件，适应了建国初期新民主主义革命教育建设的需要，推动新中国高校管理制度形成与发展。

《高等学校暂行规程》包括总纲、入学、课程考试毕业、教学组织、行政组织、社团、附则等7章32条，规定高校实行校（院）长负责制，教学研究指导组制，校（院）长领导下的校（院）务委员会制、教务会议制等。②主要内容如下：

第一，明确新中国高校的宗旨和具体任务。该规程第1条规定，高校的宗旨是"以理论与实际一致的教育方法，培养具有高级文化水平，掌握现代科学和技术的成就，全心全意为人民服务的高级建设人才。"第2条规定，"高校的具体任务：（一）进行革命的政治及思想教育，肃清封建的、买办的、法西斯主义的思想，树立正确的观点和方法，发扬为人民服务的思想；（二）进行教学工作，培养通晓基本理论并能实际运用的专门人才；（三）研究自然科学、社会科学、哲学、文学、艺术，以期有切合实际需要的发明、著作等成就；（四）普及科学技术知识，传播文学和艺术的成果。"

第二，明确校（院）长对学校的最高领导权，规定校长负责制、校（院）长领导下的校（院）务委员会制度。首先，该规程第19条规定，"大学及专门学院采校（院）长负责制，大学设校长一人，专门学院设院长一人"，其职责为"（一）代表学校；（二）领导全校（院）一切教学、研究及行政事宜；（三）领导全校（院）教师、学生、职员、工警的政治学习；（四）任免教师、职员、工警；（五）批准校（院）务委员会的决议。"其次，第22、23、24、25条规定了校长对教务长、副教务长、总务长、院长、学系主任、图书馆长（主任）等具有遴选权、提请任命权、聘任权等，使校长领导权深深嵌入学校行政、学术运行的各个环节。如第21条规定了校（院）长对教务长、副教务长的遴选权，"设教务长一人、必要时得设副教务长，对校（院）长负责，由校（院）长就教授中遴选提请中央教育部任命之。"最后，实行校（院）长领导下的校（院）务委员会制。该规程第26条规定，"大学及专门学院在校（院）长领导下设校务委员会，由校（院）长、副校（院）长、教务长、副教务长、总务长、图书馆长（主任）、各院（大学中的各院）院长、各系主任、工会代表四人至六人及学生会代表二人组成之，校（院）长为当然主席。"校（院）务委员会的职权包括："（一）审查各系及各教研组的教学计划、研究计划及工作报告；（二）通过预算和决算；（三）通过各种重要制度及规章；（四）决议有关学生重大奖惩事项；（五）决议全校（院）重大兴革事项。"并且规定"校务委员会得设常务委员会及各种专门委员会。"校（院）务委员会在校（院）长的领导下工作，并且其议决事项要获得校（院）长批准，该制度进一步强化了校长对学校各种事项的领导权。该规程全方位地确立了强有力的校长负责制，有利于迅速"肃清封建的、买办的、法西斯主义的"教育思想，建立新民主主义的教

---

① 中南行政委员会高等教育局寄送政务院所颁布的"关于加强高等学校与中等技术学校学生生产实习工作的决定"及中央高教部颁布的"高等学校与中等技术学校学生生产实习暂行规程"函[J].江西政报，1954（12）：14.

② 教育部高校学生司.中国高等教育学生管理规章大全（1950—2006）[M].北京：首都师范大学出版社，2007：5-8.

育，高扬建立"为人民服务"的教育思想、教材、教学方案及教育制度。

第三，提升教务长的地位，领导图书馆长（主任）、院长及系主任，实行教务长领导下的教务会议。该规程第21条规定，"大学及专门学院，设教务长一人，对校（院）长负责。"其职权包括："（一）计划、组织、督导、检查全校（院）各系及各教研组的教学工作；（二）计划、组织、督导、检查全校（院）的科学研究工作；（三）校（院）长及副校（院）长均缺席时代行其职务。"第21条规定，"大学及专门学院图书馆，设馆长或主任一人，对教务长负责。"第24条规定，"大学及专门学院的系为教学行政的基层组织，各设主任一人，受教务长领导。在设有学院的大学，则受教务长和院的双重领导。"第27条规定"大学及专门学院在教务长领导下举行教务会议"。

第四，规定教学组织。该规程第18条规定，"以教学研究指导组为教学的基本组织，由一种课目或性质相近的几种课目之全体教师组成。教研组的职责是：（一）领导本组全体教师，讨论及制定本组课目的教学计划与教学大纲；（二）领导及检查本组的教学工作和研究工作；（三）领导与组织本组学生的自习、实验及实习。"

第五，规定高校社团组织及活动。该规程第28、29条规定：大学及专门学院的工会、学生会等社团应团结全校（院）员工、学生，协助学校完成教学及行政计划，推动全校（院）员工，学生的政治、业务与文化学习，并增进员工、学生的生活福利。大学及专门学院成立各种学术团体以促进科学、文化的提高与普及。

1950年8月颁布实施的《专科学校暂行规程》，依据《高等学校暂行规程》第3条规定而制定，其宗旨在于以理论与实际一致的教育方法，培养能掌握现代科学和技术的成就、全心全意为新民主主义建设服务的专门技术人才；专科学校的设立或停办，由中央人民政府教育部或与政府其他部门协商决定；专科学校修业期限为二年至三年；专科学校得分设若干学科，各科课程应根据国家建设需要及理论与实际一致的原则制定，课程标准另定之；专科学校应将各课目的教学计划及教学大纲，报请中央教育部备案。专科学校的内部管理机构、教学组织、校内社团等规定与《高等学校暂行规程》基本相同。[①]同一时期颁布实施的《私立高等学校管理暂行办法》的立法精神在于加强领导并积极扶植和改造私立高校，以适应国家建设的需要。该办法规定：私立高校（大学、专门学院及专科学校）方针、任务、学制、课程、教学及行政组织，均须遵照《高等学校暂行规程》《专科学校暂行规程》办理。私立高校经大行政区教育部或文教部审查，其办理成绩优良而经费确属困难者，得报请中央人民政府教育部批准酌予补助。私立高校的行政权、财政权及财产所有权均应由中国人掌握。全国私立高校，无论过去已经立案与否，均须重新申请立案。私立高校不得以宗教科目为必修课或强迫学生参加宗教仪式与活动。私立高校的财产，不得移作学校经费以外之用，其校产不经由大行政区教育部转报中央教育部核准，不得为物权之转移。私立高校如欲停办或变更，其校董会须于学年结束五个月前报经大行政区教育部审查转报中央教育部核准。私立高校办理不善或违

---

① 教育部高校学生司.中国高等教育学生管理规章大全（1950—2006）[M].北京：首都师范大学出版社，2007：8-10.

背法令时，大行政区教育部得报请中央教育部批准令其改组校董会，更换校长，改组或停办学校。①

1950年8月，政务院颁布《关于高等学校领导关系的决定》，确立了"全国高等学校由中央教育部统一领导"的基本原则，规定"中央教育部对全国高等学校（军事学校除外）均负有领导责任，各大行政区教育部均有根据中央统一的方针政策，领导本区高等学校的责任。"该决定进一步指出："凡中央教育部所颁布的关于全国高等教育的方针、政策与制度，高等学校法规，关于教育原则方面的指示，以及对于高等学校的设置变更或停办，大学校长、专门学院院长及专科学校校长的任免，教师学生的待遇，经费开支的标准等决定，全国高校均应执行。某一地区、某一学校因特殊情况作出因时因地制宜的决定，但须事先经大行政区教育部建议或审查，报请中央教育部核准。中央教育部为及时了解情况，研究问题，总结经验，得指定某一学校向部作专件报告；各大行政区教育部对本区高等学校也有同样职权。综合性大学与几个业务部门有关的专门学院，归中央或大行政区教育部直接领导。"②

1953年5月，政务院颁布《关于修改高等学校领导关系的决定》，在此进一步强化了高等教育部对全国高校的集中统一领导，"为使高等教育密切联系实际，有计划地培养各类高级建设人才，以适应国家大规模经济建设的需要，中央人民政府高等教育部必须与中央人民政府各有关业务部门密切配合，有步骤地对全国高等学校实行统一与集中领导。""凡中央高等教育部有关全国高等教育的建设计划（包括高等学校的设立与停办、院系及专业设置、招生任务、基本建设任务）、财务计划、财务制度（包括预决算制度、经费开支标准、教师学生待遇等）、人事制度（包括人员任免、师资调配等）、教学计划、教学大纲、生产实习规程以及其他重要法规、指示或命令，全国高等学校均应执行。其有必要变通办理时，须经中央高等教育部或者由中央高等教育部报请政务院批准。""关于高等学校专业课教材、设备、生产与实习、科学研究及其他有关与生产企业合作事项，中央高等教育部应与中央或地方各有关业务部门协商处理，各有关业务部门应积极予以协助。"③这两个文件的相继颁布，进一步明确了全国高校归中央教育部或高等教育部集中统一领导的基本原则。

1955年，高等教育部《关于视察华东、中南各高等学校后对全国高等学校的指示》明确了校务委员会的主要任务。同年，中宣部提出"学校一定要实行党委领导下的分工负责制，"高等教育部提出要发挥各方面的积极性，扩大校院长的职权。④1956年，高等教育部⑤颁布《高等学校章程草案》，规定了高校的基本任务、学校内部管理体制、

---

① 私立高等学校管理暂行办法[J].人民教育，1950（5）：71.
② 关于高等学校高校领导关系的决定[J].人民教育，1950（5）：67.
③ 中央人民政府政务院关于修订高等学校领导关系的决定[J].人民教育，1953（11）：66.
④ 姚金菊.中国高等教育的法治进程及未来思考[J].北京教育（高教），2019（10）：23-27.
⑤ 建国初期教育部与高等教育部的机构变迁：1949年，中央人民政府教育部成立，下设高等教育司和高等教育委员会。1952年，教育部分立为高等教育部和教育部。1956年，国务院批复高等教育部。1958年2月，高等教育部和教育部合并为教育部。

校长负责制和学术委员会等内容，奠定了我国高等教育体系的雏形。该章程草案对学生、教学人员和教辅人员、教学工作、科研工作、干部培养、学校领导机构、学校的财产和经费做了相应的规定。特别指出，在校、院长负责制的基础上，高等学校高校的校（院）长领导学校的全部工作，代表学校处理一切问题。该章程草案以法令形式确立苏联模式的高等教育制度，确立了高校内部管理体制，并聘请苏联专家对高校的教学大纲、教学计划和课程组织进行指导。[①]1958年9月，中共中央、国务院在《关于教育工作的指示》中提出"党领导教育""党委领导下的校务委员会负责制"等主张，指出"党的教育工作方针是教育为无产阶级的政治服务，教育与生产劳动相结合；为了实现这个方针，教育工作必须由党来领导"。"一切教育行政机关和一切学校，必须受党委来领导"。"中央人民政府各部门所属的学校，在政治上应该受当地党委的领导"，"在一切高校中，应当实行学校党委领导下的校务委员会负责制。"[②]

1961年9月，中共中央批准试行《教育部直属高等学校暂行工作条例（草案）》（简称"高教六十条"），条例（草案）分为总则、教学工作、生产劳动、研究生培养工作、科学研究工作、教师和学生、物资设备和生活管理、思想政治工作、领导制度和行政组织、党的组织和党的工作等10章60条。其主要内容包括：第一，重申高校的基本任务是"贯彻执行教育为无产阶级的政治服务、教育与生产劳动相结合的方针，培养为社会主义建设所需要的各种专门人才"。第二，高校的人才培养目标是：具有爱国主义和国际主义精神，具有共产主义道德品质，拥护共产党的领导，拥护社会主义，愿为社会主义事业服务、为人民服务；通过马克思列宁主义、毛泽东著作的学习和一定的生产劳动、实际工作的锻炼，逐步树立无产阶级的阶级观点、劳动观点、群众观点、辩证唯物主义观点；掌握本专业所需要的基础理论、专业知识和实际技能，尽可能了解本专业范围内科学的新发展；具有健全的体魄。第三，确立高校领导体制。加强和改善党的领导，充分发挥行政领导的作用，高校的党委会是学校工作的核心，对学校工作实行统一领导。实行党委领导下的以校长为首的校务委员会负责制。第四，明确高校必须以教学为主，努力提高教育质量；正确执行党的知识分子政策；实行党委领导下的以校长为首的校务委员会负责制；改进党的领导，加强思想政治教育；学校中党的领导权力集中在学校党委一级，系的党总支对行政工作起保障和监督作用。"高教六十条"试行后，教育部于1961年9月召开了贯彻"高教六十条"会议，会议讨论了工作条例草案的基本精神以及教育部草拟的有关贯彻条例的10个文件草案；会议强调，26所直属院校应该有计划、有步骤地贯彻中央的指示和"高教六十条"。1963年初，全国试行这个条例的高校共230多所，其他高校也基本上根据该条例的精神改进了工作。[③]

综上可见，建国初期，我国高等教育管理体制处于初步建设和探索时期，党和政

---

① 苏君阳，陈伊凡.新中国成立70年我国高校教学督导制度的演进与发展历程[J].北京教育（高教），2019（10）：42-45.

② 中共中央 国务院关于教育工作的指示[J].江苏教育，1958（18）：4-6.

③ 苏渭昌，雷克啸，章炳良.中国教育制度通史[M].济南：山东教育出版社，2000：466-467.

府高度重视高等教育法制建设工作，中央政府统一领导全国高校，制定诸多高等教育法律政策和方针；对高等教育实施高度统一的计划管理，改造旧的高校，改变综合大学模式，发展专门学院，注重高校专业的实用性；以苏联教育模式为蓝本制定我国高校教育体制机制；基本奠定了新中国高等教育管理体制机制的基本雏形，建立了"为工农服务"高等教育体系，使全体劳动人民接受高等教育的权利得到了充分保障，真正享有了作为国家主人的政治地位。

2.建国初期的大学章程文本简析

建国初期，在新高等教育建设和旧高等教育改造过程中，中央教育部、各大区军政委员会教育部依据《高等学校暂行规程》《专科学校暂行规程》《私立高校管理暂行办法》以及其他相关教育法规政策，核准颁行了《北京师范大学暂行规程》《金陵大学行政组织大纲》《南京大学暂行组织规程》《湖南农学院暂行规程》等大学章程文件，这些章程是建国初期高校内部管理体制机制探索的重要成果，其建设和实施情况为其后的教育法规建设提供一定的参考和借鉴。

◆《北京师范大学暂行规程》

1949年12月，中央教育部召开第一次全国教育工作会议，将北京师范大学改革方案列为讨论内容。1950年1月，中央教育部第五次部务会议作出了《关于改革北京师范大学的决定》，确定北京师范大学的任务"主要是培养新中国中等学校的师资，其次是培养与训练教育行政干部和社会教育干部"。同年5月19日，中央教育部正式颁布《北京师范大学暂行规程》，该规程分为总纲、教学原则、学生、教学组织、行政组织和附则，共6章31条，是建国初期以部令形式颁发的首部高校章程。该规程明确为人民服务的思想，树立科学唯物主义的世界观，强调学习马列主义、毛泽东思想，明确教学研究组为教学基层组织，要求制订教学计划和教学大纲。行政方面实行校长领导下的校务委员会制度。主要内容包括：①

第一，明确学校的任务主要是培养中等学校师资（即普通中学、工农速成中学、师范学校的教员和中等技术学校的政治、文化教员），其次是培养和训练教育行政干部与社会教育干部。这些师资和干部必须具有为人民教育服务的专业精神，能够掌握马列主义、毛泽东思想的基本内容，进步的教育科学、教育技术以及有关的专业知识。

第二，明确以理论与实际一致为教学原则；要求肃清封建的、买办的、法西斯主义的思想残余，发展为人民服务的思想。为肃清封建的、买办的、法西斯主义的思想残余，发展为人民服务的思想，树立科学唯物主义的世界观，规定政治课为本科各系共同必修课，约占全部课程的百分之十五，科目包括辩证唯物论与历史唯物论（包括社会发展简史）、新民主主义论（包括近代中国革命史）、政治经济学、文教政策与法令。

第三，实行校长负责制，明确校长职责，"（一）领导全校一些教学、行政事宜，并代表学校；（二）掌理全校教学计划及教学大纲；（三）领导全校教师、学生、职

---

① 张国有.大学章程：第一卷[M].北京：北京大学出版社，2011：99-103.

员、工警的政治学习；（四）任免全校教师、职员、工警并核定其工资；（五）核准校务委员会的决议。"

第四，学校的会议制度包括校长领导下设校务委员会，教务长领导下的教务会议，各系科主任领导下的系务科务会议，在行政处长领导下的行政处处务会议等。学校在校长领导下设校务委员会，由校长、副校长、教务长、副教务长、各系科主任、行政处处长、图书馆馆长、工会代表四人及学生代表二人组成，校长为当然主席。校务委员会职权包括："（一）审查学期的与学年的教学计划及各系科教学研究组的工作报告；（二）议决本校预算和决算；（三）议决本校建筑及其他重要设备的计划；（四）议决本校各种重要规章制度；（五）议决本校有关学生重大奖惩事项；（六）议决本校有关招生、实习、参观、毕业事项；（七）议决校长交议事项。"

第五，规定系科为基层教学组织，明确其职责。"各系科为教学行政的基层组织，各设主任一人，由校长就教授中提请中央人民政府教育部批准任命。系科主任，直接受教务长、副教务长领导，其职责包括："（一）计划并领导本系科教学研究组与教学附属机构的工作；（二）执行本系科教学计划与教学大纲；（三）领导并检查本系科学生的实验及实习；（四）考核本系科学生成绩；（五）总结本系科教学经验；（六）提出有关本系科员工任免之建议。"

第六，严格贯彻《关于高校领导关系的决定》的精神，使中央教育部全面领导和指导学校各项工作。如该规程规定：教学实施必须制定各科系教学计划及教学大纲，由校长呈经中央教育部核准施行；毕业生由中央教育部分配工作；教授、副教授、讲师及助教均为专任职，由校长聘任报中央教育部备案；教研组主任由校长就教授中提请中央教育部批准任免；教务长、副教务长、图书馆馆长由校长就教授中提请中央教育部批准任命。

1950年《北京师范大学暂行规程》颁布实施以后，到1953年，该暂行规程又经历了三次修改，但仅形成章程草案，没有经过教育部核准颁行。①

◆《金陵大学行政组织大纲》

1950年11月，金陵大学依据中央人民政府教育部《高等学校暂行规程》及《私立高等学校管理暂行办法》制定了《金陵大学行政组织大纲》（草案），实行董事会制、校长领导下的校务委员会制，设教务长及副教务长、总务长、三院院长、各系科主任、图书馆长及副馆长、文化研究所所长等，具体内容如下：

第一，明确董事会职权。大学设有校董事会，其职责包括：①办理学校立案手续；②任免校长；③筹划经费，保管资产与审核预决算；④制定校务方针，审查与批准校长的工作总结报告。此外，董事会还有审定、通过组织大纲的职权。本组织大纲经校董事会通过，报请华东军政委员会批准后施行之。

第二，规定校长职权。大学设校长一人，其职责包括：①代表全校；②领导全校一切教学、研究及行政事宜；③领导全校教师、学生、职员、工警的政治学习；④任免教

---

① 张国有.大学章程：第一卷[M].北京：北京大学出版社，2011：8，99-103.

师、职员、工警。

第三，设教务长、副教务长、总务长等，各对校长负责，由校长聘任。教务长及副教务长职责包括：①计划、组织、督导、检查全校各系及各教研组的教学工作；②计划、组织、督导全校的科学研究工作；③校长、副校长缺席时，教务长代行其职务。

第四，明确院长、系科主任职责。大学设文、理、农三学院，各设院长一人，对校长负责，受校长聘任。其职责包括：①计划并主持全院教学行政工作；②督导全院各系执行教学计划；③提出全院各系主任人选的建议。大学各学院设有若干系科组，为教学行政的基层组织，各设主任一人，受教务长及院长双重领导，由校长聘任，其职责包括：①计划并主持本系的教学行政工作；②督导执行本系的教学计划；③领导并检查本系学生的自习、实验及实习；④考核本系学生成绩；⑤总结本系教学经验；⑥提出有关本系教职员任免的建议。

第五，实行校长领导下的校务委员会制度。大学在校长领导下，设校务委员会，由校长、教务长、总务长、各学院院长、图书馆馆长、文化研究所所长、各系科组主任、工会代表6人及学生会代表2人组成之，校长为当然主席，校务委员会的职权包括：①审查各系及各教研组的教学计划、研究计划及工作报告；②通过预算和决算；③通过各种重要制度及规章；④议决有关学生重大奖惩事项；⑤议决全校重大兴革事项。校务委员会设常务委员会，由校长、教务长、总务长、各学院院长、图书馆馆长、各系科组主任代表3人、工会代表3人及学生会代表1人组成。校务委员会下暂设政治教学委员会、聘任委员会、学生生活辅导委员会、经济委员会、校产委员会等。

第六，设置图书馆、文化研究所。大学设图书馆馆长一人及副馆长一人，对教务长负责，主持图书馆一切事宜，由校长聘任；设文化研究所，由校长聘任所长一人，对校长负责。

◆《南京大学暂行组织规程》

1951年10月，南京大学制定的《南京大学暂行组织规程》[①]，分为总则、组织、会议共3章32条，规定大学宗旨、具体任务、民主集中制、六院三十七系、校长负责制、校务委员制、行政机构、学术组织以及各种会议制度等内容。具体内容如下：

第一，明确大学宗旨及任务。该组织规程明确大学宗旨为以理论与实际一致的方法，培养具有高级文化水平，掌握现代科学和技术，全心全意为人民服务的高级建设人才，并配合教学及国家建设的需要进行研究工作。大学具体任务为：①进行革命的政治及思想教育，肃清封建的、买办的、法西斯的思想，树立正确的观和方法；②适应国家建设需要进行教学工作，培养通晓基本理论并能实际运用的工程师、农业技师、教师、政法财经干部、及语文艺术和科学工作者等；③运用正确的观点和方法，研究自然科学、自然科学、哲学、文学、艺术以及有切合实际需要的发明、著作等成就；④普及科学和技术知识，传播文学艺术成果。1953年10月，南京大学修订《南京大学暂行组织规程》对学校基本任务进行了发展和完善，明确规定"本校基本任务是：培养具有忠实为

---

① 南大百年实录（下卷：南京大学史料选）[M].南京：南京大学出版社，2002：25-31.

人民服务的立场，正确的马列主义观点，深厚的文化科学基础知识，专门的现代化科学理论知识，德才兼备、体魄坚强的科学研究人才和高、中等学校师资。并结合国家建设与教育工作的需要，开展科学研究工作。"

第二，实行校长负责制，辅以民主集中制的组织原则。该组织规程明确规定，校长综揽校务，实行集中领导，对学校事务具有最高决策职权，"代表学校；领导学校一切教学、研究及行政工作；领导全校教师、学生、职员、工警的政治学习；任免教师、职员和工警；批准校务委员会的决议。"同时要求"对重大教学、行政问题，则采取适当方式开展民主讨论，经校务委员会通过，由校长批准实施"。

第三，规定校长领导下设校务委员会的组成及职权。校务委员会是大学最高议事机关，由校长、副校长、教务长、副教务长、总务长、校长办公室主任、图书馆馆长、各院院长、各系（科）主任、各院属附属机构负责人、工会代表6人、学生会代表2人组成。校务委员会设常务委员会及各种专门委员会。常务委员会由校长、副校长、教务长、副教务长、总务长、校长办公室主任、各院院长及工会代表1人组成。必要时，由校长邀约有关方面代表列席。校长为校务委员会及常务委员会当然主席。校务委员会每学期举行会议二次，如果必要时，校长可召集临时会议。校务委员会的职权包括：①审查学年与学期的工作计划及工作总结；②通过全校经费预算决算；③通过各种重要制度及规章；④议决有关学生重大奖惩事项；⑤议决全校重大兴革事项。

第四，设各级行政或学术负责人岗位、各级会议制度，明确各级岗位及会议职责。学校行政或学术岗位包括副校长、校长办公室主任、教务长及副教务长、图书馆馆长、总务长、各学院院长、各系科主任、各教研组主任等。学校设各级会议制度，除校长领导下设校务委员会之外，还包括教务长领导下的教务会议、教务处总务处处务会议、院务会议、系科务会议、系科常务委员、教学研究指导组会议。

第五，设工会、学生会等社团组织，各种学术团体。首先，学校社团组织致力于团结全校员工、学生，协助学校完成教学及行政计划，推动全校员工、学生的政治、业务与文化学习，领导全校员工、学生的一切社会活动，并增进员工、学生的生活福利；其次，学校行政应经常向工会、学生会介绍学校工作开展情况，工会、学生会的活动如直接涉及学校日常工作、学习、生活制度时，都必须通过学校行政，以求相互配合，步调统一；最后，校内设有各种学术团体，以促进科学文化的提高及普及。

◆《湖南农学院暂行规程》

1951年6月，《湖南农学院暂行规程》颁布实施，暂行规程由总纲、入学、课程考试毕业、教学组织、行政组织、社团及附则构成，共7章30条。具体内容包括：

第一，规程在总纲部分明确制定原则和学校培养目标。"该暂行规程根据中央教育部《高等学校暂行规程》，结合本院具体情况而制定。""本院以理论与实践一致的教学方法，培养掌握现代科学与技术、全心全意为人民服务的高级农林水利建设人才。"

第二，暂行规程明确了实现教育目标的基本政策：教学做合一、科学与政治结合、民主管理机组纪律、团结、保健、竞赛、批评与自我批评以及教学研究。如"要做到通达一科，精通一门，课程要少、要精、要专；学以致用，要适合新民主主义经济建设的需要;理论学习与每一阶段生产建设相结合,并为现实生产解决问题;成立编译委员会,大量翻译苏联著作,在科系中分成若干小组进行专门化学习。"

第三,教学研究指导组是教学的基本小组,由一种科目或性质相近的集中科目的全体老师组成。领导本组全体教师讨论及制定本组课目的教学计划、教学大纲及课程改革;领导及检查本组的教学工作及研究工作;领导与组织本组学生的自习、实验及实习。

第四,行政组织包括院长负责制、副院长、秘书长、教务长、总务长、图书馆长、院长领导下的院务会议、总务处处务会议、行政处务会议以及系科会议等。学院采用院长负责制,院长代表学院,领导全院一切教学研究及行政事宜,任免教师职员工警和批准院务委员会的决议。学院设副院长、秘书长、教务长、副教务长、总务长、图书馆长、科系主任,并明确各自职责。学院设院务委员会,院务委员会由院长、副院长、教务长、副教务长、总务长、图书馆长、科系主任、工会代表4~6人,学生代表2~3人组成,院长为当然主席;对学院大政方针有议决建议权,但其议决案需院长批准,才能产生效力。负责审查各科系、各教研组及各处的教学计划、研究计划、工作计划及报告,通过预算决案,通过各种制度章程,议决有关学生重大奖惩事项,议决有关全院重大改革事项等。①

此外,1950年,北京大学根据教育部《高等学校暂行规程》修订和制定本校的各种管理办法。1952年,国家进行了大规模的高等学校院系调整,北大系科结构发生很大变化,逐步实行二级制的行政领导体制,各种管理办法亟待改进。由于社会处于不断变动之中,难以将修订《北京大学章程》提上日程,但基本体制仍是校长负责制,重大事项仍由校长领导下的校务委员会议决。1956年,校务委员会的职权得以扩大,进一步体现集体领导的作用。在1958年5月4日北京大学校史编纂委员会非正式印行的《北京大学六十年》中,编制了北京大学的组织机构图,显示了当时的校系关系。②

总体上看,建国之初,我国高等学校内部实行的是校(院)长负责制,校(院)长负责管理学校的一切事务,并直接对主管部门负责。在校(院)长下面,一般设置校务委员会,由正、副校(院)长、部分处室的处长、各院院长和系主任组成,负责管理学校具体事务。当时,高等学校中的党组织只是负责领导学校贯彻党中央的方针政策和在师生中进行政治宣传及组织工作,而不领导学校的行政工作。很明显,这种管理体制是受到了老解放区正、副校(院)长负责行政领导,政委负责学校政治领导的影响;同时也受到旧中国高等学校中"正、副校(院)长—教务长、总务长、图书馆长—各院院长—系主任"的层级设置以及校务委员会议制度的影响。③

这一时期的大学章程均依据《高等学校暂行规程》制定,各学校章程尽管条款上有所增减,但在内容及结构上大同小异,而且制定颁行章程的高校数量较少。并且,

---

① 湖南农学院暂行规程[J].湖南农学院院刊,1951(1):27-29.
② 张国有.大学章程:第一卷[M].北京:北京大学出版社,2011:99-103.
③ 陈磊.新中国成立初期高等教育模式形成研究[D].西安:陕西师范大学,2017:149.

随着我国借鉴苏联模式的高等教育管理体制机制的基本确立，大学章程逐步淡出历史舞台。此后，直至1995年《中华人民共和国教育法》和1998年《中华人民共和国高等教育法》颁布之前，大学章程建设被完全忽略，造成我国大学章程在大学制度建设中的缺失。

（二）改革开放以来的大学章程建设

十一届三中全会之后，随着高考制度的恢复，我国高等教育开始蓬勃发展，高等教育法制建设逐步恢复，高校内部管理制度不断建立健全，大学章程建设也逐渐提上议事日程。大学章程建设逐步从"政策性规定"转变为"教育法律条款"，确立了高校独立法人资格的法律地位，为高校制定章程，依法自主办学，按章自主管理奠定了法理基础。高校在党政关系协调探索，在机构设置、学科调整、教学活动、科学研究、人事安排、财物配置、国际交流合作等方面扩大自主权的探索，为章程建设赋予了实质性的内容。

1.改革开放以来高等教育法律政策的变迁

在长期的计划经济体制之下，高等教育管理体制高度集中，高校成为党政机关的附属机构，缺乏面向社会自主办学的能力。教育体制改革主要是"改革高度集中统一的管理体制和政府包办学、包学费（包括医疗费和一部分生活费）、包就业、包当干部的制度，处理好政府与学校、中央与地方、教育部门与政府其他业务部门的关系，建立起政府宏观管理、学校面向社会自主办学的体制"。[①]

（1）大学章程的孕育与扩大高校自主权的探索

1978年10月，教育部印发《关于讨论和试行〈全国重点高等学校暂行工作条例〉（试行草案）的通知》，将高校领导制度由"党委领导下的以校长为首的校务委员会负责制"改为"党委领导下校长分工负责制"，规定"高校党委员会，是中国共产党在高校的基层组织，是学校工作的领导核心，对学校工作实行统一领导；取消校务委员会，设立学术委员会，要求把高校建设成为教育中心和学术中心。规定"教学、科学研究、后勤工作中的重大问题，要经由党委商讨。党委做出决定后，由校长负责组织履行。"1980年12月，中央组织部、教育部发布的《关于增强高等学校领导班子建设的意见》提出"领导班子中，党政干部要明确分工"，"党委对学校工作的领导，主要应该是路线、方针、政策的领导，党委要着重致力于做好思想政治工作，以及党的思想建设、组织建设工作"，"学校的所有行政工作，都应由以校（院）长为首的行政人员去处理，要使他们有职有权有责"。然而，高校领导体制的改变，并没有改变"党政不分，学校党委决定一切，包揽一切"的局面。

"风起于青萍之末，浪成于微澜之间"，"给高校一点自主权"的呼唤[②]拉开了

[①] 李铁映.社会主义现代化建设的奠基工程：认真学习、宣传和实施《中国教育改革和发展纲要》[J].人民教育，1993（4）：12-16.

[②] 苏步青，李国豪，刘佛年，等.上海四位大学负责人呼吁：给高校一点自主权[N].人民日报，1979-12-06（001）.

我国教育体制改革的帷幕。1979年12月6日，复旦大学校长苏步青、同济大学校长李国豪、华东师范大学校长刘佛年、上海交通大学党委书记邓旭初等在《人民日报》发表了《给高等学校一点自主权》的文章，明确提出："教育部门不能只用行政手段管理学校，不要对学校统得太死，要给高等学校一点自主权。"与此同时，编者按语也提出："高等学校应不应该有点自主权，应该有哪些自主权，教育体制如何改革，才能更好地适应党在新形势下工作重点的转移，这是很值得探讨的问题。"校长和书记们的呼吁、编者的按语，在当时的高等教育界引起了强烈的共鸣和反响。此后，以简政放权、扩大高校办学自主权为重点的高等教育体制改革成为不可逆转的历史潮流。1983年，上海交通大学率先进行学校内部管理体制改革，教育部于同年6月9日发文同意上海交通大学扩大管理权限，增强学校办学活力。1983年2月，浙江省就高等教育管理体制改革、扩大学校办学自主权颁布5条规定；1984年6月，湖北省颁布6条规定；同时，黑龙江省制定《关于扩大全日制高校自主权的若干规定》，对人事劳动、工资奖金、办学与毕业分配等方面进行简政放权。①

关于扩大全日制高等学校自主权的若干规定

黑龙江省人民政府　1984-6-13

为了使全日制高等学校能放开手脚进行改革，不断提高教育质量和科研水平，多出人才，快出人才，出适用人才，现就这方面的简政放权问题作如下规定。

一、人事、劳动管理方面

1.高等学校的正副处（系）级干部（人事处的正副处长除外），由学校自行管理任免，报主管部门备案。

2.高等学校内部机构设置，各校可按实际需要提出方案，经省高教局审定，报省编委备案。有关部门可以根据业务工作的需要向学校提出建议，但是，任何部门都不得按自己的需要硬性规定学校上下对口设置机构和配备人员。

3.改革招工制度，今后高等院校一律由招收固定工改为招收合同工、临时工、季节工。在劳动计划指标内，自然减员指标可由各校自行掌握使用，允许高等院校自行拟定招工简章，经当地劳动部门批准后，公开招工，择优录用。今后老工人退休接班的子女，也实行劳动合同制。学校有权按国家规定奖惩、解雇、开除工人。

4.在有编制的前提下，由学校自行管理任免的干部和讲师及其以下的教学人员，以及同级的其他人员，在同一市、镇范围内全日制普通高等学校之间的调动，可由调出和调入院校协商，直接办理手续；非本系统内调动的，报省高教局审批。

5.高等学校工人调配的审批权限，按省劳动局黑劳办字（84）80号文件《关于劳动工资工作若干审批权限下放的通知》精神办理。即：工人（不含"四场"工人）在劳动计划指标内，同一城市的调动，在不改变所有制的前提下，由调出和调入单位协商，直

---

① 蔡克勇.20世纪的中国高等教育：体制卷[M].北京：高等教育出版社，2003：75.

接办理手续；跨地区的调动，要由单位所在地的市、县劳动部门审批。

6.经教育部批准的新建专业，为保证按期招生、开课，经学校报省高教局、编委批准，可允许适当增加部分编制，提前调入一定数量的专业教师。

7.为了解决学校急需的师资或专业技术人才，按照"以内部交流为主，外部引进为辅"的原则，学校可以从外省、市招聘教师和专业技术人员到校短期任教或从事科研工作。其报酬从学校基金中解决。招聘手续，按照省人事监察局黑人字（84）60号转发劳动人事部《关于做好招聘工作的通知》精神办理。

二、工资奖金方面

8.扩大高等学校经费使用权，实行"总额包干和专项补助费"的办法。根据国务院国发〔1984〕55号文件关于"事业单位发放奖金暂按现行办法执行"的规定，结合我省高等院校的实际情况，为了进一步调动教职工的积极性，体现按劳分配的原则，学校基金纯收入的百分之六十用于全校的教学、科研和发展生产；百分之二十至二十五用于全校综合奖金，固定职工的奖金平均每年最高不得超过九十元；百分之十五至二十作为创造收入多、贡献大的系（室、所）的分成部分，由财务部门分户存储，由系（室、所）统一分配，用于支付咨询服务津贴（按黑教字（84）69号、黑财行（84）45号文执行）。学校基金较少的院校，经主管部门批准，可以不受上述使用比例的限制。

9.有条件的院校，可用综合奖金的剩余部分，给有突出贡献的教职工增加浮动工资，浮动期限为一年，每年评定一次。对有特殊贡献的教职工，可以给予更加优厚的奖励，其奖金来源可从学校基金中用于教学、科研和发展生产的部分中解决。

10.简化报批手续。各高等院校教职工的卫生津贴、转正定级、调换工种改变工资，科级（含科级）以下干部、讲师（含讲师）以下专业技术人员及工人的退休、退职，均由各院校自行审批；高级知识分子享受主副食、优待医疗和有关人员享受卫生保健等各项福利待遇，均按有关规定由各院校直接呈报省、市有关部门和单位审批办理，不再经过省高教局。

11.各高等院校所属的集体所有制单位，均由各院校自行管理。原需经高教局审批和审核后报省、市有关部门批准的事项，均由各校直接报有关部门办理。

12.有条件的院校、经省高教局、财政厅批准，可在总务后勤部门进行承包试点。在承包期间，承包职工的工资和一切福利待遇，按承包合同规定执行。

三、办学与毕业生分配方面

13.逐步扩大学校参与分配毕业生的权限。高等学校毕业生分配，按省下达的分配与调配计划和有关规定，由学校制定派遣毕业生细则，直接审定派遣名单，报省人事监察局或教育厅备案。省编制分配调配计划时，要征求学校意见，做到专业对口。

14.逐步扩大学校的办学权。在完成国家招生计划，保证教学质量的前提下，学校有权挖掘潜力接受其他部门或地方、集体的委托，培养本、专科生和研究生；有权举办各类培训班和接收进修生。其办班、进修形式，年限规定，招收条件，学业证明，收费标准，登记备案等有关事项，按教育部和省高教局有关规定执行。

本规定自发布之日起施行。

1985年5月27日，中共中央印发《关于教育体制改革的决定》，提出教育体制改革的目的、教育事业面临的问题、实行义务教育、发展职业教育、扩大高校自主权及加强教育领导等。①

第一，明确教育体制改革的目的、高等教育的任务及目标等。决定明确提出"教育体制改革的根本目的是提高民族素质，多出人才，出好人才"，"高等学校担负着培养高级专门人才和发展科学技术文化的重大任务"；明确了我国高等教育发展的战略目标；指出当前高等教育体制改革的关键问题，"改变政府对高等学校统得过多的管理体制，在国家统一的教育方针和计划的指导下，扩大高等学校的办学自主权，加强高等学校同生产、科研和社会其他各方面的联系，使高等学校具有主动适应经济和社会发展需要的积极性和能力。"

第二，指出教育体制改革面临的系列问题，并提出解决方案。如决定指出，教育管理体制的主要问题为"政府有关部门对学校主要是对高校统得过死，使学校缺乏应有的活力；而政府应该加以管理的事情，又没有很好地管起来"。决定给出的解决方案是"从教育体制入手，有系统地进行改革。改革管理体制，在加强宏观管理的同时，坚决实行简政放权，扩大学校的办学自主权；调整教育结构，相应地改革劳动人事制度。还要改革同社会主义现代化不相适应的教育思想、教育内容、教育方法。"

第三，强调扩大高校办学自主权。决定要求"在执行国家的政策、法令、计划的前提下，高校有权在计划外接受委托培养学生和招收自费生；有权调整专业的服务方向，制订教学计划和教学大纲，编写和选用教材；有权接受委托或与外单位合作，进行科学研究和技术开发，建立教学、科研、生产联合体；有权提名任免副校长和任免其他各级干部；有权具体安排国家拨发的基建投资和经费；有权利用自筹资金，开展国际的教育和学术交流。对不同的高校，国家还可以根据情况，赋予其他的权力。"

该决定较好地总结了我国教育事业发展的经验教训，反映了改革开放初期社会发展的客观要求，找准了问题，明确了努力的重点方向，为高等教育体制改革和中国特色现代大学制度探索奠定了坚实基础。

为贯彻实施《关于教育体制改革的决定》，加强和改进对高等教育的宏观指导和管理，扩大高校的管理权限，党和政府制定了一系列的政策方针。1986年3月12日，国务院颁布《高等教育管理职责暂行规定》，规定了国家教委及相关部委、地方政府管理高校的主要职责，明确了扩大高校管理权限的主要内容，包括招生与毕业分配权、经费预算管理权、基建投资计划权、职称评审权、人才培养计划权、科学研究计划权、外事交流权等八项内容。

《高等教育管理职责暂行规定》简政放权的八项内容

（一）在保证完成国家下达的培养人才任务的前提下，可以按照国家规定的比例实

---

① 中共中央关于教育体制改革的决定[EB/OL].[2021-04-12]. http://www.moe.gov.cn/jyb_sjzl/moe_177/tnull_2482.html##1.

行跨部门、跨地区的联合办学，接受委托培养生和自费生。可以提出招生来源计划建议，按照国家有关规定，录取学生，处理和淘汰不合格的学生。落实国家下达的毕业生分配计划，制订毕业生分配方案，并向用人单位推荐部分毕业生。

（二）执行勤俭办学的方针并在遵守国家财务制度的前提下，按照"包干使用，超支不补，结余留用，自求平衡"的经费预算管理原则，可以安排使用主管部门核定的年度事业经费。接受委托培养生、自费生，举办干部专修科、函授、夜大学及社会技术服务和咨询取得的收入，按照国家有关规定安排用于发展事业、集体福利和个人奖励。

（三）按照主管部门批准的总体设计任务书、总体规划、长远和年度基建计划，在向主管部门实行投资包干的前提下，可以自行择优选择设计施工单位。在保证实现投资效益的前提下，经过主管部门批准可以自行审定设计文件，调整长远和年度基建计划。包干投资，节余留成使用，超支不补。

（四）按照干部管理权限，可以根据规定的干部条件、编制和选拔步骤由校长提名报请任免副校长；任免其他各级行政人员；聘任、辞退教师和辞退职工。

（五）经过批准的高等学校，可以按照国家有关规定，评定副教授的任职资格，其中少数具备条件的高等学校，可以评定教授的任职资格；审定授予硕士学位的学科、专业，增补博士研究生导师。

（六）根据党和国家的教育方针政策及修业年限、培养规格，可以按社会需要调整专业服务方向，制订教学计划（培养方案）、教学大纲，选用教材，进行教学内容和方法的改革。

（七）在保证完成国家下达的科学研究任务的前提下，可以自行决定参加科学研究项目的投标，承担其他单位委托的科学研究任务，面向社会开展技术服务和咨询。在不需要主管部门增加基建投资、事业经费和人员编制的情况下，可以自行决定单独设立或与其他单位合办科学研究机构或教学、科学研究、生产的联合体。可以接受企业单位的资助并决定其使用重点。

（八）在国家外事政策和有关规定的范围内，积极开展对外交流活动。凡属学校自筹经费（含留成外汇），经过上一级主管部门批准认为可以接受的对方资助或在主管部门下达的经费外汇限额内，可以决定出国和来华的学术交流人员。经过批准的学校可以自行负责出国人员的政治审查。

1990年7月17日，中共中央发布《关于加强高等学校党的建设的通知》，决定在高校实行党委领导下的校长负责制，并特别强调"党委应以主要精力研究学校的重大方针、政策问题，加强党的建设和思想政治工作，支持行政领导充分行使职权，力戒包揽行政事务。"提出"要充分尊重和发挥校长在学校的重要作用。校长全面贯彻党的教育方针，坚持把德育放在学校工作的首位，执行党委的集体决定，在其职责范围内积极主动、独立负责地做好教学、科研和行政管理工作，结合各项业务做好思想政治工作。"1992年8月，国家教委印发《关于国家教委直属高校内部管理体制改革的若干意见》的通知，首次提出"高校是国家教委直接管理的教育实体，具有法人地位"概念，强调"学校应以国家赋予的权力，有效地管理学校内部事务，同时也要承担相应的义务和责任。国家教委有关职能部门不对学校自主办学权范围内的事务进行行政干预。"1993年1月，国家教委印发《关于加快教育改革和发展的若干意见》，进一步指出，"在政府与学校的关系上，通过立法，逐步确定高等学校的法人地位。"该意见要求"明确学校的权利、义务和责任。近期，要尽快在招生、专业设置、机构编制和工资、教育经费和基本建设、对外交流等方面。扩大学校的办学自主权。与此同时选择少数条件较好的高校，进行更大范围扩大学校办学自主权、逐步引导学校成为相对独立的办学实体的试点。"

为加快教育领域的改革和发展，1993年2月13日，中共中央、国务院发布《中国教育改革和发展纲要》，[①]提出"高等教育要逐步形成以中央、省（自治区、直辖市）两级政府办学为主、社会各界参与办学的新格局"。明确高等教育体制改革目标，"解决政府与高等学校、中央与地方、国家教委与中央各业务部门之间的关系，逐步建立政府宏观管理、学校面向社会自主办学的体制。"在政校关系上，纲要要求"按照政事分开的原则，通过立法，明确高等学校的权利和义务，使高校真正成为面向社会自主办学的法实体。要在招生、专业调整、机构设置、干部任免、经费使用职称评定、工资分配和国际合作交流等方面，分不同情况进一步扩大高等学校的办学自主权。学校要善于行使自己的权力，承担应负的责任，建立起主动适应经济建设和社会发展需要的自我发展、自我约束的运行机制。政府要转变职能，由对学校的直接行政管理，转变为运用立法、拨款、规划、信息服务、政策指导和必要的行政手段，进行宏观管理。"1994年7月3日，国务院发布《关于〈中国教育改革和发展纲要〉的实施意见》，进一步提出，"通过立法，明确高校的权利和义务，扩大学校的办学自主权，使学校真正成为面向社会自主办学的法人单位。"要求"学校在政府宏观管理下，自主组织实施教学、科研工作及相应的人、财、物配置，包括制定年度招生方案、自主调节系科招生比例、调整或扩大专业范围、确定学校内部机构设置、决定教职工聘任与奖惩、经费筹集和使用、津贴发放以及国际交流等。同时要深化学校内部管理体制改革，通过学校内部机构、人事制度、分配制度和后勤管理改革，进一步调动教职工的积极性，促进高等学校建立和完善面向社会自主办学和自我约束的机制。"[②]

20世纪80年代后期到90年代前期，党和政府相继颁布《关于增强高等学校领导班子建设的意见》《高等教育管理职责暂行规定》《关于国家教委直属高校内部管理体制改革的若干意见》《关于加快教育改革和发展的若干意见》《中国教育改革和发展纲要》等教育政策方针，探索确立公办高校的法人地位，扩大高校自主权的范围，为大学章程"重现历史舞台"奠定了法规政策和实践基础。

（2）大学章程法定化与七项高校自主权的确定

20世纪90年代，随着我国教育事业的繁荣发展，我国教育法制建设全面展开，一大

---

① 中国教育改革和发展纲要[J].人民教育，1993（4）：4-11.
② 国务院关于《中国教育改革和发展纲要》的实施意见[J].中华人民共和国国务院公报，1994（16）：715-730.

批教育法律政策相继颁布,开启了教育事业的全面依法治教阶段,为大学章程建设提供了坚实的法律基础。1993年《中国教育改革和发展纲要》提出"加快教育法制建设,建立和完善执法监督系统,逐步走上依法治教的轨道。"1994年《国务院关于〈中国教育改革和发展纲要〉的实施意见》进一步提出"加强教育法制建设,依法治教。加快教育立法步伐,抓紧制定《中华人民共和国教育法》《中华人民共和国职业教育法》和《中华人民共和国高等教育法》等一批教育法律和行政法规。"

第一,大学章程建设的初步提出。1995年3月18日,第八届全国人民代表大会第三次会议通过《中华人民共和国教育法》,全面规定了教育的性质、地位、国家教育方针、教育基本原则和基本制度,教育投入和条件保障、学校的法律地位、教育与社会的关系、教育对外交流与合作以及法律责任等,共10章84条。该法第31条规定:"学校及其他教育机构具备法人条件的,自批准设立或者登记注册之日起取得法人资格。学校及其他教育机构在民事活动中依法享有民事权利,承担民事责任。"第26条规定学校设立的基本条件,包括有组织机构和章程;有合格的教师;有符合规定标准的教学场所及设施、设备等;有必备的办学资金和稳定的经费来源。第28条规定学校的权利,包括:"(一)按照章程自主管理;(二)组织实施教育教学活动;(三)招收学生或者其他受教育者;(四)对受教育者进行学籍管理,实施奖励或者处分;(五)对受教育者颁发相应的学业证书;(六)聘任教师及其他职工,实施奖励或者处分;(七)管理、使用本单位的设施和经费;(八)拒绝任何组织和个人对教育教学活动的非法干涉;(九)法律、法规规定的其他权利。国家保护学校及其他教育机构的合法权益不受侵犯。"第29条明确学校的义务,包括:"(一)遵守法律、法规;(二)贯彻国家的教育方针,执行国家教育教学标准,保证教育教学质量;(三)维护受教育者、教师及其他职工的合法权益;(四)以适当方式为受教育者及其监护人了解受教育者的学业成绩及其他有关情况提供便利;(五)遵照国家有关规定收取费用并公开收费项目;(六)依法接受监督。"《中华人民共和国教育法》以教育基本法形式确认了学校法人地位,明确了学校的权利和义务;规定章程是学校法人设立的必备条件,是学校自主管理、自我约束的基本的法律依据,标志着我国进入全面依法治教的新时期,[1]揭开了学校章程建设的序幕。

1995年8月15日颁布《国家教委关于实施〈中华人民共和国教育法〉若干问题的意见》,[2]进一步明确了《中华人民共和国教育法》实施之前依法设立学校的法人身份记载、章程核准情形,再次重申学校依法独立行使办学自主权。该意见第14条规定:"级教育行政部门今后在依法对学校及其他教育机构的设置进行审批或登记注册时,对符合办学条件的,应发给办学批准书或办学注册证。其中,具备法人条件的,应在办学批准书或办学注册证上注明具有法人资格。对《中华人民共和国教育法》施行前已依法设立的,由主管教育行政部门逐步核发。"第15条规定,"各级各类学校及其他教育机构,

---

[1] 依法治教的根本大法:祝贺《中华人民共和国教育法》诞生[J].中国高等教育,1995(5):6-7.
[2] 国家教委关于实施《中华人民共和国教育法》若干问题的意见[J].人民教育,1995(9):3-4.

原则上应实行'一校一章程'。《中华人民共和国教育法》施行前依法设立的学校及其他教育机构，凡未制定章程的，应当逐步制定和完善学校的章程，报主管教育行政部门核准。学校及其他教育机构依法行使办学自主权，任何单位和个人都不得非法干预，不得侵犯学校及其他教育机构的合法权益。"

  第二，大学章程建设的明确要求。1998年8月29日，第九届全国人大常委会第四次会议通过《中华人民共和国高等教育法》，1999年1月1日起施行。该法分为总则、高等教育基本制度、高校的设立、高校的组织和活动、高校教师和其他教育工作者、高校的学生、高等教育投入和条件保障、附则等，共8章69条。该法规定章程的基本框架和法定内容，明确赋予高校七项自主权，推进章程建设规范化、制度化和科学化发展，为高校依据章程自主管理提供了基本前提和法治基础。首先，将章程列为高校设立的必备材料，第27条规定，"申请设立高等学校时，应当向审批机关提交材料，包括：（一）申办报告；（二）可行性论证材料；（三）章程；（四）审批机关依照本法规定要求提供的其他材料。"其次，明确了大学章程应当记载的事项，第28条规定，"包括：（一）学校名称、校址；（二）办学宗旨；（三）办学规模；（四）学科门类的设置；（五）教育形式；（六）内部管理体制；（七）经费来源、财产和财务制度；（八）举办者与学校之间的权利、义务；（九）章程修改程序；（十）其他必须由章程规定的事项。"再次，明确高等学校法人资格，第30条规定，高等学校自批准设立之日起取得法人资格，在民事活动中依法享有民事权利，承担民事责任。高等学校应当面向社会，依法自主办学，实行民主管理。最后，赋予高校七项办学自主权。高等学校根据社会需求、办学条件和国家核定的办学规模，制定招生方案，自主调节系科招生比例；自主设置和调整学科、专业；自主制定教学计划、选编教材、组织实施教学活动；自主开展科学研究、技术开发和社会服务；自主开展与境外高等学校之间的科学技术文化交流与合作；自主确定教学、科学研究、行政职能部门等内部组织机构的设置和人员配备，评聘教师和其他专业技术人员的职务，调整津贴及工资分配；自主管理和使用经费资产等。

  为推动《中华人民共和国高等教育法》的贯彻和实施，1999年5月25日，教育部颁布《关于实施〈中华人民共和国高等教育法〉若干问题的意见》，其中第13条要求："今后申请设立高等学校者，必须向审批机关提交章程。在《中华人民共和国高等教育法》施行前设立的高等学校，未制定章程的，其章程补报备案工作由其教育主管部门制定规定逐步进行。"[①]其第三章要求依法治教，全面落实高等学校的办学自主权，促进高等学校形成自我约束、自我发展的良性运行机制。[②]

[①] 教育部关于印发《教育部关于实施〈中华人民共和国高等教育法〉若干问题的意见》的通知.[EB/OL].[2021-04-16]. http://www.moe.gov.cn/s78/A02/zfs__left/s5913/s6530/s5933/199905/t19990525_125668.html.
[②] 关于学习、宣传和贯彻实施《中华人民共和国高等教育法》的通知[EB/OL].[2021-04-16].http://www.moe.gov.cn/srcsite/A08/s7056/199811/t19981127_162623.html.

《教育部关于实施〈中华人民共和国高等教育法〉若干问题的意见》（节选）

三、依法治教，全面落实高等学校的办学自主权

（七）教育主管部门要尽快制定有关规定，加强分类指导，采取有力措施，依法落实高等学校的办学自主权，促进各类高校和其他高等教育机构建立自我发展、自我约束、面向社会依法自主办学的运行机制，保障高等教育事业的健康发展。

（八）按照《中华人民共和国高等教育法》第三十九条的规定，国家举办的高校实行党委领导下的校长负责制。高等学校要依法切实落实党委和校长的具体职责与分工。党委和校长要相互支持，密切配合，建立高效的管理和运行机制。社会力量举办的高校要按照《社会力量办学条例》的有关规定，建立学校内部的管理和运行机制。各类高等学校要加强民主管理和监督，逐步完善学校内部管理体制和运行机制，加快决策和管理科学化、民主化、法制化的进程，保证高等学校健康高效地发展。

（九）国务院有关部委和省、自治区、直辖市应尽快核定所主管的高等学校的办学规模。国家举办的高等学校按照原国家教委颁布的《普通高等学校本、专科招生计划管理意见》核定普通高等学校招生规模办学条件标准"的规定，在核定的办学规模内制定年度招生计划，根据本校情况和专业特点提出招生附加条件，自主决定系科招生比例，提出面向省级行政区域招生数，经国务院教育行政部门综合平衡后下达本专科招生来源计划。社会力量举办的高等学校根据《社会力量办学条例》的有关规定，行使招生自主权。

经国家批准招收研究生的高等学校和科学研究机构，在国家下达的年度招生规模数额内，自行确定招生面向的地域或行业系统，自主决定各专业的招生人数，提出招生附加条件。

（十）国务院教育行政部门在已下放专科专业和部分本科专业设置、调整权的基础上，进一步调查研究，尽快组织修订现行的有关专业设置管理规定，依法落实高等学校本科专业设置、调整权。

（十一）根据《中华人民共和国高等教育法》第三十四条的规定，各高校根据国家的教育方针、国务院教育行政部门确定的人才培养目标和基本规格，并从学科专业实际和社会需要出发，自主制定人才培养方案和具体教学计划，确定课程、课时和学分，编写教学大纲和教材，组织考试和开展其他教学活动。

（十二）高等学校要以培养人才为中心，自主开展科学研究和社会服务活动。高等学校应重视并积极开展基础研究和高新技术研究，要围绕经济建设中的重大科学技术问题，开展科技攻关，为改造传统产业、调整产业结构、培育国家经济发展新的生长点服务。开展哲学社会科学研究要以马克思列宁主义、毛泽东思想和邓小平理论为指导，紧密结合国民经济和社会发展的重大理论和实践问题，充分发挥高等学校"思想库"、"人才库"的优势，为各级政府部门决策和实践提供理论依据。要加强产学研结合，建立和完善高等学校之间、高等学校与科学研究机构以及企事业组织之间协作的运行机制，真正做到资源共享，优势互补，不断提高高等教育资源的使用效益和人才培养质量。

（十三）按照《中华人民共和国高等教育法》第十二条第二款和第三十六条的规

定，高校依法自主开展与境外高等学校之间的教育、科学技术和文化的交流与合作，包括缔结校际交流协议、互换人员（包括留学人员、讲学人员等）、科研合作、举办学术研讨会、合作办学、参加国际学术组织及其学术活动、学术考察等。

（十四）根据《中华人民共和国高等教育法》第三十七条的规定，高等学校可根据实际需要和精简、效能的原则，自主确定和调整学校的教学、科研组织机构及其管理体制；在国家规定的学校内设管理机构限额内，自主设置内部管理机构；在学校主管部门核定下达的人员编制定额内，自主确定人员配备和各类人员的构成比例，并可依据校内各方面承担的任务和工作性质，选择不同的用人制度和管理体制；依据教学、科研等任务需要和国家的有关规定，自主设置和调整专业技术职务岗位，进行专业技术职务聘任工作；在实行工资总额包干的前提下，自主确定校内分配办法和津贴标准。

（十五）依照1997年财政部和原国家教委制定的《高等学校财务制度》、1995年原国家国有资产管理局和财政部制定的《行政事业单位国有资产管理办法》的规定，高等学校应对举办者提供的财产、国家财政性资助、受捐赠财产自主管理和使用。高等学校可依照国家有关规定多渠道筹集事业资金；在国家有关部门核定学校总收支情况后，可自主安排学校预算；对于国家有关财务规章制度没有统一规定支出范围和标准的，学校可以结合本校实际情况自行规定，报主管部门和财政部门备案。

（3）大学章程制定初步推动与全面依法治校实践

为全面推进依法治校，促进大学章程制定工作，教育部颁布《关于加强教育法制建设的意见》《关于加强依法治校工作的若干意见》等规范性文件，举办了"依法治校示范校创建活动""直属高校依法治校工作经验交流会"等系列活动，致力于推动各类高校依法制定章程，依照章程规定管理学校，但是该项工作进展缓慢，效果不理想。

1999年12月2日，教育部印发《关于加强教育法制建设的意见》，其中第六部分规定"积极推进依法治校"，明确要求"各级各类学校特别是高等学校要提高依法管理学校的意识，依据法律、法规的规定，尽快制定、完善学校章程，经主管教育行政部门审核后，按章程依法自主办学。要依法实施教育教学活动，保证教育方针的全面贯彻执行。建立校务公开制度，明确学校重大事务和涉及教职工切身利益事项的议事、决策与监督程序，发挥教职工代表大会在学校民主管理和监督中的重要作用。依法规范校内各种管理制度，切实保护学校、教职工和 学生的合法权益，积极协助有关部门对侵权行为进行查处。认真配合教育行政部门依法进行的督查和评估，不断提高依法治校水平。"[①]

2003年7月17日，教育部发布《关于加强依法治校工作的若干意见》（教政法〔2003〕3号），其中第三部分第二条要求"加强制度建设，依法加强管理"，提出"学校要依据法律法规制定和完善学校章程，经主管教育行政部门审核后，作为学校办

---

① 教育部关于加强教育法制建设的意见[EB/OL].[2021-04-12].http://www.moe.gov.cn/s78/A02/zfs_left/s5911/moe_623/201001/t20100129_5144.html.

学活动的重要依据。要根据法律和国家的有关规定，建立健全学校教育教学制度，保障国家教育方针的贯彻落实。要依法健全校内管理体制，国家举办的高等学校要依法实行党委领导下的校长负责制，明确学校党委、校长、校务委员会、学术委员会等各种机构的职责权限和议事规则，做到相互配合，权责统一，依法办事。"①

为了推进依法治校工作，2003年11月，教育部办公厅印发《关于开展依法治校示范校创建活动的通知》（教政法厅〔2003〕4号），确定了"依法治校示范校"的八条基本标准：①管理制度完善健全。依法制定学校章程，经教育行政部门审定并遵照章程实施办学活动。依法制定教育教学、财务、教师、学生、后勤、安全等各项管理制度，内容合法、公正、公开，并得到切实有效执行。②校内管理体制完善。各级各类学校依法建立相应的管理体制。校长、学校党组织、学术组织健全、职责明确，依法发挥相应的作用。③办学活动依法规范。自觉遵守国家法律法规，依法实施办学活动。依法保障教育教学管理秩序，有良好的校风。学校教师、学生无严重违纪和刑事犯罪行为。教育教学质量良好。④民主管理机制健全。依法建立教职工工会和教职工代表大会并发挥积极作用。实行校务公开，校内监督机制完备。⑤教师权益受到保障。依法聘任教师，依法提供相应工作条件，保障教师实施教育教学活动和开展教学、科学研究、参加进修培训等权利。依法保障教职工工资及时足额发放和相关的福利待遇。保障教师通过校内民主管理机制参与学校管理。建立和实行校内教师申诉制度。⑥学生权益得到尊重和维护。依法维护学生受教育权，尊重学生人格及其他人身权利和财产权利。建立和实行校内学生申诉制度，维护学生合法权益。⑦法制宣传教育成效明显。认真贯彻国家和教育系统"四五"普法规划，把法制教育作为学校重要的日常工作。建立普法责任制，做到有措施、有落实、有总结。按照规定开设法制课，做到计划、课时、教材、师资"四落实"。采取多种形式开展法制宣传教育活动。教师、学生法律意识明显提高，校领导依法办学。⑧依法治校工作机制健全。学校党政领导重视依法治校工作，制定依法治校实施方案，定期研究依法治校工作。学校有专门机构或者领导负责依法治校工作。

2005年12月26日，教育部办公厅印发《关于公布教育部依法治校示范校名单的通知》（教政法厅〔2005〕2号），公布首批"依法治校示范校"名单，通知指出"全面深入开展依法治校工作，对于促进教育观念创新，完善学校管理的法律和制度，深化教育体制改革，都具有十分重要的意义。从实践的情况看，依法治校工作在全国教育系统引起了普遍重视，各地认真贯彻，扎实推进，成效明显，取得了比较丰富的成果和经验。依法治校工作已经成为教育系统落实依法治国基本方略，全面推进依法治教的重要方面；成为推进学校管理理念变革和管理制度创新的重要手段；成为学校提高管理水平和教育质量，构建法治、民主、和谐育人环境，全面实施素质教育的重要途径；成为落实学校办学自主权，形成学校自主发展、自我管理、自我约束建设现代学校制度的基础。望各地认真总结、推广示范学校在依法治校实践中形成的成功做法和丰富经验，使

---

① 教育部关于加强依法治校工作的若干意见[EB/OL].[2021-04-12]. http://www.moe.gov.cn/s78/A02/zfs_left/s5911/moe_623/201001/t20100129_5145.html.

之成为贯彻依法治校理念，依法建章立制，规范办学行为，维护教师、学生合法权益，展现依法治校成效的示范基地，全面、扎实地推进本地区的依法治校工作，争取取得新的进展和成效。""武汉大学、吉林大学、浙江大学、上海交通大学、山东大学、厦门大学、北京工业大学、天津医科大学、大连理工大学、黑龙江大学、华东政法学院、扬州大学、浙江工业大学、广东外语外贸大学、广西师范大学、云南师范大学、贵州民族学院、辽宁省交通高等专科学校、新疆交通职业技术学院"等成为首批入选的"教育部依法治校示范学校"。①

为交流直属高校依法治校的工作经验，进一步推进直属高校的依法治校工作，教育部政策研究与法制建设司于2006年6月15—16日在吉林大学召开了"直属高校依法治校工作经验交流会"。此次会议是教育部首次就直属高校依法治校工作召开的专门会议。会上，孙霄兵司长就高校依法治校的形势与任务做了专题报告；吉林大学党委书记张文显教授结合吉林大学制定学校章程、推进依法治校工作的实践，做了主题发言；会议讨论了法规司起草的《教育部关于加强高等学校章程建设的若干意见》（草案），研讨了吉林大学制定的《吉林大学章程》以及吉林大学党委会议事规则、校长办公会议事规则等一系列学校的制度、文件。②此次会议对大学章程制定工作做了明确要求和广泛动员，孙霄兵司长对直属高校进一步推进依法治校工作提出5点建议：一是深入认识依法治校工作在学校发展全局中的重要作用，把依法治校作为学校发展的全局性、战略性工作，形成发展纲要。二是切实加强学校章程建设，充分认识制定学校章程，实现依据章程自主管理，对落实高等学校办学自主权，提高学校办学水平的重要作用，在今后一段时间，把起草学校章程作为学校加强现代制度建设，推进依法治校的重要抓手。通过制定学校章程规范学校的决策机制与管理体制，促进学校内部制度的健全与完善，进一步确定学校的办学宗旨和特色。三是针对性地依法完善相应管理制度，健全监督机制，特别是完善资产和财物管理、招生、教科书征订、收费等环节的制度规范，形成公开、透明的监督机制；加强对学校法人财产包括无形资产的保护，保证学校的发展规划、章程和各项管理制度、对外签订的民事合同等符合法律的规定。四是推进民主建设，完善民主监督，为教师、学生、社会参与学校事务管理提供更多的渠道和机会。进一步重视教职工代表大会制度建设，切实保障教职工参与学校民主管理和民主监督的权利，保证教职工对学校重大事项决策的知情权和民主参与权。五是健全维护师生合法权益的程序与机制，依法建立校内教师申诉和学生申诉制度，形成对学校管理权的制约机制。

大学章程成为中国特色现代大学制度的核心内容，为推进大学章程建设注入新动力。2010年7月29日，中共中央、国务院印发的《国家中长期教育改革和发展规划纲要

---

① 教育部办公厅关于公布教育部依法治校示范校名单的通知[EB/OL].[2021-04-16]. http://www.moe.gov.cn/s78/A02/s7049/201006/t20100608_180460.html.
② 教育政策法规通讯2006年第9期（总第46期）[EB/OL].[2021-04-16]. http://www.moe.gov.cn/s78/A02/s5917/201001/t20100129_125085.html.

（2010—2020年）》①，是新世纪指导全国教育改革和发展的纲领性文件。该文件以党中央国务院文件形式，首次提出"现代学校制度""现代大学制度"的重要制度，并要求全国高校推行。纲要第十三章规定"建设现代学校制度"涉及高校的主要内容包括：第一，推进政校分开、管办分离，要求"适应中国国情和时代要求，建设依法办学、自主管理、民主监督、社会参与的现代学校制度，构建政府、学校、社会之间新型关系。""明确政府管理权限和职责，明确各级各类学校办学权利和责任。"第二，落实和扩大学校办学自主权，要求"自主开展教学活动、科学研究、技术开发和社会服务，自主设置和调整学科、专业，自主制定学校规划并组织实施，自主设置教学、科研、行政管理机构，自主确定内部收入分配，自主管理和使用人才，自主管理和使用学校财产和经费。"第三，完善中国特色现代大学制度，要求"坚持和完善党委领导下的校长负责制"，"健全议事规则与决策程序"，"充分发挥学术委员会在学科建设、学术评价、学术发展中的重要作用"。"加强教职工代表大会、学生代表大会建设，发挥群众团体的作用"。"加强章程建设。各类高校应依法制定章程，依照章程规定管理学校。尊重学术自由，营造宽松的学术环境"。"扩大社会合作。探索建立高等学校理事会或董事会，健全社会支持和监督学校发展的长效机制。"纲要对大学章程的规定，提升了高校对大学章程重要性和必要性的认识，有力地推动了大学章程建设工作的进展。

教育部开展大学章程建设先行试点工作，以稳步推进大学章程制定工作。2010年10月24日，国务院办公厅印发《关于开展国家教育体制改革试点的通知》，确定十大专项改革试点，其中第六项为"改革高等教育管理方式，建设现代大学制度"，具体包括"探索高等学校分类指导、分类管理的办法，落实高等学校办学自主权（北京市，黑龙江省，上海市，江苏省，浙江省，安徽省，湖北省，广东省，云南省）。推动建立健全大学章程，完善高等学校内部治理结构（北京大学等26所部属高校）。建立健全岗位分类管理制度，推进高校人事制度改革，改革高校基层学术组织形式及其运行机制（清华大学等8所部属高校）。建立高校总会计师制度，完善高等学校内部财务和审计制度（黑龙江省，浙江省，厦门大学等3所部属高校，长春理工大学）。改革学科建设绩效评估方式，完善以质量和创新为导向的学术评价机制（湖南大学等3所部属高校）。"为落实"推动建立健全大学章程、完善高校内部治理结构"的试点任务，教育部选取北京大学、中国人民大学、清华大学、北京师范大学、中国政法大学、天津大学、大连理工大学、吉林大学、东北师范大学、复旦大学、东华大学、华东师范大学、东南大学、浙江大学、华中师范大学、湖南大学、重庆大学、四川大学、西南财经大学、西北农林科技大学、长安大学、兰州大学、北京航空航天大学、哈尔滨工业大学、西北工业大学、中国科学技术大学等26所部属高校作为试点单位。②

---

① 国家中长期教育改革和发展规划纲要（2010—2020年）[EB/OL].[2021-04-17]. http://www.moe.gov.cn/jyb_xwfb/s6052/moe_838/201008/t20100802_93704.html.
② 国务院办公厅关于开展国家教育体制改革试点的通知[EB/OL].[2021-04-16]. http://www.moe.gov.cn/jyb_xxgk/moe_1777/moe_1778/201101/t20110113_114499.html.

（4）大学章程制定的全面推进与高校自主权进一步落实及扩大

从《中华人民共和国高等教育法》明确大学章程建设要求以来，我国大学章程制定工作取得了一些成效，积累了一些经验，但还没有彻底改变大学办学"无章可依""有章不依"等问题，还需要继续探索加快推进大学章程建设的基本路径。

为指导和规范化高校章程建设，2011年11月28日，教育部公布的《高等学校章程制定暂行办法》，全面规范了高校章程制定的原则、内容、程序以及核准和监督中所涉及的主要问题，共5章33条，是高等学校开展章程建设、实施依法治校，促进科学发展的行动指南和实践纲领。[①]该办法的主要内容包括：

1）确立章程的地位与作用。第3条规定："章程是高等学校依法自主办学、实施管理和履行公共职能的基本准则。高等学校应当以章程为依据，制定内部管理制度及规范性文件、实施办学和管理活动、开展社会合作。高等学校应当公开章程，接受举办者、教育主管部门、其他有关机关以及教师、学生、社会公众依据章程实施的监督、评估"。

2）提出制定章程的基本原则。第4条规定，章程制定应当坚持法治、改革及自主三原则，即"高校章程要遵循法制统一的原则，遵守法律的原则与规定，以中国特色社会主义理论体系为指导，把握社会主义办学方向，将依法自主管理的理念落实到具体规范当中"。"制定章程不应成为学校现有制度规范的集合和汇编，或者现有体制的重复描述，而是要成为高校系统改革的一部分，使高校管理体制改革与章程建设相互促进，以改革为制定章程提供动力与内容，以章程建设作为改革的切入点和系统集成的载体。""章程要着力完善学校自主管理、自我约束的体制、机制，反映学校的办学特色。"

3）明确高校章程应当具备的要件。第2章规定章程应当明确"规定动作""自选动作"及"动作规范"三个方面涉及的内容。首先，"规定动作"，即章程的法定内容，必须包含《中华人民共和国高等教育法》第28条确定的章程基本内容。其次，"自选动作"即章程要包含法律和教育规划纲要提出的自主权内容，明确办学自主权的行使与监督规则。最后，"动作规范"即内部权力运行机制。章程要包含现代大学制度的内涵与要求，要将决策机制、治理结构、民主管理、学术体制、专业评价、社会合作等建立现代大学制度所必备的制度要件与要求纳入其中，明确高校内部各种权力的运行规则。

4）规范章程的制定程序。第3章第16条规定，章程起草要遵循民主、科学、公开的原则，采取开门立法的方式；章程起草组织要具有广泛的代表性，使章程起草成为学校凝聚共识、促进管理、增进和谐的过程。第18、20、21、22条规定，章程起草要广泛征求校内各方面的意见，充分吸取有关高校的实践经验，章程草案由教职工代表大会讨论、校长办公会议审议、学校党委会审定，审定后由法定代表人签发的机制，以保证章程草案在学校内部得到充分讨论，反映各方面意见。第19条还规定，高校的举办机关或者主管部门应当以适当方式参与章程的制定，按照政校分开、管办分离的原则，以章程明确界定政府与学校的关系。

[①] 介绍《高等学校章程制定暂行办法》有关情况[EB/OL].[2021-04-16]. http://www.moe.gov.cn/jyb_xwfb/xw_fbh/moe_2606/s6193/s6194/s6195/201201/t20120109_129202.html.

5）建立章程的核准程序。第23条规定，地方政府举办的高等学校的章程由省级教育行政部门核准，其中本科以上高校的章程核准后，报教育部备案；教育部直属高等学校的章程由教育部核准；其他中央部门所属高等学校的章程，经主管部门同意，报教育部核准。第25条规定，章程核准要经过章程核准委员会的审核，目的在于提高章程的效力与权威，保障章程的稳定性。

为落实章程制定暂行办法，推进章程制定工作，2011年12月28日，教育部办公厅发布《关于学习宣传、贯彻实施〈高等学校章程制定暂行办法〉的通知》（教政法厅〔2011〕1号），要求各地"全面部署高等学校章程建设工作"，全面调查高等学校章程建设的现状，对照章程制定办法的原则与要求，组织高等学校深入分析目前在章程建设方面存在的困难与问题，指导高等学校明确章程建设的方向、程序与时间表。编制本地方高校章程建设的实施方案与工作计划，推动所有高校在2012年内全面启动章程制定或者修订工作。中央部门各直属高等学校已经制定章程的，要根据《高等学校章程制定办法》，重新对现有章程的内容、程序等进行审核和修订；尚未制定章程的，应当确定工作时间表，尽快组建章程起草组织，启动章程制定工作。

为促进高校深刻理解依法治校的重要性和紧迫性，明确推进依法治校的思路、举措和重点，积极推进依法治校实践，2012年11月22日，教育部印发《全面推进依法治校实施纲要》（教政法〔2012〕9号），其中第三部分要求"加强章程建设，健全学校依法办学自主管理的制度体系"，提出了"依法制定具有自身特色的学校章程"，提高制度建设质量。"学校起草制定章程，要遵循法制统一、坚持社会主义办学方向的基本原则，以促进改革、增强学校自主权为导向，着力规范内部治理结构和权力运行规则，充分反映广大教职员工、学生的意愿，凝练共同的理念与价值认同，体现学校的办学特色和发展目标，突出科学性和可操作性。"纲要明确要求，到2015年，全面形成"一校一章程"的格局。经过核准的章程，应当成为学校改革发展、实现依法治校的基本依据。同时，要求学校建立规范性文件审查与清理机制，对章程和规章制度应当加以汇编并公布，便于师生了解、查阅。①纲要系统地提出了依法治校的总体要求和具体措施，抓住了学校办学和管理的核心要素，从健全依法办学自主管理的制度体系、完善学校内部治理结构、规范办学行为等方面提出了具体要求，对于构建新型政校关系，形成政府依将法管理学校、学校依法办学自主管理、教师依法执教、社会依法支持和参与学校管理的格局发挥重要作用。②

2011年11月25日教育部政策法规司在华中师范大学召集参加现代大学制度建设试点工作的（南方片）13所高校召开了"完善现代大学制度工作研讨会"，2012年1月11日在北京大学召集（北方片）15所高校召开了"推进高等学校章程建设研讨会"。2013年

---

① 教育部有关负责人就《全面推进依法治校实施纲要》答记者问[EB/OL].[2021-04-12].http://www.moe.gov.cn/jyb_xwfb/s271/201301/t20130116_146817.html.

② 贯彻落实《全面推进依法治校实施纲要》工作会议召开[EB/OL].[2021-03-12].http://www.moe.gov.cn/jyb_xwfb/gzdt_gzdt/moe_1485/201304/t20130407_150166.html.

9月22日，为深入推进教育部及中央部属高等学校章程建设，加快现代大学制度建设，教育部关于印发《中央部委所属高等学校章程建设行动计划（2013—2015年）》的通知（教政法〔2013〕14号），①公布章程建设行动计划。①行动计划目标。计划自2013年9月起实施，2015年底完成。到2015年底，教育部及中央部门所属的114所高等学校，分批全部完成章程制定和核准工作。"985工程"建设高等学校原则上于2014年6月前完成章程制定，"211工程"建设高等学校原则上于2014年底前完成章程制定。②行动计划的工作要求：第一，高等学校要加强对章程建设工作的组织领导，提高章程质量。第二，教育部和有高校管理职能的国务院有关部门要加强对高等学校章程建设工作的指导。第三，充分发挥高等学校章程核准委员会的作用。第四，进一步健全章程核准程序。要提高章程核准的专业性与权威性。经评议，章程核准委员会对提请核准的高等学校章程原则同意但提出修改意见的，高等学校应逐条予以回应并做出说明。第五，加强章程核准后的执行机制建设。③行动计划的保障机制，包括加强章程建设经验交流，组织章程建设的培训与研讨，建立高等学校章程建设指导工作机制，加强专家咨询指导，设立高校章程建设专项经费。

2014年5月28日，教育部办公厅颁布《关于加快推进高等学校章程制定、核准与实施工作的通知》（教政法厅〔2014〕2号）②，该通知重申截止时间，督促各高校尽快完成章程制定和核准工作。明确要求：目前尚未报送章程核准稿的"985工程"建设高校，务必在2014年6月15日前，将核准稿报送教育部；尚未报送章程核准稿的"211工程"建设高校，务必在2014年11月30日前，按照管理关系，将核准稿报送教育部或者省级教育行政部门（军队系统高校除外）。教育部和省级教育行政部门在2014年12月31日前，完成全部"985工程"高校和"211工程"高校章程的核准工作；在2015年12月31日前完成所有高校章程的核准工作。

（5）大学章程实施与监督机制的建立健全

随着大学章程制定和核准工作的逐步完成，我国大学章程建设也进入全面实施阶段，教育部及地方教育主管部门也开始部署章程实施工作，逐步建立健全大学章程的实施与监督机制。

2011年《高等学校章程制定暂行办法》明确要求"健全章程的执行与监督机制。"为保障章程制定颁布后的有效实施，办法要求学校内部要设立依据章程的内部制度、文件审查机制；规定主管部门对高校履行章程情况应当进行指导、监督，对高校不执行章程的情况或者违反章程规定自行实施的管理行为，应当予以纠正。第30条规定："高等学校应当指定专门机构监督章程的执行情况，依据章程审查学校内部规章制度、规范性文件，受理对违反章程的管理行为、办学活动的举报和投诉。"第31条规定："高等

---

① 教育部关于印发《中央部委所属高等学校章程建设行动计划（2013—2015年）》的通知[EB/OL].[2021-04-12].http://www.moe.gov.cn/srcsite/A02/s5913/s5933/201309/t20130926_158133.html.

② 教育部办公厅关于加快推进高等学校章程制定、核准与实施工作的通知[EB/OL].[2021-04-12].http://www.moe.gov.cn/srcsite/A02/s5911/moe_621/201405/t20140529_170122.html.

学校的主管教育行政部门对章程中自主确定的不违反法律和国家政策强制性规定的办学形式、管理办法等，应当予以认可；对高等学校履行章程情况应当进行指导、监督；对高等学校不执行章程的情况或者违反章程规定自行实施的管理行为，应当责令限期改正。"

2013年《教育部关于印发〈中央部委所属高等学校章程建设行动计划（2013—2015年）〉的通知》（教政法〔2013〕14号）提出"加强章程核准后的执行机制建设"，要求"教育部及有关主管部门要会同高校建立、健全章程执行机制，形成高校依据章程自主办学、主管部门对章程执行情况进行监督并作为实施管理依据的新格局。各高校要健全校内章程监督机制，依据章程统一规章制度、健全组织机构、规范管理职能、完善民主监督机制。章程执行情况要形成年度报告或者作为学校年度工作报告的内容之一，向教职工代表大会以及主管部门报告。"

2014年《教育部办公厅关于加快推进高等学校章程制定、核准与实施工作的通知》开始部署章程实施工作。要求"健全执行机制，切实发挥高校章程的作用。各地、各高校要高度重视章程核准后的执行机制建设，保障章程在高校管理和办学实践中真正发挥作用。""深入学习宣传、完善配套制度、增强执行能力、健全监督机制。"

2016年教育部印发《依法治教实施纲要（2016—2020年）》（教政法〔2016〕1号），更是提出章程实施的时间和效果目标，"到2020年，全面实现学校依据章程自主办学。"实施纲要第五部分提出"深入推进各级各类学校依法治校"，具体要求："（一）大力推进学校依章程自主办学。全面完成高校章程制定与核准工作。在此基础上，健全章程核准后的执行和监督评价机制建设，督促学校以章程为统领，完善内部治理结构和规章制度。（二）积极推进现代学校制度建设。按照法治原则和法律规范，加快建设依法办学、自主管理、民主监督、社会参与的现代学校制度，构建政府、学校、社会之间的新型关系。在高校深入落实《坚持和完善党委领导下的校长负责制的实施意见》《高等学校学术委员会规程》《学校教职工代表大会规定》《普通高等学校理事会规程（试行）》等文件、规章，推动党委会、校长办公会议事规则的完善，推动学术委员会、教职工代表大会以及理事会等制度的完善落实。"[①]

2020年7月15日，教育部颁布《关于进一步加强高等学校法治工作的意见》（教政法〔2020〕8号），[②]要求"构建系统完备的学校规章制度体系"，主要规定"推进学校章程的学习宣传和贯彻实施，在学校网站显著位置公布章程，将章程纳入教职工入职、学生入学培训内容。健全章程的解释和修订程序，使章程的稳定性和适用性有机统一。遵循高等教育规律和法律保留原则，积极主动利用章程修订完善推进制度创新，做到重大改革于法有据、于章程有据。加强统筹规划，提高制度供给水平和制度建设质量，推

---

① 教育部关于印发《依法治教实施纲要（2016—2020年）》的通知[EB/OL].[2021-04-16].http://www.moe.gov.cn/srcsite/A02/s5913/s5933/201605/t20160510_242813.html.
② 教育部关于进一步加强高等学校高校法治工作的意见[EB/OL].[2021-04-16].http://www.moe.gov.cn/srcsite/A02/s5913/s5933/202007/t20200727_475236.html.

动形成以章程为核心，规范统一、分类科学、层次清晰、运行高效的学校规章制度体系。健全校内规范性文件制定发布机制，明确起草、审查、决定、公布的程序，明确合法性审查的范围和具体办法。建立校内规范性文件定期清理机制，按照法制统一的原则进行及时修订和清理，编制现行有效文件清单。推动校内规范性文件管理信息化和公开化，提高管理效率，方便师生查阅。"

2.改革开放以来的大学章程制定情况简析

以2011年《高等学校章程制定暂行办法》为时间界限，可以将改革开放以来的大学章程制定分为两个时期：改革开放初期至《高等学校章程制定暂行办法》颁布之前、《高等学校章程制定暂行办法》颁布以后至今。

（1）改革开放初期至《高等学校章程制定暂行办法》颁布之前的大学章程制定情况

1995年《中华人民共和国教育法》和1998年《中华人民共和国高等教育法》颁布后，教育部于1999年发布《关于加强教育法制建设的意见》，要求高等学校依照法律规定，尽快制定学校章程。随即众多高校群起响应，纷纷制定章程，如上海交通大学、吉林大学、中国政法大学、华东师范大学、合肥工业大学、东华大学、吉林师范大学、佳木斯大学、黑龙江大学、扬州大学等，这些不同类型的章程基本体现了各类高校的个性与特色。

2002年6月，《吉林师范大学章程》试行。该章程包括总则以及学校的组织、教育教学、科研和后勤服务、教师和其他教育工作者、学生、经费、奖惩和处罚、附则等八章98条。章程中除法定内容外，还有许多教学、科研、后勤和学生管理中的具体规定。2005年12月28日《吉林大学章程》经学校第十二次党代会审议通过，章程包括序言、总则、学校功能与教育形式，组织与机构（学校组织结构、学院与学部）、教职员工、学生及校友、经费资产后勤、校徽校旗校歌校庆日纪念日、附则，共8章70条。[①]2008年3月25日，合肥工业大学第六届教职工代表大会第三次会议通过《合肥工业大学章程》，章程分为序言、总则、学校功能和教育形式、管理体制与运行机制、教职员工、学生、资产经营与财务管理、外部关系、附则，共8章77条，规定"章程制定和修改须经学校教职工代表大会讨论通过，学校党委会常委会审定，并报教育部备案。"2008年12月19日，华东师范大学第六届教代会第二次会议通过《华东师范大学章程（试行）》，章程包括序言、总则、学校功能与教育形式、组织与机构、教职工、学生及校友、经费资产后勤、附则，共7章58条，其中规定"学校章程的制定和修改经学校党委会审议，由学校教职工代表大会讨论通过，并报教育部和上海市人民政府备案。"

2006年4月8日，《上海交通大学章程》（试行）公布实施。该章程共分为总则、管理体制、学术机构、学生、教职员、资产经营与财务管理、社会服务与外部关系、附则，共8章60条。章程确立了党委领导、校长行政、教授治学和民主管理的制度，具体

---

① 蔡莉.大学章程建设的十年探索[N].中国教育报，2015-05-25（012）.

规定了党委会、校长、学术委员会、学位委员会、教学委员会、教师与专业技术职务聘任委员会、教职工代表大会的主要职责。章程还将社会服务与外部关系作为专章处理。如第55条规定："本校积极引进海外优质教育资源，与世界著名大学开展学分互认、教师互换、课程互通、学位互授等形式的实质性合作办学。本校积极与海外世界一流大学、国际著名研究机构建立长期稳定的学术合作关系，积极参与国际科研合作与交流。第56条规定："本校建立校友会，定期向校友通报学校发展情况与发展设想，优先为校友提供优质的继续教育和终身培训。"对于大学章程制定和修订程序，章程第57条规定："本章程的制定和修改需经学校党委常委会审定，学校教职工代表大会审议通过，并报教育部和上海市政府备案。"

2007年10月26日，《中国政法大学章程》经学校第四届教代会第二次会议通过，分总则、中心工作、组织机构、教职员工、学生、校友及校友会、资产经费和后勤、校徽校旗校识色校歌校庆日、附则，共9章70条。章程将"依法治校"作为办学理念的核心，依照法律规定、按照学校办学自主权，探索实现自主管理的法治化；完善"党委领导、校长负责、教授治学、职员治事、民主管理、依法治校"的内部治理结构，以期实现校内公共管理权力的制约与平衡；坚持依法治校与人文关怀相统一的原则，保障教师和学生的合法权益。2010年5月1日，中国政法大学又发布了章程的"修正案"，对学校的英文名称、办学目标、国际化和教授会等条款加以修改，重新公布章程。

这一时期，经过教育行政主管部门的多方推动和动员，大学章程制定工作取得初步成效，一些大学相继公布了章程，但是效果远未达到预期目标。2007年教育部政策研究与法制建设司就全国高校章程建设情况进行了一次初步调查，统计结果显示：共有563所高校（包括普通本专科及职业院校、成人高校，主要为公办高校）报送了章程或者已经进入了审议即将颁布的章程草案，占当时全国高校数的21.1%。教育部直属高校中有10所报送了已经制定的章程，另有13所报送了正在征求意见的章程草案，占直属高校31.5%。具备章程的高校不足50%，而且绝大多数公立学校是没有章程的。这一调查可以大体反映当时我国大学章程建设的基本状况。①

大学章程建设数量上不尽如人意，质量上也令人堪忧。从当时部分学校已公布的章程来看，还存在着文本质量参差不齐、总体水平不高、内容雷同、未能体现学校个性特征，内容存在结构性缺失、重点事项缺乏翔实规定，制定程序不合法，实施推进力度不够等问题。②具体来说：第一，学校机制基本雷同，校长和党委分工相对分明。第二，对内部的治理体制一般都有比较系统、比较具体的规定，但是主要侧重校内的行政管理机制，只有少数高校对于学术权力的运行与监督做了规定。第三，对学校举办的权利义务有所涉及，但是内容都是宽泛的。第四，制定程序缺乏统一的规定。从章程制定和执行效果来看，多数高校章程经历了校内的讨论程序，但是这种讨论是以行政为主导，是

---

① 湛中乐.通过章程的大学治理[M].北京：中国法制出版社，2011：319.
② 政策法规通讯2011年第10期总第72期[EB/OL].[2021-04-17].http://www.moe.gov.cn/s78/A02/s5917/201201/t20120130_129735.html.

关门立法形式，而举办者、师生、学校相关方的参与程度远远不足，起到的作用远远有限，甚至有些学校章程明显是为了完成行政机关的要求而做的。第五，虽然具备了基本的法定内容，但结合学校自身实际对法定内容进行创设性规定的不多，章程形式与内容存在千校一面的问题。[①]

分析这一时期大学章程建设存在问题的原因，主要有以下方面：第一，对大学章程的必要性和重要性认识不足。我国大多数高校是1995年以前设立的，而《中华人民共和国教育法》《中华人民共和国高等教育法》分别颁布于1995年和1998年；从实践层面看，很多人认为没有章程，大学这么多年也照样运行，章程不是学校成立的必备条件，学校没有制定章程的愿望和动机。第二，从外部来看，通过章程制定来扩大和落实办学自主权，是高校制定章程的内在动力；但是，由高校自身制定章程难以对举办者行为进行约束规范，难以清晰界定学校与政府的关系。第三，从内部来看，章程很难触及内部管理体制的核心问题，如界定党委和校长的关系，涉及党政关系协调问题时，学校很难处理。第四，章程的合法性、规范性和体现学校特色之间是存在矛盾的，"千校一面"不可避免地反映在章程中。第五，章程制定程序与章程质量密切相关，章程制定程序在法律上存在认识上的分歧。第六，章程核准问题没有处理好，章程权威性难以保障；而让教育部审核本科以上高校章程，因数量庞大，几乎是不可能完成的任务。

总体上看，在这一时期，教育部、各地教育厅、各级各类高校对章程建设还没有形成统一的认识，章程建设的顶层设计还没有完全成熟，新型政、社、校关系界定还有待清晰，内部治理结构及权力运行机制亟待规范，这些问题消解了高校制定章程的动力和愿望，也严重影响了已制定章程的文本质量。

（2）《高等学校章程制定暂行办法》颁布后至今的大学章程制定情况

《高等学校章程制定办法》颁布以后，大学章程制定工作进入全面攻坚阶段。教育部和各地、各高校高度重视高校章程建设工作，将其作为推进高校治理能力和治理体系现代化、深化综合改革、全面推进依法治校的重要任务和核心环节，放在突出位置，采取了一系列切实举措：逐步完善高校各类规章制度，优化学校治理结构的顶层设计，举办先行试点、各种交流研讨会以获得实践经验支撑。仅就规章制度来看，除《高等学校章程制定办法》之外，教育部还密集颁布了《学校教职工代表大会规定》（2011）、《全面推进依法治校实施纲要》（2012）、《高等学校学术委员会规程》（2014）、《中央部委所属高等学校章程建设行动计划（2013—2015年）》（2013）、《普通高等学校理事会规程（试行）》（2014）、《教育部办公厅关于加快推进高等学校章程制定、核准与实施工作的通知》（2014）、关于深入推进教育管办评分离促进政府职能转变的若干意见》（2015）等一系列规范性文件。中央办公厅印发《关于坚持和完善普通高等学校党委领导下的校长负责制的实施意见》（2014），深入推进行政审批制度改革和管办评分离，简政放权、落实高校办学自主权。这些文件的颁布和实施弥补了高校内部治理顶层设计的短板，厘清了内部权力运行机制，为主要以界定内部关系为主的大学

[①] 湛中乐，谢珂珺.大学章程制定主体及其相关问题探讨[J].高校教育管理，2011（6）：1-7.

章程建设扫清了障碍，为章程建设提供了坚实的制度基础和有力的工作支撑。

在各方面条件基本成熟的形势下，教育部协同各部委、地方机关组织部署章程制定的全面攻坚战，强力推进章程建设，并设置严格的完成时间点，"毕其功于一役"，一举攻克"章程制定的堡垒"，彻底结束了我国大学长期"无章运行"的历史，使中国特色现代大学建设向依法依章程自主管理、高质量运行的新阶段迈进。

大学章程制定的时间节点

2012年《全面推进依法治校实施纲要》提出"到2015年，全面形成一校一章程的格局"。

2013年《中央部委所属高等学校章程建设行动计划（2013—2015年）》要求"到2015年底，教育部及中央部门所属的114所高校，分批全部完成章程制定和核准工作。'985工程'建设高等学校原则上于2014年6月前完成章程制定；'211工程'建设高等学校高校原则上于2014年底前完成章程制定。"

2014年《教育部办公厅关于加快推进高等学校章程制定、核准与实施工作的通知》强烈要求"目前尚未报送章程核准稿的'985工程'建设高等学校，务必在2014年6月15日前，将核准稿报送教育部；尚未报送章程核准稿的'211工程'建设高等学校，务必在2014年11月30日前，按照管理关系，将核准稿报送教育部或者省级教育行政部门（军队系统高等学校除外）。教育部和省级教育行政部门在2014年12月31日前，完成全部'985工程'高等学校和'211工程'高等学校章程的核准工作；在2015年12月31日前完成所有高等学校章程的核准工作。"

第一，全国112所"211""985"高校章程率先全部完成核准发布工作。

2015年6月26日，教育部核准了北京交通大学等20所高校章程，自此，全国112所"211工程"高校（含38所"985工程"高校，军事院校除外）章程率先全部完成核准发布工作，高校章程建设取得标志性成果。[1]自2013年11月核准发布中国人民大学等6所高校章程以来，教育部已先后分7批次，核准发布了84所中央部门所属"211工程"高校章程。同时，各地的28所"211工程"高校章程也全部通过核准。我国高校依法办学、依章程治校取得重要进展。

第二，山东、广西、广东、福建等各地方高校章程制定与核准工作相继完成。

2015年8月，山东省41所公办普通本科高校全部完成章程制定工作，首批5所高校章程已核准发布。山东省教育厅全面启动高校章程建设以来，分5批次推进章程建设，规范高校章程核准工作规程。同时，突出专家作用，实行高校章程专家评议制度。[2]

---

[1] 全国"211工程"高校章程全部核准发布[EB/OL].[2021-04-12]. http://www.moe.gov.cn/jyb_xwfb/gzdt_gzdt/s5987/201506/t20150630_191785.html.

[2] 山东41所公办普通本科高校完成章程制定工作[N].中国教育报，2015-08-11（012）.

2015年12月，广西55所公办高校章程核准工作已全部完成，实现了广西公办高校"一校一章程"的目标。广西各高校章程在制定过程中，均突出学校主体地位，促进落实高校办学自主权；均突出坚持"党委领导下的校长负责制"，同时将党委领导、行政负责、教授治学、民主管理以及社会参与的职责和实现形式进行恰当的制度安排。[①]

2015年12月，广东省85所地方公办高校（包括本专科院校）章程已全部获得核准，并由各校向社会公布实施，实现了普通高校"一校一章程"的目标。广东省教育厅要求，在章程公布实施之后，各校正在组织学习宣传贯彻章程，修订和完善校内配套的规章制度，推进依法依章程办学，建立和完善现代大学制度，构建法人治理结构，进一步提高教育质量和办学水平。[②]

2016年7月，福建省全部完成高校章程制定核准工作。自2015年2月核准发布福州大学等4所高校章程以来，福建省教育厅先后分5批次，核准发布了20所公办本科、29所公办专科高校章程。至此，全省49所省属公办高校章程全部完成核准发布工作，高校章程建设取得标志性成果，实现福建全省高校"一校一章程"格局。该省教育厅认为，已经完成核准的49所省属公办高校章程，总体上符合法定要求，并与各校的办学水平和发展定位相适应，内容要素比较完备、形式规范，对学校的历史沿革、发展愿景、办学宗旨、理念使命、人才培养目标等都作了富有自身特色的规定。很多学校的章程还结合自身的历史传统、办学实践和改革探索，在遵循法律统一要求的前提下，将在办学实践中形成的制度、规则进行了总结、概括，凝聚和反映了改革成果，回应了学校的内在需求与政府、社会的外部关切。[③]

2017年4月，黑龙江省完成全省本科高校章程制定核准工作。黑龙江省教育厅核准发布了齐齐哈尔大学等11所高校章程。至此，全省本科高校章程核准发布工作全部完成，实现了"一校一章程"格局。[④]自2015年3月核准发布东北农业大学等3所高校章程以来，经黑龙江省高校章程核准委员会评议，黑龙江省教育厅先后分3批次，核准发布了23所公办本科高校章程。该省教育厅认为，已经完成核准的高校章程，形式规范，内容要素比较完备，总体上符合法定要求，并与各校的办学水平和发展定位相适应。章程对学校办学实践中形成的制度、经验等进行了总结、概括，回应了学校的内在需求与政府、社会的外部关切。

---

① 广西完成55所公办高校章程核准[N].中国教育报，2015-12-14（012）.
② 广东省圆满完成高校"一校一章程"工作 [EB/OL].[2021-04-12].http://edu.gd.gov.cn//gkmlpt/content/2/2095/post_2095666.html#1659.
③ 郑璜.福建完成全省49所高校章程核准工作[N].中国教育报，2016-07-07（010）.
④ 黑龙江完成全省本科高校章程制定核准[N].中国教育报，2014-04-11（010）.

第四章　我国大学章程实施现状及存在问题

在多学科理论指导下，依据与章程相关的法律政策，本研究自行研制"大学章程实施状况调查量表"，并运用其调查教职工对章程实施的认知状况及差异。调研数据显示，大学章程实施以来，章程建设效果初步显现，多数高校出现积极变化；但也存在章程意识不强、宣传教育不力、规章制度不全、监督保障不够、社会参与不足等诸多问题，需要采取更加强有力、更具针对性的措施，以进一步推动章程实施，提升高校法治工作水平。

一、大学章程实施状况调查量表设计与验证

本研究课题组于2018年6月至2019年10月，邀请专家针对前期研究所遴选的指标题库做进一步筛选、修订和优化，最终形成"大学章程实施状况调查量表"。在前期调研的基础上，全面开展调查研究，调研对象主要为各级各类高校的行政管理人员和教师，调研目标在于了解大学章程实施以来各高校是否产生预期变化，实现大学章程的建设目标。

（一）调查量表的设计

本研究调查量表的设计过程主要包括：第一，编制量表题目选项库。课题组在梳理大学章程文献基础上，初步选取影响章程实施的可能要素，形成调查量表题库。第二，量表选项遴选。邀请专家组成专家团队，运用德尔菲法，将量表题库发送给专家进行打分评估。第一轮结束后，根据专家意见，重新修改组合量表题库。将新量表题库第二次发给专家评估，第二轮结束后，基本确定调查量表。专家信息见表4-1。

表4-1　咨询专家信息

姓名	职称/职务	工作单位	备注
祁##	教授、博导	某师范大学教育学院	参与章程制定
管##	教授、主任	某政法大学教育立法研究基地	参与章程制定
潘##	教授、处长	某邮电大学发展规划处	参与章程制定
王##	副教授、所长	某邮电大学高教研究所	参与章程制定
王##	教授、主任	某师范大学教育学院	参与章程制定
张##	副教授、硕导	某师范大学教育学院	参与章程制定
罗##	副研究员	某工业大学发展规划处	参与章程制定
冯##	教授、副处长	某文理学院人事处	参与章程制定

续表

姓名	职称/职务	工作单位	备注
张##	教授、副主任	某文理学院党政办	参与章程制定
王##	教授、博士后	某师范大学教育学院	从事依法治校研究
路##	副教授	某文理学院教育学院	从事教育政策研究

本研究调查量表由两部分构成：第一部分为调查对象背景信息，包括所在院校、职称、任职岗位、工作年限以及所在区域；第二部分为各类高校教职工对大学章程实施情况的认识，该部分可以分为章程教育、章程保障和章程治理三个维度。其中，章程教育维度由主体意识、宣传普及构成；章程保障维度由制度完善、实施监督构成；章程治理维度由党政领导、学术治理、民主管理、社会参与及实施效果构成。

本研究题型设置为李克特五点式量表，依据李克特五点式量表计分，选项从1～5分别表示"非常不赞同""不赞同""不确定""赞同"和"非常赞同"，得分依次为1、2、3、4和5。量表见附录一。

（二）调查量表的验证

1.验证设计

本研究通过手机微信发送调研问卷，共收到227份完整问卷，去除20份"全部同一选项"的问卷，最后共得到207份有效问卷，问卷有效率为91.18%。

本研究调查对象来源地以陕西为主，基本覆盖遍布全国28个各省（自治区、直辖市）。其中，问卷数量超过10份的区域为陕西、北京、甘肃、上海、广西等。各个行政区域问卷分布比例如图4-1所示，比例较高的区域为陕西（30.92%）、北京（8.21%）、甘肃（6.28%）、上海（5.31%）等。

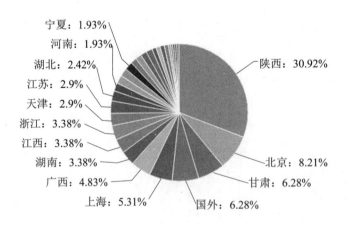

图4-1 调查数据来源地比例分布

2.背景信息

本研究调查对象所在的学校层次为双一流高校、地方本科高校（非双一流）和高职高专院校，问卷数量分别是59份、123份、25份，具体信息如图4-2所示。

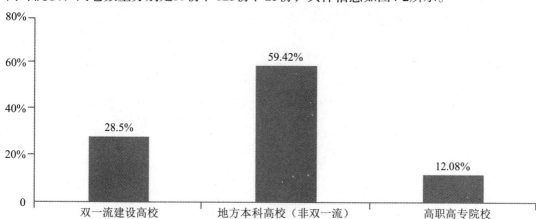

图4-2　调查对象所在院校层次分布

本研究调查对象的职称分为初级、中级、副高和正高级，各种职称分布情况为19份、78份、71份、39份，具体分布比例如图4-3所示。

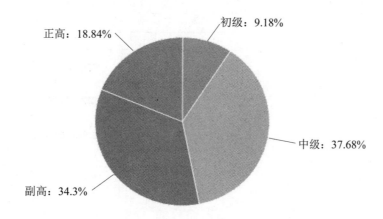

图4-3　调查对象职称层次分布

本研究调查对象所在岗位分为中层管理人员、一般行政管理人员、专任教师及其他，问卷数量分别是56份、36份、107份、8份，具体分布比例如图4-4所示。

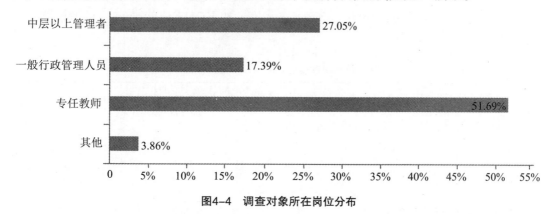

图4-4　调查对象所在岗位分布

本研究调查对象的工作年限分别为1~5年为37份、6~10年为35份、11~20年为83份、20年以上为52份，具体分布比例如图4-5所示。

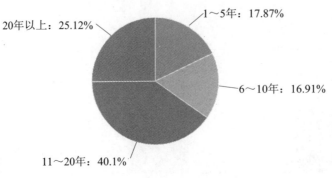

图4-5 调查对象工作年限分布

本研究调查对象的区域分布如下：东部地区为56份，中部地区为36份，西部地区为115份，其中，陕西共计64份，可知陕西之外的西部省份占51份，总体来看，问卷覆盖面较广，符合研究预期，具体比例见表4-2。

表4-2 调查对象所在区域分布

选项	小计	比例
东部地区（北京、天津、河北、辽宁、上海、江苏、浙江、福建、山东、广东、海南）	56	27.05%
中部地区（吉林、黑龙江、山西、河南、湖北、湖南、安徽、江西）	36	17.39%
西部地区（四川、重庆、贵州、云南、西藏、陕西、甘肃、青海、宁夏、新疆、广西、内蒙古）	115	55.56%
本题有效填写人次	207	

3.信度分析

信度分析用于研究调查量表的可靠性和准确性。首先，分析Cronbach α系数。如果α系数高于0.8，则说明信度高；如果α系数介于0.7~0.8之间，则说明信度较好；如果α系数介于0.6~0.7，则说明信度可接受；如果α系数小于0.6，说明信度不佳。其次，分析CITC（Corrected Item Total Conelation）值。如果CITC值低于0.3，可考虑删除该项，具体分析见表4-3。

表4-3 调查量表Cronbach信度分析

调研题项	校正项总体相关性（CITC）	项已删除的α系数
Q1.我熟悉学校章程文本，特别关注与自身工作生活相关的章程内容	0.519	0.979
Q2.我经常学习章程相关知识，了解章程的价值和功能	0.587	0.979
Q3.我已初步形成用章程、守章程的习惯和意识	0.668	0.979
Q4.我愿意为章程完善、规章制度的制定或修改提供建议	0.402	0.979
Q5.我校章程内容详实，可操作性强	0.676	0.979

续表

调研题项	校正项总体相关性（CITC）	项已删除的α系数
Q6.我校领导经常在各种会议上强调章程实施的重要性	0.771	0.978
Q7.我校将章程实施情况纳入各职能部门、各科研单位的年度报告内容	0.708	0.979
Q8.我校会定期对章程实施情况进行内部评估	0.715	0.979
Q9.我校建立章程宣传长效机制，将其纳入新教师入职、新生入学及新干部教育内容	0.686	0.979
Q10.我校通过学校网站、微信、师生手册、宣传栏及各种社会媒介等积极宣传章程	0.728	0.979
Q11.我校颁布了校内规章制度制定办法，规范校内文件"立、改、废、释"的程序和标准	0.769	0.979
Q12.我校以章程为准则，对原有学校规章制度进行了全面系统地清理和修订	0.785	0.978
Q13.我校已建立对重大决策、重大制度的合法性审查机制	0.802	0.978
Q14.我校基本形成以章程为统领，健全、规范、统一的学校规章制度体系	0.780	0.978
Q15.我校章程及各类规章制度信息公开透明，可在学校网站上即时查询	0.689	0.979
Q16.我校规章制度中通常会出现"依据章程，制定本规定"或类似语句	0.716	0.979
Q17.我校会依照国家教育政策方针、学校发展需求等的变化而及时修订章程	0.707	0.979
Q18.我校已建立章程实施推进机制，制定实施计划，明确实施目标和责任	0.668	0.979
Q19.我校已设立章程实施监督机构，切实督促各部门单位执行章程规定	0.764	0.979
Q20.我校已建立对违反章程的问责机制	0.713	0.979
Q21.我校已建立教职工申诉委员会，设置受理机构，明确申诉程序，切实维护教职工合法权益	0.696	0.979
Q22.我校制定发展规划、重大制度时，会广泛征求教职工、学生及其他利益相关者的意见	0.748	0.979
Q23.我校各部门会对所征求意见的采纳情况进行反馈和说明	0.777	0.978
Q24.我校"党委领导、校长负责、教授治学、民主管理和社会参与"的治理结构不断完善	0.813	0.978
Q25.我校已制定党委领导下的校长负责制实施细则，并有效执行	0.737	0.979
Q26.我校已制定党委会议事规则、校长办公会议事规则，并有效执行	0.758	0.979
Q27.我校已制定学术委员会章程，成立学术委员会，设置学术委员会办公室	0.639	0.979
Q28.我校学术委员会能有效行使对学术事务的审议权、评价权及决定权	0.765	0.979
Q29.我校教职工代表选举"有法可依"，代表具有广泛的民意基础	0.802	0.978
Q30.我校教职工代表大会能切实保障教职工对学校事务的知情权、参与权和监督权	0.804	0.978

续表

调研题项	校正项总体相关性（CITC）	项已删除的α系数
Q31.我校教职工代表大会能够推动涉及教职工切身利益事项的解决或答复	0.820	0.978
Q32.我校成立学校理事会，理事会成员能实际参与学校治理，共襄发展大计	0.668	0.979
Q33.我校成立学校发展基金会，加强与社会各界交流合作，为学校发展筹措资金、募集资源	0.602	0.979
Q34.我校二级学院的人权、财权、事权范围不断扩大	0.544	0.979
Q35.我校二级学院规章制度不断健全，基本实现"事事有规范，办事有程序，过程有监督"	0.713	0.979
Q36.我校二级学院通过党政联席会议形式审议和决策重大行政事务和重要制度	0.706	0.979
Q37.我校二级学院党政联席会议决策过程民主和谐，高效有序	0.781	0.979
Q38.我校二级学院教授、学术骨干等对本单位学术事务拥有较大话语权	0.787	0.978
Q39.我校二级学院学术委员会有明确的组织原则、议事规则和决策程序等	0.718	0.979
Q40.我校二级学院定期举行教职工代表大会，审议或决定职权事项	0.675	0.979
Q41.我校二级学院教职工对本单位各类行政事务具有知情、参与和监督的权利	0.770	0.979
Q42.我校已基本形成校院两级管理格局	0.620	0.979
Q43.我校章程实施以来各方面有明显改进	0.802	0.978
Q44.我对学校章程全面实施的前景信心十足	0.758	0.979
标准化Cronbach α系数：0.979		

从表4-3可知，本研究调查量表的信度系数值为0.979，大于0.9，说明研究数据信度质量很高。针对"项已删除的α系数"，分析项被删除后的信度系数值并没有明显提升，因此所有题项都应该保留，进一步说明研究数据信度水平高。

针对CITC值，分析项对应的CITC值均高于0.4，说明分析项之间具有良好的相关关系，也说明信度水平良好。

综上所述，本研究调查量表的信度系数值高于0.9，删除题项后信度系数值并不会明显提高，说明数据信度质量高，可用于进一步研究分析。

4.效度分析

效度分析用于研判调查量表设计的合理性。首先，分析KMO值。KMO值是通过比较各变量间简单相关系数和偏相关系数的大小，以判断变量间的相关性；相关性强时，偏相关系数远小于简单相关系数，KMO值接近1。一般情况下，KMO>0.9，非常适合因子分析，0.8<KMO<0.9，适合因子分析，0.7<KMO<0.8，可以进行因子分析，0.6以下不适宜作因子分析。

其次，分析题项与因子的对应关系。如果对应关系与研究心理预期基本一致，则说明效度良好。如果效度不佳，或者因子与题项对应关系与预期严重不符，或者与题项相对应的共同度值低于0.4，则可考虑对题项进行删除，具体分析见表4-4。

表4-4 调查量表效度分析

调研题项	因子载荷系数			共同度
	因子1	因子2	因子3	
Q1.我熟悉学校章程文本，特别关注与自身工作生活相关的章程内容	0.232	0.117	0.770	0.661
Q2.我经常学习章程相关知识，了解章程的价值和功能	0.199	0.255	0.786	0.722
Q3.我已初步形成用章程、守章程的习惯和意识	0.265	0.333	0.752	0.748
Q4.我愿意为章程完善、规章制度的制定或修改提供建议	0.135	0.135	0.612	0.411
Q5.我校章程内容详实，可操作性强	0.357	0.433	0.464	0.530
Q6.我校领导经常在各种会议上强调章程实施的重要性	0.323	0.708	0.331	0.715
Q7.我校将章程实施情况纳入各职能部门、各科研单位的年度报告内容	0.229	0.804	0.192	0.735
Q8.我校会定期对章程实施情况进行内部评估	0.235	0.772	0.250	0.714
Q9.我校建立章程宣传长效机制，将其纳入新教师入职、新生入学及新干部教育内容	0.134	0.813	0.290	0.763
Q10.我校通过学校网站、微信、师生手册、宣传栏及各种社会媒介等积极宣传章程	0.244	0.685	0.396	0.685
Q11.我校颁布了校内规章制度制定办法，规范校内文件"立、改、废、释"的程序和标准	0.356	0.594	0.443	0.675
Q12.我校以章程为准则，对原有学校规章制度进行了全面系统地清理和修订	0.398	0.666	0.300	0.693
Q13.我校已建立对重大决策、重大制度的合法性审查机制	0.477	0.506	0.452	0.688
Q14.我校基本形成以章程为统领，健全、规范、统一的学校规章制度体系	0.386	0.646	0.340	0.682
Q15.我校章程及各类规章制度信息公开透明，可在学校网站上即时查询	0.394	0.521	0.293	0.513
16.我校规章制度中通常会出现"依据章程，制定本规定"或类似语句	0.351	0.674	0.197	0.616
Q17.我校会依照国家教育政策方针、学校发展需求等的变化而及时修订章程	0.433	0.568	0.201	0.550
Q18.我校已建立章程实施推进机制，制定实施计划，明确实施目标和责任	0.339	0.744	-0.002	0.669
Q19.我校已设立章程实施监督机构，切实督促各部门单位执行章程规定	0.371	0.725	0.208	0.707
Q20.我校已建立对违反章程的问责机制。	0.332	0.785	0.058	0.730
Q21.我校已建立教职工申诉委员会，设置受理机构，明确申诉程序，切实维护教职工合法权益	0.598	0.308	0.288	0.535
Q22.我校制定发展规划、重大制度时，会广泛征求教职工、学生及其他利益相关者的意见	0.691	0.196	0.431	0.702
Q23.我校各部门会对所征求意见的采纳情况进行反馈和说明。	0.659	0.324	0.358	0.668
Q24.我校"党委领导、校长负责、教授治学、民主管理和社会参与"的治理结构不断完善	0.689	0.371	0.325	0.718
Q25.我校已制定党委领导下的校长负责制实施细则，并有效执行	0.684	0.302	0.246	0.619
Q26.我校已制定党委会议事规则、校长办公会议事规则，并有效执行	0.724	0.215	0.369	0.705
Q27.我校已制定学术委员会章程，成立学术委员会，设置学术委员会办公室	0.736	0.111	0.211	0.598

续表

调研题项	因子载荷系数			共同度
	因子1	因子2	因子3	
Q28.我校学术委员会能有效行使对学术事务的审议权、评价权及决定权	0.722	0.299	0.257	0.676
Q29.我校教职工代表选举"有法可依",代表具有广泛的民意基础	0.725	0.318	0.315	0.726
Q30.我校教职工代表大会能切实保障教职工对学校事务的知情权、参与权和监督权	0.691	0.363	0.312	0.707
Q31.我校教职工代表大会能够推动涉及教职工切身利益事项的解决或答复	0.667	0.403	0.326	0.713
Q32.我校成立学校理事会,理事会成员能实际参与学校治理,共襄发展大计	0.461	0.636	-0.054	0.620
Q33.我校成立学校发展基金会,加强与社会各界交流合作,为学校发展筹措资金、募集资源	0.532	0.359	0.075	0.418
Q34.我校二级学院的人权、财权、事权范围不断扩大	0.616	0.231	-0.015	0.432
Q35.我校二级学院规章制度不断健全,基本实现"事事有规范,办事有程序,过程有监督"	0.664	0.392	0.079	0.600
Q36.我校二级学院通过党政联席会议形式审议和决策重大行政事务和重要制度	0.735	0.169	0.283	0.649
Q37.我校二级学院党政联席会议决策过程民主和谐,高效有序	0.725	0.358	0.196	0.692
Q38.我校二级学院教授、学术骨干等对本单位学术事务拥有较大话语权	0.749	0.301	0.257	0.718
Q39.我校二级学院学术委员会有明确的组织原则、议事规则和决策程序等	0.669	0.408	0.065	0.618
Q40.我校二级学院定期举行教职工代表大会,审议或决定职权事项	0.696	0.295	0.084	0.578
Q41.我校二级学院教职工对本单位各类行政事务具有知情、参与和监督的权利	0.711	0.280	0.320	0.687
Q42.我校已基本形成校院两级管理格局	0.660	0.285	0.015	0.517
Q43.我校章程实施以来各方面有明显改进	0.610	0.495	0.241	0.675
Q44.我对学校章程全面实施的前景信心十足	0.531	0.489	0.282	0.600
特征根值(旋转前)	23.602	2.742	2.034	-
方差解释率(旋转前)	53.642%	6.231%	4.623%	-
累积方差解释率(旋转前)	53.642%	59.873%	64.496%	-
特征根值(旋转后)	12.808	10.375	5.196	-
方差解释率(旋转后)	29.108%	23.579%	11.809%	-
累积方差解释率(旋转后)	29.108%	52.687%	64.496%	-
KMO值	0.956			
巴特球形值	8 769.745			-
df	946			-
p值	0.000			-

效度分析使用因子数据分析进行研究,分别对KMO值、共同度、方差解释率值、因子载荷系数值等指标进行综合判断,以验证出数据的效度水平情况。

KMO值用于判断是否有效度,共同度值用于排除不合理题项,方差解释率值用于说明信息提取水平,因子载荷系数用于衡量因子和题项对应关系,见表4-4。

首先，所有研究项对应的共同度值均高于0.4，说明研究项信息可以被有效提取。另外，KMO值为0.956，大于0.9，意味着本研究量表非常适合做因子分析。

其次，3个因子的方差解释率值分别是29.108%、23.579%、11.809%，旋转后累积方差解释率为64.496%＞50%，意味着研究项的信息量可以有效提取。

通过对量表的KMO值、共同度、方差解释率值、因子载荷系数值等指标进行综合判断可知，本量表的效度水平良好。

（三）调查量表指标维度的确定

根据统计学原理可知，因子载荷系数绝对值大于0.4时，说明选项和因子有对应关系。结合因子载荷系数，确认因子和研究项对应关系，是否与预期相符，如果相符则说明具有效度，反之则需要重新进行调整，具体内容见表4-5。

表4-5　调查量表指标维度的调整表

A1 章程 教育	B1 主体 意识	Q1.我熟悉学校章程文本，特别关注与自身工作生活相关的章程内容 Q2.我经常学习章程相关知识，了解章程的价值和功能 Q3.我已初步形成用章程、守章程的习惯和意识 Q4.我愿意为章程完善、规章制度的制定或修改提供建议 Q5.我校章程内容详实，可操作性强
	B2 宣传 普及	Q6.我校领导经常在各种会议上强调章程实施的重要性 Q9.我校建立章程宣传长效机制，将其纳入新教师入职、新生入学及新干部教育内容 Q10.我校通过学校网站、微信、师生手册、宣传栏及各种社会媒介等积极宣传章程 Q15.我校章程及各类规章制度信息公开透明，可在学校网站上即时查询
A2 章程 保障	B3 制度 完善	Q11.我校颁布了校内规章制度制定办法，规范校内文件"立、改、废、释"的程序和标准。 Q12.我校以章程为准则，对原有学校规章制度进行了全面系统地清理和修订 Q13.我校已建立对重大决策、重大制度的合法性审查机制 Q16.我校规章制度中通常会出现"依据章程，制定本规定"或类似语句 Q17.我校会依照国家教育政策方针、学校发展需求等的变化而及时修订章程
	B4 实施 监督	Q7.我校将章程实施情况纳入各职能部门、各科研单位的年度报告内容 Q8.我校会定期对章程实施情况进行内部评估 Q18.我校已建立章程实施推进机制，制定实施计划，明确实施目标和责任 Q19.我校已设立章程实施监督机构，切实督促各部门单位执行章程规定 Q20.我校已建立对违反章程的问责机制
A3 章程 治理	B5 党政 领导	Q25.我校已制定党委领导下的校长负责制实施细则，并有效执行 Q26.我校已制定党委会议事规则、校长办公会议事规则，并有效执行 Q36.我校二级学院通过党政联席会议形式审议和决策重大行政事务和重要制度 Q37.我校二级学院党政联席会议决策过程民主和谐，高效有序
	B6 学术 治理	Q27.我校已制定学术委员会章程，成立学术委员会，设置学术委员会办公室 Q28.我校学术委员会能有效行使对学术事务的审议权、评价权及决定权 Q38.我校二级学院教授、学术骨干等对本单位学术事务拥有较大话语权 Q39.我校二级学院学术委员会有明确的组织原则、议事规则和决策程序等
	B7 社会 参与	Q32.我校成立学校理事会，理事会成员能实际参与学校治理，共襄发展大计 Q33.我校成立学校发展基金会，加强与社会各界交流合作，为学校发展等措资金、募集资源

A3 章程治理	B8 民主管理	Q29.我校教职工代表选举"有法可依",代表具有广泛的民意基础 Q30.我校教职工代表大会能切实保障教职工对学校事务的知情权、参与权和监督权 Q31.我校教职工代表大会能够推动涉及教职工切身利益事项的解决或答复 Q21.我校已建立教职工申诉委员会,设置受理机构,明确申诉程序,切实维护教职工合法权益 Q22.我校制定发展规划、重大制度时,会广泛征求教职工、学生及其他利益相关者的意见 Q23.我校各部门会对所征求意见的采纳情况进行反馈和说明 Q40.我校二级学院定期举行教职工代表大会,审议或决定职权事项 Q41.我校二级学院教职工对本单位各类行政事务具有知情、参与和监督的权利
	B9 实施效果	Q14.我校基本形成以章程为统领,健全、规范、统一的学校规章制度体系 Q24.我校"党委领导、校长负责、教授治学、民主管理和社会参与"的治理结构不断完善 Q35.我校二级学院规章制度不断健全,基本实现"事事有规范,办事有程序,过程有监督" Q34.我校二级学院的人权、财权、事权范围不断扩大 Q42.我校已基本形成校院两级管理格局 Q43.我校章程实施以来各方面有明显改进 Q44.我对学校章程全面实施的前景信心十足

二、大学章程实施调研数据的统计分析

通过数理统计分析,本研究自行研制的"大学章程实施状况调查量表"具有良好的信度和效度,非常适合进行因子分析,能够用于进一步的研究分析。另外,在信度、效度分析基础上,课题组对调研量表的维度、指标进行的组合调整,形成由章程影响、章程保障和章程治理3个维度,主体意识、宣传普及、制度完善、实施监督、党政领导、学术治理、社会参与、民主管理和实施效果9个维度以及44个观测题项组成的大学章程实施评估指标体系。本研究将进一步分析量表评估指标体系之间的相关性,分析教职工对章程实施状况的认知现状及差异,挖掘章程实施中的问题及原因。

(一)大学章程实施评估维度指标的相关性分析

1.大学章程实施评估维度间相关性分析

本研究对章程影响、章程保障、章程治理3个维度进行Pearson相关性分析,结果见表4-6。

表4-6 维度相关性分析

		A1章程教育	A2章程保障	A3章程治理
A1章程教育	相关系数	1.000**	0.825**	0.736**
	p 值	0.000	0.000	0.000
A2章程保障	相关系数	0.807**	1.000**	0.797**
	p 值	0.000	0.000	0.000
A3章程治理	相关系数	0.728**	0.797**	1.000**
	p 值	0.000	0.000	0.000

*: $p<0.05$; **: $p<0.01$

从表4-6可知，A1章程教育、A2章程保障、A3章程治理3项之间任意两项均呈现出显著性，且相关系数值均大于0，说明量表维度之间全部存在显著性正相关关系。

A1章程教育与A1章程教育、A2章程保障、A3章程治理共3项之间全部均呈现出显著性，相关系数值分别是1.000、0.807、0.728，并且相关系数值均大于0，意味着A1章程教育与A1章程教育、A2章程保障、A3章程治理共3项之间有着正相关关系。

A2章程保障与A1章程教育、A2章程保障、A3章程治理共3项之间全部均呈现出显著性，相关系数值分别是0.825、1.000、0.797，并且相关系数值均大于0，意味着A2章程保障与A1章程教育、A2章程保障、A3章程治理共3项之间有着正相关关系。

A3章程治理与A1章程教育、A2章程保障、A3章程治理共3项之间全部均呈现出显著性，相关系数值分别是0.736、0.797、1.000，并且相关系数值均大于0，意味着A3章程治理与A1章程教育、A2章程保障、A3章程治理共3项之间有着正相关关系。

2.大学章程实施评估维度与指标相关性分析

本研究利用Pearson相关分析研究A1章程教育、A2章程保障、A3章程治理与B1主体意识、B2宣传普及、B3制度完善、B4实施监督、B5党政领导、B6学术治理、B7社会参与、B8民主管理、B9实施效果9项之间的相关关系，结果见表4-7。

表4-7 维度与指标相关性分析

		A1章程教育	A2章程保障	A3章程治理
B1主体意识	相关系数	0.943**	0.633**	0.623**
	p 值	0.000	0.000	0.000
B2宣传普及	相关系数	0.931**	0.890**	0.747**
	p 值	0.000	0.000	0.000
B3制度完善	相关系数	0.839**	0.967**	0.802**
	p 值	0.000	0.000	0.000
B4实施监督	相关系数	0.766**	0.978**	0.756**
	p 值	0.000	0.000	0.000
B5党政领导	相关系数	0.750**	0.812**	0.953**
	p 值	0.000	0.000	0.000
B6学术治理	相关系数	0.675**	0.732**	0.954**
	p 值	0.000	0.000	0.000
B7社会参与	相关系数	0.625**	0.749**	0.882**
	p 值	0.000	0.000	0.000
B8民主管理	相关系数	0.729**	0.769**	0.943**
	p 值	0.000	0.000	0.000
B9实施效果	相关系数	0.739**	0.830**	0.944**
	p 值	0.000	0.000	0.000

*：$p<0.05$；**：$p<0.01$

从表4-7可知，调查量表3个维度与9项指标之间的相关关系结果如下：

A1章程教育与B1主体意识、B2宣传普及、B3制度完善、B4实施监督、B5党政领导、B6学术治理、B7社会参与、B8民主管理、B9实施效果共9项之间全部均呈现出显著性，相关系数值分别是0.943、0.931、0.839、0.766、0.750、0.675、0.625、0.729、

0.739，并且相关系数值均大于0，意味着A1章程教育与B1主体意识、B2宣传普及、B3制度完善、B4实施监督、B5党政领导、B6学术治理、B7社会参与、B8民主管理、B9实施效果共9项之间有着正相关关系。

A2章程保障与B1主体意识、B2宣传普及、B3制度完善、B4实施监督、B5党政领导、B6学术治理、B7社会参与、B8民主管理、B9实施效果共9项之间全部均呈现出显著性，相关系数值分别是0.633、0.890、0.967、0.978、0.812、0.732、0.749、0.769、0.830，并且相关系数值均大于0，意味着A2章程保障与B1主体意识、B2宣传普及、B3制度完善、B4实施监督、B5党政领导、B6学术治理、B7社会参与、B8民主管理、B9实施效果共9项之间有着正相关关系。

A3章程治理与B1主体意识、B2宣传普及、B3制度完善、B4实施监督、B5党政领导、B6学术治理、B7社会参与、B8民主管理、B9实施效果共9项之间全部均呈现出显著性，相关系数值分别是0.623、0.747、0.802、0.756、0.953、0.954、0.882、0.943、0.944，并且相关系数值均大于0，意味着A3章程治理与B1主体意识、B2宣传普及、B3制度完善、B4实施监督、B5党政领导、B6学术治理、B7社会参与、B8民主管理、B9实施效果共9项之间有着正相关关系。

3.大学章程实施评估指标间相关性分析

本研究利用Pearson相关分析去研究B1主体意识、B2宣传普及、B3制度完善、B4实施监督、B5党政领导、B6学术治理、B7社会参、B8民主管理、B9实施效果9项之间的相关关系，结果见表4-8。

表4-8 指标相关性分析

	B1 主体意识	B2 宣传普及	B3 制度完善	B4 实施监督	B5 党政领导	B6 学术治理	B7 社会参与	B8 民主管理	B9 实施效果
B1 主体意识	1.000**	0.687**	0.666**	0.550**	0.628**	0.563**	0.438**	0.647**	0.619**
B2 宣传普及	0.768**	0.993**	0.859**	0.851**	0.697**	0.670**	0.641**	0.726**	0.768**
B3 制度完善	0.682**	0.891**	0.997**	0.856**	0.749**	0.735**	0.696**	0.783**	0.821**
B4 实施监督	0.580**	0.881**	0.878**	0.997**	0.684**	0.670**	0.683**	0.722**	0.799**
B5 党政领导	0.647**	0.747**	0.801**	0.754**	0.990**	0.883**	0.710**	0.894**	0.903**
B6 学术治理	0.583**	0.671**	0.747**	0.656**	0.914**	0.997**	0.715**	0.893**	0.863**
B7 社会参与	0.493**	0.686**	0.738**	0.697**	0.764**	0.820**	0.985**	0.780**	0.807**
B8 民主管理	0.647**	0.705**	0.779**	0.694**	0.882**	0.877**	0.696**	1.000**	0.865**
B9 实施效果	0.619**	0.757**	0.814**	0.777**	0.875**	0.844**	0.740**	0.865**	1.000**
*：$p<0.05$；**：$p<0.01$									

从表4-8可知，利用相关分析去研究B1主体意识、B2宣传普及、B3制度完善、B4实施监督、B5党政领导、B6学术治理、B7社会参、B8民主管理、B9实施效果共9项之间的相关关系，使用Pearson相关系数去表示相关关系的强弱情况。

B1主体意识与B1主体意识、B2宣传普及、B3制度完善、B4实施监督、B5党政领导、B6学术治理、B7社会参与、B8民主管理、B9实施效果共9项之间全部均呈现出显著性，相关系数值分别是1.000、0.768、0.682、0.580、0.647、0.583、0.493、0.647、0.619，并且相关系数值均大于0，意味着B1主体意识与B1主体意识、B2宣传普及、B3制度完善、B4实施监督、B5党政领导、B6学术治理、B7社会参与、B8民主管理、B9实施效果共9项之间有着正相关关系。

B2宣传普及与B1主体意识、B2宣传普及、B3制度完善、B4实施监督、B5党政领导、B6学术治理、B7社会参与、B8民主管理、B9实施效果共9项之间全部均呈现出显著性，相关系数值分别是0.687、0.993、0.891、0.881、0.747、0.671、0.686、0.705、0.757，并且相关系数值均大于0，意味着B2宣传普及与B1主体意识、B2宣传普及、B3制度完善、B4实施监督、B5党政领导、B6学术治理、B7社会参与、B8民主管理、B9实施效果共9项之间有着正相关关系。

B3制度完善与B1主体意识、B2宣传普及、B3制度完善、B4实施监督、B5党政领导、B6学术治理、B7社会参与、B8民主管理、B9实施效果共9项之间全部均呈现出显著性，相关系数值分别是0.666、0.859、0.997、0.878、0.801、0.747、0.738、0.779、0.814，并且相关系数值均大于0，意味着B3制度完善与B1主体意识、B2宣传普及、B3制度完善、B4实施监督、B5党政领导、B6学术治理、B7社会参与、B8民主管理、B9实施效果共9项之间有着正相关关系。

B4实施监督与B1主体意识、B2宣传普及、B3制度完善、B4实施监督、B5党政领导、B6学术治理、B7社会参与、B8民主管理、B9实施效果共9项之间全部均呈现出显著性，相关系数值分别是0.550、0.851、0.856、0.997、0.754、0.656、0.697、0.694、0.777，并且相关系数值均大于0，意味着B4实施监督与B1主体意识、B2宣传普及、B3制度完善、B4实施监督、B5党政领导、B6学术治理、B7社会参与、B8民主管理、B9实施效果共9项之间有着正相关关系。

B5党政领导与B1主体意识、B2宣传普及、B3制度完善、B4实施监督、B5党政领导、B6学术治理、B7社会参与、B8民主管理、B9实施效果共9项之间全部均呈现出显著性，相关系数值分别是0.628、0.697、0.749、0.684、0.990、0.914、0.764、0.882、0.875，并且相关系数值均大于0，意味着B5党政领导与B1主体意识、B2宣传普及、B3制度完善、B4实施监督、B5党政领导、B6学术治理、B7社会参与、B8民主管理、B9实施效果共9项之间有着正相关关系。

B6学术治理与B1主体意识、B2宣传普及、B3制度完善、B4实施监督、B5党政领导、B6学术治理、B7社会参与、B8民主管理、B9实施效果共9项之间全部均呈现出显著性，相关系数值分别是0.563、0.670、0.735、0.670、0.883、0.997、0.820、0.877、0.844，并且相关系数值均大于0，意味着B6学术治理与B1主体意识、B2宣传普及、B3

制度完善、B4实施监督、B5党政领导、B6学术治理、B7社会参与、B8民主管理、B9实施效果共9项之间有着正相关关系。

B7社会参与与B1主体意识、B2宣传普及、B3制度完善、B4实施监督、B5党政领导、B6学术治理、B7社会参与、B8民主管理、B9实施效果共9项之间全部均呈现出显著性，相关系数值分别是0.438、0.641、0.696、0.683、0.710、0.715、0.985、0.696、0.740，并且相关系数值均大于0，意味着B7社会参与与B1主体意识、B2宣传普及、B3制度完善、B4实施监督、B5党政领导、B6学术治理、B7社会参与、B8民主管理、B9实施效果共9项之间有着正相关关系。

B8民主管理与B1主体意识、B2宣传普及、B3制度完善、B4实施监督、B5党政领导、B6学术治理、B7社会参与、B8民主管理、B9实施效果共9项之间全部均呈现出显著性，相关系数值分别是0.647、0.726、0.783、0.722、0.894、0.893、0.780、1.000、0.865，并且相关系数值均大于0，意味着B8民主管理与B1主体意识、B2宣传普及、B3制度完善、B4实施监督、B5党政领导、B6学术治理、B7社会参与、B8民主管理、B9实施效果共9项之间有着正相关关系。

B9实施效果与B1主体意识、B2宣传普及、B3制度完善、B4实施监督、B5党政领导、B6学术治理、B7社会参与、B8民主管理、B9实施效果共9项之间全部均呈现出显著性，相关系数值分别是0.619、0.768、0.821、0.799、0.903、0.863、0.807、0.865、1.000，并且相关系数值均大于0，意味着B9实施效果与B1主体意识、B2宣传普及、B3制度完善、B4实施监督、B5党政领导、B6学术治理、B7社会参与、B8民主管理、B9实施效果共9项之间有着正相关关系。

（二）大学章程实施状况的描述性分析

1.教职工对大学章程实施维度的认知

大学章程实施评估量表由章程教育、章程保障和章程治理三个维度构成，教职工对三个维度的认知，能够反映大学章程实施状况的概貌。具体分析见表4-9。

表4-9 教职工对大学章程实施维度的认知

名称	样本量	最小值	最大值	平均值	标准差	中位数
A1章程教育	207	1.000	5.000	3.188	0.797	3.250
A2章程保障	207	1.000	5.000	3.076	0.829	3.100
A3章程治理	207	1.000	5.000	3.331	0.771	3.500

由表4-9可知，教职工对大学章程实施状况三个维度认知的得分均值依次为3.188、3.076、3.331，三项得分均值略高于中等层次，说明大学章程实施的整体状况不容乐观。又由图4-6可知，三项之间的排序为章程保障＜章程教育＜章程治理，可见三个维度之间，章程保障环节最为薄弱。

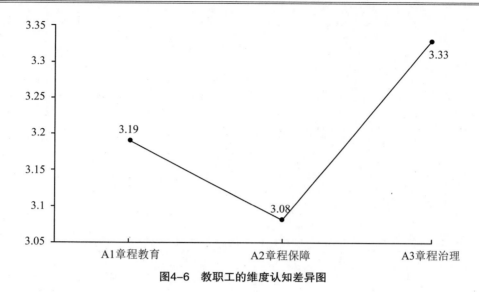

图4-6 教职工的维度认知差异图

2.教职工对大学章程实施指标的认知

大学章程实施状况在B1主体意识、B2宣传普及、B3制度完善、B4实施监督、B5党政领导、B6学术治理、B7社会参与、B8民主管理、B9实施效果共9项上的分布情况见表4-10。

表4-10 教职工的指标认知差异表

名称	样本量	最小值	最大值	平均值	标准差	中位数
B1主体意识	207	1.000	5.000	3.272	0.841	3.400
B2宣传普及	207	1.000	5.000	3.072	0.870	3.040
B3制度完善	207	1.000	4.997	3.192	0.869	3.245
B4实施监督	207	1.000	5.000	2.976	0.837	3.000
B5党政领导	207	1.000	5.000	3.332	0.772	3.404
B6学术治理	207	1.000	5.000	3.424	0.810	3.544
B7社会参与	207	1.000	5.000	3.205	0.841	3.330
B8民主管理	207	1.000	5.000	3.311	0.858	3.375
B9实施效果	207	1.000	5.000	3.301	0.778	3.429

由表4-10可知，教职工对9项指标的认知得分均值依次为3.272、3.072、3.192、2.976、3.332、3.424、3.205、3.311、3.301。从分值上看，8项指标得分值略高于中等层次，1项略低于中等层次，再次说明大学章程实施情况普遍不理想。从图4-7可知，B4实施监督得分均值最低，说明大学章程实施监督机制普遍不健全，难以有力推进章程实施。

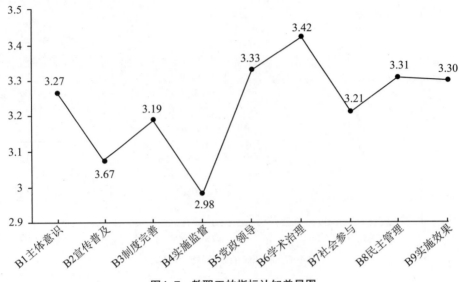

图4-7 教职工的指标认知差异图

3.教职工对大学章程实施观测题项的认知

从大学章程实施调查量表的44个观测题项出发，判断教职工对大学章程实施状况的认知，具体结果见表4-11。

表4-11 教职工的题项认知差异表

调研题项	样本量	最小值	最大值	平均值	标准差	中位数
Q1.我熟悉学校章程文本，特别关注与自身工作生活相关的章程内容	207	1.000	5.000	3.304	1.106	3.000
Q2.我经常学习章程相关知识，了解章程的价值和功能	207	1.000	5.000	3.029	1.153	3.000
Q3.我已初步形成用章程、守章程的习惯和意识	207	1.000	5.000	3.155	1.134	3.000
Q4.我愿意为章程完善、规章制度的制定或修改提供建议	207	1.000	5.000	3.826	0.918	4.000
Q5.我校章程内容详实，可操作性强	207	1.000	5.000	3.048	0.959	3.000
Q6.我校领导经常在各种会议上强调章程实施的重要性	207	1.000	5.000	2.845	1.073	3.000
Q7.我校将章程实施情况纳入各职能部门、各科研单位的年度报告内容	207	1.000	5.000	2.802	1.026	3.000
Q8.我校会定期对章程实施情况进行内部评估	207	1.000	5.000	2.686	1.011	3.000
Q9.我校建立章程宣传长效机制，将其纳入新教师入职、新生入学及新干部教育内容	207	1.000	5.000	2.928	1.128	3.000
Q10.我校通过学校网站、微信、师生手册、宣传栏及各种社会媒介等积极宣传章程	207	1.000	5.000	2.942	1.126	3.000
Q11.我校颁布了校内规章制度制定办法，规范校内文件"立、改、废、释"的程序和标准	207	1.000	5.000	3.087	1.124	3.000
Q12.我校以章程为准则，对原有学校规章制度进行了全面系统地清理和修订	207	1.000	5.000	3.155	1.100	3.000
Q13.我校已建立对重大决策、重大制度的合法性审查机制	207	1.000	5.000	3.309	1.039	3.000
Q14.我校基本形成以章程为统领，健全、规范、统一的学校规章制度体系	207	1.000	5.000	3.275	1.018	3.000

续表

调研题项	样本量	最小值	最大值	平均值	标准差	中位数
Q15.我校章程及各类规章制度信息公开透明，可在学校网站上即时查询	207	1.000	5.000	3.372	1.044	3.000
Q16.我校规章制度中通常会出现"依据章程，制定本规定"或类似语句	207	1.000	5.000	3.155	1.045	3.000
Q17.我校会依照国家教育政策方针、学校发展需求等的变化而及时修订章程	207	1.000	5.000	3.415	0.882	3.000
Q18.我校已建立章程实施推进机制，制定实施计划，明确实施目标和责任	207	1.000	5.000	3.155	0.927	3.000
Q19.我校已设立章程实施监督机构，切实督促各部门单位执行章程规定	207	1.000	5.000	3.072	1.019	3.000
Q20.我校已建立对违反章程的问责机制	207	1.000	5.000	2.923	0.962	3.000
Q21.我校已建立教职工申诉委员会，设置受理机构，明确申诉程序，切实维护教职工合法权益	207	1.000	5.000	3.150	1.094	3.000
Q22.我校制定发展规划、重大制度时，会广泛征求教职工、学生及其他利益相关者的意见	207	1.000	5.000	3.435	1.026	4.000
Q23.我校各部门会对所征求意见的采纳情况进行反馈和说明	207	1.000	5.000	3.377	1.016	4.000
Q24.我校"党委领导、校长负责、教授治学、民主管理和社会参与"的治理结构不断完善	207	1.000	5.000	3.357	0.969	4.000
Q25.我校已制定党委领导下的校长负责制实施细则，并有效执行	207	1.000	5.000	3.478	0.975	4.000
Q26.我校已制定党委会议事规则、校长办公会议事规则，并有效执行	207	1.000	5.000	3.589	0.971	4.000
Q27.我校已制定学术委员会章程，成立学术委员会，设置学术委员会办公室	207	1.000	5.000	3.739	0.975	4.000
Q28.我校学术委员会能有效行使对学术事务的审议权、评价权及决定权	207	1.000	5.000	3.473	1.004	4.000
Q29.我校教职工代表选举"有法可依"，代表具有广泛的民意基础	207	1.000	5.000	3.401	0.994	4.000
Q30.我校教职工代表大会能切实保障教职工对学校事务的知情权、参与权和监督权	207	1.000	5.000	3.266	1.058	3.000
Q31.我校教职工代表大会能够推动涉及教职工切身利益事项的解决或答复	207	1.000	5.000	3.251	1.050	3.000
Q32.我校成立学校理事会，理事会成员能实际参与学校治理，共襄发展大计	207	1.000	5.000	2.952	1.042	3.000
Q33.我校成立学校发展基金会，加强与社会各界交流合作，为学校发展筹措资金、募集资源	207	1.000	5.000	3.237	1.096	3.000
Q34.我校二级学院的人权、财权、事权范围不断扩大	207	1.000	5.000	3.251	0.997	3.000
Q35.我校二级学院规章制度不断健全，基本实现"事事有规范，办事有程序，过程有监督"	207	1.000	5.000	3.213	0.987	3.000
Q36.我校二级学院通过党政联席会议形式审议和决策重大行政事务和重要制度	207	1.000	5.000	3.440	0.983	4.000
Q37.我校二级学院党政联席会议决策过程民主和谐，高效有序	207	1.000	5.000	3.217	0.912	3.000
Q38.我校二级学院教授、学术骨干等对本单位学术事务拥有较大话语权	207	1.000	5.000	3.237	0.984	3.000

续表

调研题项	样本量	最小值	最大值	平均值	标准差	中位数
Q39.我校二级学院学术委员会有明确的组织原则、议事规则和决策程序等	207	1.000	5.000	3.261	0.970	3.000
Q40.我校二级学院定期举行教职工代表大会，审议或决定职权事项	207	1.000	5.000	3.266	0.966	3.000
Q41.我校二级学院教职工对本单位各类行政事务具有知情、参与和监督的权利	207	1.000	5.000	3.343	0.977	4.000
Q42.我校已基本形成校院两级管理格局	207	1.000	5.000	3.556	0.948	4.000
Q43.我校章程实施以来各方面有明显改进	207	1.000	5.000	3.232	0.978	3.000
Q44.我对学校章程全面实施的前景信心十足	207	1.000	5.000	3.222	1.061	3.000

由表4-10和图4-8可知，教职工对"Q4.我愿意为章程完善、规章制度的制定或修改提供建议"的得分均值最高，达到3.826，反映教职员工参与学校治理的巨大热情。教职工对"Q25.我校已制定党委领导下的校长负责制实施细则，并有效执行；Q26.我校已制定党委会议事规则、校长办公会议事规则，并有效执行；Q27.我校已制定学术委员会章程，成立学术委员会，设置学术委员会办公室；Q42.我校已基本形成校院两级管理格局"等题项的认可度较高，得分值分别为3.478、3.579、3.739、3.556，得分值处于中等偏上层次，反映了高校在坚持党委领导下的校长负责制、完善党委会/校长办公会议事规则、加强学术委员会建设和校院两级管理等方面取得了初步成效。

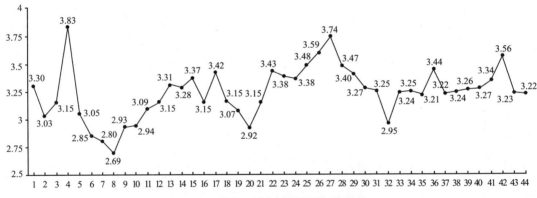

图4-8 教职工对全部题项认知差异图

注：序号与表4-11的题项对应。

教职工对"Q8.我校会定期对章程实施情况进行内部评估"方面的认可度最低，得分均值为2.686，居于中等以下较低水平。此外，教职工对"Q6.我校领导经常在各种会议上强调章程实施的重要性；Q7.我校将章程实施情况纳入各职能部门、各科研单位的年度报告内容；Q9.我校建立章程宣传长效机制，将其纳入新教师入职、新生入学及新干部教育内容；Q10.我校通过学校网站、微信、师生手册、宣传栏及各种社会媒介等积极宣传章程；Q20.我校已建立对违反章程的问责机制"等方面的认可度较低，得分均值为2.802、2.928、2.928、2.942、2.923，全部略低于中等水平。以上各项反映出高校在推进大学章程实施方面具有消极、不作为的倾向。

最后,教职工对"Q32.我校成立学校理事会,理事会成员能实际参与学校治理,共襄发展大计"认可度较低,得分均值为2.952,略低于中等水平,说明学校董事会建设迟缓,社会参与学校治理渠道不畅。

(三)大学章程实施状况的差异性分析

1.不同院校教职工对章程实施状况的认知差异

本研究利用方差分析不同院校教职工对"B1主体意识、B2宣传普及、B3制度完善、B4实施监督、B5党政领导、B6学术治理、B7社会参与、B8民主管理、B9实施效果"9项的差异性,具体见表4-12。

表4-12 不同院校教职工的指标认知差异

	双一流建设高校 (n=59)	地方本科高校(非双一流) (n=123)	高职高专院校 (n=25)	F	p
B1主体意识	3.33 ± 0.85	3.22 ± 0.82	3.40 ± 0.92	0.693	0.501
B2宣传普及	3.21 ± 0.74	3.00 ± 0.88	3.08 ± 1.08	1.157	0.316
B3制度完善	3.32 ± 0.77	3.12 ± 0.90	3.23 ± 0.95	1.041	0.355
B4实施监督	3.03 ± 0.72	2.94 ± 0.86	3.04 ± 0.98	0.328	0.720
B5党政领导	3.32 ± 0.79	3.30 ± 0.76	3.52 ± 0.81	0.867	0.422
B6学术治理	3.43 ± 0.84	3.40 ± 0.79	3.55 ± 0.84	0.362	0.697
B7社会参与	3.41 ± 0.76	3.14 ± 0.85	3.06 ± 0.92	2.588	0.078
B8民主管理	3.26 ± 0.81	3.31 ± 0.87	3.44 ± 0.91	0.382	0.683
B9实施效果	3.32 ± 0.79	3.28 ± 0.77	3.35 ± 0.80	0.115	0.892
*: p<0.05; **: p<0.01					

从表4-12可见,不同院校教职工对"B1主体意识、B2宣传普及、B3制度完善、B4实施监督、B5党政领导、B6学术治理、B7社会参与、B8民主管理、B9实施效果"均不会表现出显著性差异(p>0.05),意味着不同院校的教职工对大学章程实施状况均表现出一致性,并没有差异性。由此可知,教职工对大学章程实施状况的认知不会因所在院校不同而有所差异,反映出不同院校在大学章程实施方面均处于较低水平。

2.不同职称教职工对章程实施状况的认知差异

本研究利用方差分析不同职称教职工对"B1主体意识、B2宣传普及、B3制度完善、B4实施监督、B5党政领导、B6学术治理、B7社会参与、B8民主管理、B9实施效果"9项的差异性,具体见表4-13。

表4-13 不同职称教职工的指标认知差异

	初级(n=19)	中级(n=78)	副高(n=71)	正高(n=39)	F	p
B1主体意识	3.39 ± 0.93	3.27 ± 0.80	3.18 ± 0.82	3.40 ± 0.93	0.721	0.540
B2宣传普及	3.27 ± 1.17	3.11 ± 0.78	3.05 ± 0.82	2.95 ± 0.97	0.655	0.581
B3制度完善	3.38 ± 1.13	3.24 ± 0.76	3.19 ± 0.81	3.01 ± 1.03	0.985	0.401

续表

	初级（$n=19$）	中级（$n=78$）	副高（$n=71$）	正高（$n=39$）	F	p
B4实施监督	3.33±0.98	3.02±0.76	2.96±0.81	2.75±0.91	2.226	0.086
B5党政领导	3.57±0.78	3.37±0.68	3.32±0.72	3.17±1.00	1.230	0.300
B6学术治理	3.60±0.69	3.45±0.78	3.45±0.71	3.24±1.06	0.993	0.397
B7社会参与	3.43±0.80	3.20±0.81	3.22±0.79	3.07±1.02	0.773	0.511
B8民主管理	3.53±0.88	3.33±0.80	3.30±0.78	3.17±1.08	0.776	0.508
B9实施效果	3.53±0.74	3.34±0.72	3.29±0.71	3.14±0.98	1.227	0.301

*：$p<0.05$；**：$p<0.01$

从表4-13可知，不同职称教职工对"B1主体意识、B2宣传普及、B3制度完善、B4实施监督、B5党政领导、B6学术治理、B7社会参与、B8民主管理、B9实施效果"的认知均不会表现出显著性差异（$p>0.05$），意味着不同职称的教职工对大学章程实施状况的认知均表现出一致性，并没有差异性。

3.不同岗位教职工对章程实施状况的认知差异

本研究利用方差分析不同任职岗位教职工对"B1主体意识、B2宣传普及、B3制度完善、B4实施监督、B5党政领导、B6学术治理、B7社会参与、B8民主管理、B9实施效果"9项的差异性，具体见表4-14。

表4-14　不同任职岗位教职工的指标认知差异

	中层以上管理者（$n=56$）	一般行政管理人员（$n=36$）	专任教师（$n=107$）	其他（$n=8$）	F	p
B1主体意识	3.56±0.89	3.55±0.88	3.04±0.74	3.05±0.69	6.827	0.000**
B2宣传普及	3.20±0.97	3.36±0.92	2.93±0.74	2.83±1.21	2.983	0.032*
B3制度完善	3.35±0.93	3.44±0.91	3.05±0.76	2.82±1.23	3.065	0.029*
B4实施监督	2.99±0.86	3.21±0.97	2.91±0.73	2.78±1.21	1.297	0.277
B5党政领导	3.55±0.72	3.57±0.77	3.14±0.74	3.28±1.00	5.084	0.002**
B6学术治理	3.65±0.74	3.68±0.73	3.24±0.79	3.25±1.18	4.918	0.003**
B7社会参与	3.33±0.87	3.35±0.82	3.09±0.81	3.24±1.14	1.414	0.240
B8民主管理	3.57±0.84	3.56±0.79	3.11±0.81	3.08±1.16	5.261	0.002**
B9实施效果	3.46±0.79	3.54±0.77	3.15±0.72	3.11±1.17	3.507	0.016*

*：$p<0.05$；**：$p<0.01$

从表4-14可以看出，不同任职岗位教职工对"B4实施监督、B7社会参与"这两项不会表现出显著性（$p>0.05$），意味着不同任职岗位教职工对"B4实施监督、B7社会参与"均表现出一致性，并没有差异性。该分析反映出不同任职岗位教职工认为，各类各级高校在大学章程实施监督、社会参与学校治理方面没有差异，均处于较低水平。

不同任职岗位教职工对"B1主体意识、B2宣传普及、B3制度完善、B5党政领导、

B6学术治理、B8民主管理、B9实施效果"共7项呈现出显著性（$p<0.05$），反映出不同任职岗位教职工对以上7项的认知具有差异性。具体分析见表4-15。

表4-15 不同任职岗位教职工对7项认知显著性差异指标的事后多重比较分析

	名称（I）	名称（J）	I的平均值	J的平均值	差值（I-J）	p
B1主体意识	中层以上管理者	一般行政管理人员	3.561	3.550	0.011	0.951
	中层以上管理者	专任教师	3.561	3.045	0.516	0.000**
	中层以上管理者	其他	3.561	3.050	0.511	0.096
	一般行政管理人员	专任教师	3.550	3.045	0.505	0.001**
	一般行政管理人员	其他	3.550	3.050	0.500	0.115
	专任教师	其他	3.045	3.050	−0.005	0.986
B2宣传普及	中层以上管理者	一般行政管理人员	3.198	3.360	−0.162	0.377
	中层以上管理者	专任教师	3.198	2.927	0.271	0.057
	中层以上管理者	其他	3.198	2.835	0.363	0.264
	一般行政管理人员	专任教师	3.360	2.927	0.433	0.009**
	一般行政管理人员	其他	3.360	2.835	0.525	0.119
	专任教师	其他	2.927	2.835	0.092	0.771
B3制度完善	中层以上管理者	一般行政管理人员	3.351	3.438	−0.087	0.636
	中层以上管理者	专任教师	3.351	3.054	0.297	0.037*
	中层以上管理者	其他	3.351	2.820	0.532	0.102
	一般行政管理人员	专任教师	3.438	3.054	0.384	0.021*
	一般行政管理人员	其他	3.438	2.820	0.618	0.066
	专任教师	其他	3.054	2.820	0.234	0.456
B5党政领导	中层以上管理者	一般行政管理人员	3.548	3.572	−0.023	0.885
	中层以上管理者	专任教师	3.548	3.142	0.406	0.001**
	中层以上管理者	其他	3.548	3.280	0.268	0.345
	一般行政管理人员	专任教师	3.572	3.142	0.430	0.003**
	一般行政管理人员	其他	3.572	3.280	0.291	0.321
	专任教师	其他	3.142	3.280	−0.138	0.616
B6学术治理	中层以上管理者	一般行政管理人员	3.649	3.675	−0.026	0.877
	中层以上管理者	专任教师	3.649	3.235	0.414	0.002**
	中层以上管理者	其他	3.649	3.251	0.398	0.183
	一般行政管理人员	专任教师	3.675	3.235	0.440	0.004**
	一般行政管理人员	其他	3.675	3.251	0.424	0.170
	专任教师	其他	3.235	3.251	−0.016	0.956
B8民主管理	中层以上管理者	一般行政管理人员	3.574	3.559	0.015	0.935
	中层以上管理者	专任教师	3.574	3.107	0.466	0.001**
	中层以上管理者	其他	3.574	3.078	0.496	0.117
	一般行政管理人员	专任教师	3.559	3.107	0.452	0.005**
	一般行政管理人员	其他	3.559	3.078	0.481	0.141
	专任教师	其他	3.107	3.078	0.029	0.923

续表

	名称（I）	名称（J）	I的平均值	J的平均值	差值（I–J）	p
B9实施效果	中层以上管理者	一般行政管理人员	3.653	3.576	-0.079	0.636
	中层以上管理者	专任教师	3.653	3.257	0.295	0.039*
	中层以上管理者	其他	3.653	3.126	0.526	0.116
	一般行政管理人员	专任教师	3.576	3.257	0.395	0.016*
	一般行政管理人员	其他	3.576	3.126	0.609	0.071

*：$p<0.05$；**：$p<0.01$

由表4-14和表4-15分析可知：

第一，不同任职岗位教职工对"B1主体意识"呈现出0.01水平显著性。进行多重事后比较分析可知，不同任职岗位教职工得分对比结果为"中层以上管理者＞一般行政管理人员，中层以上管理者＞专任教师，一般行政管理人员＞专任教师"。

第二，不同任职岗位教职工对"B2宣传普及"呈现出0.05水平显著性。进行多重事后比较分析可知，不同任职岗位教职工得分对比结果为"中层以上管理者＞一般行政管理人员，中层以上管理者＞专任教师，一般行政管理人员＞专任教师"。

第三，不同任职岗位教职工对"B3制度完善"呈现出0.05水平显著性。进行多重事后比较分析可知，不同任职岗位教职工得分对比结果为"中层以上管理者＞一般行政管理人员，中层以上管理者＞专任教师，一般行政管理人员＞专任教师"。

第四，不同任职岗位教职工对"B5党政领导"呈现出0.01水平显著性。进行多重事后比较分析可知，不同任职岗位教职工得分对比结果为"中层以上管理者＞一般行政管理人员，中层以上管理者＞专任教师，一般行政管理人员＞专任教师"。

第五，不同任职岗位教职工对"B6学术治理"呈现出0.01水平显著性。进行多重事后比较分析可知，不同任职岗位教职工得分对比结果为"中层以上管理者＞一般行政管理人员，中层以上管理者＞专任教师，一般行政管理人员＞专任教师"。

第六，不同任职岗位教职工对"B8民主管理"呈现出0.01水平显著性。进行多重事后比较分析可知，不同任职岗位教职工得分对比结果为"中层以上管理者＞一般行政管理人员，中层以上管理者＞专任教师，一般行政管理人员＞专任教师"。

第七，不同任职岗位教职工对"B9实施效果"呈现出0.05水平显著性。进行多重事后比较分析可知，不同任职岗位教职工得分对比结果为"中层以上管理者＞一般行政管理人员，中层以上管理者＞专任教师，一般行政管理人员＞专任教师"。

综上所述，不同任职岗位教职工对"B4实施监督、B7社会参与"这两项不会表现出显著性差异；不同任职岗位教职工对"B1主体意识、B2宣传普及、B3制度完善、B5党政领导、B6学术治理、B8民主管理、B9实施效果"共7项呈现出显著性差异。

4.不同工作年限教职工对章程实施状况的认知差异

本研究利用方差分析不同工作年限教职工对"B1主体意识、B2宣传普及、B3制度完善、B4实施监督、B5党政领导、B6学术治理、B7社会参与、B8民主管理、B9实施效果"9项的差异性，具体见表4-16。

表4-16 不同工作年限教职工的指标认知差异

	1~5年（n=37）	6~10年（n=35）	11~20年（n=83）	20年以上（n=52）	F	p
B1主体意识	3.03±0.75	3.18±0.76	3.27±0.80	3.52±0.97	2.692	0.047*
B2宣传普及	3.06±0.79	2.92±0.85	3.10±0.84	3.13±0.99	0.497	0.685
B3制度完善	3.16±0.81	3.13±0.77	3.20±0.88	3.24±0.97	0.122	0.947
B4实施监督	3.07±0.78	2.98±0.78	2.92±0.85	3.00±0.90	0.271	0.846
B5党政领导	3.32±0.79	3.34±0.62	3.33±0.74	3.34±0.91	0.007	0.999
B6学术治理	3.35±0.79	3.49±0.70	3.46±0.81	3.37±0.90	0.334	0.801
B7社会参与	3.30±0.78	3.24±0.80	3.21±0.83	3.12±0.94	0.335	0.800
B8民主管理	3.19±0.87	3.38±0.69	3.31±0.90	3.37±0.90	0.394	0.757
B9实施效果	3.30±0.73	3.32±0.70	3.30±0.78	3.29±0.88	0.008	0.999

*：$p<0.05$；**：$p<0.01$

从表4-15可知，不同工作年限教职工对"B2宣传普及、B3制度完善、B4实施监督、B5党政领导、B6学术治理、B7社会参与、B8民主管理、B9实施效果"共8项不会表现出显著性（$p>0.05$），意味着不同工作年限教职工对以上8项指标均表现出一致性，并没有差异性。

另外，不同工作年限教职工对"B1主体意识"呈现出0.05水平显著性，意味着不同工作年限教职工对"B1主体意识"认知具有差异性。

表4-17 不同工作年限教职工认知显著性差异指标的事后多重比较分析

	名称（I）	名称（J）	I的平均值	J的平均值	差值（I-J）	p
B1主体意识	1~5年	6~10年	3.027	3.183	−0.156	0.427
	1~5年	11~20年	3.027	3.267	−0.240	0.145
	1~5年	20年以上	3.027	3.515	−0.488	0.007**
	6~10年	11~20年	3.183	3.267	−0.085	0.614
	6~10年	20年以上	3.183	3.515	−0.333	0.069
	11~20年	20年以上	3.267	3.515	−0.248	0.093

*：$p<0.05$；**：$p<0.01$

由于不同工作年限教职工对"B1主体意识"呈现出显著性差异，可以进行事后多重比较分析，由表4-17和图4-9可知，存在较为明显差异的组别平均值得分对比结果为"20年以上＞10~20年＞6~10年＞1~5年"。

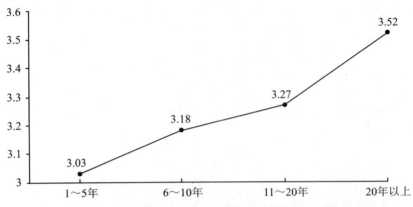

图4-9 不同工作年限教职工认知显著性差异指标的事后多重比较分析

5.不同区域教职工对章程实施状况的认知差异

本研究利用方差分析不同区域教职工对"B1主体意识、B2宣传普及、B3制度完善、B4实施监督、B5党政领导、B6学术治理、B7社会参与、B8民主管理、B9实施效果"9项的差异性,具体见表4-18。

表4-18 不同区域教职工的指标认知差异

	东部地区（n=56）	中部地区（n=36）	西部地区（n=115）	F	p
B1主体意识	3.23±0.84	3.39±0.87	3.26±0.83	0.483	0.617
B2宣传普及	3.04±0.81	3.19±0.89	3.05±0.90	0.401	0.670
B3制度完善	3.19±0.88	3.38±0.79	3.13±0.89	1.131	0.325
B4实施监督	2.94±0.75	3.11±0.77	2.95±0.90	0.534	0.587
B5党政领导	3.26±0.78	3.45±0.75	3.33±0.78	0.632	0.533
B6学术治理	3.39±0.86	3.48±0.84	3.42±0.78	0.131	0.878
B7社会参与	3.30±0.89	3.21±0.86	3.16±0.81	0.541	0.583
B8民主管理	3.27±0.87	3.30±0.90	3.34±0.84	0.133	0.875
B9实施效果	3.24±0.83	3.33±0.76	3.32±0.76	0.200	0.819
*：$p<0.05$；**：$p<0.01$					

从表4-18可以看出,不同区域教职工对以上9项指标均不会表现出显著性($p>0.05$),表明不同区域教职工对大学章程实施情况的认知均表现出一致性,没有差异性,即不同区域教职工对大学章程实施情况均不会表现出显著性差异。

三、大学章程实施评估调研结果的讨论分析

总体上来看,大学章程实施取得初步成果,有43.27%的教职工对"Q43.章程实施以来各方面有明显改进"持赞同和非常赞同态度,有42.41%的教职工对"Q44.学校章程全面实施的前景信心十足",但大学章程实施过程中还存在诸多问题,大学章程建设任务

依然"任重而道远"。①

(一)大学章程实施以来的积极变化

通过分析调研数据,本研究认为,大学章程制定与实施以来,章程建设的预期效果初步显现,多数高校显现出一些积极变化。首先,教职工章程意识初步形成,工龄长的教职工对学校认同较高,章程意识较强;工龄较短的教职工的章程意识有待提升。其次,高校内部治理结构初步完善,治理体系和治理能力不断提升,相关的重要校内规章制度不断健全完善,各个治理机构运行日趋规范。最后,校院两级管理格局初步确立,二级学院人权、财权和事权不断落实和扩大。

1.教职工章程意识初步形成

章程意识是人们对大学章程了解、认知、尊崇、遵守的一种心理状态。根据调查,教职工的章程意识是在前期的制定过程中、当前的实施过程中,逐步培养起来的。教职工对"Q1.我熟悉学校章程文本,特别关注与自身工作生活相关的章程内容"题项的认可度得分值为3.304,满意和非常满意率达到50.89%;教职工对"Q3.我已初步形成用章程、守章程的习惯和意识"题项的认可度得分值为3.029,满意和非常满意率达到46.88%;教职工对"Q4.我愿意为章程完善、规章制度的制定或修改提供建议"题项的认可度得分值高达3.826,满意和非常满意率达到75%。

从表4-17可见,不同工作年限教职工对"B1主体意识"呈现出显著相关性,意味着不同工作年限教职工对"B1主体意识"认知具有差异性;从图4-9可见,存在较为明显差异的组别平均值得分对比结果为"20年以上＞10～20年＞6～10年＞1～5年",这说明章程意识逐步形成,而且工作年限越长,教职工章程意识越强,参与章程建设的愿望也会更强烈。至于为什么会存在这种现象,我们研究认为,主要在于工作年限长的教职工和工作年限短的教职工对学校历史情况的认知、所采用的比较参照物不同。工作年限长的教职工对学校的过去、现在及未来发展有着更为深刻的理解,他们对章程实施情况的反映是历史性的,是用学校的今天与昨天相比较,他们对学校的历时性变化更为敏感。而工作年限较短的教职工来校时间较短,对学校各方面没有深刻的认知;他们对章程实施前后的变化不太敏感,因为他们不十分清楚学校的过去;但是他们更为了解其以前学习及毕业的院校,和这些院校相比,学校在章程实施前后的变化不明显,甚至没有发生预期变化。简单地说,工作年限长的教职工纵向比较,章程意识较强;工作年限短

---

① 大学章程实施可以分为形式实施和实质实施两类。从形式实施来看,我国大学章程实施情况应该是"非常好"的,因为我国大学章程制定属于后补性的,章程内容在很大程度上是学校宗旨、机构设置、权力配置、课程设置、招生规模等实际状况的"写真",从这个意义上讲,大学章程在制定之初就已经完成实施了。从形式实施来看,大学章程实施评估就失去了存在的价值和意义。因此,大学章程实施评估是从实质层面来讲的,从这个角度看,我国大学章程实施并不"理想",章程还没有成为权利救济的保障,对违反章程的行为也没有有效的制裁措施,章程的规范性效力难以发挥等。湛中乐.大学章程法律问题研究[M].北京:北京大学出版社,2016:300.

的教职工横向比较，章程意识有待提升。

2.学校治理结构逐步完善

大学章程建设一个重要制度预期就是完善高校内部治理结构，建立健全"党委领导、校长负责、教授治学、民主管理和社会参与"的现代大学制度，促进高校治理体系和治理能力现代化。这也是大学章程实施评估的重要内容，本研究设置了"Q24.我校'党委领导、校长负责、教授治学、民主管理和社会参与'的治理结构不断完善；Q25.我校已制定党委领导下的校长负责制实施细则，并有效执行；Q26.我校已制定党委会议事规则、校长办公会议事规则，并有效执行；Q27.我校已制定学术委员会章程，成立学术委员会，设置学术委员会办公室；Q28.我校学术委员会能有效行使对学术事务的审议权、评价权及决定权；Q29.我校教职工代表选举'有法可依'，代表具有广泛的民意基础；Q30.我校教职工代表大会能切实保障教职工对学校事务的知情权、参与权和监督权；Q31.我校教职工代表大会能够推动涉及教职工切身利益事项的解决或答复；Q32.我校成立学校理事会，理事会成员能实际参与学校治理，共襄发展大计"等9个题项，以观测章程实施前后学校内部治理机制的变化情况。

研究发现，总体上看，教职工"Q24.我校'党委领导、校长负责、教授治学、民主管理和社会参与'的治理结构不断完善"的认可度的得分值为3.357，满意和非常满意率为50.89%。这反映了高校内部治理结构不断完善，现代大学制度不断建立健全，高校内部治理体系和治理能力不断提升；与内部治理相关的重要校内规章制度不断健全完善，各个治理机构运行日趋规范，效果初步显现。

第一，高校党政领导机制逐渐规范健全。教职工对"Q25.我校已制定党委领导下的校长负责制实施细则，并有效执行；Q26.我校已制定党委会议事规则、校长办公会议事规则，并有效执行"两个题项的认可度的得分值分别为3.478、3.589，满意和非常满意率分别为55.8%，61.61%，两种观测方式得分值均处于中等偏上的较高水平。

第二，学术委员会建设成效显著。高校学术管理的体制、制度和规范逐步建立健全，学术机构运行日趋规范和成熟，学术委员会在学科建设、学术评价、学术发展和学风建设等事项上的重要作用不断彰显。教职工对"Q27.我校已制定学术委员会章程，成立学术委员会，设置学术委员会办公室；Q28.我校学术委员会能有效行使对学术事务的审议权、评价权及决定权"两个题项的认可度的得分值分别为3.739、3.473，满意和非常满意率分别为70.09%，57.14%，两种观测方式得分值均处于中等偏上的较高水平。

第三，高校教代会制度日趋完善。学校教代会经过多年的建设和完善，已经成为教职工参与民主管理、进行民主监督的重要渠道，较为有效地保障了教职工的知情权、参与权、表达权和监督权。教职工对"Q29.我校教职工代表选举'有法可依'，代表具有广泛的民意基础；Q30.我校教职工代表大会能切实保障教职工对学校事务的知情权、参与权和监督权；Q31.我校教职工代表大会能够推动涉及教职工切身利益事项的解决或答复"三个题项的认可度的得分值分别为3.473、3.266、3.251，满意和非常满意率分别为54.36%、50%、48.67%，两种观测方式得分值均处于中等偏上的较高水平。

3.二级学院治理机制不断健全

研究表明，我国高校校院两级管理格局基本确立，办学自主权逐步下沉，二级学院人权、财权和事权不断拓展。调查量表对"二级学院"治理设置了9个题项，以求较为深刻地认识该问题。从调研结果看，教职工对"Q34.我校二级学院的人权、财权、事权范围不断扩大。Q35.我校二级学院规章制度不断健全，基本实现事事有规范，办事有程序，过程有监督。Q36.我校二级学院通过党政联席会议形式审议和决策重大行政事务和重要制度。Q37.我校二级学院党政联席会议决策过程民主和谐，高效有序。Q38.我校二级学院教授、学术骨干等对本单位学术事务拥有较大话语权。Q39.我校二级学院学术委员会有明确的组织原则、议事规则和决策程序等。Q40.我校二级学院定期举行教职工代表大会，审议或决定职权事项。Q41.我校二级学院教职工对本单位各类行政事务具有知情、参与和监督的权利"等题项的认可度分别为3.251、3.213、3.440、3.217、3.237、3.261、3.266、3.343，各个得分值均处于中等偏上水平。这一调研结果反映出：二级学院建设在自主权落实、规章制度建设、决策机制、党政联席会议、学术委员会、教代会、教师合法权益保护等方面取得较为明显的成效。另外，从总体上看，教职工对"Q42.我校已基本形成校院两级管理格局"题项的认可度得分值为3.556，处于中等偏上层次，说明我国高校校院两级治理格局基本形成，二级学院治理初见成效，获得了广大教职工的赞同和支持。

（二）大学章程实施中存在的问题分析

研究发现了一些有待深入探索的问题：第一，校际差异不明显。表4-12说明"不同院校教职工对章程实施状况的认知差异"较小，反映出大学章程实施在双一流高校、地方本科高校、高职高专院校之间并没有呈现显著性差异，这一点与通常认识和研究假设相背离。通常我们会想当然地认为，大多数双一流高校制度完善，章程实施效果良好，地方本科高校次之，高职高专院校则在最末。第二，地域差距不明显。章程实施在东部地区、中部地区和西部地区之间也没有呈现出显著性差异。第三，社会参与不足成为高校治理结构完善的短板。国家大力推动高校面向社会办学，加强与社会联系合作，建立产学研融合机制，加快产教融合，成立学校理事会等。第四，章程实施内生动力不足，从领导态度、章程宣传，到制度完善、机构建设，再到问责机制等，都有很大的提升空间。

1.章程意识不强

当前，我国大学章程已经进入实施的关键时期，多数教职工虽然初步具备了一些章程意识，但章程意识不强，还没有形成"尊章程、学章程、守章程、用章程"的思维习惯，更没有养成"自觉守章程，遇事找章程，解决问题靠章程"的行为模式。根据表4-10，教职工对"B1主体意识"的认可度得分均值为3.272，略高于中等水平。统计结果显示，教职工对"Q1.我熟悉学校章程文本，特别关注与自身工作生活相关的章程内容"的赞同和完全赞同的比例为50.89%；对"Q3.我已初步形成用章程、守章程的习惯和意识"的赞同和完全赞同的比例为46.37%；对"Q2.我经常学习章程相关知识，了解章程的价值和功能"的赞同和完全赞同的比例为39.29%。另外，从表4-17、图4-9可见，短工作年限教职工相对于长工作年限教职工的章程意识较为薄弱，需要不断强化和培养其章程意识。

2. 宣传教育不力

章程宣传教育是章程意识培养的基础环节。我国大学章程建设既没有事前的"思想启蒙"，又缺乏事中、事后的有效宣传教育，多数师生章程意识不强，对章程的价值和功能缺乏了解和认知，甚至一些师生根本不知章程为何物，这严重地削弱了章程的影响力，制约了章程效用的发挥。究其原因，在于一些高校对大学章程宣传教育的积极性不高，组织保障不力。

首先，学校管理者不重视章程宣教工作。教职工对"Q6.我校领导经常在各种会议上强调章程实施的重要性"的认可度均值得分仅为2.845，远低于中等水平层次，并且教职工对此题项持赞同或非常赞同态度的比例仅为28.01%，不赞同和完全不赞同的比例则为34.3%，不确定的比例高达38.16%。可见章程宣教不力的首要责任在学校领导层面，领导层对章程宣传教育的不重视是教职工章程意识不强的重要原因。

其次，高校普遍没有建立章程宣传教育的长效机制。教职工对"Q9.我校将章程纳入新教师入职、新生入学及新干部教育内容"赞同和完全赞同的比例仅为32.59%。教职工对"Q10.我校通过学校网站、微信、师生手册、宣传栏及各种社会媒介等积极宣传章程"的赞同和完全赞同的比例为35.27%；而不赞同和完全不赞同的比例达到33.04%。教职工对"Q7.我校将章程实施情况纳入各职能部门、各科研单位的年度报告内容"的赞同和完全赞同的比例仅为26.34%，不赞同和非常不赞同则高达34.83%。这反映出一些高校对章程不重视，甚至消极对待章程宣传教育问题。诸如没有依照相关规定将其纳入新教师、新学生培训手册，没有建立健全"以学校网站、微信、师生手册、宣传栏及各种社会媒介等"为依托的章程宣传教育机制。

3. 规章制度不全

良法是善治的前提和条件。章程及校内规章制度是学校治理的依据和准则，制度的性质决定治理的方式；治理是制度的实践，制度的实践过程就是治理。推进高校治理体系和治理能力现代化，必须完善以章程为统领的校内规章制度体系。依据表4-10可见，教职工对"B3.制度完善"的认可度得分均值为3.192，略高于中等层次。统计结果显示，仅有37.02%的学校颁布校内"立法法"，即校内规章制度制定办法，明确校内规章制度制定的程序和标准；仅有42.4%的学校完成了对原有规章制度全面系统地清理和修订工作；仅有48.55%的学校基本形成了以章程为统领，健全、规范、统一的学校规章制度体系；仅有49.04%的学校能将章程及各类规章制度在学校网站上公开发布，以方便校内师生、社会公众及校友等利益相关者查询。

4. 监督保障不够

随着"一校一章程"格局基本形成，大学章程建设全面迈入实施阶段。大学章程实施能否取得良好效果，章程文本能否转化为实践力量，还需要完善的章程实施监督机制来保驾护航。由表4-10和图4-7可见，教职工对"B4实施监督"认可的得分均值仅为2.976，在所有指标中认可度得分最低。统计结果显示，只有25.49%的学校将章程实施情况纳入各职能部门、各科研单位的年度报告内容，仅有19.71%学校对进行章程实施情况的内部评估，仅有37.02%的学校制定章程实施推进办法，仅有34.13%的学校设立章程实施监督机构，仅有26.93%的学校建立了对违反章程的问责机制。可见，高校普遍没有建立大学章程实施的保障机制，内部评估、监督问责机制更是匮乏。

5. 社会参与不足

社会参与依然是高校治理结构的短板。高校亟待建立健全社会参与的组织机构和规章制度，积极吸收社会相关方面的意见和建议，增强密切联系社会、服务社会的能力，扩大社会参与和支持办学的途径，畅通社会对学校办学与管理活动的监督、评价渠道。教职工对"Q32.我校成立学校理事会，理事会成员能实际参与学校治理，共襄发展大计"题项的认可度得分值分别仅为2.952，满意和非常满意率也仅为33.33%。教职工对"Q33.我校成立学校发展基金会，加强与社会各界交流合作，为学校发展筹措资金、募集资源"题项的认可度得分值分别为3.237，赞同和非常赞同比例为46.86%。

第五章 我国大学章程实施效果提升策略

"盖天下之事,不难于立法,而难于法之必行。"加强大学章程建设,必须一手抓制定完善,一手抓贯彻执行,尽快打造全方位、立体化、多渠道、宽领域的章程实施格局。培育大学精神,凝聚价值共识,塑造大学文化是大学章程实施的逻辑起点;提升机构效能,增强章程意识,完善规章制度是推动大学章程实施的内生动力;压实督导问责,强化司法裁判,拓展社会参与是大学章程实施的外在推力。

一、制以载道:培育大学精神、凝聚章程共识

大学章程实施不仅是推进章程的贯彻落实,更是挖掘和弘扬大学精神,培养大学行为,营造公正有序的运行环境,塑造特色鲜明的大学组织文化。

从组织文化角度看,大学组织文化由内到外可以分为理念、制度、行为及符号四个层次。大学理念是人们对"大学是什么""大学能做什么""大学应该是什么"的理性认知。张维迎在《大学的逻辑》中指出:"大学的理念是为人类创造知识,传授知识,传承人类文明,推动社会进步。"[1]一所大学只有把自身理念搞清楚,弄明白了,才能制定出契合自身实际需要的规章制度,进而塑造教风、学风等,规范师生行为、引领学校发展方向。

大学精神属于理念文化的重要内容,以大学章程为核心的校内规章制度体系属于制度层文化。大学章程与大学精神密切联系,相辅相成;大学章程是大学精神的制度化,大学精神是大学章程的灵魂和内核;大学精神是"卓越灵魂"要素,决定和制约大学章程;大学章程承载大学精神,体现和反作用于大学精神。以章程为核心的校内规章制度体系,是大学精神的延伸和具体化,是大学自治、学术自由、民主参与、程序公正等理念内化的结果,保持大学制度在理念上的统一与协调。

大学精神之于大学犹如"12字方针"之于"东方红一号"。2020年4月24日,习近平总书记给参与"东方红一号"任务的老科学家回信。他指出:"你们发愤图强、埋头苦干,创造了令全国各族人民自豪的非凡成就,彰显了中华民族自强不息的伟大精神。"

今天的人们是否知道,当年参与卫星研制的科学家们面临的一穷二白境况,没有人

---

[1] 张维迎.大学的逻辑[M].北京:北京大学出版社,2012:6.

见过卫星，缺乏卫星的基本知识，没有专门的研制队伍。"东方红一号"卫星研制方案经历连续42天会议的集体讨论而商定，最后又凝练为12字方针："上得去，抓得住，听得着，看得见。"

这12个字，成为我国第一颗人造卫星研制的指导方针，在以后的几年岁月里，让众多的科学家为之辗转反侧，寝食不安。正是在伟大民族精神的激励下，科学家们自力更生、艰苦奋斗、顽强拼搏，敢于战胜一切艰难险阻，勇于攀登航天科技高峰，成功研制了"东方红一号"卫星，使中国成为继苏、美、法、日之后世界上第五个独立研制并发射人造地球卫星的国家。

（一）国外大学章程与大学精神

对大学精神的探求是学术界一个永恒的话题。纽曼在《大学的理想》中认为："大学是一切知识和科学、事实和原理、探索和发现、实验与思索的高级力量，它态度自由中立、传授普遍知识、描绘理智疆域。" 奥尔托加·加塞特在《大学的使命》中指出：大学必须坚持自己作为一种主要的、高于新闻舆论的"精神力量"的权利，在狂热之中保持平静，面对轻浮无聊和恬不知耻的愚蠢行为保持严肃性，把握理智。科学代表着一所大学的尊严和地位，尊严是一个机构的灵魂，它增加了机构的生活宽度，并使之免于成为一个机械的机构。[①]大学的使命到底是什么？就是要追问什么是真、什么是善、什么是美；是赋予学生思考这些深刻问题的灵感和技巧；是挑战传统的思想和习俗；是让学生追问自己什么给他们的生活带来意义，什么使他们能更加热爱生活。因此，我们确实需要思考基于全球化和民主传统、利益背景的大学教育宗旨的持续辩论和正名。毕竟国家的未来需要依靠高水平大学的高质量教育，学生不应该仅仅学习一些课程内容，而且要学会承担个人和社会责任。所以必须追问，目前的大学是否在忠实地履行国家赋予它们的职责？[②]大学精神不仅存在于教育哲学的理论阐述中，而且逐步贯彻落实到以大学章程为核心的现代大学制度构建过程。

上世纪八十年代初，克拉克·克尔研究了众多卡耐基高等教育政策研究会报告后提出：大学赢得人们的信任的主要因素在于以"国家福利第一，所有的高等教育的福利第二"的大学宗旨，换句话说，"它们的目标是通过高等教育，而不是通过其他途径来推动美国社会的进步"。卡耐基研究会确定了高等教育的五大目标：①针对学生个人的教育，以及为他们的发展成长提供一个建设性的环境；②通过发现和培养才能、促进新思想以及增进理解来大幅度地提高人的社会适应能力；③对所有青年的教育公平；④纯学术——通过支持理性的和艺术的创造力；⑤通过独立的思考和信仰来重新评价社会。在这一时期的众多院校使命阐释中，上述声明几乎被不加修改地重复使用。这些大学宗旨涉及三方面的内容：教育学生，知识创造和传播，普遍的公正以及服务社会的伦理观

---

① 加塞特.大学的使命[M].徐小周，陈军，译.杭州：浙江教育出版社，2001：101.
② 刘易斯.失去灵魂的卓越：哈佛是如何忘记教育宗旨的[M].侯定凯，译.上海：华东师范大学出版社，2012：10.

念。这些理念不同程度地体现或蕴含在国外大学章程的制定和实施之中。

美国的大学重视利益相关者的依法协同治理，体现大学的知识创造与传播、法治精神。杜克大学在1988年进行的一次自我调查中提出的"使命宣言"就是一个具有代表性的陈述。杜克大学是一所适应当代大学发展趋势的典范，它自觉地抛弃了传统中的地域性的或者教区性的因素，并且转而把自己建设成为一所全国性的重点大学。它所声明的目标体现了当代大学的一系列典型观念。杜克大学将竭力完成这些使命，教导学生去寻求有意义、有道德、有成效的生活，发现并且阐释重要的新知识；促进一种对道德问题和知性问题加以自由探索的精神；在传统学科的内部或者之间鼓励观点和信息的交流；通过教育、医疗、文化和娱乐服务设施的多样化来丰富社区居民的生活；并且在整个大学里支持多样化和相互宽容。①《斯坦福大学行政指南》在"大学行为准则"中指出：作为斯坦福大学社区成员，所有教师、职员、学生、董事会成员、大学官员，以及附属人员有责任维护此机构及本社区的最高道德标准，学校重视正直、诚实、和公平原则，并努力将这些价值观纳入其教学、研究和经营实践中。本准则是一项我们致力于维护道德、专业和法律标准的共同声明，并作为短期及长期决定和行动的基础，我们必须清楚并遵守指导我们工作的相关政策，规范、法律和条例。作为个体，我们应对自己的行为负责，而作为大学社区成员，我们都有责任维护这些行为标准，并遵守所有相关法律和政策。②

法国的大学致力于实现国际最高水平的教育、研究和知识传播的普遍使命。《先贤祠-索邦巴黎第一大学章程》第1条规定：本大学的使命是达到国际最高水平，实现包括教育、研究和传播知识文化在内的公共服务职能。在高等教育大众化的趋势下，本大学以培养尽可能多的高素质大学生为目标。第3条"教学组织"中规定：本大学遵照教育政策开展教学活动，为第一、第二、第三阶段的国家文凭做准备。所遵照的教育政策由本章程所规定的决策机构制定，经合同批准生效。第4条"研究"中明确"本大学是从事科学研究的场所"，"本大学遵照研究政策确定的研究目标，以促进教育领域内的基础知识和应用知识的进步、增值和传播，并建立所需的相应设施和机构。"③《巴黎第四大学章程》规定：大学的普遍使命是在文学、语言和人文与社会科学领域从事知识设计与知识传授，初始培训与继续培训、文化进步、研究的提升和增值。它通过其物质、智力与精神的全部组成部分，研究不同文明的历史发展和现状。它要在作为绝对准则的自由精神之中，使其成员在自信、目标、方法和工作表述上相互尊重的精神之中，完成教育任务和学术任务。④

英国的大学致力于知识探索与传播，追求最高的学术水准。《牛津大学章程》"总则"第3～5条规定："大学的核心目标是通过教学、研究增进知识，并以各种方式传播

---

① 马斯登.美国大学之魂[M].徐弢，程悦，张离海，译.北京：北京大学出版社，2015：483-485.
② 张国有.大学章程：第三卷[M].北京：北京大学出版社，2011：1-2.
③ 张国有.大学章程：第二卷[M].北京：北京大学出版社，2011：190.
④ 马陆亭，范文曜.大学章程要素的国际比较[M].北京：教育科学出版社，2010：62.

知识。大学有权保障一切能促进其目标的必要和有力的合法权益。根据以上目标制定的章程和规章应有利于实现其目标而非与之相悖。"①《伦敦大学帝国理工学院章程》规定：大学的宗旨首先是提供最优秀的专业教学和最先进的培训、教育、研究、科学学术、技术和医学，尤其是促进它们在工业领域的应用；其次是促成大学的这些专业与其他机构之间的共同合作、交流。②《伦敦大学章程》指出本大学的目标是：出于公共利益的目的，主要通过学院，同时也依赖核心学术机构和重要活动，通过教学与研究来提高大学的教育水平，促进知识和学习的进步，并鼓励实现和维持最高的学术水平。为实现这些目标，大学将为各学院的利益提供服务和支持。③

日本的大学致力于塑造"世界大学"形象，强调为人类文明幸福作出贡献。《东京大学章程》指出，在新世纪，作为致力于为世界提供公共性服务的高等院校，东京大学决意成为真正的世界性大学，以回应日本民众的期待，推动日本社会的发展。东京大学追求超越国籍、民族和语言等所有障碍的人类普遍真理和事实；通过教育和研究，为实现世界和平和人类的幸福、人类与大自然的和谐共生、创造安全的生存环境、保持各地域间均衡的可持续发展和科技进步、批判性地继承和创新文化等做出贡献。在一个开拓创新的时代，为实现上述使命，东京大学制定章程以阐明大学未来发展理念和办学目标。④《早稻田大学章程》第1条规定：本大学致力于学术的独立、真理的追求及学理的应用，在教授、普及高深精专的学术和艺术的同时，培养具备个性、高素质、能成为国家和社会栋梁的优秀人才，并引导他们为文化的创造和发展、为人类的幸福做出应有贡献。⑤

德国、俄罗斯及以色列等各国的大学均具有鲜明的大学精神，并且明确大学精神与大学章程之间的紧密联系。《柏林洪堡大学宪章》"序言"指出：在我们的时代，国家和社会对大学的要求在提高，而大学的资源却在减少。大学的业绩要服从经济标准，大学的结构要服从层级效率的逻辑。而洪堡大学坚持研究与教学的统一、学生与学者的共同体、学术自我负责和自主管理等原则，因为学术离不开自由，自由离不开责任。柏林洪堡大学本此精神修订其章程。⑥《国立莫斯科大学章程》规定了"大学的基本任务"：①在教学和科学研究相结合的基础上，通过接受高等教育、大学后教育以及成人职业教育，满足个人在智力、文化以及精神发展方面的需求。②通过在自然和人文科学领域推行高等教育、大学后教育以及成人职业教育，满足社会对受过高等职业教育、集扎实的职业知识和高水平的文化以及公民意识于一身的专业人才的需求。③紧密联系教学进程，在自然和人文科学领域进行基础和应用研究，积极参与创新，普及与宣传科学知识。④培训高学历工作人员和高技能的科学教育工作者，并提高他们的技能。⑤培养

---

① 张国有.大学章程：第四卷[M].北京：北京大学出版社，2011：014.
② 湛中乐.大学章程精选[M].北京：中国法制出版社，2010：526.
③ 张国有.大学章程：第二卷[M].北京：北京大学出版社，2011：182.
④ 湛中乐.大学章程精选[M].北京：中国法制出版社，2010：612.
⑤ 湛中乐.大学章程精选[M].北京：中国法制出版社，2010：618.
⑥ 张国有.大学章程：第二卷[M].北京：北京大学出版社，2011：216.

在校学生的公民立场、劳动能力，保持和提高学生的精神、文化和科学价值观；普及知识，提高大众的教育和文化水平。①《耶路撒冷希伯来大学宪章与基本章程》明确指出：大学需要制定一份宪章，该宪章应对大学学术和行政事务的管理作出规定，并表达以色列人民以及境外犹太人在大学的建立和成长中应共同承担的责任。大学的使命是促进和推动犹太学研究，以及人文、艺术、自然科学和其他学科的研究，从事科研和教学工作，并为各学科的发展和传播竭尽全力。②

（二）我国大学章程与大学精神

大学章程是大学历史文化的积淀，形态各异的大学章程向世人展示的是浸润于自身发展脉络中的大学精神。③不同时代、不同环境、不同民族与文化背景，形成了不同特色的大学，也铸就了不同风格的大学精神。我国的仁人志士对中国特色的大学章程与大学精神进行了孜孜探求，旨在以大学精神指导大学章程，以大学章程承载大学精神，推动了不同时代的大学制度探索。

民国时期，我国众多大学以精神指导制度建设，以制度建设推行教育理念，实现大学精神与大学制度的良好契合，培养了大批国家有用之才，推动了学校不断发展壮大。北京大学以"教授高深学问，养成硕学闳才，应国家需要"为办学宗旨，提倡"兼容并包，学术自由""教授治校"等精神理念，制定新章程，探索新组织，"引领中国新思潮，既有新精神，不可不有新组织"。④1919年《国立北京大学内部章程试行章程》确立评议会为学校最高学校决策机构，会员由教授互选产生，教务长、总务长以及各院院长为当然会员，议决各学系、机关的废止与变更，各种规则制定，预决算等学校重大事项。⑤建立各学系教授会，负责规划各学系教学科研规划事务。《国立北京大学现行章程》的送审呈文中指出："盖以大学为研究高深学术、养成硕学闳才之所，而组织完善与否，与学术之滞达、人才之盛衰均极有关系。故因事势之需要，不能不随时变通以求适应。""因复内察事势之转移，外觇各国大学现行制度之短长，量为变通，以图尽善。""辄先便宜推行，以观利弊；年余以来，颇见成效。"

南开学校以"痛陈时弊，育才救国"为办学宗旨，倡导教育救国，针对愚、弱、贫、散、私五种民族弊端，提出重视体育、提倡科学、团体组织、道德训练及培养救国力量五种教育方针。这些教育方针以"公""能"为核心，惟"公"故能化私、化散、爱护团体，有为公牺牲之精神，惟"能"故能去愚、去弱、团结合作，有为公服务之能力。允公允能，以治民族之大病，培养救国建国人才，以雪国耻，以图自强。"四十年来，我南开学校之训练，目标一致，方法一致。根据教育理想，制定教育方案，彻底实

---

① 张国有.大学章程：第二卷[M].北京：北京大学出版社，2011：289.
② 张国有.大学章程：第二卷[M].北京：北京大学出版社，2011：417-418.
③ 湛中乐.大学章程精选[M].北京：中国法制出版社，2010：001.
④ 王学珍，郭建荣.北京大学史料：第二卷[M].北京：北京大学出版社，2012：81.
⑤ 王学珍，郭建荣.北京大学史料：第二卷[M].北京：北京大学出版社，2012：79-83.

施，认真执行，深信必能实现预期之效果，收到良好之成绩。"①

金陵大学贯彻科学精神，形成教学、研究、推广的三结合制度；弘扬民主共和精神，成立校务会常务委员会，常务委员几乎每周集会一两次，讨论、研究校务，并对各项重大措施制定决策；并且这种精神，体现在学校的教学和学生管理等各个方面，包括学生自己选课方面的学分制。②

《大学》开篇明义指出："大学之道，在明明德，在新民，在止于至善。"对"新民"，梅贻琦认为："一为大学新民工作之准备，二为大学对社会秩序与民族文化所能建树之风气。""为社会之倡导与表率，其在平时，表率之力为多，及处非常，则倡导之功为大。"③在《大学的意义》一文中，他认为大学的意义在于"研究高深学问"，"从学问里研求拯救国家的方法，同时使个人受一门专门服务的训练。"④这些思想最终体现在清华大学章程之中，《国立清华大学规程》第1条规定"以求中华民族在学术之独立发展，而完成建设新中国之使命"为大学宗旨。清华大学在形成之初，多受到西方思想的影响，但清华大学的精神并不完全由西方大学的精神照搬而来，学校十分重视对中国传统文化的继承和创新、对中国传统典籍的诠释和吸收，从而形成了自己独特的校训和校风。1911年《清华学堂章程》提出"以进德修业、自强不息"为教育之方针。1913年，梁启超应邀到校给学生做了题为《君子》的演讲。他根据学校的办学方针，结合西方的教育精神，提出学校应该培养具有"君子"品格的人，并用周易六十四卦的乾坤两卦的卦辞来说明君子品格的基本内涵："乾象曰：天行健，君子以自强不息。坤象曰：地势坤，君子以厚德载物。""推本乎此，君子之条件庶几近之矣。乾象言，君子自励犹天之运行不息，不得有一暴十寒之弊。……坤象言君子接物，度量宽厚，犹大地之博，无所不载。君子责己甚厚，责人甚轻。""自强不息、厚德载物"八个字后被载入清华校徽，成为清华校训，激励着一代又一代的清华师生。

延安时期，我们党和边区政府就十分重视高校精神文化的构建，并且善于把这种精神文化转化为制度文化，进而形成高校成员群体的行为规范。在陕甘宁边区，抗大的灵魂体现在毛泽东的题词和各种讲话之中。1938年3月5日，毛泽东为抗大同学会题词："坚定不移的政治方向，艰苦奋斗的工作作风，加上机动灵活的战略战术，便一定能够驱逐日本帝国主义，建立自由解放的新中国。"这三句话是他首次对抗大教育方针的概括总结，之后又多次对其进行阐述。在抗大第四期第三大队开学典礼上发表的《在抗大应当学习什么》的讲演中，他将抗大的教育宗旨明确为"抗日救国"。他指出："你们在这里学习的时间很短，只有几个月，学不到很多的东西，不像别的大学可以学几多年，但你们可以学一样东西，一样很重要的东西，就是学一个宗旨，这个宗旨也就是全国的全中华民族的宗旨——抗日救国。这是我们学校的总方针，也是全国人民的

---

① 陈平原，谢泳.民国大学：遥想大学当年[M].北京：东方出版社，2013：40-44.
② 陈平原，谢泳.民国大学：遥想大学当年[M].北京：东方出版社，2013：472.
③ 梅贻琦.中国的大学[M].北京：北京理工大学出版社，2012：10.
④ 梅贻琦.中国的大学[M].北京：北京理工大学出版社，2012：14.

要求。"①他指出："你们从很远的地方辛辛苦苦地来延安学习，一不为升官，二不为发财，那么远道而来，究竟为什么呢？无疑就是为了学抗日救国。我们要帮助你们完成。"1939年5月26日，毛泽东在《新中华报》发表《抗大三周年纪念》一文，重申抗大教育方针，"坚定不移的政治方向，艰苦奋斗的工作作风，加上机动灵活的战略战术"，并且进一步指出："这三者，是造就一个抗日的革命军人所不可缺一的。抗大的职员、教员、学生都要根据这三者去进行教育与从事学习的。"②

抗大精神通过抗大组织条令及各种规章制度承载并贯彻落实。1938年6月，抗大颁布《抗大组织条令》（注：我们也可以将其看作是抗大的大学章程）。该条令明确规定了抗大的性质和任务是："本校在中国共产党领导下，为实施国防教育，创造具有高度民族意识的忠实于国家民族与社会解放事业的抗日军政干部，争取抗战胜利及实现民族独立、民权自由、民生幸福的新中国而奋斗。"条令明确规定抗大的教育方针："坚定正确的政治方向，艰苦奋斗的工作作风，灵活机动的战略战术。"条令明确规定，抗大之"教育中心基于革命的传统，在政治上，授以马列主义理论、中国革命的基本问题及抗日民族统一战线的救国政策；在军事上，授以持久抗战的战略战术，使之深刻了解，并能灵活运用；在实际生活中，锻炼艰苦奋斗的作风，以期在长期抗战过程中间，英勇奋斗，完成革命任务"。条令规定，在教育方法上要强调少而精，理论与实际并重，理论与实际联系，体力与智力统一，军事与政治密切配合，实行革命的批判的教授制度，自觉遵守的管理制度及集体互助的学习制度。《抗大组织条令》的颁布与实施，进一步加强了抗大的全面建设，同时也完善了抗大的规章制度，如《抗大政治部工作暂行条例》《总支委工作暂行条例》《组织科工作暂行条例》《宣传科工作暂行条例》《俱乐部工作暂行条例》《大队政治协理员工作暂行条例》《连队政治指导员工作暂行条例》《连队救亡室组织与工作》《抗大政治训令》等，从而使抗大各部门、各单位，以至每一位成员都有章可循，保证教学工作能够有条不紊地开展。最终，在抗大形成了一种既有集中又有民主，既有纪律又有自由，既有统一意志又有个人心情舒畅、生动活泼的政治局面。③

新中国成立以后，特别是改革开放以来，我国高校逐渐开始重视大学精神的凝练，关注大学组织文化建设，一些高校塑造培育了自身独具特色的大学精神文化，并且将大学精神与大学章程结合起来，精神指导章程，以章程彰显精神。《陕西师范大学章程》明确提出弘扬"西部红烛精神"。章程"序言"规定：学校以"崇真务实、开放包容、勇于创新、追求卓越"为办学理念，以建成教师教育为主要特色的综合性研究型大学、力争建设特色鲜明世界一流大学为办学目标，坚持立德树人，弘扬"扎根西部、甘于奉献、追求卓越、教育报国"的西部红烛精神，培养引领教育发展的卓越教师和教育家，培养具有社会责任感、创新精神和实践能力的优秀人才，培养德智体美劳全面发展的社

---

① 毛泽东文集：第2卷[M].北京：人民出版社，1993：116.
② 毛泽东文集：第2卷[M].北京：人民出版社，1993：188.
③ 国防大学.中国人民抗日军事政治大学史[M].北京：国防大学出版社，1993：116.

会主义建设者和接班人。①

西部红烛精神是爱国精神、奋斗精神、坚守精神、奉献精神，是伟大的民族精神和时代精神在陕西师范大学的具体体现，也彰显了陕西师范大学的办学传统、办学特色和价值追求以及在国家高等教育体系和教师教育体系中的独特地位与作用。西部红烛精神是陕西师范大学发展的宝贵精神财富，源于历史，立于现实，融于未来。

为了挖掘、凝练、宣传好这一精神，让其薪火相传，历久弥新，学校启动了西部红烛数据库建设，还将西部红烛精神贯穿于师生理想信念教育、职业道德教育和教学教育全过程，开展了一系列主题教育活动。同时积极响应国家号召，率先发起成立了"一带一路"沿线国家参与的教师教育联盟和中国西部师范大学教师教育创新与发展联盟，并积极投身西部教育扶贫，诠释了西部红烛精神和两代师表在新时代的继承和发展。②

陕西师范大学《关于公布"西部红烛精神"内涵表述的通知》③

今年是我校建校75周年。75年来，我校始终坚持与民族命运起伏共振，与国家教育事业发展紧密相连，牢记师范大学的责任与使命，坚持为基础教育服务，用理想、信念和情怀，扛起了西部教育大旗，形成了特有的"西部红烛精神"。这一精神源于历史，立于现实，融于未来，是学校建设发展的宝贵精神财富。

为了宣传阐释好"西部红烛精神"，进一步传承优良传统，彰显办学特色，凝聚价值共识，推动事业发展，党委宣传部面向校内外开展了"西部红烛精神"内涵表述征集活动。经征求意见、研讨论证、校党委常委会批准，确定我校"西部红烛精神"的内涵表述为：扎根西部，甘于奉献，追求卓越，教育报国。扎根西部，是忠诚祖国、坚守担当的家国情怀；甘于奉献，是淡泊名利、无怨无悔的崇高品质；追求卓越，是勇攀高峰、力争一流的奋斗品格；教育报国，是矢志教育、初心不改的价值追求。"西部红烛精神"是伟大的民族精神和时代精神在我校的具体体现，是爱国的精神、奋斗的精神、坚守的精神、奉献的精神。

"西部红烛精神"内涵表述的确定，体现了广大师生员工及校友的共同智慧，是对学校办学传统的总结和凝练，是对学校精神文化的丰富和发展。目前，学校正处在推进内涵式发展、加快"双一流"建设的关键时期，希望全体师大人弘扬践行"西部红烛精神"，不忘教育报国初心，牢记立德树人使命，担当作为，无私奉献，为早日把学校建成以教师教育为主要特色的综合性研究型大学、开启特色鲜明世界一流大学建设新征程而努力奋斗，为实现中华民族伟大复兴的中国梦贡献力量！

---

① 陕西师范大学学校章程[EB/OL].[2021-04-18]. https://www.snnu.edu.cn/xxgk/xxzc.htm.
② 游旭群.弘扬西部红烛精神 支撑教育强国战略.陕西师范大学[EB/OL].[2021-03-19]. https://www.snnu.edu.cn/info/1084/35352.htm.
③ 关于公布"西部红烛精神"内涵表述的通知[EB/OL].[2021-03-10].http://www.snnu.edu.cn/info/1085/25720.htm.

二、完善以章程为统领的规章制度体系

学校规章制度，是指由学校在办学自主权范围内依法制定和颁布的，旨在规范校内教学、科研、服务等行为，对相关成员具有普遍约束力的规范性文件的统称。大学章程是学校的"根本法"，是学校规章制度制定的基本准则和统领，要使大学章程真正发挥作用，就须尽快完善学校规章制度体系，形成大学章程与校内规章制度的制度合力。要以章程实施为契机，系统地进行学校各类规章制度的立、改、废、释，推进各方面制度建设，及时将成熟经验归纳固化为规章制度，将不合时宜的制度清理废除，以保障规章制度的科学性和权威性。同时，以完善的规章制度体系进一步丰富和发展大学章程的内容，推动大学章程的创造性实施，保证大学章程的各项原则性规定得到创造性地贯彻落实。

习近平总书记关于制度建设的重要论述为大学章程的制定和实施指明了方向，提供了理论保障和支撑。"抓好制度建设这条主线，既要在原有制度基础上继续添砖加瓦，又要在现有制度框架内搞好精装修，打通制度堵点、抓好制度执行，推动解决实际问题。""法规制度要系统集成。这些年来，从中央到地方搞了不少制度性规范，但有的过于原则、缺乏具体的量化标准，形同摆设；有的相互脱节、彼此缺乏衔接和协调配合，形不成系统化的制度链条，产生不了综合效应；有的过于笼统、弹性空间大，牛栏关猫，很多腐败问题不仅没有遏制住，反而愈演愈烈。要把反腐倡廉法规制度的笼子扎细扎密扎牢，必须做到前后衔接、左右联动、上下配套、系统集成。""要贯彻全面深化改革、全面依法治国的要求，加大反腐倡廉法规制度建设力度，把中央要求、群众期盼、实际需要、新鲜经验结合起来，本着于法周延、于事有效的原则制定新的法规制度、完善已有的法规制度、废止不适应的法规制度，努力形成系统完备的反腐倡廉法规制度体系。"①

（一）建立健全学校"立法法"

学校规章制度建设是一项基础性、根本性和长期性的工作，其种类繁多，内容庞杂，涉及制定权限、制定程序、合法合规等众多问题。为保障校内规章制度建设质量，首先必须建立健全学校"立法法"，以建立健全学校规章制度制定的统一标准和程序，全面规范校内规章制度建设活动全过程，包括规章制度的制定、修改、废止、解释、备案、宣传、解读、培训、监督检查等各个环节。面对纷繁复杂的学校规章制度建设要求，结合各个学校专业法治人才配备的实际情况，本研究认为，规范学校规章制度制定不是一所学校面临的个别问题，而是一个亟待解决的普遍性问题，不是一所学校能够可以局部解决的，而是需要教育行政主管部门统一协调。

首先，由教育行政主管部门依据《中华人民共和国立法法》《行政法规制定程序条例》《规章制定程序条例》《党内法规制定条例》等法律法规，制定统一的学校"立

---

① 习近平.在十八届中央政治局第二十四次集体学习时的讲话[N].人民日报，2015-06-28（001）.

法法",即学校规章制度制定办法,以规范学校"立法权"。其次,由各个学校依据上位法校内规章制度制定的规定,并结合自身实际情况,分别制定或修订各自校内"立法法",以促进形成体系完备,内容科学,形式规范的校内规章制度体系。

1.明确学校规章制度的"立法体制"及"立法程序"

任何立法机构都必须遵循一定的立法权限和立法程序,这是现代法治的基本要求。立法体制主要解决谁有权立法的问题。学校规章制度的"立法体制"是指按照法律法规及规章的规定,学校内部机构及成员制定、修改、废除及解释校内规范性文件的权限划分制度。研究学校规章制度的"立法体制"问题能够清晰界定校内"立法机构"的设置及其"立法权限"的划分,明确校内规章制度的效力层级,构建和谐统一的学校规章制度体系,以更好地推进高校法治工作质量。结合我国高校校院两级治理结构的实际情况,高校应该建立校院两级"立法体制",学校行政部门、二级学院在各自权限范围内制定"规定""办法""细则"等规章制度。

正当程序是公平正义的保障,能够保护公民、法人和其他组织的合法权益,以防止被公权力主体滥权、恣意行为侵犯。因此,没有立法权不能立法,有立法权也不能随意立法,必须要依据正当程序进行立法。立法程序主要解决有立法权的机构依据宪法或法律规定的程序进行立法的问题。学校规章制度的"立法程序"是指按照法律法规及规章的规定,学校内部机构及成员制定、修改、废除及解释校内规范性文件的程序和步骤。只有保障程序公正,才能确定校内规章制度的公信力和权威性。然而,一些高校在制定校内规章制度过程中,程序意识欠缺,致使严肃、庄重的校内"立法"因为权力的主观任性而陷入无序混乱状态。学校"立法法"必须在坚持合法性、中立性、参与性、公开性及时限性等原则的基础上,明晰各个职能机构、二级单位在各自权限范围内进行校内规范性文件的立项、起草、审查、决定、公布、解释。2020年,《教育部关于进一步加强高等学校法治工作的意见》(教政法〔2020〕8号)要求"健全校内规范性文件制定发布机制,明确起草、审查、决定、公布的程序,明确合法性审查的范围和具体办法。""建立校内规范性文件定期清理机制,按照法制统一的原则进行及时修订和清理,编制现行有效文件清单。"

2.明确学校规章制度遵循的"立法技术"

立法技术主要是指立法的表达技术,包括规范性文件的内部结构、外部形式,概念的语言表达、文体的选择技术;法律规范的结构和分类技术;规范性法律文件规范化和系统化等。立法技术直接影响立法质量。[①]当前,一些高校内部职能部门各行其是,没有总体协调和审核机制,相互之间缺少联系和协调,导致章程理念不统一、法律用语错误、格式不规范、表述存在歧义等。为了防止大学各部门各行其是,内部规章不协调、相互冲突等,校内权威"立法"机构,可以负责受理校内"立法"提案,统一"立法"理念、"立法"规范、"立法"技术和表述方式等,提升校内"立法"质量,以严格的

---

① 沈宗灵.法理学[M].2版.北京:北京大学出版社,2003:273.

程序保障校内"立法"的权威性、严肃性和合法性。当前学校规章制度的"立法技术"亟待解决以下问题：

第一，规范学校规章制度的名称。校内规章制度名称问题是一个普遍而亟待解决的问题，主要涉及两个方面：一方面是不同学校的校内规章制度名称自成体系，使用各不相同，影响整个高等教育法治的统一性和严肃性。甲高校的"规定"与乙高校的"规定"不是同一层级的规章制度，在实践中难以比较参考。另一方面是同一学校的不同层级规章制度之间名称混同，不能清晰地显示不同规章制度之间的隶属关系，在实践中容易造成混乱。如学校的"根本法"称为"章程"，一年一度的招生规章制度也称为"章程"，其实"招生章程"完全可以称为"招生办法""招生规定"，而且也不影响其内容及效力。这个问题不仅涉及各个学校自身，而且涉及各个学校之间的协调，因此需要教育行政主管部门和各个学校统一行动，以尽快完成对学校规章制度名称的规范和统一。学校规章制度"立法"首先应当明确学校规章制度的层级，一般以"章程""规定""办法""细则"等命名。"章程"是指经特定程序制定的关于组织规程和办事规则的根本性规章制度，"规定"是指对某方面工作所做的带有约束性的行为规范，"办法"是指对某项工作所做的比较具体的要求和规范，"细则"是指为有效执行相关政策或实施学校有关规定而制定的具体措施或就相关条文做出的具体说明和阐释。如果学校规章制度属于暂时使用的，可在名称中加"暂行""试行"。

第二，明确学校规章制度的"立法"原则。学校规章制度制定、修改、废除及解释应当遵循以下原则：①合法合规性原则。学校规章制度必须以宪法、法律、行政法规及部委规章为制定依据，为此必须对校内规章制度进行合法性审查，明确要求未经学校法治机构合法性审查的，不得发文。凡与法律、法规、规章相抵触的，坚决予以修正或废止。②发展性原则。校内规章制度的稳定性与适时修改、废止相结合，因为这些规章制度种类繁多，如果不及时清理，极易导致整个学校规章制度体系不配套、不协调，从而影响学校规章制度在适用上的统一性和权威性。③民主性原则。学校规章制度的制定实施，往往涉及广大师生的切身利益和诉求，应该广泛征求意见，要让师生以各种形式有序参与，不仅能够提升"立法"决策的质量，更重要的是通过"大家的事情大家商量"的民主协商，让规章制度能够真正在执行中落地，避免新的问题产生。为不断完善立法公众参与制度，学校规章制度的"立法"听证会形式应不断地推陈出新，可以采取线下线上听证会模式，在现场听证会同步进行网络直播，兼具现场的"深度"与网络的"广度"。

第三，学校规章制度的规范表达。一方面是学校规章制度的表达要完整、概括和明确，另一方面是学校规章制度的"语言"要准确、严谨和简明。前者是指学校规章制度为广大师生提供的行为指示必须明确的，不得含混不清；后者是指学校规章制度的"语言"要明确、简练，概念表达清楚无误，不能出现词语歧义现象，不能出现上下文矛盾现象，不能出现上下文概念不统一现象。

北京大学规章制定管理办法（节选）①

第一章　总则

第二条 本办法所称北京大学规章（以下简称规章），是指在学校办学自主权范围内依法制定的，规范校内教学、科研、管理、服务等管理行为，由学校发布，在全校具有普遍约束力的文件的统称。学校所属各部门、院系等单位根据规章制定的内部管理制度不适用本办法。

第三条 规章的名称为"条例"、"规定"或者"办法"、"细则"等。对某一方面的行政管理关系作比较全面、系统的规定，可称"条例""规定"；对某一项行政管理关系作比较具体的规定，或者为贯彻、执行既有规章而制定的具体办法和程序，可称"办法"、"细则"。

第四条 制定规章应遵循以下原则：（一）以宪法、法律、行政法规为依据；（二）原则性与灵活性相结合；（三）稳定性与适时修改、废止相结合；（四）广泛征求意见，贯彻民主集中制；（五）各规章制度之间应协调统一。

第五条 校长办公会是学校规章的制定机构。党委办公室校长办公室（以下简称党办校办）受党委常委会或校长办公会委托，负责规章起草的协调、审核等工作。

第二章　起草与审核

第六条 基于学校安排或实际需要，各职能部门依据职能分工在主管校领导指导下负责规章起草工作；规章内容涉及两个或者两个以上职能部门的，应组成各有关单位参加的联合起草小组负责起草工作，主办单位由学校指定；学校认为有必要时，也可指定专门的工作小组负责起草工作。

第七条 规章的内容应当包括制定的依据和宗旨、适用范围、权力和责任、具体规范、施行日期等。实行新的规章需要废止现行规章的，应在规章草案中写明。

第八条 规章应当结构严谨，条理清晰，概念明确，文字简练、规范。对于具有特定含义的用语，应有明确的定义或者说明。

规章应当分条文书写，冠以"第×条"字样，并可分为款、项、目。款不冠数字序号，空两字书写，项冠以"（一）""（二）"等序号，目冠以"（1）""（2）"等序号。规章内容繁杂或者条文较多的，可以分章、分节。

第九条 起草部门或者起草小组形成规章"征求意见稿"后，应当征求学校其他相关职能部门的意见；根据需要，应当征求院、系、所、中心或学校直属附属单位的意见；必要时应当组织专家进行论证；涉及学校改革发展重大问题，或与教职工切身利益密切相关的规章应当征求教代会代表的意见。起草部门或者起草小组根据征求意见和专家论证的情况，对规章征求意见稿进行修改，形成规章"送审稿"报送党办校办。不能取得一致意见的，应当在规章送审稿中提出不同的解决方案，供学校决策时参考。

第十条 起草部门或起草小组在形成规章送审稿的同时，应形成规章起草说明。起草

---

① 北京大学规章制定管理办法[EB/OL].[2021-03-19]. https://xxgk.pku.edu.cn/gksx/jbxx/gzzd/45627.htm.

说明应当包括制订规章的目的、依据法律、法规的名称、起草过程、汇总的主要意见及采纳情况、需要说明的问题等。起草说明应经起草部门的主要领导审签并加盖公章；对内容涉及其他部门的，应经有关部门主要领导会签并加盖公章。

第十一条 党办校办对符合本办法第七条、第八条、第九条、第十条规定的规章送审稿及起草说明进行审核；必要时，安排继续听取有关部门、院系或教代会代表的意见，或征集法律、管理等方面专家的意见。审核的内容包括：（一）是否与法律、法规和学校其他规章相抵触；（二）条文结构是否合理、用语是否准确、规范；（三）征询意见是否全面，是否存在重大分歧并形成处理意见；（四）需要审核的其他内容。审核应当在30个工作日内完成。党办校办审核通过，形成规章草案，报主管校领导审阅。

第十二条 在审核中，有下列情况之一的，退回起草部门修改或做进一步协商：（一）不符合本办法第八条、第九条、第十条规定要求的；（二）意见分歧大，需作较大调整的；（三）内容与法律、行政法规或校内现行规章相抵触的；（四）条文内容不明确，适用性、可操作性差的。

第十三条 规章草案应由主管校领导提交校长办公会，按照规定程序审议通过。

第三章 发布和解释

第十四条 规章草案通过后，须经党委书记、校长或主管校领导签署，由党办校办以"北京大学文件"的形式颁布。

第十五条 依据规章制定的执行细则和解释性文件，需报党办校办备案。

第四章 修订和废止

第十六条 规章有下列情形之一的，需要修订：（一）基于政策或者事实的需要，有必要增减内容的；（二）因有关法律、行政法规的修订或者废止而应作相应修订的；（三）规章的主管部门或者执行部门发生变更的；（四）同一事项在两个以上规章中规定且不相一致的；（五）其他需要修订的情形。规章修订的程序，参照本办法第二章、第三章的规定办理。

第十七条 规章有下列情形之一的，应当予以废止：（一）规定的事项已经执行完毕，或者因情势变更，不需继续施行的；（二）因有关法律、行政法规已经废止或者修订的；（三）同一事项已由新规章规定，并发布施行的。因第（一）、第（二）两项原因废止规章，参照本办法第二章、第三章的规定办理，但因第（三）项原因废止的除外。

（二）完善校院两级规章制度体系

为推进大学章程建设，教育部密集出台了一系列规章政策，重点强调完善以大学章程为统领的校内规章制度体系。2014年《关于加快推进高等学校章程制定、核准与实施工作的通知》（教政法厅〔2014〕2号），要求"完善配套制度"，指出"要以章程为准则，全面清理学校的各项规章制度、管理文件，对不符合章程、在章程中没有依据的，不适应学校改革发展实践要求的，要及时予以废止或者修改；对保留的文件要进行系统整合，形成以章程为核心的层次清晰、内容规范的制度体系。"2017年《依法治教实施纲要（2016—2020年）》要求"全面提高规章及规范性文件质量"，"按照公开、公正、民主、科学的原则，进一步健全规章、规范性文件起草程序，涉及群众切身利益或者重大利益调整的，要采取座谈会、论证会、听证会等方式广泛听取意见。规范性文件出台前须由法治工作机构进行合法性审查，并不得设定或变相设定行政许可、行政处罚、行政强制等规定。"2020年《关于进一步加强高等学校法治工作的意见》（教政法〔2020〕8号），进一步要求"构建系统完备的学校规章制度体系"，规定："加强统筹规划，提高制度供给水平和制度建设质量，推动形成以章程为核心，规范统一、分类科学、层次清晰、运行高效的学校规章制度体系。"

完善以章程为统领的规章制度体系，必须与校院两级治理结构建设的需求相结合，在章程的"落实、落小、落细"上下功夫，推动校院两级规章制度体系的完善。首先，要尽快完成对所有校内规章制度"废、改、立、释"的清理工作，构建健全、统一、规范的校内规章制度体系。做好章程与具体规章制度的有效衔接。[①]一切校内规章制度要和章程协调一致，不能与之相冲突、抵触。其次，要将纷繁复杂的规章制度按照一定体例进行目录编纂，既照顾制度的历史沿革，又注重制度之间的协调统一。再次，要依靠跨部门的常设性校内"立法"机构，负责整体推进校内"立法"、协调部门单位利益、审查校内规章制度的合法合章程性。最后，要将大学精神贯穿于规章制度建设之中。大学章程不仅是大学精神、理念的集中体现，更是"法律精神、法律治理模式在大学内部的进一步延伸、具体化及个性化"。[②]就是说，完善的校院两级规章制度体系，不是"没有灵魂"的制度堆砌，而是以卓越的大学精神为指引，内容科学、程序严密、配套完备、统一协调和运行有效的创新性制度体系。

1.完善学校规章制度体系

完善以章程为统领的规章制度体系，必须遵循"一项业务一个规范、一个流程一项制度、一个岗位一套规定"的基本原则，推进了高校各项规章制度的内容科学、配套完备，促进高校规章制度建设的科学化、法治化和规范化，不断提升高校规章制度的建设质量，形成"人人会管理、处处有管理、事事见管理"的精细化管理格局。为推动学校层面规章制度的建设步伐，一些省份教育行政部门采取了制定规章制度目录、行政督导等措施，为形成系统化、规范化的法治工作局面奠定了坚实基础。陕西持续推进高校"一章八制"建设，"一章八制"即制定大学章程和高校党委领导下的校长负责制、教职工代表大会制度、学术委员会制度、理事会制度、教师申诉制度、学生申诉制度、财经委员会制度、信息公开制度等制度。要求各高校围绕履行人才培养、科学研究、服务社会、传承文化四大职能，以法治的思维和要求，进一步建立完善现代大学制度，推进高校治理体系和治理能力现代化。"一章八制"的重点是坚持党委领导下的校长负责制，突出人才培养、规范办学行为、依法治校和现代大学文化建设等重点。[③]广西积极

---

① 李玲玲，蔡三发.建设支撑一流大学成长的章程制度体系[J].中国高等教育，2018（17）：28-30.
② 湛中乐.没有大学章程就没有大学自主权[N].新京报，2011-04-09（003）.
③ 陕西部署推进高校"一章八制"建设工作[EB/OL].[2021-04-12].http://www.shx.chinanews.com/news/2015/1030/43787.html.

推动"一章九制"建设工作,推动高校落实一个章程和九大管理体制机制建设,主要包括党委职责及党委会、常委会议事制度,校长职权以及校长办公会的议事制度,学术委员会规则,校院两级管理体制中的二级学院的职权及党政联席会议制度,民主管理和监督机制及教代会规则、学代会规则,师生权利义务及救济机制,财务和资产管理机制,社会监督的机制如理事会、董事会、校友会的规则,章程制定和修改工作机制等。① 山东省为推进高校建立健全与章程相配套的管理制度,颁布了《山东省高等学校章程配套制度指导目录》,具体确定了党委会议事规则、校长办公会议事规则、学术委员会章程、学位评定委员会章程、理事会章程、教职工代表大会规定、教师管理办法、教师申诉办法、学生代表大会规定、学生管理规定、学生申诉办法、学生资助管理办法、教学管理办法、科研管理办法、考试招生办法、财务管理办法、资产管理办法、安全管理办法、后勤管理办法、国际交流与合作办法、信息公开管理办法等21项基本配套制度。② 辽宁省为推进规章制度建设,颁布了《辽宁省高等学校规章制度建设指导目录》,要求高校建立健全学校根本制度、基本制度和具体制度等三大类一揽子学校规章制度。

辽宁省高等学校规章制度建设指导目录③

一、高等学校根本制度

学校章程（高职院校组建职业教育集团的，还应包括职业教育集团章程）、学校规章制度建设规程、高等学校基本制度。

二、高等学校基本制度

1.党委领导基本制度

一般包括：校党员代表大会例会制度，校党委全体委员会例会制度，校党委常务委员会例会制度，校党委常务委员会议事与决策规则，党委领导下的校长负责制实施细则，校党政联席会议议事规则，校级党政领导干部职责，重大事项决策及风险评估制度，校党委理论中心组学习制度，党务公开制度。

2.行政管理基本制度

一般包括：校理事会（董事会、校务委员会）章程，校理事会（董事会、校务委员会）议事与决策规则，校长办公会议例会制度，校长办公会议事与决策规则，校/系（院）两级管理工作制度，校务公开制度。

民办院校和高职院校还应包括校企合作理事会章程。

---

① 广西完成55所公办高校章程核准 实现"一校一章程"[EB/OL].[2021-04-12]. http://edu.gxnews.com.cn/staticpages/20151214/newgx566e93a0-14092152.shtml.
② 山东省教育厅2016年度法治政府建设情况报告[EB/OL].[2021-03-19]. http://edu.shandong.gov.cn/art/2017/3/27/art_11982_7738747.html.
③ 辽宁省教育厅关于印发《辽宁省高等学校规章制度建设指导目录》的通知（辽教发〔2015〕1号）[EB/OL].[2021-03-19].http://www.lnen.cn/zwgk/zwtz/283120.shtml.

3.学术管理基本制度

学术委员会章程，学术机构设置管理制度，各专门委员会管理制度（一般包括：教学、教授、学位、学科、专业、师资聘任、职称评定等专门委员会）。

4.民主管理基本制度

教职工代表大会章程，教职工代表大会议事与决策规则，高等学校具体制度，党务管理类具体制度。

党务管理相关制度，一般包括：发展党员工作制度，党员学习教育制度，党员考核、监督和管理制度，党员联系群众、服务群众制度，组织生活会制度，党员领导干部民主生活会制度，基层党组织工作规定等。

纪检监察和审计相关制度，一般包括：纪检监察工作职责，党风廉政建设责任制制度，廉政建设风险防控体系建设制度，党员领导干部述职述廉制度，内部审计工作制度等。

宣传统战相关制度，一般包括：校园文化建设制度，新闻宣传管理制度，思想政治宣传教育制度，统战工作制度等。

三、高等学校具体制度

1.群团工作类具体制度

工会工作相关制度，一般包括：工会工作制度，教职工校内申诉制度，困难教职工帮扶救助制度等。

共青团工作相关制度，一般包括：学生会章程及管理制度，学生社团管理制度，学生干部选拔任用和考核制度等。

2.行政管理类具体制度

干部与人事管理相关制度，一般包括：各级各类部门党政负责人岗位职责，各级各类部门党政干部选拔、任用、考核、管理制度，后备干部推荐选拔和培养考察制度，教职工培训、在职进修管理制度，岗位津贴管理制度，教职工工伤认定及处理办法，离退休人员工作制度等。

校务管理相关制度，一般包括：公文管理制度，会议管理制度，档案管理制度，印章管理制度，保密工作管理制度，信访工作制度，统计工作制度，公务接待工作制度，公务车辆管理制度，信息公开制度等。

外事管理相关制度，一般包括：对外交流、合作事项管理制度，涉外会议及活动管理制度，外籍教师（专家）聘用管理制度，外国留学生培养与管理制度，因公（私）出国（境）管理制度，国际教育交流项目管理制度等。

财务管理相关制度，一般包括：内部控制制度，财务预决算管理制度，经费管理及使用制度，专项资金管理及使用制度，财务借款、报销管理制度，二级单位、下属公司或经济实体财务管理制度，行政事业性及其它收费、退费管理制度，招投标与政府采购管理制度，经济合同审签管理制度等。

资产管理相关制度，一般包括：固定资产管理制度，低值易耗品管理制度等。

后勤管理相关制度，一般包括：校园基本建设和修缮工程管理制度，校园物业管理制度，教学、办公用房管理制度，教师公寓、学生公寓标准化管理制度，食堂标准化管理制度，校园内经营服务管理制度，节能减排工作制度等。

校园安全管理相关制度，一般包括：饮食安全、交通安全、消防安全、建筑设施安全、网络信息安全管理制度，校园危险品管理制度，校园突发、群体性事件应急预案等。

3. 学术管理类具体制度

专业技术人员管理相关制度，一般包括：高端人才引进制度，新教师招聘制度，教职工职位设置、评聘、考核管理制度，专业技术分岗定级管理制度，研究生导师、学科/专业带头人选拔与管理制度等；高职院校一般还应包括："双师素质"教师认定工作规范等；民办高校一般还应包括：教师企业实践实训管理制度等。

学位管理相关制度，一般包括：学位授予工作制度，学位论文管理制度等。

科研管理相关制度，一般包括：科研机构管理制度，科研课题管理制度，学科平台管理制度，科研工作量化考核制度，科研成果转化管理制度，知识产权管理制度等。

学术管理相关制度，一般包括：学术活动管理制度，院/系学术委员会章程及管理制度，教师学术道德规范，学生学术道德规范等。

学术奖惩相关制度，一般包括：教师、学生优秀科研成果评选奖惩制度、优秀学位论文评选奖惩制度等。

学科专业管理相关制度，一般包括：学科专业建设管理制度，学位点、专业点动态调整管理制度等。

4. 教学管理类具体制度

课程管理相关制度，一般包括：人才培养方案制定规范，课程设计与管理制度，教材建设与管理制度，教学文件管理制度等。

教学组织管理相关制度，一般包括：教学团队建设制度，学分制管理制度，选课管理制度，辅修管理制度，考试、命题、评卷工作制度，课程重修、学生复试制度，学生专业调整工作制度等；高职院校一般还应包括"双证书"管理工作制度等。

教学质量保障相关制度，一般包括：教学工作规范，教学质量标准，教学质量监控、督导、评估制度，教学业绩评估、考核、奖惩制度，教学及教学管理事故认定与处理办法，教研课题、成果评审工作制度等。

实践教学管理相关制度，一般包括：实验教学管理制度，校外见习、研习、实习管理制度，社会实践管理制度，毕业设计（论文）工作管理制度，教学实践平台管理制度等；高职院校一般还应包括实训基地建设工作规范等。

5. 学生事务类具体制度

招生就业管理相关制度，一般包括：招生录取工作管理制度，就业指导工作制度，毕业生就业、创业跟踪调查工作制度等。

学生日常事务管理相关制度，一般包括：班主任、辅导员职责及管理制度，学生管理制度，学生道德行为规范，学生学籍管理制度，学生档案管理制度，学生违纪违规处理及申诉制度，学生奖/助学金、助学贷款管理制度，学生评优工作管理制度，学生住宿管理制度等。

学生体卫工作管理相关制度，一般包括：学生体育运动管理制度，学生心理健康教育管理制度，学生国防教育管理制度，学生医疗卫生管理制度等。

2.健全二级学院规章制度体系

纵观各省推行的督导措施以及各高校规章制度建设的实际效果，可以发现：这些督导措施比较有效地促进了各高校建立和健全规章制度体系，尽管由于各个省份政策的完备程度及执行力度存在差异，各省份的高校规章制度建设质量不尽相同，建设效果有所差别，但是有一点是共同的，那就是这些规章制度主要集中在学校层面，即学校层面规章制度建设效果较好，只是二级学院规章制度建设较为薄弱。这个现象在一些高校官网的"章程及其配套制度"或"信息公开"专栏中可以比较清晰地观察到。

二级学院是由一个学科或相近几个学科组成的学术共同体，是人才培养、科学研究、社会服务及国际交流合作的具体实施单位。在我国，学院一般不是法人单位，在校院两级管理体制中，学院具有在学校授权范围内自主管理和决定本单位内部重大事项的职权。在加快推动教育领域"放管服"的背景下，不仅政府职能部门要放权给学校，而且要求学校进一步放权给学院，放权给教师。如同革命根据地时期和建国初期的土地改革运动一样，实现"耕者有其田"，使农民获得耕牛、农具及房屋等生产生活资料，极大地提升了农民的生产积极性和政治热情，从根本上解放了农村生产力，为新民主主义革命的胜利奠定了坚实基础。[①]高校校院两级管理体制改革，其实质是做好学校放权和学院有序行权的过程，在招生、专业设置、人才聘用、职称晋升、科学研究、社会服务、国际交流与合作等领域进一步扩大学院自主权，实现"学院有其权""学者有其权"，激发学院主动性和积极性，提升教师学术生产力。[②]

在校院两级规章制度建设过程中，有必要明确各级规章制度的制定主体、制定权限、制定程序及其效力层次。如《密歇根大学董事会章程》开篇即对"学校内部规定及其效力"进行说明，以明确哪些权力是应由董事会直接行使的法定权力，哪些权力是由学校内部下属机构行使的衍生权力。董事会章程将学校内部规则分为三类：一是董事会章程；二是由学校下级权力机构发起，但须经学校董事会批准才能生效的规则；三是由学校下级权力机构基于委任立法权制定，且仅需根据该下级权力机构的意志即可生效的规则。[③]第一类规则，即董事会章程，其规则包括关于学校总体组织和政策方面的、更具重要性的事项，而不是那些关于各教学领域行政性细节和特定技术性要求的事项。此外，这些章程规范还包括那些无论重要与否，但最好为全体利益相关者知晓的规则。章程是由学校董事会通过行使其董事会立法权力而直接确立的，尽管这些章程规范有可能，并且往往实际上是以学校某机构，如，学院、学校理事会，或者其他下级立法权力主体的建议为最初形式的。第二类规则，是指由学校下级权力机构发起，须经学校董事会批准尚可生效，但其重要程度或者涉及的利益相关人的广泛程度尚不足以将其纳入章程的规则。此类规则包括更加技术性和细节性的规范，如有关毕业要求的规范。鉴于这

---

① 本书编写组.中国共产党简史[J].北京：人民出版社，中共党史出版社，2021：158.
② 卢兆彤，瞿振元.高校二级学院的体制机制建设与完善[J].中国高等教育，2013（22）：6-7.
③ 张国有.大学章程：第二卷[M].北京：北京大学出版社，2011：114-115.

样的规则并不构成章程的一部分，对其的修改亦可不必遵循章程修改程序，但出于档案保存完整的考虑，这些规则在获得批准后仍将被收入《学校董事会议事记录》。第三类规则，是指所涉及事项比第二类规则所涉及事项更加不具有重要性的规则。如评分规则，委员会组织结构以及涉及各学院和其他权力主体的其他内部管理事项。当然，所有这些事项均须服从于学校董事会的最高权威。这些规则是由学校各有权主体根据自行设定的程序而制定、修改或撤销的。制定这些规则的权力可由章程明示授予，亦可在授予相应有权主体其他权力时默示授予，还可通过普遍使用的方式默示取得。由于这类规则不提交给学校董事会，无须经过学校董事会批准，也不会被收入《学校董事会议事记录》，因此这类规则必须记载在其制定权力主体的会议纪要中，并报学校秘书长备案。[1]由此可见，针对我国高校学院层面规章制度薄弱的现象，国家教育行政部门及各个高校应当尽快建立健全学校"立法法"，一方面明确学校各级主体对规章制度的制定权限、原则及程序等；另一方面应明确各级主体制定的规章制度的适用范围、效力等级等。

完善二级学院规章制度体系，应该覆盖教育教学、学术研究、学术支撑、内部管理和服务保障、民主监督、社会服务、国际化、党建与思想政治工作等基本领域，涉及二级学院内部治理机制的各个环节，需要加强党政联席会议制度、学院学术委员会、学院教代会、学院督导委员会、院系学生会、学院自评委员会等制度建设，确保已经下放学院的各项自主权能够规范、公正、有效和阳光地运行，切实增强学院办学活力。

第一，健全党政联席会议制度。党政联席会是学院行政事务的决策机构，可以就学院改革发展、党建、教学、科研、队伍建设、行政管理等工作中的重要事项和重大决策进行集体讨论、表决决定或协商确定。健全党政联席会议制度，要明确党政联席会议组成人员及其确定方式、议事规则、列席人员及其确定方式、会议召集人及主持人安排规则、校院两级决策机构之间的协调沟通关系、校院两级决策抵触的解决途径等。

第二，健全学院学术委员会制度。充分发挥学院学术委员会在学科建设、专业设置、学术评价、学术发展、教学科研计划制定、教师队伍建设等方面咨询、审议、决策的作用。学院学术委员会应当统领教学督导委员会、学位评定委员会、职称评审委员会、学科建设委员会、教职员聘任委员会等，应当明确其组成人员及其确定方式，会议召集及主持规则、会议议事规则、列席人员及确定规则，校院两级学术委员会之间的关系等。

第三，完善二级学院教代会制度。学院教代会是教职工行使民主权利、参与民主管理、进行民主监督的基本形式。[2]完善二级学院教代会制度建设，涉及学院教代会会议制度、代表选举制度、提案制度、代表联系教职工制度、监督学院工作制度、院长向教代会报告工作制度以及校院两级联络制度等各个方面，对征求和听取教职工意见和建

---

[1] 湛中乐.大学章程精选[M].北京：中国法制出版社，2010：368-369.
[2] 迟维意.全面从严治党背景下加强高校二级学院党政联席会议制度建设的实践研究[J].高等农业教育，2017（4）：3-5.

议，促进决策科学化、民主化，审议、讨论与本单位教职工利益直接相关的分配实施方案，教职工聘任、考核、奖惩办法，增强教职工凝聚力和向心力等具有重要意义。

第四，对于有条件的二级学院，应该建立二级学院董（理）事会，制定学院董（理）会章程、议事规则，补齐二级学院治理短板，建立二级学院与社会的直接联系渠道，激发学院办学活力，提升社会影响力。如"江南大学食品学院董事会"。《江南大学食品学院董事会章程》规定了董事会的性质、宗旨、成员权利义务、组织及活动规则等。其中第2条规定了董事会的性质，"在江南大学指导下，对学校办学中有关食品学科建设和发展、专业设置、人才培养、办学经费等重大问题进行检查、指导、咨询、审议、监督和协调的组织。"第3条规定了董事会成立的意义和价值，"有利于学校对食品学科建设的决策，更好地改善教学科研条件，使食品学院的人才培养、科研发展更好地适应我国经济建设的需要；要有利于促进食品学科的进一步发展，有利于食品学院与企业的联系与合作，使食品国家一级重点学科达到国际一流水平。"

3.规范规章制度文书体系

如果说完善学校层面的规章制度体系是1.0版，那么健全二级学院规章制度体系则是2.0版，而规范规章制度的文书体系就是3.0版，实现从"骨骼"到"血肉"，最后直达"神经末梢"的一个"身心健康"规章制度体系，形成"人人会管理、处处会管理、事事见管理"的精细化管理格局。

完善的校院两级规章制度体系最终要"落实、落细、落小"，形成系统化、具体化、明确化、动态化、网格化的各级文书体系。这些文书体系是对学校规章制度的分解、细化和落实，将规章制度有效贯彻到高校运行各个环节并发挥作用。文书体系往来于职能部门、学院、教师、学生及其他成员等之间，明确规定各种事项的办理流程、必备要素、具体原因、批示部门及人员、处理结果、权利救济等。可以说，学校各级文书体系是以章程为统领的学校各级规章制度体系最终的落实环节，没有这些各级文书体系，学校规章制度体系则无法落实到学校运行环节之中。2021年《山东省教育厅关于加强高等学校法治工作的实施意见》（鲁教法发〔2021〕2号）要求"建立高校法律文书清单制度"，该文件指出：各高校按照"规范+特色"的要求，梳理并列出学校常用法律文书清单，做到法律文书"横向到边"。按照"链条+节点"的要求，开展流程再造，做到每项法律事务处理的申请登记、受理通知、权利告知、听证论证、决议决定、送达回执等环节的法律文书"纵向到底"。按照"统一+监管"原则，法律文书出具前应当由法治工作机构对其格式、内容、程序等进行审查，实现法律文书"合法有效"。①《山东省高等学校常用法律文书清单》列举了高校法治工作中的一些重要法律文书，如规章制度建设、合同协议审查、师生权益保护等，对涉及的法律文书进行详细列举。如，规章制度建设法律文书涉及合法性审查意见书、学校现行有效规范性文件定期清理清单、章程执行异议申请书、章程执行异议不予受理决定书、章程执行异议受理

---

① 山东省教育厅 关于加强高等学校高校法治工作的实施意见[EB/OL].[2021-03-19]. http://edu.shandong.gov.cn/art/2021/2/5/art_11990_10286046.html.

通知书、章程执行异议事项调查询问笔录、章程执行异议处理决定书、重大事项决策会议前合法性审查申请表、重大事项决策合法性审查意见书等。再如，师生权益保护法律文书涉及询问笔录、证据目录、案件调查报告、学校处理处分事先告知书、听取陈述申辩笔录、申请听证书、听证告知书通知书、听证笔录、处理处分审批表、法治机构审查意见书、校长办公会会议纪要、学校处理处分决定、学校处分决定送达回执单、处分解除申请书、学校处分解除决定书、申诉申请书、申诉受理决定书、不予受理申诉决定书、补充申诉材料通知书、申诉委员会复查评议纪要、申诉复查评议决定书、申诉复查评议决定送达回执等。

三、构建章程宣传教育长效机制

大学章程只有被广大师生员工所掌握，才能转化为推进学校治理体系和治理能力现代化的有力武器。为此，我们必须构建"共识机制"，学习和认知大学章程文本，了解章程对校内组织和个人行为的各项具体规定，把执行章程与遵纪守法、遵守学校其他各项规章结合起来，增强遵守章程、执行章程的自觉性。要通过解读、交流、媒体宣传等方式，帮助师生员工深入了解章程的制定背景、重大意义、主要内容和基本精神，最大限度地形成最广泛的共识，营造依法办学、照章办事的良好氛围。

（一）大学章程宣传教育的现状及影响因素

大学章程从本质上来看，就是一种文化，在其中浸润、熏陶的时间愈长，感受愈深刻。正如本研究调查发现"工作年限愈长，对章程认可度愈高"。美国学者范·米特和范·霍恩指出："在政策与各界利益相符的前提下，人们对政策目标的共识程度越高，政策的执行越成功。"[①]我国大学章程建设既没有事前的"思想启蒙"，又缺乏事中、事后的有效宣传教育，人们对章程的价值和功能缺乏认知和了解，甚至一些大学成员根本不知章程为何物。当前我国大学章程"政策共识度"不高，这严重影响了大学章程制定和实施效果。

1.我国大学章程文化底蕴浅，章程相关"知识储备"不足

对我国大学来说，大学章程是舶来品。"发端于欧洲中世纪的章程，是西方文化的产物，是西方社会演化出来的产物，也是西方制度的典范，包含着西方文化一切的优点和矛盾"。如果追溯到洋务运动中的《京师同文管章程》《福州船政学堂章程》等，我国大学章程也只有一百多年的历史，期间还中断了很长时间。与国外一些大学长达七八百年的章程建设历史相比，如剑桥大学章程制定于1250年，我国大学章程的文化底蕴比较单薄。

大学章程能否在我国教育的土壤中茁壮成长，能否承担起我国教育体制改革"破冰"的重任，一个重要的影响因素就是学界对章程理论的认知深度和创新转化程度。我

---

① METER V D, HORN V. The Policy Implementation Process: A Conceptual Framework[J]. Adiministration and Society, 1975, 6（4）: 445-488.

国学者比较重视研究大学章程，虽然时间仅有十多年，但也形成了一大批研究成果。但是，受制于研究时间较短、研究人员规模较小，还远没有形成浓厚的学术研究氛围。然而，"起草或修订一部好的大学章程，需要有坚实的研究基础和认真的经验总结。"德国著名法学家萨维尼于1814年发表了《论立法与法学的当代使命》，强烈反对在条件不成熟的情况下制定德国民法典，随后德国学者对罗马法和日耳曼法进行了长达百年的深入研究，为后来德国民法典的编纂奠定了坚实的基础，此举成就了举世闻名的德国民法典。

2.大学利益相关主体对章程缺乏了解

从大学章程发展历程来看，我国大学章程建设经历了一个萌芽、发展、间断到复兴的过程。洋务运动时期，我国大学章程萌芽，清末出现了《奏拟京师大学堂章程》《钦定京师大学堂章程》和《奏定京师大学堂章程》等三个京师大学堂章程，它们由最高学务当局主持制定，具有全国教育法规的意义。[①]民国时期，更多的大学制定了章程，如《国立北京大学组织大纲》《国立东南大学大纲》《国立武汉大学章程》《清华大学组织大纲》等。新中国成立后，1950年教育部颁布了《北京师范大学暂行规程》，此后大学章程逐渐淡出历史舞台，直到《中华人民共和国高等教育法》颁布之前再无正式的大学章程出现。另外，与民法、刑法、行政法等相比，无论是从业、研究人员数量、学生规模、还是适用范围等来看，教育法都是一个较小的法律部门。大学章程，作为教育法的一部分，知道和懂得的人也会更少。特别是在当前高校管理体制下，大学事务依靠行政管理模式运行，没有"依章行事"的惯例，大学章程显得"可有可无"。究其原因，主要在于：第一，我国大学章程发展历史较短，相关文献资料较少，研究成果亟待丰富，大学章程知识普及度较低，导致高校教师、学生及社会公众对我国大学章程历史传统了解有限；第二，一些大学在章程制定期间，没有充分地发动教职员工、学生、校友等利益相关者群体的广泛参与，不主动宣传大学章程知识，教职员工、学生、校友等更没有学习章程、运用章程的积极性；第三，大学利益相关主体参与渠道不畅、参与意识不强，导致章程意识淡漠。《中华人民共和国教育法》规定，学校"通过以教师为主体的教职工代表大会等组织形式，保障教职工参与民主管理和监督。"第42条仅列举了学生的五项受教育权利，并没有学生参与学校管理的法律规定。对于校友等其他利益相关主体，则没有法律规定。长期以来，高校内部行政权力处于一种绝对支配地位，教职员工的民主管理和监督权利参与渠道仅是一年一度的教职工代表大会，缺乏日常性参与途径；学生则更缺乏参与学校管理的机会；校友等利益相关主体仅在"需要获得资助、捐款时才会被想起来"。相应地，教师、学生和校友等利益相关群体对学校行政部门也很无奈，对章程缺乏了解、认知不深，对章程建设漠然视之，不关心、不参与。

3.行政外推力量的章程宣教成效有限

纵观我国大学章程的发展历史，无论是清末，还是民国时期，从萌芽、发展、初步

---

① 张国有.大学章程：第一卷[M].北京：北京大学出版社，2011：1-2.

繁荣，到逐步淡出，都没有脱离行政外推力量的主导。今天，我国大学章程的再发现、再繁荣，依然由"自上而下"行政力量推动，相应地大学章程的宣传教育依然在行政外力推动下被动进行。在行政外力推动下，可以快速地实现"形式上"的大学章程文本建设，但是不能保障大学章程文本的高质量，更难以持续推动大学章程宣传教育及有效实施。这一点是由行政外推力量资源的稀缺性、教育行政任务复杂性和功利性所决定的。这些从教育行政部门每年工作重点的转换中有所体现，一段时间以大学章程建设为工作重点，后逐步转向学前教育立法，再转向职业教育立法等。

各级教育行政部门通过教育法规政策强力推进大学章程建设。从国家层面的《教育改革和发展规划纲要（2010—2020年）》，到教育部层面《高等学校章程制定暂行办法》《全面推进依法治校实施纲要》《高等学校学术委员会规程》《高等学校理事会规程（试行）》《依法治教实施纲要（2016—2020年）》《关于进一步加强高等学校法治工作的意见》，再到地方层面的各类教育政策，如《山东省依法治教实施规划（2016—2020年）》《山东省教育厅规范性文件程序规定》《关于高等学校完善以章程为核心制度体系的通知》《山东省高等学校章程配套制度指导目录》《关于高等学校建立法律顾问制度的通知》等，这些法规政策均重点推动大学章程建设，完善现代大学制度，促进大学依法治校、依照章程自主管理。

各级教育行政部门通过举办各种推进大学章程建设的会议，宣传章程理念，推动章程有效实施。如教育部政策法规司召开的"现代大学制度试点高校会议"，旨在学习宣传贯彻落实《高等学校章程制定暂行办法》，交流大学章程制定中存在的问题与经验。但是，由于各种交流会的参加人数的限制，而且集中于少数行政人员，因而教育行政部门主导的章程理念宣传的成效有限。

"其身正，不令而行；其身不正，虽令不从"。无论是法规政策、还是会议交流，都需要落实到实践行动之中。对大学章程建设，教育行政部门不仅需要制定法规政策，倡导先进理念，更需要积极地示范行动。如果教育行政管理部门空喊"依章治校"的口号，不具体落实和贯彻章程规定，那么大学章程建设只能沦为"一纸空文"。当前，教育行政部门仍旧采用单向指令式的行政管理模式，亟待培育和形成依法管理、依章管理的基本理念。虽然教育行政部门在大力推进大学章程建设，但同时又缺位于学校章程实施过程，事实上紧抓教育行政管理权，直接干涉学校内部管理活动，导致学校实现"依法依章程自主管理"的目标依然任重而道远。

4.部分大学领导者不重视章程建设

大学章程是"一把手"工程，"成也校长书记，败也校长书记"。在现实环境下，大学章程是"百年大计"，还是"花瓶摆设"，很大程度上依赖于校长、书记的觉悟和境界。但是，一些大学领导的章程观念滞后，根本不把章程作为大学治理的一种基本手段，制定大学章程"认认真真搞形式，扎扎实实走过场"，仅仅是为了完成工作任务。一些大学领导者消极应对章程宣传教育。大学章程的重要功能之一是明确大学内部权力配置以完善治理结构，而如何完善"党委领导下的校长负责制"是当前高校体制改革不容回避的问题。一些大学的书记、校长对大学章程"心有余悸",认为其"束缚手脚",限制自身权力;一些把大学章程看为相互"角力"的工具,争相限制对方权力。党委书记和校长之间关系的不和谐导致学校党政矛盾、多头指挥、相互推诿等问题,这不仅严重影响了"党委领导下的校长负责制"效率的发挥,而且在某种程度上凸显了我国大学治理的官僚化特征。在这些情况下,大学领导者之间的"维权"与"争权"相互交织,致使大学章程制定和实施的进程缓慢,大学章程宣传教育也受到严重影响。

(二)大学章程宣传教育机制

大学章程被誉为大学"宪章""根本法",但是"徒法不能以自行",如果它不能得以有效执行、适用和监督,如果它不能成为人们的自觉意识和实践行动,其功能就难以发挥,其价值就难以体现。为此,我们有必要建立大学章程的宣传教育机制,具体包括宣传教育的目标、宣传教育的对象、宣传教育的方法等三个层面。

1.宣传教育目标

大学章程宣传教育的基本目标是让人们认同章程价值,了解章程内容,培养章程意识,树立章程权威。

首先,认同大学章程价值。大学章程,在理念上是一种价值追求,在实践中是一套行为准则。大学章程的价值目标在于:形成活泼有序的大学教育秩序、提高大学教育效率、保障和促进学术自由、保障和促进大学教育平等、保障和促进大学教育民主。[①]大学章程宣传教育就是要将章程价值内化为教育行政管理人员、大学负责人、教职工、学生、校友等主体自觉的价值判断,外化于具体工作实践中,使大学成员行为和大学运行机制逐步符合章程内在的价值标准。

其次,培养章程意识,树立章程权威。2012年《全面推进依法治校实施纲要》提出,"深入开展法制宣传教育,形成浓厚的学校法治文化氛围"。同时指出,"加强章程建设,健全学校依法办学自主管理的制度体系。"2016年教育部《依法治教实施纲要(2016—2020年)》提出:"大力推进学校依章程自主办学。全面完成高校章程制定与核准工作。""到2020年,全面实现学校依据章程自主办学。"为此,大学必须积极宣传章程知识,培养主体章程意识,主体也应该知晓章程权利和义务,自觉运用章程维护自身权利,对"违章"行为进行抵制和斗争;应积极树立章程权威,使章程真正成为教育行政管理的依据、学校权力运行的准则和学校主体行为的指南,真正成为"大学宪章"。

2.宣传教育对象

推进章程实施,有必要依据章程宣传教育对象构建章程分类宣传机制,提升章程宣传教育的针对性、持久性和有效性。1999年教育部《关于加强教育法制建设的意见》指出,"教育行政部门工作人员,特别是领导干部和教育行政执法人员,要首先带头学法,掌握基本的法律知识,熟悉教育法律法规的有关规定。"2012年教育部《全面推进

---

① 米俊魁.大学章程价值研究[D].武汉:华中科技大学,2005:1-2.

依法治校实施纲要》指出,"切实加强对学校领导干部、职能部门工作人员依法治校意识与能力的培养""在广大教师、学生中开展法律、法规学习和法制教育。""全面提高教师依法执教的意识与能力""加强和改善学生法制教育。" 2016年教育部《依法治教实施纲要(2016—2020年)》提出:"教育系统广大干部、师生,特别是领导干部,牢固树立社会主义法治观念,自觉办事依法、遇事找法、解决问题靠法、自觉守法、抵制违法,成为社会主义法治的忠实崇尚者、自觉遵守者、坚定捍卫者。" 有鉴于此,大学章程的宣传教育对象可以划分为:学校领导干部和职能部门工作人员为第一层次;教师为第二层次,教师群体中尤其以中青年教师为重点宣传教育对象;广大学生为第三个层次,以新生为重点宣传教育对象。

第一,重点强化对学校领导干部的章程教育。2016年教育部《依法治教实施纲要(2016—2020年)》要求:"学校党政主要负责人要带头依法办事。"学校领导班子"要把法治观念、法治素养作为衡量干部的重要内容,把遵守法律、依法办事作为考察干部的重要依据。""学校主管部门要把依法治校、依法办学情况作为考核学校领导班子的重要指标。"大学章程建设是"一把手"工作,"一把手"不重视章程建设工作,大学章程将不可避免地沦为"一张废纸"。因此,领导干部的章程教育是章程宣传教育及实施的重要保障。一方面可以建立专门的章程教育轮训机制;另一方面也可以把章程教育的内容融入其他现存的教育培训项目中,如在校长出国考察项目中加入了解国外大学章程运行情况的内容。2020年《教育部关于进一步加强高等学校法治工作的意见》指出:"高等学校作为独立法人,面向社会自主办学,涉及面广,内外关系复杂,各主体诉求多样,管理的难度大、法律风险点多。"通过章程教育培训,大学领导能够深刻感受到依章治校的"收益",能够提高管理效率,预防管理风险,降低管理压力;使章程能够真正成为"一把手"办学治校的"助力";使遵循章程原则、运用章程思维、依章治校,成为大学领导者的必备素养。

第二,构建教育管理人员的联合培训机制,搭建章程建设交流平台。2020年《教育部关于进一步加强高等学校法治工作的意见》指出:"主管部门对涉及多所学校、可能引发重大影响的案件,要建立协调会商处理机制。通过年度高校法治工作会议、专题研讨会、片区会等多种形式加强工作交流和研讨。"对各级各类教育管理人员不仅要进行章程教育,而且要整合教育资源,进行联合培训和教育,构建合作共赢的章程建设交流平台。各级各类教育行政管理人员,既包括教育行政主管机关的工作人员,也包括学校行政职能部门工作人员,他们作为教育法律、法规和政策制定的参与者,大学章程审核者、实施者,负有积极解释章程理念、推广章程价值和宣传章程内容的职责,他们对章程价值、精神、内容等的认识,直接决定章程目标能否实现。从章程宣传教育的角度看,联合培训,有助于在教育行政人员中形成章程意识共同体,对自身传统行政工作观念和方式进行"革命性"变革,逐步培育依法依章程自主管理学校的理念;有助于汇聚各个系统人员的群体智慧,开展章程实施"头脑风暴",群策群力,共享成功经验,共同解决章程建设中的突出问题。

第三,健全针对利益相关主体的章程教育机制。大学章程所规定的行为规范必须获得利益相关者群体的广泛理解和支持,这是促进章程实施的"群众"基础。除了学校领导者、行政管理人员,高校利益相关者还涉及教师、学生、校友、社会公众等,这些群体或联系松散、或居住分散、或关注点各异、或参与较少等。对章程宣传教育机制而言,首先要有针对性地广而告之,充分利用报纸、广播、电视、师生手册、宣传栏以及微博、微信、QQ群、抖音等各种媒介大力宣传章程,建立以"教师、学生、校友、社区公众等利益相关者为中心"的常态化宣传教育机制,使利益相关主体能够便捷地获取章程建设的相关信息。新西兰的梅西大学将自己的大学章程刊登在《自治领邮报》《新西兰先驱报》《北岸时报》等多家报纸上,为了更好更广泛地宣传章程,还用英语和毛利语两种语言进行公开发行。[①]斯坦福大学的官方行政管理指南明确告知公众访问网址,对任何可以访问网络的公众开放。并且每个季度上传修订版本,并向通信列表发送电子邮件通知,斯坦福社区成员均可以订阅电子邮件通信列表。[②]

3.宣传教育方法

第一,大学章程制定或修订过程是一个"充分协商"的过程,也是大学章程宣传教育的良好契机。英国著名教育家怀海特曾说,"教师的意见以及对大学办学目标的共同热情是办好大学的唯一有效保障。"东京大学21世纪学术经营战略会议曾经向全体教职员工和学生发布《关于制定东京大学宪章的公开意见征询稿》,致力于章程宣传,并征求大学成员意见。[③]2012年《高等学校章程制定暂行办法》第16条规定,"高等学校应当按照民主、公开的原则,成立专门起草组织开展章程起草工作。章程起草组织应当由学校党政领导、学术组织负责人、教师代表、学生代表、相关专家以及学校举办者或者主管部门的代表组成,可以邀请社会相关方面的代表、社会知名人士、退休教职工代表、校友代表等参加。"第17条规定,"高等学校起草章程,应当深入研究、分析学校的特色与需求,总结实践经验,广泛听取政府有关部门、学校内部组织、师生员工的意见,充分反映学校举办者、管理者、办学者,以及教职员工、学生的要求与意愿。"为此,大学应该充分发动广大教职员工、学生、校友、社区公众等广泛参与,增强章程建设的公开性和透明度,使章程制定或修订真正成为一个"凝聚共识、促进管理、增进和谐"的过程。

第二,建立章程实施信息披露机制。完善的信息披露机制,能够保障校务公开透明,确保校内教职员工、学生以及校外相关部门、社会公众的知情权。2010年《高等学校信息公开办法》第7条明确规定,"学校章程以及学校制定的各项规章制度",属于高校应当主动公开信息的范围。2012年教育部《全面推进依法治校实施纲要》提出,"学校章程和规章制度,应当加以汇编并公布,便于师生了解、查阅。有网络条件的,应当在学校网页上予以公开。涉及师生利益的管理制度实施前要经过适当的公示程序和期限,未经公示的,不得施行。"2020年《教育部关于进一步加强高等学校法治工作的

[①] 陈立鹏,李娜.新西兰国立大学章程文本的要素分析及启示[J].国家教育行政学院学报,2011(1):85-90.

[②] 张国有.大学章程:第三卷[M].北京:北京大学出版社,2011:1-2.

[③] 马陆亭,范文曜.大学章程要素的国际比较[M].北京:教育科学出版社,2010:285.

意见》要求"依法健全信息公开机制,加大主动公开力度,自觉接受社会监督。""推进学校章程的学习宣传和贯彻实施,在学校网站显著位置公布章程,将章程纳入教职工入职、学生入学培训内容。"为此,高校一方面应该充分利用报纸、广播、电视以及网络中微博、微信、QQ群等各种媒介,向行政部门、校友、社会公众等宣传章程,公开章程实施情况,保障教职工、学生、主管行政部门、社会公众的知情权、监督权。另一方面,应该建立对大学章程的宣传教育机制,建立类似于上市公司一样的信息披露机制,而且这种机制是强制性的,否则可以由教育行政部门追究责任的。高校信息公开应当是覆盖事前、事中和事后的全方位信息披露机制,除了法律规定、学校自定的信息公开范围,还要建立依师生、公众等利益相关者申请而公开的信息内容与范围。

第三,建立章程研究和专业人才培训的"智库"。《依法治教实施纲要(2016—2020年)》要求:"到2020年,全面实现学校依据章程自主办学。"这是一项艰巨而紧迫的任务,不仅需要更多的人、财、物等研究力量投入,更需要研究人员艰苦卓绝的努力付出和天才的设想。我们需要研究如何修订和制定相关教育法规,为大学章程制定提供创新的空间;需要研究如何让国外大学章程的建设经验与我国大学章程建设实践相对接,要摒弃"中学为体、西学为用"的"老祖宗"思维,还要警惕"全盘西化,生搬硬套"的偏激思维。对于一些专家学者来说,更要放下对章程前景观望、迟疑的态度,积极投入到章程建设实践中去,不断加大研究的深度、广度,提升研究水平,真正成为大学章程建设的专家、智囊。因此,有必要整合现有的大学章程研究力量,打造大学章程理论研究"智库",构建章程专业人才的培训平台。一方面,加强大学章程研究和教育力量,积极研究大学章程基础理论,总结国内外大学章程建设的实践经验;另一方面,围绕"智库",积极教育和培训大学章程建设的专业人才。此外,这些"智库"人员作为大学章程认知的先行者、引领者,应该承担起所在学校章程理念、知识、实施等的"普法"责任。当然,对"智库"的成效评价,不仅要以文章、著作等为标准,更要以与各高校章程建设合作项目、培训专业人才为主要指标。

第四,典型案例宣传教育机制。章程实施的典型案例,不仅使当事人受到特殊的章程教育,而且通过宣传,使大学相关主体受到普遍的章程教育。在司法裁判过程中,司法机关援引章程对具体"违章行为"予以制裁,对遵守章程行为予以保护,使人们明白大学章程允许什么、支持什么、禁止什么。教师或学生"依法依章程"参与学校决策、参与"校内司法活动"——违纪处分、申诉维权等活动,以此为载体,深化对大学章程的认知和理解。同样,学校纪律委员会或职能部门对于大学成员违纪行为的处分或制裁也具有重要的宣传和教育意义。这些方式使大学章程对于相关主体的影响和教育更为深刻和直观,从而使章程意识、章程观念和章程权威深深熔铸于人们心中。如2021年《山东省教育厅关于加强高等学校法治工作的实施意见》(鲁教法发〔2021〕2号)要求"建立重大案件报告和通报制度",涉及学校的行政复议、行政诉讼案件应于每年年底前向教育主管部门报告,重大敏感涉法涉诉案件及时报告。教育主管部门建立高校疑难、典型和新类型案件的定期分析通报制度和协调会商处理机制。教育主管部门对依法处理的优秀案例,进行通报推广;对未按规定报告或瞒报、漏报并导致不稳定因素的负面典型进行通报批评。

四、整合章程实施监督机构

机构权能深刻影响政策执行效果,高效的政策执行往往伴随着新机构的设立或原有机构的调整。[①]对于大学章程实施,必然要进行系统的机构权能设计,以保障章程实施所需要的人财物资源供给、权属关系协调等。然而,高校法治建设和大学章程实施工作都是两个"一把手"工程,也都是长期性、全局性、系统性、战略性的基础工程,一些高校同时设立法治工作机构和章程实施监督机构,导致机构功能重叠,难以形成机构合力。因此,有必要探讨在学校法治工作委员会之下整合两个机构,以统筹推进法治工作和章程建设。

(一)我国高校法治工作机构建设

当前,高校面向社会自主办学,需要面对各种复杂关系,回应各个主体的多样诉求,"管理难度大、法律风险多"。为此,各级教育行政主管部门要求高校设立法治工作机构或法律顾问室,以推进法治高校建设,增强依法决策、科学决策、民主决策能力,提高依法依章程自主管理水平,规避和化解办学治校的法律风险。

2016年《依法治教实施纲要(2016—2020年)》在"全面提高规章及规范性文件质量"部分,对高校法治工作机构的相关职能进行了规定:"建立教育规章、重要规范性文件制定规划制度,年初由法治工作机构汇总提出年度立法计划,统筹安排立法资源。""规范性文件出台前须由法治工作机构进行合法性审查""凡规范、限制管理相对人行为、增加其义务或者涉及相关方权益的规章和规范性文件,一般应由法治工作机构组织起草或者独立审核,并按照法定要求和程序予以公布。"2020年《教育部关于进一步加强高等学校法治工作的意见》要求"加强法治工作机构和队伍建设",规定"学校应当有专门机构负责法治工作,有条件的可以独立设置负责法治工作的机构,作为学校的管理部门,统筹行使相应职权,并适应学校规模和管理需求,配齐配足工作人员。""建立健全法律顾问制度,由法治工作机构人员、学校相关专家、外聘执业律师组成法律顾问队伍。探索建立高校总法律顾问制度。"2021年《山东省教育厅关于加强高等学校法治工作的实施意见》(鲁教法发〔2021〕2号)要求"2021年全省高校全部建立总法律顾问制度",指出"高校应当有专门机构负责法治工作,加强日常法律事务管理,配足有法学专业背景或法律实务工作经验的专职工作人员,建立吸收校内法学专家和校外律师参加的法治工作队伍。支持法治机构独立开展工作,将法治工作所需经费纳入学校经费预算。"

当前我国部分高校已经设置了法治工作机构或者法律顾问室,但其承担的职能及所发挥的实际效能各有差异。这些高校法治工作机构或法律顾问室具体可以分为四种类

---

① METER V D, HORN V. The Policy Implementation Process: A Conceptual Framework[J]. Administration and Society, 1975, 6(4): 445-488.

型：第一类是有独立机构，明确职能、人员编制的。法治工作机构不仅承担了学校的法律事务，而且是学校进行现代大学制度建设、推进依法治校的综合协同部门，承担了学校决策的参谋助手作用。第二类是有机构，一般挂靠在学校办公室，承担着处理学校日程法律事务，开展法治工作的任务。第三类是以承担法律事务为主，由学校有法律专业经验的教师兼职承担。第四类是借助校外的律师事务所等机构提供法律服务。这些高校法治工作机构或法律顾问室通常承担以下职能：①研究高等教育当中的重大法律、政策问题，为学校提供决策理论依据和政策、法律依据，参与学校重大决策，起到决策咨询的作用。②处理学校涉及法律的事务，包括：制定、审核学校的各类规范性文件，清理、修订已有的规范性文件；作为中立机构，处理或者参与学生申诉、教师申诉的处理；审查学校对外签订的合同、协议；代理学校参与诉讼及其他法律事务，维护学校的合法权益。③承担学校法治宣传教育任务，提高学校管理人员、教职工及学生的法律素养。[①]然而，我国相当一部分高校还没有设置法治工作机构或法律顾问室，或者仅是形式上设置机构，实际上并没有发挥作用。这种状况亟待改变，否则将与依法治国、依法治教及依法治校的大潮流相背离，难以满足高校高质量发展要求，难以实现中国特色社会主义现代大学的建设目标。

（二）我国大学章程实施监督机构建设

"没有具体的制度与技术的保障，任何伟大的理想都不可能实现。"[②]要实现大学"善治"的目标，建立中国特色的现代大学制度，就必须完善大学章程实施监督机制，解决"谁来监督、监督什么、如何监督、监督程序"的问题。设立章程实施监督机构是推进大学章程有效实施的重要保障，该机构能够促进高校统筹协调各种关系，处理"违章"现象，提出章程解释或修订建议，督促贯彻落实章程规定等。

教育行政主管部门为推进章程实施，明确要求各个高校设立或指定相对专业的监督实施机构。2011年《高等学校章程制定暂行办法》指出："高校应当指定专门机构监督章程的执行情况，依据章程审查学校内部规章制度、规范性文件，受理对违反章程的管理行为、办学活动的举报和投诉。"2014年《教育部办公厅关于加快推进高等学校章程制定、核准与实施工作的通知》规定："高校应当指定相对独立的专门机构负责监督章程的执行，出台重大改革发展决策、制度规范，要依法、依章程实施合法性审查。"

依照大学章程实施的相关法规政策要求，高校普遍设立或指定内部机构，承担章程实施监督职能，其设置情形主要包括由学校教职工代表大会、专门机构、指定机构、申诉机构及党委机关等。

第一，教职工代表大会监督章程实施。教职工代表大会是"教职工依法参与学校民主管理和监督的基本形式"，监督大学章程实施是教职工代表大会的一项法定职权。

---

① 教育部直属高校依法治校工作经验交流会议纪要[EB/OL].[2021-04-12].http://www.moe.gov.cn/s78/A02/s5917/201001/t20100129_125085.html.

② 苏力.送法下乡：中国基层司法制度研究[M].北京：中国政法大学出版社，2000：1-2.

《学校教职工代表大会规定》第7条第1款、第7款规定了教职工代表大会章程实施监督权。教职工代表大会不仅具有"听取学校章程草案的制定和修订情况报告"的职权，也具有"监督学校章程、规章制度和决策的落实"的职权。一些大学承继此规定，赋予教职工代表大会监督章程实施的权利，中国人民大学、北京大学、山东大学、兰州大学、武汉大学、厦门大学、西安交通大学、陕西师范大学、哈尔滨工业大学、南京大学、南开大学、复旦大学、浙江大学等高校的章程均规定：教职工代表大会具有"监督学校章程、规章制度和决策的落实，提出整改意见和建议"。

第二，指定专门机构监督章程实施。为促进章程实施，一些高校设定独立的机构，专司章程实施监督。《北京大学章程》第55规定，学校设立章程委员会，履行"（一）对本章程提出解释说明文本；（二）组织制定章程实施细则；（三）监督本章程的执行情况，依据章程审查学校内部规章制度、规范性文件；（四）提出本章程的修订动议，起草修订案"等职权。《北京航空航天大学章程》第83条规定，"学校设立章程监督委员会，作为监督章程执行的机构"，监督章程的执行情况，依据章程审查学校内部规章制度、规范性文件，受理对违反章程的管理行为、办学活动的举报和投诉。一些高校指定现有职能部门，作为章程实施的监督机构。《电子科技大学章程》第79条规定，"学校办公室受理对违反本章程的管理行为、办学活动的举报和投诉。"

第三，申诉机构监督章程实施。《中华人民共和国教育法》第42第4款规定，"受教育者享有对学校给予的处分不服向有关部门提出申诉，对学校、教师侵犯其人身权、财产权等合法权益，提出申诉或者依法提起诉讼的"权利。《中华人民共和国高等教育法》第41条第4款规定，高等学校的校长行使"聘任与解聘教师以及内部其他工作人员，对学生进行学籍管理并实施奖励或者处分"的职权。《中华人民共和国高等教育法》第42条第3、4款规定，高等学校设立学术委员会，履行"调查、处理学术纠纷；调查、认定学术不端行为"的职责。对于师生员工可能出现的违纪处分、学术纠纷等，各个大学章程普遍规定了异议申诉机制，立了专门的申诉机构，以保障合法权益。如《陕西师范大学章程》中规定了师生员工对于职务评审、待遇、纪律处分、学术等的申诉机制。其中，第11条规定，"学校建立和完善学生权利保护制度，规范学生申诉处理程序，保障学生正当的申辩、申诉、听证等权利"；第20条规定，"学校建立和健全教职工权利保护机制，设立相关申诉机构，按规定程序受理申诉，维护教职工合法权益"；第16条第6款规定，教职工享有"就职务聘任、福利待遇、评优评奖、纪律处分等事项表达异议和提出申诉"的权利。

第四，学校党委监督章程实施。学校党委主要通过解释章程来监督章程实施。大学章程解释是指学校党委为适用和遵守法律，依据相关法律、法规、规章、政策、法理等，对章程条文的含义、内容、概念、术语以及适用的条件等所做的说明。实践中，绝大多数高校将章程解释权赋予高校党委会或党委常委。如《中国人民大学章程》第73条，本章程由学校党委会负责解释。《清华大学章程》第44条、《中国政法大学章程》第73条、《南开大学章程》第88条等均规定，本章程由学校党委常委会负责解释。北京大学、复旦大学、浙江大学、兰州大学、四川大学、西安交通大学、南京大学、暨南大学、北京师范大学、中山大学、山东大学、陕西师范大学、武汉大学、东北大学、西南大学等高校章程中也都有相似条款。章程解释是章程实施的重要组成部分，学校党委通过及时解释章程条文及款项，能够有效促进章程实施，达到监督章程实施的目的。

尽管高校普遍设立或指定章程实施监督机构，但是众多高校的这类监督机构，一些缺少实际职权，难以对校内各部门展开监督，其功能只是提案、动议等，而监督的权威性和效力不足；一些虽有实际职权，却事务"缠身"，"分身乏术"，只能空挂监督之名，而无监督之实，形成了"无权监督"和"无暇监督"的"监督虚无"局面。

（三）国外高校法律机构建设

国外知名大学往往非常重视学校法律事务及大学章程的修订完善，一般通过设立章程委员会、教育政策委员会、法律顾问或法律办公室等专门机构，以制定修改章程、处理法律事务、提供法律咨询等。

1. 牛津大学的章程与规章委员会

牛津大学校务理事会有责任依据章程规定推动大学的发展，进行行政管理、财务和财产管理，而且可以行使相应的权力来履行这些责任；有权制定不与章程相冲突的规章。校务理事会任命至多五名成员组成其下设的章程与规章委员会。该委员会拥有以下职权：①审议大学的章程、摄政院规章及有关投诉与纪律的规章，并酌情向其他机构咨询；②考虑有关废除、修改或增加章程的提议，特别是这些变更对章程的整体影响；③对大学的其他规章进行监督并应要求对具体规章提出建议；④针对向摄政院成员及其他利益相关方公布、宣传章程和规章的最佳途径问题向校务理事会提出建议。[①]

2. 巴黎第一大学的章程理事会

巴黎第一大学行政管理委员负责选举产生校长，拥有决策审议权，具有制定大学政策、审议大学合同的职权。在行政管理委员会下设章程理事会，负责处理修改章程的请求，对修改章程请求进行预审，并在一个月内提出意见。行政管理委员会需在其后一个月内审议章程理事会提出的修改意见。[②]

3. 新加坡大学的学校教育政策委员会

新加坡大学评议会拥有就"所管辖事项""同意学校董事会制定、修订或撤销学校章程"以及"由评议会制定、修订和撤销""有关章程的规定"的职权。在评议会下设学校教育政策委员会，负责"在相关学院院长和学院理事会（或同等组织）以及有关学术单位负责人及其委员会基于建议的基础上"，"就建立、规划、制定、审查、修订和终止学术计划以及通过或修订教育政策、向评议会提出建议。"[③]

[①] 张国有.大学章程：第四卷[M].北京：北京大学出版社，2011：205-206.
[②] 张国有.大学章程：第二卷[M].北京：北京大学出版社，2011：192-191，202.
[③] 张国有.大学章程：第二卷[M].北京：北京大学出版社，2011：386.

4. 加州大学的教育政策委员会

加州大学在董事会下设立教育政策委员会，具体行使以下职权：[①]第一，评估并向董事会汇报与教育理念和大学目标相关的政策、项目的实体性方面；与大学关系相关的事务；以及与学术规划、教学和研究相关的事务。第二，在建议权限内就下列事宜向加州大学校长提供咨询：学生事务；校长就职安排及程序，宪章日，学位授予典礼活动，及其他公共仪式；荣誉学位候选人；董事会教授教席和大学教授教席的任命，以及由校长决定的应当被委员会考虑的学校这一类人员的任命。第三，评估并向董事会报告加州大学研究、培训和公共服务活动等事宜向董事会建议建立或解散学院、研究生部，已组建的多校区研究部门及其他主要研究活动、特别培训项目和公共服务项目，但委派给能源部实验室监督委员会的事务除外。第四，评估并向董事会建议争取和接受或实施与研究、培训、公共服务相关的拨款和合同（章程和常规中另有规定的除外），但是，所有与研究相关的活动如涉及划拨尚未划拨的大学资金，或承诺大学划拨其资金，须经由财务委员会批准。第五，向董事会就以下政策提供建议（常规中另有规定的除外）：获得对加州大学的赠与和捐赠，这些赠与和捐赠的接受、使用和分配；但前提是向董事会提供的有关不动产赠与的接受、使用和分配的建议须经财务委员会同意。第六，审议并向董事会提出政策建议，以争取从多个来源，如个人、企业、公司、基金会、团体或组织获得拨款和捐赠。

5. 斯坦福大学的法律总顾问

斯坦福大学设立法律总顾问或法律办公室，向董事会、校长负责学校及其他部门有关法律条款的服务。法律总顾问负责雇用、培训和监督学校所有律师，以及外聘律师的留用、指导和聘用。只有法律总顾问可留用外聘律师向学校提供法律服务。法律总顾问确保在大学各部门责任范围内进行适当的法律服务，并为校长、董事会和所有其他部门担任法律顾问（见图5-1）。[②]

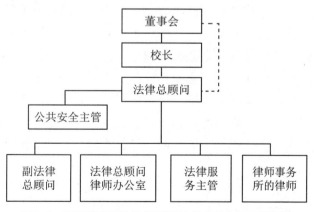

图5-1 斯坦福大学法律总顾问/法律办公室组织结构图

[①] 张国有.大学章程：第二卷[M].北京：北京大学出版社，2011：26.

[②] 张国有.大学章程：第三卷[M].北京：北京大学出版社，2011：11-12.

在斯坦福大学，总法律顾问或法律办公室负责处理几乎所有涉法行为，包括违章处理、咨询问题、政策解释、合同管理、扩大学专业标准遵守、举报违法行为等。其工作内容主要如下：

第一，违章处理。遵守本准则也使我们有责任将涉嫌违反规范、政策、法律或法规的行为通知相应的管理办公室。提出此点是对大学的一种服务，并不会危及自己的职位或就业。违章一经核实将给予责任人相应的纪律处分，包括终止与学校的雇佣或其他关系。在某些情况下，也会适用民事赔偿和刑罚。

第二，咨询问题。任何有关本准则的内容及适用范围的问题，可向执行机构主任咨询，或参考法律总顾问办公室网页。①

第三，政策解释。大学社区成员进行商业交易时必须遵守适当的法律法规以及大学政策及程序，管理者和主管负责指导和监督遵守的情况。当涉及相关政策的解释或适用范围的问题时，可以联系政策监督人，尚未解决的问题或法律法规的解释应提交给法律总顾问办公室处理。

第四，合同管理。协议（包括项目赞助资金）的接受使斯坦福大学在法律上有义务遵守该协议条款和条件以及相关法律法规，因此，只有被学校相应的官员授权的人员才有权代表学校签订协议。

第五，非大学专业标准遵守。【学校里的一些专业和学科由针对这些专业的标准和准则进行规划管理（如律师、注册会计师和医生）。通过制订道德、行为及专业责任的准则以及用于指导其成员的标准，这些专业准则普遍提高了专业或学科的质量。】除了遵守专业标准以外，那些属于此类机构的人还应遵守大学政策和行为守则。如果社区成员认为专业标准和大学政策之间存在冲突，他/她应联系法律总顾问办公室。②

第六，举报违规行为。首先，向管理部门举报——斯坦福社区成员应举报涉嫌违反法律、法规、行政合同和基金要求或本准则的行为。一般而言，举报人首先应通过正规的管理渠道，向直属主管、辅导员或导师举报。如果因为某种原因，不适宜向直属主管举报涉嫌违规行为（例如，涉嫌违规行为的是该主管），则可向学校或院系的更高管理部门举报。其次，其他举报。所有违反法律、规章的行为应内部举报到合规热线或法律总顾问办公室。任何涉嫌违反联邦基金法规的行为也可举报到国防部舞弊、浪费和滥用职权热线。另外，任何涉嫌违反国家或联邦法规、规则或条例的行为，也可举报到加州总检察长举报热线。再次，举报人保护。虽然提供的信息越多越有利于调查，但是举报可以是保密甚至匿名的。对违规行为的关注是对大学的一种维护，举报行为本身不会危及雇佣关系。最后，全员合作义务，即在调查任何不当行为的过程中，所有雇员都应充分合作。③

---

① 张国有.大学章程：第三卷[M].北京：北京大学出版社，2011：1-2.
② 张国有.大学章程：第三卷[M].北京：北京大学出版社，2011：4.
③ 张国有.大学章程：第三卷[M].北京：北京大学出版社，2011：5.

（四）构建"专门委员会+专职部门"法治机构模式

随着高校办学自主权的进一步落实，内部治理法治化、制度化、规范化进一步增强，广大师生对参与内部治理和保障自身权益的诉求更为强烈，这些都要求学校切实把法治建设作为治校办学的基本方略，融入学校工作全过程。2020年《教育部关于进一步加强高等学校法治工作的意见》明确提出，学校党政主要负责人是推进法治工作的第一责任人，是依法治校的组织者、推动者和实践者；要求党政负责人"对学校章程制定实施、规章制度体系建设、法治工作机构和队伍建设、校内民主管理、学术治理等重要工作要亲自部署、亲自协调、亲自推进。""学校党委全委会和常委会、校长办公会议要定期听取关于法治工作的汇报，及时研究有关问题。要指定一名校领导分管法治工作，明确法治工作机构职能定位和工作人员岗位职责。""学校领导班子在年度考核述职中要围绕法治学习情况、重大事项依法决策情况、依法履职情况等进行述法。""学校主管部门要把依法治校、依法办学情况作为考核学校领导班子的重要指标。"由此可见，高校法治工作作为两个"一把手"工程，已经成为一项具有长期性、全局性、系统性及战略性的基础工程，如同"要想富，先修路"一样，高校"要高质量发展，必先做好法治建设"。而做好高校法治工作建设，必须具有一个"统揽全局，协调八方"组织机构，以统筹规划，协调推进。此项工作不是一般的职能部门就能够推动，纵观学校职能部门，只有党委办公室、校长办公室等少数部门具备这样的职权能力，但是这两个部门的也是"重任在肩"，无暇顾及法治工作；现实的状况是一些高校指定党委办公室或校长办公室承担章程监督执行工作，也多流于形式，效果差强人意。

为强力推进高校法治建设工作，有必要建立健全专门的学校法治工作委员会，统筹推进学校法治建设工作，这是加强高校依法办学、依法治校的重要举措，也是加强学校法治工作队伍建设、完善内部治理结构、提升治理能力和治理体系现代化水平的客观要求。

依据《教育部关于进一步加强高等学校法治工作的意见》的具体要求，整合学校各方面法治建设资源，可以赋予学校法治工作委员会以下职责：在学校党委、校长领导下负责学校章程制定、修订、解释及监督实施工作，开展有关学校规章制度的起草、修改、研究及审议服务工作，全面承担学校规章制度的制定规划、组织、协调、指导和服务工作，对学校规章制度及其解释进行合法性审查，对教职工、学生的重大纪律处分决定进行合法性审查，为学校党委、校长办学治校提供服务保障、当好参谋助手。

学校法治工作委员会的具体职责包括：①负责拟订学校章程修订草案，解释草案及其说明文稿；②负责推动学校章程实施，加强章程监督、配合章程宣传教育；③负责制定学校法治工作年度、中长期规划，学校规章制度制定年度、中长期规划；④为学校党委审定、校长办公会审议学校规章制度提供法律服务；⑤对有关规章制度草案进行调查研究，征求意见，提供相关资料，提出修改建议稿；负责规章制度法律用语的规范和文字方面的工作，并进行合法性审查；⑥研究、处理和回复教育行政主管部门、社会公众提出的有关学校法治工作问题的询问、建议、批评和意见；⑦负责学校规章制度的备案审查，督促学校规章制度的"立、改、废、释"，定期汇编学校规章制度；⑧负责学校法治宣传教育工作，制定法治宣传教育工作规划、培养方案及考核标准，开展法治宣传教育理论研究，推动法治宣传教育方法创新及课程改革；⑨负责学校法治工作数据信息的开发、维护和管理工作。

在学校法治工作委员会之下，如何处理专职法治工作机构与大学章程实施监督机构之间的关系，也是实践中存在的一个亟待解决的问题。一些高校已经建立了法治顾问机构或法治办公室，同时为推动章程建设而建立了大学章程实施监督机构；这两个机构应该分立并存，还是合并设立，可以因各校情况而自行选择。从本质上看，大学章程建设属于高校法治工作的范畴，是高校法治工作的核心环节，而且两个机构在工作内容上确有诸多共通之处，因此有必要将大学章程实施监督机构与学校法治工作机构进行优化整合，充实为统一的学校法治工作机构，以统筹处理学校法治事务。

构建新的专职学校法治工作部门，该工作部门具有以下特征：一是定位高。将定位为学校管理部门而不是咨询部门，也不同于学校聘任的法律顾问，要有职有权，重大决策作出前和重要文件发布前要进行合法性审查，法治工作机构的意见要记入拟发布文件的起草说明和决策会议的会议纪要。二是职能独立。独立设置负责法治工作的机构，统筹行使法治职权，配齐配足专业工作人员，强化法治工作力量。三是技能专业。要求法治工作机构负责人及其主要成员一般应具有法学背景或法律实务工作经验，并探索建立高校总法律顾问制度。

另外，2014年《教育部办公厅关于加快推进高等学校章程制定、核准与实施工作的通知》指出："高校要建立保障师生及利益相关方依据章程对学校行为提出异议的申诉机制，对申诉请求要及时做出书面答复，涉及对章程文本表述理解歧义的，要及时进行解释。"据此，学校可以尝试在法治工作机构下设学生申诉委员会、教师申诉委员会，详细规定各机构专业人员的任职条件、选聘程序、工作职责、工作方式、监督管理等，以专业化的法治人才队伍保障为广大师生员工提供权益救济渠道，及时听取申辩意见，解析法律事实及依据，告知行政复议及诉讼途径及时效，预防管理中的法律风险。

五、健全督导问责机制

大学章程是"硬法"性质的规范性法律文件，推进章程有效实施必须强化教育督导职能建设，加强对章程执行不力或违章行为的问责力度，使章程实施获得强制约束力。

（一）章程的"硬法"性质

大学章程是"软法"还是"硬法"，是章程法律属性的争论焦点。从法理上明确界定大学章程的法律性质，是推进大学章程建设的基础问题。厘清这一问题，有利于大学章程文本的制定和完善，也有助于推进大学章程的有效实施。本研究赞同大学章程"硬法"说，这样有利于强化章程约束力，树立章程权威，推动高校法治化建设，提升依法依章程治理水平。[①]主要原因在于：

---

① 杨向卫.大学章程：软法还是硬法[J].陕西教育（高教版），2014（3）：27.

第一，章程使命决定其不能"软"。德国法学家耶林认为，"法律的制定既要有遵循现有生活条件的一面，又要有强制性的一面。没有强制性的好法同用强制性推行的恶法一样，都不会有好的社会效果。"大学章程建设是高等教育深化改革的突破口，是建立和完善现代大学制度的切入点，承担着建立理顺政府、高校综合和社会关系，厘清学术权力、行政权力、民主管理权力关系的重要使命。并且，高校综合改革愈进入深水区，愈会触动一些深层次利益，导致相关主体利益冲突加剧；没有一个强有力的大学章程"定纷止争"，就难以有效协调和解决学校改革发展中深层次的冲突和矛盾。

第二，章程由谁审核通过，决定了章程的权威性和法律效力《高等学校章程制定暂行办法》第23条规定，"地方政府举办的高校的章程由省级教育行政部门核准""教育部直属高校的章程由教育部核准。其他中央部门所属高校的章程，经主管部门同意，报教育部核准。"国家和各省教育行政主管部门对章程的审核，实际上属于行政法上的行政许可行为，"依法赋予特定行政相对人从事某种活动或实施某种行为的权利或资格的行政行为"。①由此可见，章程被教育行政机关赋予了强制法律效力。

第三，章程承继高校管理处分权。高校是法律法规授权组织，对教师或学生具有强制性的处分权；章程依据上位的教育法律法规而制定，天然地承继其中的强制性权力。《中华人民共和国教育法》第29条规定，学校具有"对受教育者进行学籍管理，实施奖励或者处分""聘任教师及其他职工，实施奖励或者处分"的权利。《中华人民共和国高等教育法》第41条规定，高校校长具有"聘任于解聘教师以及内部其他工作人员，对学生进行学籍管理并实施奖励或者处分"的职权。

（二）做实监督机制

大学章程建设的外部动力源在教育行政管理部门，在教育行政部门的强力推动和督促之下，"有章程"的目标已经实现。在探索如何"优章程"之际，必须继续保持行政外推力，以确保章程的有效实施。

1.督导章程实施的职责

国家和地方主管教育行政部门对大学章程制定和实施具有监督、指导好检查的职责。2011年《高等学校章程制定暂行办法》第31条规定，主管教育行政部门"对高等学校履行章程情况应当进行指导、监督；对高等学校不执行章程的情况或者违反章程规定自行实施的管理行为，应当责令限期改正。"2015年《教育部关于深入推进教育管办评分离促进政府职能转变的若干意见》（教政法〔2015〕5号）提出"加大行政监督和问责力度"，要求"对不履行或者拖延履行法定教育职责的、超越或者滥用教育行政职权的、违反法定教育行政程序造成不良后果的，依法追究政府及工作人员的责任。"2017年《北京市属普通高等学校（本科）督导规程》第7、8条指出，章程制定和实施是依法治校的重要内容，而依法治校属于教育督导的五项内容之一；教育督导部门可以对章程

---

① 姜明安.行政法与行政诉讼法[M].北京：北京大学出版社，1999：182.

制定和实施开展专项督导；也可以对高校执行教育法律、法规、规章，落实国家教育方针、政策，规范办学行为，履行高等教育法等规定的职权情况实施督导检查。2017年湖南省教育厅印发《湖南省高等学校章程实施工作专项督导办法》，规定了章程专项督导的组织结构、对象内容、时间与批次、工作程序及结果及运用等内容。从行政法角度审视主管行政机关对章程实施的指导监督职权，可以将其分为行政执法和行政复议两类，前者主要在于事中监督，后者则是事后监督。

2.教育行政执法督导

教育行政执法监督，是主管教育行政部门对高校实施章程的情况进行执法检查，了解和掌握章程实施的实际效果的行政行为。行政执法监督一般采取检查、审查、调查等方法，督促章程实施。如福建省教育厅开展大学章程执行情况检查工作，检查内容包括学习宣传章程情况；完善章程配套制度情况；章程实施监督机制建立情况等。其中，章程实施监督机制的建立情况包括：有无指定相对独立的专门机构负责监督章程的执行；有无出台重大改革发展决策、制度规范；有无依法、依章程对学校的决策、规范性文件实施合法性审查；校长是否把章程执行情况，作为年度述职报告的内容，向教职工代表大会作专门报告；有无建立保障师生及利益相关方依据章程对学校行为提出异议的申诉机制等。又如，湖南省教育厅《关于印发〈湖南省高等学校章程实施工作专项督导办法〉的通知》明确专项督导的内容为"章程实施的组织领导情况、本校章程内容掌握程度与章程实施满意情况、章程主要规定落实及配套制度建设情况等。"

章程实施的行政执法监督应坚持分类指导原则，对"双一流"高校、地方高校及高职高专院校的章程实施应该设定不同目标，制定不同时期、不同阶段的检查标准，依据预定目标和标准进行过程监督。这不仅能够保障章程的有效实施，促进各类高校完善治理结构，而且能够以此为契机和抓手，落实管、办、评分离机制，促进政府管理方式的转变。

3.教育行政复议

教育行政复议，是指师生员工对高校具体行政行为侵犯其合法权益，可以依法申请主管教育行政机关复查该行为，主管教育行政机关应当依程序对被申请行为的合法性、适当性进行审查。2014年《教育部办公厅关于加快推进高等学校章程制定、核准与实施工作的通知》指出："教育行政部门对涉及章程执行异议的申诉或者行政复议请求，要依据章程的表述做具体判断。"从监督章程实施的角度来看，教育行政复议具有三方面功能：

第一，根据法定程序对高校行政行为的合法性进行审查，并对违法或不当行为予以撤销、变更。《中华人民共和国行政复议法》第8条、第6条规定，公民"不服行政机关作出的行政处分或者其他人事处理决定的，依照有关法律、行政法规的规定提出申诉"。公民可以就行政机关没有依法履行"保护人身权利、财产权利、受教育权利的法定职责"的情况，申请行政复议。《中华人民共和国教师法》第39条规定，教师对学校或者其他教育机构侵犯其合法权益的，或者对学校作出的处理不服的，可以向教育行政部门提出申诉。新修订的《普通高等学校学生管理规定》（以下简称"新《规定》"）第6条第6款规定，学生"对学校给予的处分或者处理有异议"，有权利向教育行政部门提出申诉。新《规定》第62条指出，"学生对复查决定有异议的""可以向学校所在地省级教育行政部门提出书面申诉。"

第二，违反章程实施的，高校限期履行法律或章程规定的职责，撤销、变更或重新所做出的处分决定。"新《规定》"第63条规定，省级教育行政部门在处理学生申诉时，在听取学生和学校的意见以及进行必要调查之后，应当区别不同情况，分别作出"撤销、变更或者重新作出决定"的处理。在"甘露诉暨南大学案"中，广东省教育厅曾作出粤教法〔2006〕7号《学生申诉决定书》，认为暨南大学对甘露作出处分的程序违反《暨南大学学生违纪处分实施细则》第33条的规定，影响甘露的陈述权、申诉权及听证权的行使，不符合《普通高等学校学生管理规定》第55条、第56条的规定，责令暨南大学对甘露的违纪行为重新作出处理。

第三，审查高校规章制度，提出执法建议或责令改正。教育行政机关可以依职权对包括章程在内的高校规章制度进行附带性审查，主要分为两种情况：一是依据行政相对人申请，对可能违法违规的"规定"进行"合法性"审查。《中华人民共和国行政复议法》第7条规定，行政相对人认为行政机关的具体行政行为所依据的"规定"不合法，在对具体行政行为申请行政复议时，可以一并向行政复议机关提出对该规定的审查申请。新《规定》第65条第1款指出，学生认为"学校制定的规章制度与法律法规和本规定抵触的，可以向学校所在地省级教育行政部门投诉。"二是教育行政机关依职权主动审查，主要针对"一些普遍性问题"。《中华人民共和国行政复议法实施条例》第57条第2款规定，"行政复议期间行政复议机构发现法律、法规、规章实施中带有普遍性的问题，可以制作行政复议建议书，向有关机关提出完善制度和改进行政执法的建议。"新《规定》第65条第2款指出，在实施监督或者处理申诉、投诉过程中，教育主管部门发现"学校自行制定的相关管理制度、规定，侵害学生合法权益的，应当责令改正。"

（三）健全问责机制

习近平总书记曾就责任和问责问题指出，"坚持有责必问、问责必严，把监督检查、目标考核、责任追究有机结合起来，形成法规制度执行强大推动力。问责的内容、对象、事项、主体、程序、方式都要制度化、程序化。问责既要对事、也要对人，要问到具体人头上。"[①]要"理清责任、落实责任""不讲责任，不追究责任，再好的制度也会成为纸老虎、稻草人。"[②]这些重要论述对完善问责机制、制定问责政策法规，推动章程有效实施，汇集监督合力等具有重要指导价值。

为防止大学章程沦为"纸老虎、稻草人"，必须压实问责机制，对章程执行不力、

---

① 习近平.在十八届中央政治局第二十四次集体学习时的讲话[N].人民日报，2015-06-28（001）.
② 习近平.在第十八届中央纪律检查委员会第三次全体会议上的讲话[N].人民日报，2014-01-14（001）.

章程违法行为进行严格问责，打造大学章程的"铁齿铜牙"。2020年2月，中共中央办公厅、国务院办公厅印发《关于深化新时代教育督导体制机制改革的意见》，在问责机制方面，要求完善报告、反馈、整改、复查、激励、约谈、通报、问责8个方面制度，强调"压实问责制度"，力促教育督导"长牙齿"，强化教育督导权威性和严肃性。要求"整合教育监管力量，建立教育督导与教育行政审批、处罚、执法的联动机制。""对年度目标任务未完成、履行教育职责评价不合格，阻挠、干扰和不配合教育督导工作的被督导单位，按照有关规定予以通报并对相关负责人进行问责；对教育群体性事件多发高发、应对不力、群众反映强烈，因履行教育职责严重失职导致发生重大安全事故或重大涉校案事件，威胁恐吓、打击报复教育督导人员的被督导单位，根据情节轻重，按照有关规定严肃追究相关单位负责人的责任；督学在督导过程中，发现违法办学、侵犯受教育者和教师及学校合法权益、教师师德失范等违法行为的，移交相关执法部门调查处理；涉嫌犯罪的，依法追究刑事责任。问责和处理结果要及时向社会公布。"①2017年《关于深化高等教育领域简政放权放管结合优化服务改革的若干意见》提出"加强制度建设"，要求"高校要坚持正确办学方向和教育法律规定的基本制度，依法依章程行使自主权，强化章程在学校依法自主办学、实施管理和履行公共职能方面的基础作用。完善政治纪律、组织人事纪律、财经纪律，对工作中的失职失责行为要按有关规定严格问责。"

  针对党和国家层面的有关问责的方针政策，各级教育行政部门要尽快出台地方政策法规，明确问责机制和形式，并督促落实。如2018年《山东省教育督导条例》第20条规定："被督导单位及其有关人员有下列情形之一的，由教育督导机构给予通报批评；对主要负责人员或者直接责任人员，由其主管部门给予处分；构成犯罪的，依法追究刑事责任。（一）阻挠、抗拒教育督导机构或者督学依法执行职务的；（二）拒不执行教育督导机构或者督学的整改建议的；（三）弄虚作假，欺骗教育督导机构或者督学的；（四）对如实向教育督导机构或者督学反映情况的人员进行打击报复的；（五）妨碍教育督导工作的其他情形。" 2021年《山东省深化新时代教育督导体制机制改革的实施意见》要求"健全追责问责制度"，规定"对贯彻党的教育方针和落实各级教育决策部署不坚决不彻底、履行教育职责不到位、问题较多、整改不力或不配合教育督导工作的被督导单位，由教育督导机构或具有管理权限的机关对相关负责人进行约谈。对年度目标任务未完成、履行教育职责评价不合格、阻挠干扰或拒不接受教育督导的被督导单位，按照有关规定予以通报并对相关负责人进行问责。对因履行教育职责失职造成严重后果、截留挪用教育经费、发生重大安全责任事故、威胁恐吓诬告或打击报复教育督导人员的被督导单位，根据情节轻重，按照有关规定严肃追究责任；涉嫌严重违规违纪违法

---

① 中共中央办公厅 国务院办公厅印发《关于深化新时代教育督导体制机制改革的意见》[EB/OL].[2021-03-20]. http://www.moe.gov.cn/jyb_xxgk/moe_1777/moe_1778/202002/t20200219_422406.html.

行为的被督导单位和责任人，移交相关部门调查处理。"①

加强针对大学章程实施不力的问责，要坚持内外结合的原则，建立外部问责与内部问责相结合的系统问责体系。高校必须完善内部问责机制，依据各校办学实践和规律，将各级法规政策中的问责规定转化校内的问责制度，将问责的内容、对象、事项、主体、程序、方式制度化、程序化。同时，在推进大学章程实施过程中，从制度运行的源头抓起，强化考核、考评、督查、奖惩、问责，保障各项制度的真正实施，形成良好的制度运行机制。从而使内外问责机制与章程实施机制高度契合，形成良性互动，促进章程贯彻落实。②如在2019年研究生考试自命题泄露事件发生后，教育部对西南大学、电子科技大学有关的校级领导干部进行问责，并进行通报。两所大学也在查清考研泄题事实的基础上，对涉事教师、涉事学生及相关的研究生院、学院领导干部进行相关处分，对负有领导责任的有关校领导也按规定进行问责处理。③

六、借助司法裁判的影响

随着涉及高校的各类行政复议、诉讼案件的日益增加，大学章程频繁"亮相"于司法审判场所，写入裁判文书之中，发挥了有效"定纷止争"，规避法律风险、维护各方合法权益的功能，推动了大学章程贯彻落实。

（一）司法裁判参考高校规章制度

人民法院在案件审理过程中，可以参考高校规章制度作为裁决其行政行为的依据；同时，也可以附带对相关高校规章制度进行合法性审查。在"田永诉北京科技大学案"中，法院认为："高校依法具有相应的教育自主权，有权制定校纪、校规，并有权对在校学生进行教学管理和违纪处分，但是其制定的校纪、校规和据此进行的教学管理和违纪处分，必须符合法律、法规和规章的规定，必须尊重和保护当事人的合法权益。"在"甘露诉暨南大学案"中，最高人民法院在审判主旨中指出："学生对高等院校作出的开除学籍等严重影响其受教育权利的决定可以依法提起诉讼。人民法院审理此类案件时，应当以相关法律、法规为依据，参照相关规章，并可参考涉案高等院校正式公布的不违反上位法规定精神的校纪校规。"人民法院对高校规章制度的参考及附带合法性审查，一方面反映司法对章程及校内规章制度的认可和尊重；另一方面又维护国家法治的尊严和统一，倒逼高校完善校内规章制度体系，保持校内规章制度的和谐统一、合法合章。

在"田永诉北京科技大学案"中，法院认为："本案原告在补考中随身携带纸条的行为属于违反考场纪律的行为，被告可以按照有关法律、法规、规章及学校的有关规

---

① 山东省深化新时代教育督导体制机制改革的实施意见[EB/OL].[2021-03-20]. http://www.sdjyddxh.cn/index.php?c=show&id=302.
② 张磊，周湘林.问责：大学章程制定实施的制度保障[J].河南社会科学，2013（6）：80-82.
③ 教育部关于对西南大学、电子科技大学2019年研考自命题事件有关校级领导干部问责的通报[EB/OL].[2021-03-20]. http://www.moe.gov.cn/jyb_xwfb/gzdt_gzdt/s5987/201901/t20190111_366672.html.

定处理,但其对原告作出退学处理决定所依据的该校制定的第068号通知,与《普通高等学校学生管理规定》第29条规定的法定退学条件相抵触,故被告所作退学处理决定违法。"

在"甘露诉暨南大学案"中,法院认为:"《暨南大学学生管理暂行规定》第53条第5项规定,剽窃、抄袭他人研究成果,情节严重的,可给予开除学籍处分。《暨南大学学生违纪处分实施细则》第25条规定,剽窃、抄袭他人研究成果,视情节轻重,给予留校察看或开除学籍处分。暨南大学的上述规定系依据《普通高等学校学生管理规定》第54条第5项的规定制定,因此不能违背《普通高等学校学生管理规定》相应条文的立法本意。《普通高等学校学生管理规定》第54条列举了七种可以给予学生开除学籍处分的情形,其中第4项和第5项分别列举了因考试违纪可以开除学籍和因剽窃、抄袭他人研究成果可以开除学生学籍的情形,并对相应的违纪情节做了明确规定。其中第5项所称的"剽窃、抄袭他人研究成果",系指高校学生在毕业论文、学位论文或者公开发表的学术文章、著作,以及所承担科研课题的研究成果中,存在剽窃、抄袭他人研究成果的情形。所谓"情节严重",系指剽窃、抄袭行为具有非法使用他人研究成果数量多、在全部成果中所占的地位重要、比例大,手段恶劣,或者社会影响大、对学校声誉造成不良影响等情形。甘露作为在校研究生提交课程论文,属于课程考核的一种形式,即使其中有抄袭行为,也不属于该项规定的情形。因此,暨南大学开除学籍决定援引《暨南大学学生管理暂行规定》第53条第5项和《暨南大学学生违纪处分实施细则》第25条规定,属于适用法律错误,应予撤销。"

鉴于人民法院裁判的权威性和巨大影响力,主管教育行政部门、高校都应该认真对待章程,善用人民法院的影响力,将其转化为推动章程实施和完善的动力。如《湖南省高等学校章程实施工作专项督导办法》中规定,"因违反章程和法律,学校作为法人在行政或民事诉讼中败诉,造成不良影响的",取消学校评优资格。2014年《教育部办公厅关于加快推进高等学校章程制定、核准与实施工作的通知》指出:"对司法机关受理的起诉高校的行政诉讼案件,高等学校在陈述、答辩中要充分反映章程的依据,争取司法机关的理解与支持。"

大学章程适用的经典案例——达特茅斯学院诉伍德沃德案(1819)

达特茅斯学院,位于新罕布什尔州的汉诺威小镇,根据英王乔治三世于1769年颁发的特许状而建立。根据特许状,学院由一个永久性理事会负责管理,该理事会有权填补人员空缺,有权任免院长。1815年,该学院院长惠洛克违背特许状,理事会便行使职权,撤销了惠洛克的院长职务。惠洛克不服,请求州议会采取补救措施。当时的州长和大部分州议员和惠洛克同为民主共和党人,而校董们则多为联邦党人,因此州议会通过一项修改特许状的法律,决定增加理事会成员的名额,并授权州长成立一个监督委员会,监督学院活动,并向议会报告。这项法律实际上使特许状归于无效,学院被改为公立学校,置于州的控制之下。

理事会拒绝服从这项法律，而学院的秘书和司库伍德沃德站在州政府一边，与新受任者一道反对原理事会。原理事会在州法院对伍德沃德提起诉讼，但败诉；继续向联邦最高法院提起上诉，最高法院首席法官马歇尔在审理后作出判决。该判决认为，特许状是大学与州政府之间签订的契约，其中规定的内容具有法律效力；根据《美国宪法》第1条第10款，州政府不得制定"损害契约义务"的法律规定；据此裁定新罕布什尔州这项法律违宪无效。该判决还指出："他们以人类少有的深谋远虑，通过契约，把自己建立的这个学术机构的管理权，永远授予经他们认可的那些人。"①这是一种不得干预的契约，州政府必须尊重。这一判决重申契约自由原则，在司法史上影响深远，此后众多的私人团体、个人经常援引这一先例，排除政府对其活动的干预。②

马歇尔法官在判词中把案件分成两个问题：①达特茅斯学院的特许状能否看成是联邦宪法所要保护的契约？如果回答是肯定的话，那么，②新罕布什尔州议会通过的法律是否构成毁约行为？③他着重分析契约条款和达特茅斯学院法律地位的关系，明确提出学院特许状就是一份契约，特许状所确立的学院是一个私人团体而非像新罕布什尔州议会所认定的那样是一家公共机构。他在判词中开宗明义指出："毋庸置疑，本案的种种条件构成了一个契约。向英王申请的特许状是为了建立一个宗教和人文的机构。申请书本身就指出为此目的已有大量捐赠，一旦机构创立，就将转给该机构。特许状获准后，捐赠财产如约转让。可见，完整和合法契约所需之一切要素皆存在于在这一转让中。"

针对被告提出的"契约"一词包含了政府和公民之间的政治关系，为了公众利益，州议会有权根据形势变化通过法律形式来改变契约的观点。马歇尔法官认为，契约不能作如此随意的理解，契约是神圣的，它不会因为美国独立而失效，它保证一个法人存在的永久性。在判词中，他对法人进行了经典性论证："法人是一个人为的、不可分割的、无形的、只能存在于法律的思考中。""作为纯粹是法律的创造物，法人拥有它根据最初的特许状所转让的特权，或有明文规定，或是自其存在之日起附带而来的。此外，它还有能够最好地实现其目标的那些特性。""这其中，最重要的就是它的永久性，如果还有别的话，便是它的个体性。被许多人恒久继承的财产权利可以被看作是同一的，看作是一个单个人的行为。这些特权和特性使一个社团能够管理自己事务，掌握自己财产。"

通过解释，马歇尔大法官明确提出，宪法契约条款所包含的"财产权"包括法人权利，契约条款的目的就是"要限制未来立法部门对财产权的违反"。由此，确立了一项对未来产生重大影响的宪法解释原则："各种形式的产权，不论是个人的还是法人的，也不管是来自契约还是来自市场，都可以得到宪法契约条款的保护。"在本案中，既然达特茅斯学院是私人团体，州议会就不能干涉学院所拥有的绝对权利，特别是财产权和管理权，因为宪法契约条款的目的就是保护私人产权，它不允许各州损害州与学院之间最初的契约义务。

---

① 柴芬斯.公司法：理论、结构和运作[M].林华伟，魏旻，译.北京：法律出版社，2001：488.
② 王慧敏，张斌贤，方娟娟.对"达特茅斯学院案"的重新考察与评价[J].教育研究，2014（10）：119-127.
③ 王慧敏.达特茅斯学院案与美国建国初期政府：学院关系的转型[J].教育科学研究，2018（1）：83-88.

（二）大学章程在司法裁判中的作用

随着我国高校"一校一章程"格局的彻底形成，大学章程的社会影响力愈加增长，逐步"走进"诉讼审判领域，写入司法裁判文书之中，成为司法裁判的重要依据，深刻影响着诉讼各方的权益分配。[①]对此，教育也明确要求高校配合司法机关，在涉校案件中充分提供章程依据。2014年《教育部办公厅关于加快推进高等学校章程制定、核准与实施工作的通知》指出："对司法机关受理的起诉高等学校的行政诉讼案件，高等学校在陈述、答辩中要充分反映章程的依据，争取司法机关的理解与支持。"大学章程在具体案件中的作用主要包括以下几种：

1.确认商标权

在"上海理工大学与沪江教育科技上海股份有限公司侵害商标权纠纷案"[（2016）沪73民初368号]，《上海理工大学章程》记载："上海理工大学办学文脉可追溯至1906年创办的沪江大学和1907年创办的德文医学堂。"沪江大学的校训是"信义勤爱"。上海理工大学的校训是"信义勤爱、思学志远"。据此法院驳回沪江教育科技上海股份有限公司对"沪江"品牌的异议，维护了学校合法权益。

2.维护招生自主权

在"周卓然诉暨南大学教育行政管理教育案"[（2016）粤71行终1402号]中，其在涉案招生项目中享有自主权，招生合理合法。依据《中华人民共和国教育法》第28条以及《暨南大学章程》第5条的规定，其在招生方面享有自主招生权；依据《教育部国家体育总局关于进一步加强普通高等学校高水平运动员建设的意见》（教体艺〔2005〕3号文）第1条、第4条、《2016普通高校部分特殊类型招生基本要求》以及《2016暨南大学高水平运动员招生简章》之规定，其在涉案招生事项中按照"择优录取、宁缺毋滥"原则，结合本校实际需要，在招生计划、规则制定、适用、解释等方面均有一定的自由裁量权，周卓然的网球专项测试考试成绩不符合"择优录取"的标准，暨南大学有权依照招生自主权，不赋予其候选资格；涉案招生程序合法，组织报名、资格审查、专项考试、公布候选资格入围名单、招生信息公开及保障周卓然异议权和申辩权等方面均合法合规。

3.厘定学校法律属性

在"何志兰诉清华大学案"[（2019）京01行终788号]中，原告诉称，《清华大学章程》确认清华大学的行政权力和行政职能部门；来自国务院的行政权力经学校法定代表人和行政负责人校长下达到教学、研究、管理、服务各系统，保障有效运行，行政职能部门构建行政网络。

4.明确校院长职权

在"陈伟侯与中国农业大学侵权责任纠纷案"[（2015）一中民终字第08909号]中，

[①] 本部分所涉及的案例资料由作者自行收集整理。案例来源：中国裁判文书网，https://wenshu.court.gov.cn/。

原告诉称：根据《中国农业大学章程》中关于校长职权的规定，校长有义务解决陈伟侯住房因没有残疾人家庭无障碍设施所面临的安全风险，且这件事能够通过校内调换房屋得到解决，但校长没有履行该义务，构成不作为。

在"广西工程职业学院与文雅劳动争议案"[（2017）桂1023民初2157号]中，被告辩称，《广西工程职业学院章程》规定，院长负责学院的教育教学和行政管理工作，行使聘任和解聘学院工作人员，实施奖惩的职权，但该院院长没有在被告提交的辞职信上签字同意，原告也没有发放被告2016年7月1日至2016年8月10日的工资。由于双方存在劳动争议，被告向劳动人事争议仲裁委员会申请仲裁。

5.确定司法管辖权

在"昆明理工大学与深圳市海源能源科技有限公司招标投标买卖合同纠纷案"[（2018）云01民辖终329号]中，上诉人欲证实其主要办事机构在昆明市呈贡区，在一审阶段提交了《昆明理工大学章程》，该章程中载明上诉人昆明理工大学现有三个校区，即呈贡、莲华、新迎，主校区为呈贡校区，法定住所地为昆明市一二一大街文昌路68号。该地属昆明市五华区行政辖区，故一审法院对本案具有管辖权。

6.维护规章制度知情权

在"丹尼尔·奥特罗与南京财经大学劳动争议纠纷案"[（2016）苏0113民初字第3655号]中，被告南京财经大学提交《南京财经大学章程》，其中第37条规定教职员工应当遵守宪法、法律法规和职业道德，遵守《高等学校教师职业道德规范》。被告南京财经大学提交其召开2013、2014、2015年秋季学期外教工作会议，证明被告每学期都召开外教管理会议，并对所有外教强调学校的规章制度，所有外教在会议中已知晓学校规章制度。原告认为《南京财经大学章程》文件本身没有办法说明原告行为究竟违反了哪条的规章制度，被告从未提交过给原告任何英文版本，所以对原告不发生效力。

7.廓清职称评审权

在"夏慧异诉池州学院案"[（2019）皖1702行初29号]中，原告夏慧异诉称，第一，池州学院人事处违反了《池州学院章程》第74条和第75条，侵犯了原告的合法权益；第二，池州学院在评审专家的评审出现问题，原告提出异议的情况下，坚持不作为，涉嫌渎职，违反了《池州学院章程》第74条和第75条，侵犯了原告的合法权益；第三，2018年75号文件依据的教务处两个文件没有尽到告知的义务，文件也没有写清如何申诉，不符合这类文件的规定。

以上案例涉及大学章程中的学校历史变迁、学校法律性质、住所地、校院长职权、招生自主权、职称评审权、规章制度知情权等，并且未来涉及的范围会愈加广泛。从这些案例可以看出，在高校面向社会自主办学过程中，必须加快推进章程实施，在完善以章程为核心的学校规章制度体系过程中，不断丰富和发展章程，使章程真正成为办学治校的根本准则。

七、拓展社会参与渠道

大学教育是社会的心脏，对社会发展、文化传承、文明更替，具有极大的濡化和促进作用。同时，大学受社会发展的制约，需要不断从社会获取各种资源，包括生源、学费、捐赠和商业资助等以维持自身的存在与发展。面向社会、依法自主办学是高校综合改革的重要目标。大学章程是连接大学和社会的"桥梁"，高校以章程为依据，开展社会合作；社会公众以章程为依据，监督大学活动。大学应该不断拓展社会参与学校治理的范围和渠道，以"根本法"形式将社会参与大学事务的途径、方法及程序规范化、制度化，使社会公众监督和评估大学活动更便捷、更高效，切实保障社会公众的知情权和监督权，促进对大学章程实施监督的社会化。

（一）健全高校理事会制度

理事会建设是高校深化教育综合改革、推进现代大学制度建设、完善学校内部治理结构的重要举措，也是推动校企合作、产教融合，吸收社会各方力量参与办学的重要组织形式，发挥咨询、协商、审议和监督等作用，积极参与学校民主决策，推进学校战略规划，支持学科建设发展。

1.高校理事会的法规政策基础

新世纪以来，国家颁布以来政策法规，探索在高校设立理事会，推进高校治理体系和治理能力现代化。2010年《国家中长期教育改革和发展规划纲要（2010—2020年）》提出"探索建立高校理事会或董事会"。2011年《中共中央国务院关于分类推进事业单位改革的指导意见》提出："面向社会提供公益服务的事业单位，探索建立理事会、董事会、管委会等多种形式的治理结构，健全决策、执行和监督机制"。2011年《高校章程制定暂行办法》对章程中的理事会内容进行明确规定，"学校根据发展需要和办学特色，自主设置有政府、行业、企事业单位以及其他社会组织代表参加的学校理事会或者董事会的，应当在章程中明确理事会或者董事会的地位作用、组成和议事规则。"

2014年《普通高等学校理事会规程（试行）》，对高校理事会的概念、原则、作用、人员组成、职责、议事规则、信息公开等进行明确规定；要求高校应当"建立并完善理事会制度，制定理事会章程，明确理事会在学校治理结构中的作用、职能；""健全高校与理事会成员之间的协商、合作机制；为理事会及其成员了解和参与学校相关事务提供条件保障和工作便利。"该规程的主要内容包括：①明确高校理事会的定位，"支持和监督学校发展的咨询、协商、议事与监督机构""高校实现决策民主、民主监督、社会参与的重要治理主体和组织形式"，确定理事会是高校内部治理结构中的重要主体，是社会参与高校办学、扩大高校与社会联系合作的制度平台。②规定高校理事会的职责：第一，密切社会联系，通过理事会制度提升高校的社会服务能力，与地方政府、企业事业组织等相关方面建立长效合作机制；第二，扩大决策民主，使办学的利益相关方能够以理事会为平台，参与学校的相关决策，保障与学校改革发展相关的重大事项，在决策前，能够充分听取相关方面意见；第三，争取社会支持，借助理事会及其成员，丰富社会参与和支持高校办学的方式与途径，探索、深化高校办学体制改革；第四，接受社会监督，依托理事会，引入和健全对学校办学与管理活动的监督、评价机制，提升自身的社会责任意识。③确定高校理事会的组成人员，主要包括：第一，高校举办者、政府主管部门、共建单位的代表；第二，学校代表，包括学校相关负责人，学术委员会及相关学术组织负责人，以及教师、学生代表；第三，社会合作方代表，包括支持学校办学与发展的地方政府、行业组织、企业事业单位、其他社会组织等；第四，支持学校发展的个人代表，包括杰出校友、社会知名人士、国内外知名专家等。同时要求"合理确定理事会的构成和规模"，反映相关利益主体的代表性和均衡性，兼顾效率性和权威性等。

2.高校理事会的运行实践

理事会制度是高校章程必备条款，这是《高等学校章程制定暂行办法》《普通高等学校理事会规程（试行）》等"上位法"的法定要求。但是，一些大学在章程公布之后，根本就没有成立学校理事会；一些学校虽然成立了学校理事会，却只是"昙花一现"，并没有发挥实际作用；一些学校成立了理事会，实际上也运行了，但是"存在组织松散、成员结构庞杂、主体职能虚化等现象"。①

尽管《普通高等学校理事会规程（试行）》已经赋予了理事会明确的职责，但在现实中，高校对理事会的态度微妙，既希望其发挥筹集资金、投资基础建设、资助科研项目等功能，又不希望其权力过大。在实践中，一些理事会的职权严重"缩水"，仅提"咨询和建议"职能，不提"监督"职能。同时，一些社会知名人士、行业成功人士，热情满满地参与理事会，"出钱出力又出汗"，却难以深度参与学校治理，意见或建议也难以得到有效尊重，感觉只是"边缘人"，最后"意兴阑珊"，导致了一些高校理事会成立后难以为继。

另外，一些高校的二级学院也开始探索设立理事会，补齐了二级学院内部治理结构的短板。一些高校对二级学院层面的理事会制度进行了详细规定，制定了二级学院理事会或董事会章程、议事规则，促进了学院与社会的良性互动。

复旦大学药学院理事会创立于2016年，聘请生物医药领域两院院士与创新创业成功人士为成员，为学科建设和学院发展等重大事项的咨询机构，旨在增进复旦大学药学院发展战略决策的科学性，积极有效地推动复旦大学药学院的高效快速成长，加快世界一流药学院的建设进程。理事会职责是按照复旦大学药学院的需求和委托，开展以下工作：第一，对复旦大学药学院制定的中长期发展规划进行咨询和建议；第二，对复旦大学药学院学科建设的战略和规划进行咨询和建议；第三，对复旦大学药学院重大项目的立项和申报进行咨询和建议；第四，对复旦大学药学院人才战略规划、重大国内外合作进行咨询和建议。

---

① 湛中乐，苏宇.对中国大学引入董事会制度的反思[J].陕西师范大学学报（哲学社会科学版），2011（5）：157-164.

江南大学食品学院董事会成立于2000年，主要由热心高等教育事业、关心和支持学校改革发展的食品、粮油、饲料及其他行业的企事业单位、有关领导部门和知名专家学者及海内外知名人士、社会贤达等组成，旨在加强学校与社会的联系，争取社会力量参与教育事业。该董事会发展至今已换届7次，其成员主要为与学院长期合作的大中型食品和副产品加工企业，成员数量从2000年第一届的36家，增长到2020年第七届的124家。该董事会建立了多渠道校企沟通机制，增强了校企合作的针对性和有效性；争取社会力量支持，参与教育事业，同时为社会和企业输送更多优秀人才，实现校企双赢，共同成长，携手进步。①

3.高校理事会的制度完善

在理事会建设与运行实践中，无论是校级理事会，还是二级学院理事会，都要从寻求共识、健全制度、规范运行、完善机制、促进交流、合作共赢发展等下功夫，否则将难以逃脱"昙花一现"的命运。

第一，夯实合作共赢基础。理事会从本质上讲，是社会和学校达成合作共识的产物，"大家来自五湖四海，为了同一个目标，走到一起来"。首先，寻求合作共识，明确合作内涵。深入研究和思考社会对理事会成员有哪些共同需求？理事会成员能为社会提供哪些支撑和服务？理事会的年度规划是什么、中长期规划是什么，应该群策群力、通过专业委员会专明确合作内涵；其次，加大合作力度，落实合作任务。站在国家和社会发展战略的高度来思考问题、谋划未来，将学校有限的人力物力资源整合起来，与理事会成员单位联合共同完成一些国家和社会重大项目，以及人才项目，共同努力形成丰硕的研究成果。

第二，明确理事会规模和成员资格。我国高校理事会规模没有给出具体数量限制，只给出一个下限。《普通高等学校理事会规程（试行）》第6条规定，理事会组成人员一般不少于21人。对理事会的规模可以采取"理事会大会+执行委员会"的模式，一方面尽量扩大理事会成员规模，紧密联系层的理事会成员保持在50至60人左右，以期在重大的战略性决策时，或一些重要的实质性领域内，能够充分广泛地听取不同的意见；另一方面，为了提高理事会决策效率，保障理事会决策质量，可以成立理事会执行委员会，一般保持在25人左右，解决理事会的常态化决策，获得大多数理事会的真正支持和帮助。②

对于理事会成员资格，《普通高等学校理事会规程（试行）》第5条规定了五类代表，"第一，高校举办者、政府主管部门、共建单位的代表；第二，学校代表，包括学校相关负责人，学术委员会及相关学术组织负责人，以及教师、学生代表；第三，社会合作方代表，包括支持学校办学与发展的地方政府、行业组织、企业事业单位、其他社会组织等；第四，支持学校发展的个人代表，包括杰出校友、社会知名人士、国内外知

---

① 江南大学食品学院董事会简介[EB/OL].[2021-03-18]. http://foodsci.jiangnan.edu.cn/dsh/dshjj.htm.
② 埃伦伯格.美国的大学治理[M].北京：北京大学出版社，2010：6.

名专家等；第五，学校邀请的其他代表。"《陕西师范大学章程》规定，学校理事会由资助学校办学的理事单位、校友、社会贤达、校外专家、教师代表、学生代表等组成。《哈尔滨工程大学章程》规定，学校理事会由主管部门、共建单位、关心支持学校发展建设单位的代表，社会知名人士、国内外知名专家、杰出校友代表及学校师生代表构成。

对于理事会成员，我们可以借鉴国外的情形，也许会有不同的思路。如美国爱荷华大学董事会由9名成员构成，他们的身份多样：一位是小城镇的律师；一位是前副州长；一位是非洲裔医师，同时也是一个县的验尸员；一位是乡村农场主；一位是职业农场经理；一位是工会负责人，做肉类贸易的企业主；一位家庭农业综合企业所有者；再加上两位家庭主妇。他们不是工业巨头，没有一个享有全国性声誉，但是他们诚实、可靠、敬业、工作努力，对他们的公共服务工作充满敬畏，每个人都真诚地希望自己能胜任这份工作。

达特茅斯学院的董事会有14位成员，他们的身份相似，都非常富有，大部分人取得了很高的社会地位或专业地位，有些人还是社会上的显赫人物：华尔街的首席执行官，投资银行家，投机资本家及公司的律师，大学的校长等，他们均为达特茅斯学院的毕业生。也就是，所有董事会成员都是校友。这种完全由校友组成的董事会具有很大的优势，"通过对母校的各种长期志愿式服务和经常性的资金捐赠来展示他们对母校的挚爱"，他们中一些人和学校发展保持终身联系。[①]

第三，完善理事会制度建设。按照学校章程、理事会章程，逐步完善相关配套规章制度，建立健全各项会议程序和议事规则，尤其是落实好例会制度，严格遵循民主协商原则，为各位理事行使权利、开展决策咨询或参与审议讨论等，提供条件保障和工作便利，鼓励各位理事为学校建设发展多提合理化建议和意见。另外，不断探索创新做好理事会工作的方法和途径，充实理事会工作机构，在重大科研项目攻关、专业人才培养、实验实训基地建设、基础设施建设、知识产权转化等多方面、多渠道、多形式开展工作，主动公开理事会相关信息及履行职责情况，自觉接受师生员工、社会各界和主管部门监督，促进理事会规范、健康和持续发展。

（二）加强校友会建设

校友工作是学校教学和育人工作的有效延伸，校友成就是衡量一所学校办学成就的重要指标之一。当前，无论是教育教学评估，还是专业认证过程，评价标准中都设置校友评价指标。[②]在新发展阶段的"内涵式""高质量"发展、"双一流"建设，对高校校友工作提出更高要求。

2011年《高等学校章程制定暂行办法》规定，对学校根据发展需要自主设置的各类组织机构，如校友会，章程中应明确其地位、宗旨以及基本的组织与议事规则。据此，大学章程普遍设置"校友"条款，简明扼要地规定了校友及校友会组织。然后，各个高校根据大学章程，制定校友会章程，详细规定校友会的宗旨、组织原则、业务范围、组

---

① 埃伦伯格.美国的大学治理[M].北京：北京大学出版社，2010：4-5.
② 何雨骏，刘宏伟.新形势下高校校友会的建设[J].中国高等教育，2018（21）：54-55.

织机构、财产的管理和使用、章程修改程序、终止和清算等具体内容。

一般而言，"校友"是指在学校学习或工作过的师生员工、获得学校名誉学位或荣誉职衔的人士。一些学校为校友加个时间限定，列举更为详细，如《中国政法大学章程》54条规定，校友是指在本校学习3个月以上的毕业、结业、肄业学生，在本校工作过的教职员工，本校名誉教授、名誉博士、客座教授、兼职教授以及经学校校友会的理事会批准获得本校校友会会员资格的个人。

校友会是校友之间、校友和大学、大学与社会沟通联系的基本组织形式。一些大学依法将校友会注册为非营利性社会组织，其主要职责为联络校友、凝聚校友、服务校友，促进学校和校友的交流、合作与发展。高校经常向校友通报学校发展战略与发展状况，征求校友的意见和建议，鼓励校友参与学校建设与发展，也为校友提供必要的支持和保障。

加强校友会建设，首先，要完善校友会组织架构。校友会依照校友会章程运行，其组织架构通常为会员代表大会、理事会、常务理事、理事、单位会员和个人会员等；其中，会员代表大会为校友会的最高权力机构；理事会是会员代表大会的执行机构，在会员代表大会闭会期间领导本会开展日常工作，对会员代表大会负责。校友会设置一些主要负责人员，包括会长、副会长、秘书长、副秘书长以及各机构负责人等。其次，要构建多元化校友会组织。学校应当鼓励校友依法设立灵活多样的校友组织形式，搭建校友交流平台，联络和凝聚校友，加强国内外校友之间、校友与母校之间的联系，服务校友、服务学校、服务社会、服务国家。通常情况下，大多数大学以区域为标准，分为地区性校友会、省域校友会以及海外校友会等，地区性校友会分为华南区、华北区、东北区、东南区、西北区、西南区等校友会等；省域校友会通常以各个省、自治区及直辖市的区域划分；一些大学还设立欧洲、北美、南美、大洋洲等海外校友会；只要有校友生活的地方，都可以根据各地情况设置校友会。此外，一些大学还设置院系校友会、年级校友会、行业校友会以及专业委员会等，如清华大学校友总会设立城乡建设专业委员会、文创专业委员会、体育专业委员会、先进制造业委员会、集成电路专业委员会等。[①]

在校友会之外，还要积极鼓励校友直接参与学校治理，监督学校活动。如北京大学实行校务委员会校友代表制度，发挥校友在办学治校中的咨询议事和监督作用。当然，校友及校友组织也应该遵守相关规程，关心支持本校的建设发展，维护本校声誉和利益。

（三）扩大与社会各界联系

在新发展阶段，面临新发展格局，应当全面贯彻创新、协调、绿色、开放、共享的新发展理念，需要学校加强与社会各界的广泛联系和互利合作，主动服务国家重大战略需求，深度参与创新驱动发展战略，推动学科建设，提升大学和学科声誉，为国家、行业、地方和社会发展提供科技、人才与智力支持。

高校扩大与社会各界的联系，在理事会、校友会之外，还应建立更为多样化、常

---

① 清华校友总会集成电路专业委员会成立大会暨第一届理事会第一次会议召开.清华校友网[EB/OL].[2021-03-21]. https://www.tsinghua.org.cn/info/1016/33184.htm.

态化的组织机构。清华大学设立战略发展委员会作为战略决策的咨询机构和社会参与本校事务的主要途径，定期就学校发展战略和重大决策提出咨询建议。战略发展委员会的成员为国务院教育行政部门的代表，北京市人民政府的代表，学校校长、党委书记、校友代表，关心和支持本校发展的海内外知名人士及有关方面代表。[①]战略发展委员会为学校的长远发展战略、学科规划、创新领军人才培养、医药卫生学科建设、文化素质教育、校园建设等提供了多元化、前瞻性的支持与服务。

北京大学实行社会参与制度，建立校务委员会校外委员制度，设立名誉校董，聘请对学校发展作出重大贡献的社会杰出人士担任；设立国际咨询委员会，聘请热爱高等教育事业、关心学校改革与发展，并具有较高威望和重要社会影响力的国际知名人士担任委员。

高校扩大与社会各界联系，应该重视与学校发展密切相关的各级人大代表、各级政协委员的联络和沟通，主动向各级人大代表、政协委员反映学校改革发展的现状、重大举措、重大规划及存在问题。一方面，可以将学校发展中的重大需求及"瓶颈问题"转化为各级人大会议、政协会议的提案，为学校发展提供助力；另一方面，可以广泛听取各级人大代表、政协委员对学校改革发展中意见和建议；同时，也可以消除他们对学校一些改革发展举措的疑虑、甚至误解，获得他们的理解和支持。

2016年11月，教育部曾对全国政协委员"关于教育部应严格对高校章程核准的提案"进行答复，[②]教育部详细介绍了大学章程建设状况、法律依据、制定原则以及制定特征，说明了对所反映的相关大学章程问题处理情况。"您所提到的《浙江大学章程》章程的有关问题，浙江大学已通过相关程序对章程有关内容进行了完善。《北京大学章程》虽然对上位法的有关规定做了简略，但是并不影响上位法在学校的贯彻实施。《清华大学章程》规定教职工在外兼职需要学校批准的规定，与科技部、教育部《关于充分发挥高校科技创新作用的若干意见》中鼓励和支持高校师生兼职创业的规定也不冲突。兼职创业需要处理好与教育教学的关系，学校规定在外兼职须经一定程序，并不意味着不鼓励不支持。"全国政协委员的提案对推进大学章程建设，完善校内规章制度体系，提升治理能力和治理体系现代化水平具有重要的参考价值，督促各级教育行政部门、各个高校进一步完善工作机制、提高工作要求及改进工作方法。

在新形势下，高校应该不断扩展社会参与渠道，构建全方位、立体化、宽格局的社会参与机制，借助社会各界的影响力和号召力，密切学校与上级主管部门、理事单位、校友、社会各界代表的互动联系，凝聚办学资源，增强办学活力，提升学校办学实力和社会声誉，促进各方互利互惠、合作共赢，为国家、行业、地方和社会发展提供科技、人才与智力支持，为实现中华民族伟大复兴贡献力量，为全面建设中国特色社会主义现代化强国奉献智慧和担当。

[①] 清华大学战略发展委员会换届暨第二届委员会第一次全体会议举行[EB/OL].[2021-03-21]. https://www.tsinghua.edu.cn/info/1668/82534.htm.
[②] 关于政协十二届全国委员会第四次会议第0766号（教育类081号）提案答复的函[EB/OL].[2021-03-22]. http://www.moe.gov.cn/jyb_xxgk/xxgk_jyta_zfs/201701/t20170105_293981.html.

附　　录

附录一　大学章程实施状况调查量表

尊敬的领导、老师：

您好！感谢您在百忙之中参与此次问卷调查。本研究旨在调研各校章程的实施情况，结果用于学术研究，衷心希望您按照实际情况和真实想法作答，感谢您的大力支持和帮助！

《大学章程实施评估研究》课题组

一、背景信息

1.您所在院校是（　）

A.双一流建设高校　B.地方本科高校（非双一流）　C.高职高专院校

2.您的职称是（　）

A.初级　B.中级　C.副高　D.正高

3.您的岗位是（　）

A.专任教师　B.中层以上管理者　C.一般行政管理人员　D.其他

4.您的工作年限为（　）

A.1～5年　B.6～10年　C.11～20年　D.20年以上

5.您所在区域是（　）

A.东部地区（北京、天津、河北、辽宁、上海、江苏、浙江、福建、山东、广东、海南）

B.中部地区（吉林、黑龙江、山西、河南、湖北、湖南、安徽、江西）

C.西部地区（四川、重庆、贵州、云南、西藏、陕西、甘肃、青海、宁夏、新疆、广西、内蒙古）

二、调查信息（请您就下列表述给出意见）

调研题项	选项				
	完全不赞同	不赞同	不确定	赞同	完全赞同
Q1.我熟悉学校章程文本，特别关注与自身工作生活相关的章程内容					
Q2.我经常学习章程相关知识，了解章程的价值和功能					
Q3.我已初步形成用章程、守章程的习惯和意识					

续表

调研题项	选项				
	完全不赞同	不赞同	不确定	赞同	完全赞同
Q4.我愿意为章程完善、规章制度的制定或修改提供建议					
Q5.我校章程内容详实，可操作性强					
Q6.我校领导经常在各种会议上强调章程实施的重要性					
Q7.我校将章程实施情况纳入各职能部门、各科研单位的年度报告内容					
Q8.我校会定期对章程实施情况进行内部评估					
Q9.我校建立章程宣传长效机制，将其纳入新教师入职、新生入学及新干部教育内容					
Q10.我校通过学校网站、微信、师生手册、宣传栏及各种社会媒介等积极宣传章程					
Q11.我校颁布了校内规章制度制定办法，规范校内文件"立、改、废、释"的程序和标准					
Q12.我校以章程为准则，对原有学校规章制度进行了全面系统地清理和修订					
Q13.我校已建立对重大决策、重大制度的合法性审查机制					
Q14.我校基本形成以章程为统领，健全、规范、统一的学校规章制度体系					
Q15.我校章程及各类规章制度信息公开透明，可在学校网站上即时查询					
Q16.我校规章制度中通常会出现"依据章程，制定本规定"或类似语句					
Q17.我校会依照国家教育政策方针、学校发展需求等的变化而及时修订章程					
Q18.我校已建立章程实施推进机制，制定实施计划，明确实施目标和责任					
Q19.我校已设立章程实施监督机构，切实督促各部门单位执行章程规定					
Q20.我校已建立对违反章程的问责机制。					
Q21.我校已建立教职工申诉委员会，设置受理机构，明确申诉程序，切实维护教职工合法权益					
Q22.我校制定发展规划、重大制度时，会广泛征求教职工、学生及其他利益相关者的意见					
Q23.我校各部门会对所征求意见的采纳情况进行反馈和说明					
Q24.我校"党委领导、校长负责、教授治学、民主管理和社会参与"的治理结构不断完善					
Q25.我校已制定党委领导下的校长负责制实施细则，并有效执行					
Q26.我校已制定党委会议事规则、校长办公会议事规则，并有效执行					
Q27.我校已制定学术委员会章程，成立学术委员会，设置学术委员会办公室					
Q28.我校学术委员会能有效行使对学术事务的审议权、评价权及决定权					
Q29.我校教职工代表选举"有法可依"，代表具有广泛的民意基础					
Q30.我校教职工代表大会能切实保障教职工对学校事务的知情权、参与权和监督权					

续表

调研题项	选项				
	完全不赞同	不赞同	不确定	赞同	完全赞同
Q31.我校教职工代表大会能够推动涉及教职工切身利益事项的解决或答复					
Q32.我校成立学校理事会,理事会成员能实际参与学校治理,共襄发展大计					
Q33.我校成立学校发展基金会,加强与社会各界交流合作,为学校发展筹措资金、募集资源					
Q34.我校二级学院的人权、财权、事权范围不断扩大					
Q35.我校二级学院规章制度不断健全,基本实现"事事有规范,办事有程序,过程有监督"					
Q36.我校二级学院通过党政联席会议形式审议和决策重大行政事务和重要制度					
Q37.我校二级学院党政联席会议决策过程民主和谐,高效有序					
Q38.我校二级学院教授、学术骨干等对本单位学术事务拥有较大话语权					
Q39.我校二级学院学术委员会有明确的组织原则、议事规则和决策程序等					
Q40.我校二级学院定期举行教职工代表大会,审议或决定职权事项					
Q41.我校二级学院教职工对本单位各类行政事务具有知情、参与和监督的权利					
Q42.我校已基本形成校院两级管理格局					
Q43.我校章程实施以来各方面有明显改进					
Q44.我对学校章程全面实施的前景信心十足					

祝您身体健康,万事如意!

附录二 大学令

（1912年10月24日）

第一条　大学以教授高深学术,养成硕学闳材,应国家需要为宗旨。

第二条　大学分为文科、理科、法科、商科、医科、农科、工科。

第三条　大学以文理二科为主,须合于左列各款之一,方得名为大学。

（一）文理二科并设者。

（二）文科兼法、商二科者。

（三）理科兼医、农、工三科或二科、一科者。

第四条　大学设预科,其学生入学资格,须在中学校毕业,或经试验有同等学力者。

第五条　大学各科学生入学资格,须在预科毕业,或经试验有同等学力者。

第六条　大学为研究学术之蕴奥,设大学院。

第七条　大学院生入院之资格,为各科毕业生,或经试验有同等学力者。

第八条　大学各科之修业年限三年或四年,预科三年,大学院不设年限。

第九条　大学预科生修业期满,试验及格,授以毕业证书,升入本科。

第十条　大学各科学生修业期满，试验及格，授以毕业证书，得称学士。

第十一条　大学院生在院研究有新发明之学理或重要之著述，经大学评议会及该生所属某科之教授会认为合格者，得遵照学位令授以学位。

第十二条　大学设校长一人，总辖大学全部事务，各科设学长一人，主持一科事务。

第十三条　大学设教授、助教授。

第十四条　大学遇必要时，得延聘讲师。

第十五条　大学各科设讲座，由教授担任之。教授不足时，得使助教授或讲师担任讲座。

第十六条　大学设评议会，以各科学长及各科教授互选若干人为会员，大学校长可随时召集评议会，自为议长。

第十七条　评议会审议左列诸事项：

（一）各学科之设置及废止。

（二）讲座之种类。

（三）大学内部规则。

（四）审查大学院生成绩及请授学位者之合格与否。

（五）教育总长及大学校长咨询事件。

凡关于高等教育事项，评议会如有意见，得建议于教育总长。

第十八条　大学各科各设教授会，以教授为会员，学长可随时召集教授会，自为议长。

第十九条　教授会审议左列诸事项：

（一）学科课程。

（二）学生试验事项。

（三）审查大学院生属于该科之成绩。

（四）审查提出论文请授学位者之合格与否。

（五）教育总长、大学校长咨询事件。

第二十条　大学预科，须附设于大学，不得独立。

第二十一条　私人或私法人亦得设立大学，除本令第六条、第十一条、第十七条第四款、第十九条第三款、第四款外，均适用之。

第二十二条　本令自公布日施行。

附录三　修正大学令

（1917年9月27日）

第一条　大学以教授高深学术，养成硕学闳材，应国家需要为宗旨。

第二条　大学分为文科、理科、法科、商科、医科、农科、工科。

第三条　设二科以上者，得称为大学；其但设一科者，称为某科大学。

第四条　大学设预科，其学生入学资格，须在中学校毕业或经中学毕业同等学力试验，得有及格证书者，但入学时应受选拔试验。

第五条　大学本科学生入学资格，须在预科毕业或经预科毕业同等学力试验及格者。

第六条 大学为研究学术之蕴奥，设大学院。

第七条 大学院生入院之资格，为大学本科毕业生。

第八条 大学本科之修业年限四年，预科二年。

第九条 大学预科生修业期满、试验及格，授以毕业证书。

第十条 大学本科学生修业期满 试验及格，授以毕业证书，称某科学士。

第十一条 大学设校长一人，总辖大学全部事务，各科设学长一人，主持一科事务。其独设一科之大学，不设学长。

第十二条 大学设正教授、教授、助教授。

第十三条 大学遇必要时，得延聘讲师。

第十四条 大学设评议会，以各科学长、正教授及教授互选若干人为会员。大学校长可随时召集评议会，自为议长，遇必要时，得分科议事。

第十五条 评议会审议左列诸事项：

（一）学科之设立、废止。

（二）学科课程。

（三）大学内部规则。

（四）学生试验事项。

（五）学生风纪事项。

（六）教育总长及校长咨询事件。

前列事项如仅涉及一科或数科者，得由各该科评议员自行议决。

第十六条 大学预科须附设于大学，不得独立。

第十七条 私人或私法人亦得设立大学，除本令第六条、第七条外，均适用之。

第十八条 本令自公布日施行。

附录四 国立大学校条例
（1924年2月23日）

第一条 国立大学校以教授高深学术，养成硕学闳材，应国家需要为宗旨。

第二条 国立大学校分科为文、理、法、医、农、工、商等科。

第三条 国立大学校得设数科或单设一科。

第四条 国立大学校各科分设各学系。

第五条 国立大学校收受高级中学校毕业生或具有同等资格者，国立大学校录取学生，以其入学试验之成绩定之。

第六条 国立大学校修业年限，四年至六年，其课程得用选科制。

第七条 国立大学校学生修业完毕试验及格者，授以毕业证书，称某科学士。

第八条 国立大学校设大学院，大学校毕业生及具有同等程度者入之。大学院生研究有成绩者，得依照学位规程给予学位。

学位规程另订之。

第九条 国立大学校设图书馆、观测所、实习场、试验室等。

第十条 国立大学校得附设各项专修科及学校推广部。

第十一条 国立大学校设校长一人，总辖校务，由教育总长聘任之。

第十二条 国立大学校设正教授、教授由校长延聘之。国立大学校的延聘讲师。

第十三条 国立大学校得设董事会，审议学校进行计划及预算、决算暨其他重要事项，以左列人员组织之：

（甲）例任董事，校长。

（乙）部派董事，由教育总长就部员中指派者。

（丙）聘任董事，由董事会推选呈请教育总长聘任者。第一届董事由教育总长直接聘任。

国立大学校董事会议决事项，应由校长呈请教育总长核准施行。

第十四条 国立大学校设评议会，评议学校内部组织及各项章程暨其他重要事项，以校长由正教授、教授互选若干人组织之。

第十五条 国立大学校各科、各学系及大学院，各设主任一人，由正教授或教授兼任之。国立大学校遇必要时，得设教务长一人，由正教授或教授任之。

第十六条 国立大学校设教务会议，审议学则及关于全校教学、训育事项，由各科各学系及大学院之主任组织之。

第十七条 国立大学校各科、各学系及大学院，各设教授会，规划课程及其进行事宜，各以本科、本学系及大学院之正教授、教授组织之。各科系规划课程时，讲师并应列席。

第十八条 国立大学校图书馆、观测所、实习场、试验室等各设主任一人，以正教授或教授兼任之。

第十九条 国立大学校得分设事务各课，办理各项事宜。

第二十条 本条例自公布日施行。

附则

高级中学校未编设以前，国立大学校得暂设预科，收受旧制中学及初级中学校毕业生，其修业年限在四年制毕业者二年；在三年制毕业者三年。

私立大学校应参照本条例办理。

大学令、大学规程自本条例施行日起废止之。

附录五　大学组织法
（1929年7月26日）

第一条 大学应遵照十八年四月二十六日国民政府公布之中华民国教育宗旨及其实施方针，以研究高深学术，养成专门人才。

第二条 国立大学由教育部审查全国各地情形设立之。

第三条 由省政府设立者为省立大学，由市政府设立者为市立大学，由私人或私法人设立者为私立大学。

第四条　大学分文、理、法、农、工、商、医药、教育艺术及其他各学院。

第五条　凡具备三学院以上者，始得称大学，不合上项条件者，为独立学院，得分两科。

第六条　大学各学院或独立学院各科，得分若干学系。

第七条　大学各学院及独立学院，得附设专修科。

第八条　大学得设研究院。

第九条　大学设校长一人，综理校务，国立大学校长由国民政府任命之，省立市立大学校长由省市政府分别呈请国民政府任命之，除国民政府特准外，均不得兼任其他官职。

第十条　独立学院设院长一人，综理院务，国立者由教育部聘任之，省立市立者由省市政府请教育部聘任之，不得兼任。

第十一条　大学各学院各设院长一人，综理院务，由校长聘任之，独立学院各科各设科主任一人，办理各科教务，由院长聘任之。

第十二条　大学各学系各设主任一人，办理各该系教务，由院长商请校长聘之，独立学院各系主任，由院长聘任之。

第十三条　大学各学院教员分教授、副教授、讲师、助教四种，由院长商请校长聘任之。

第十四条　大学得聘兼教员，但其总数不得超过全体教员三分之一。

第十五条　大学设校务会议，以全体教授、副教授所选出之代表若干人及校长、各学院院长、各主任组织之，校长为主席。前项会议，校长得延聘专家列席，但其人数不得超过全体人数五分之一。

第十六条　校务会议审议左列事项：

（一）大学预算。

（二）大学学院学系之设立及废止。

（三）大学课程。

（四）大学内部各种规则。

（五）关于学生试验事项。

（六）关于学生训育事项。

（七）校长交议事项。

第十七条　校务会议得设各种委员会。

第十八条　大学各学院设院务会议，以院长、系主任及事务主任组织之，院长为主席，计划本院学术设备事项，审议本院一切进行事宜。各学系设系教务会议，以系主任及本系教授、副教授、讲师组织之，系主任为主席，计划本系学术设备事项。

第十九条　大学职员及事务员，由校长任用之。

第二十条　大学入学资格，须曾在公立或已立案之私立高级中学或同等学校毕业，经入学试验及格者。

第二十一条　大学修业年限，医学院五年，余均四年。

第二十二条　大学学生修业期满考核成绩及格，由大学发给毕业证书。

第二十三条　本法第三条第二项及第十三条至第二十二条之规定，独立学院准用之。

第二十四条 私立大学或私立独立学院校董会之组织及职权,由教育部定之。

第二十五条 大学或独立学院之规程,由教育部遵照本法另定之。

第二十六条 本法自公布日施行。

附录六 大学法
(1948年1月12日)

第一条 大学依中华民国宪法第一百五十八条之规定,以研究高深学术,养成专门人才为宗旨。

第二条 国立大学由教育部审察全国各地情形设立之。

第三条 大学由省设立者为省立大学,由直辖市设立者为市立大学,由私人设立者为私立大学。

前项大学之设立、变更及停办,须经教育部核准。

第四条 大学分文、理、法、医、农、工、商等学院。

师范学院应由国家单独设立,但国立大学得附设之。

本法施行前已设立之教育学院,得继续办理。

第五条 凡具备三学院以上者,始得称为大学。不合上项条件者,为独立学院,得分二科。

第六条 大学各学院及独立学院分设学系。

第七条 大学或独立学院各学系办理完善、成绩优良者,得设研究所。

第八条 大学置校长一人,综理校务。国立、省立、市立大学校长兼任,私立大学校长由董事会聘任,呈报教育部备案。校长除担任本校教课外,不得兼任他职。

私立大学得置副校长一人,辅助校长处理校务。

第九条 独立学院置院长一人,综理院务,国立者由教育部聘任之,省立、市立者由省市政府请教育部聘任之,私立者由董事会聘任,呈报教育部备案。院长除担任本院教课外,不得兼任他职。

第十条 大学各学院各置院长一人,综理院务,由校长聘任之。

第十一条 大学各学系各置主任一人,办理系务,由院长商请校长聘任之。

第十二条 大学教员分教授、副教授、讲师、助教四种,由院长、系主任商请校长聘任之。

第十三条 大学设教务、训导、总务三处,置教务长、训导长、总务长各一人,秉承校长分别主持教务、训导及总务事宜,由校长聘任之,均应由教授兼任。

第十四条 大学各处得分设备主管,各置主任一人,办理各主管事务,由各处主管人商请校长任用之。

大学图书馆规模完备者,得置馆长一人,由校长聘任之。

第十五条 大学校长室得置秘书一人或二人,由校长聘任之。

第十六条 大学设会计室,置会计主任一人、佐理员及雇员若干人,依法律之规定，办理岁计会计事宜。

前项人员之任用，私立大学暂不适用。

第十七条　大学得因教学实习及研究之需要，分别附设各种实习或实验机构，其办法由校拟订，呈请教育部核定之。

第十八条　大学各主管及附设各机构，得各置职员若干人，由校长任用之。

第十九条　大学设校务会议，以校长、教务长，训导长、总务长、各学院院长、各学系主任及教授代表组织之，校长为主席。

教授代表之人数，不得超过前项其他人员之一倍，亦不得少于前项其他人员之总数。

第二十条　校务会议审议左列事项：

（一）预算。

（二）学院、学系、研究所及附设机构之设立变更与废止。

（三）教务、训导及总务上之重要事项。

（四）大学内部各种重要章则。

（五）校长交议及其他重要事项。

第二十一条　大学设行政会议，以校长、教务长、训导长，总务长及各学院院长组织之，校长为主席，协助校长处理有关校务执行事项。

第二十二条　大学设教务会议，以教务长及各学院院长及各学系主任组织之，教务长为主席，讨论教务上重要事项。

第二十三条　大学各学院设院务会议，以院长及各学系主任及本院教授、副教授代表组织之，院长为主席，讨论本院学术设备及其他有关院务事项。

各学系设系务会议，以系主任及本系教授、副教授、讲师组织之，系主任为主席，讨论本系教学研究及其他有关系务事项。

第二十四条　大学各处分设处务会议，以各处主管人及各主管主任组织之，各处主管人为主席，讨论各处主管重要事项。

第二十五条　大学得设训育委员会，以校长、教务长，训导长为当然委员，并由校长聘请教授三人至十五人组织之，校长为主席，训导长为秘书，规划有关训导之重要事项。

第二十六条　大学入学资格，应曾在公立或已立案之私立高级中学或同等学校毕业，或具有同等学力经入学试验及格者。

第二十七条　大学修业年限，医学院五年，余均四年，但医学生及师范生须另加实习一年。

第二十八条　大学各学院得附设专修科，招收高级中学或其同等学校毕业生，或具有同等学力者，修业二年，但应呈请教育部核准后设立之。

第二十九条　大学学生修业期满有实习年限者，并经实习完毕，经考核成绩及格，由大学发给毕业证书，除专修科外，分别授予学士学位。

第三十条　本法第三条及第十二条至二十九条之规定，于独立学院准用之。但第十三条规定之三处主管人员在独立学院应称主任。

第三十一条　私立大学及独立学院董事会之组织，由教育部定之。

第三十二条　大学及独立学院规程，由教育部依本法拟订，呈请行政院核定之。

第三十三条　本法自公布日施行。

附录七　高等学校暂行规程

（1950年7月28日 政务院第43次政务会议批准）

（1950年8月14日 中央教育部颁布）

第一章　总纲

第一条　中华人民共和国高校的宗旨为根据中国人民政治协商会议共同纲领第五章的规定，以理论与实际一致的教育方法，培养具有高级文化水平，掌握现代科学和技术的成就，全心全意为人民服务的高级建设人才。

第二条　高校的具体任务如下：（一）根据中国人民政治协商会议共同纲领，进行革命的政治及思想教育，肃清封建的、买办的、法西斯主义的思想，树立正确的观点和方法，发扬为人民服务的思想；（二）适应国家建设的需要，进行教学工作，培养通晓基本理论并能实际运用的专门人才：如工程师、教师、医师、农业技师、财政经济干部、语文和艺术工作者；（三）运用正确的观点和方法，研究自然科学、社会科学、哲学、文学、艺术，以期有切合实际需要的发明、著作等成就；（四）普及科学和技术的知识，传播文学和艺术的成果。

第三条　高校包括大学及专门学院两类。为适应国家建设的急需得设立专科学校，其规程另定之。

第四条　大学及专门学院的设立与停办，由中央人民政府教育部（以下简称中央教育部）报请中央人民政府政务院（以下简称政务院）决定之。

第五条　大学及专门学院设若干系，其设立或变更由中央教育部决定之。

第六条　大学如有必要，得设学院，并在学院内设若干学系；学院及学系的设立或变更，由中央教育部决定之。

第七条　大学及专门学院修业年限，依各该系课程的繁简分别规定以三年至五年为原则。

第八条　大学及专门学院为培养及提高师资，加强研究工作，经中央教育部批准，得设研究部或研究所，其规程另定之。

第九条　大学及专门学院为适应国家建设的急需，经中央教育部批准，得附设专修科及训练班。

第二章　入学

第十条　凡年满十七岁、身体健康、在高级中学或同等学校毕业或有同等学力，经入学考试及格者，不分性别、民族、宗教信仰，均得入学。

第十一条　大学及专门学院对于具有相当于高中毕业程度的下列学生：（一）具有

相当工作历史的革命干部；（二）工农青年；（三）少数民族学生；（四）华侨学生；应予以入学及学习的特别照顾。其办法另定之。

第三章　课程、考试、毕业

第十二条　大学及专门学院各系课程，应根据国家建设的需要及理论与实际一致的原则制定。课程标准另定之。

第十三条　大学及专门学院应将各课目的教学计划及教学大纲，报请中央教育部备案。

第十四条　大学及专门学院学生须于最后一学年确定专题经系主任核准，由教学研究指导组主任或其指定的教师指导，撰写毕业论文或专题报告。在特殊情形下毕业论文得以他种工作成绩代替之。

第十五条　大学及专门学院考试分为入学考试、平时考试、学期考试及毕业考试。

第十六条　大学及专门学院学生依照规定课程修业期满，成绩及格者，由学校报请中央教育部核准发给毕业证书。

第四章　教学组织

第十七条　大学及专门学院教师，分为教授、副教授、讲师、助教四级，均由校（院）长聘任，报请中央教育部备案。

第十八条　教学研究指导组（以下简称教研组）为教学的基本组织，由一种课目或性质相近的几种课目之全体教师组成之；各教研组设主任一人，由校（院）长就教授中聘任，报请中央教育部备案。其职责如下：

（一）领导本组全体教师，讨论及制定本组课目的教学计划与教学大纲；

（二）领导及检查本组的教学工作和研究工作；

（三）领导与组织本组学生的自习、实验及实习。

第五章　行政组织

第十九条　大学及专门学院采校（院）长负责制；大学设校长一人，专门学院设院长一人，其职责如下：

（一）代表学校；

（二）领导全校（院）一切教学、研究及行政事宜；

（三）领导全校（院）教师、学生、职员、工警的政治学习；

（四）任免教师、职员、工警；（五）批准校（院）务委员会的决议。

第二十条　大学及专门学院得设副校（院）长一人或二人，协助校（院）长处理校（院）务，校（院）长缺席时代行其职务；副校（院）长得兼教务长。

第二十一条　大学及专门学院，设教务长一人，必要时得设副教务长，对校（院）

长负责,由校(院)长就教授中遴选提请中央教育部任命之。其职责如左:

(一)计划、组织、督导、检查全校(院)各系及各教研组的教学工作;

(二)计划、组织、督导、检查全校(院)的科学研究工作;

(三)校(院)长及副校(院)长均缺席时代行其职务。

第二十二条 大学及专门学院设总务长一人,对校(院)长负责,主持全校(院)的行政事务工作。由校(院)长提请中央教育部任命之。

第二十三条 大学及专门学院图书馆,设馆长或主任一人,对教务长负责,主持图书馆一切事宜,由校(院)长聘任,报请中央教育部备案。

第二十四条 大学及专门学院的系,为教学行政的基层组织,各设主任一人,受教务长领导(在设有学院之大学,则受教务长与院双重领导);由校(院)长就教授中聘任,报请中央教育部备案。其职责如下:

(一)计划并主持本系的教学行政工作;

(二)督导执行本系教学计划;

(三)领导并检查本系学生的自习、实验及实习;

(四)考核本系学生成绩;

(六)提出有关本系教职员任免的建议。

第二十五条 大学设有学院者各院设院长一人,由校长就教授中聘任,报请中央教育部备案。其职责如下:

(一)计划并主持本院教学行政工作;

(二)督导本院各系执行教学计划;

(三)提出本院各系主任人选的建议。

第二十六条 大学及专门学院在校(院)长领导下设校(院)务委员会,由校(院)长、副校(院)长、教务长、副教务长、总务长、图书馆长(主任)、各院(大学中的学院)院长、各系主任、工会代表四人至六人及学生会代表二人组成之,校(院)长为当然主席。校(院)务委员会的职权如下:

(一)审查各系及各教研组的教学计划、研究计划及工作报告;

(二)通过预算和决算;

(三)通过各种重要制度及规章;

(四)议决有关学生重大奖惩事项;

(五)议决全校(院)重大兴革事项。

校(院)务委员会得设常务委员会及各种专门委员会。

第二十七条 大学及专门学院在教务长领导下举行教务会议,若干系主任的联席会议及若干教研组主任的联席会议;在总务长领导下举行总务会议;在各系主任领导下举行系务会议。大学设有学院者,在院长领导下举行院务会议,代替系主任联席会议。

第六章 社团

第二十八条 大学及专门学院的工会、学生会等社团应团结全校(院)员工、学生，协助学校完成教学及行政计划，推动全校（院）员工、学生的政治、业务与文化学习，并增进员工、学生的生活福利。

第二十九条　大学及专门学院得成立各种学术团体以促进科学、文化的提高与普及。

第七章　附则

第三十条　现有大学或专门学院因实际困难，不能完全实施本规程中关于行政组织的规定者，得报经大行政区教育部（文教部）审核后，转报中央教育部批准，变通执行。

第三十一条　私立大学及专门学院除遵守本规程外，并须遵守《私立高校管理暂行办法》。

第三十二条　本规程由中央教育部报经政务院批准后颁布施行，其修改同。

附录八　教育部直属高等学校暂行工作条例（草案）
（1961年9月）

第一章　总则

一、高校的基本任务，是贯彻执行教育为无产阶级的政治服务、教育与生产劳动相结合的方针，培养为社会主义建设所需要的各种专门人才。

根据毛泽东同志提出的"我们的教育方针，应该使受教育者在德育、智育、体育几方面都得到发展，成为有社会主义觉悟的有文化的劳动者"，高校学生的培养目标是：

具有爱国主义和国际主义精神，具有共产主义道德品质，拥护共产党的领导，拥护社会主义，愿为社会主义事业服务、为人民服务；

通过马克思列宁主义、毛泽东著作的学习，和一定的生产劳动、实际工作的锻炼，逐步树立无产阶级的阶级观点、劳动观点、群众观点、辩证唯物主义观点；

掌握本专业所需要的基础理论、专业知识和实际技能，尽可能了解本专业范围内科学的新发展；

具有健全的体魄。

二、高校必须以教学为主，努力提高教学质量。

必须正确处理教学工作与生产劳动、科学研究、社会活动之间的关系。生产劳动、科学研究、社会活动的时间应该安排得当，以利教学。

在教学中，必须发挥教师的主导作用。高校必须继续努力培养又红又专的教师队伍。

三、在高校中，必须加强党的领导，加强党和非党的团结合作。

必须正确执行群众路线。要调动教师的积极性，认真教好学生，调动学生的积极性，认真做到身体好、学习好、工作好，调动职工的积极说，认真做好工作。

必须正确执行党的知识分子政策，团结一切可以团结的教授、副教授、讲师、助教和其他具有专门知识技能的人，调动一切积极因素，为社会主义的高等教育事业服务。

四、高校必须贯彻执行百花齐放、百家争鸣的方针，在毛泽东同志"关于正确处理人民内部矛盾的问题"中提出的六项政治标准的前提下，积极发展各种学术问题的自由讨论，以利于提高教学质量，提高学术水平，促进科学文化的进步和繁荣。

在自然科学中，必须提倡不同的学派和不同的学术见解，自由探讨，自由发展。

在哲学、社会科学中，为着发展马克思列宁主义理论，必须批判地继承历史文化遗产，吸收其中一切有价值的东西，必须研究和批判现代资产阶级的各种学说。在人民内部，在马克思列宁主义者内部，探讨各种学术问题，都必须允许不同的见解，自由讨论。

必须积极提倡和热心帮助知识分子的思想改造。但是，在处理具体问题的时候，必须正确划分政治问题、世界观问题、学术问题之间的界线，政治问题又必须严格划分人民内部矛盾和敌我矛盾的界线。不许用对敌斗争的方法来解决人民内部的政治问题、世界观问题和学术问题，也不许用行政命令的方法、少数服从多数的方法来解决世界观问题和学术问题。

五、高校应该努力树立理论与实际统一、高度的革命性和严格的科学性统一的学风。

六、在高校中，必须贯彻执行勤俭办学的方针，发扬艰苦奋斗的传统，反对铺张浪费。

必须加强总务工作机构，提高工作效率，改进物资供应工作，保证教学工作的顺利进行。

必须关心群众生活，实行劳逸结合，认真办好伙食，保护师生员工的健康。

努力改善校舍、图书资料、实验设备等物质条件，为教学和科学研究服务。

七、教育部直属高校，行政上受教育部领导，党的工作受省、市、自治区党委领导。省、市、自治区党委和学校党委对这些学校的领导，应该根据中共中央、国务院的方针、政策和教育部的各项有关规定办事。

高校的规模不宜过大。教育部直属高校规模的确定和改变，学制的改变和改革，都必须经过教育部批准。

第二章　教学工作

八、为了保证以教学为主，高校平均每学年应该有八个月以上的时间用于教学。学生参加生产劳动的时间一般为一个月至一个半月。在教学计划以外，不对学生规定科学研究任务。生产劳动过多、科学研究过多、社会活动过多等妨碍和削弱教学工作的现象，应该纠正。

高校每学年应该有两个月至两个半月的假期。在假期中，学校和校外单位不要向师生随便布置工作任务。

九、高校的专业设置，应该根据国家的需要、科学的发展和学校的可能条件来决定。专业设置不宜过多，划分不宜过窄。每个学校应该努力办好若干重点专业。专业的设置、变更和取消，必须经过教育部批准。

各专业都要制定教学方案、教学计划，确定培养目标、课程设置，并且对讲课、实验、实习、自习、考查、考试、学年论文或课程设计、毕业论文或毕业设计等教学环节做出合理的安排。既要保证教学质量，又不要使学生负担过重。学校必须按照教育部制订或者批准的教学方案、教学计划组织教学工作。

各门课程要按照教学方案、教学计划的要求，制定教学大纲，选用或者编写教材，少数专门课程和某些新开课程至少要有讲授提纲。教材必须在上课以前供应学生。有计划地进行教材建设工作。鼓励水平较高、经验较多的教师,在若干年内,逐步为各门课程编出优秀的教科书。

事业设置、教学方案、教学计划、教学大纲和教材要力求稳定,不得轻易变动。课程和学科体系的重大改变,必须经过教育部批准。

高校应该积极举办函授教育。

十、高校各专业都必须加强政治理论课程的教学,指导学生认真学习马克思列宁主义、毛泽东著作,学习国内外形势和党的方针政策,进行共产主义道德品质的教育。

政治理论课程的教学时间,理、工科占总学时的百分之十左右;文科一般占总学时的百分之二十左右。

十一、在教学中必须正确贯彻理论联系实际的原则。必须克服轻视理论、轻视书本知识的错误观点。同时,要通过生产劳动,以及实验、实习、社会调查、社会活动等,使学生获得必要的直接知识和实际锻炼。

切实加强基础理论和基本知识课程的教学。基础课程的教学,应该首先要求把本门课程的基础理论学好,不要过分强调结合专业和勉强联系当前实际。基础课程要由有经验的教师担任讲授。

切实加强基本技能训练。例如:理、工科的生产实习、实验、运算、绘图和某些必要的工艺训练;师范的教学实习;文科的阅读(包括文言文的阅读)、写作、资料工作、调查工作和使用工具书的训练。各科学生中文写作应该做到文理通顺,并且至少掌握一种外文,具备能够比较熟练地阅读专业书刊的能力。

专业课程的教学应该使学生掌握必需的专业知识和技能,同时尽可能了解本专业范围内最新的科学成就和发展趋向。有些课程的部分内容,可以采取现场教学的方式。

毕业设计在可能的条件下,应该结合生产实际,选择现实的题目,同时也可以做假拟的题目。

十二、为了使学生增进知识,活跃思想,提高识别能力,应该根据课程的特点和需要,在教学大纲中规定介绍各重要学派的观点。必要时,还可以分别开设介绍不同学派的课程。

在文科,要创造条件,在高年级开设介绍资产阶级哲学、经济学等课程。

学校要根据教学的需要和教师的专长,在高年级开设选修课程。

学校要适当地组织各种学术讲座、专题报告、学术讨论会,吸收教师和学生自由参加。

教师可以讲授自己的学术见解,但是应该保证完成教学大纲的要求。备课主要依靠教师个人。在自愿的原则下,可以辅以集体备课。集体备课是为了集思广益,不对教师按照何种学术观点讲课作出规定。

十三、在教学中起主导作用的是教师。课堂讲授是教学的基本形式,教师必须努力提高课堂讲授的水平。其他各种教学环节,都要在教师的指导下进行。

教师要认真地传授自己的知识和经验,负责地教育学生和严格地要求学生,启发学生的主动性和积极性,注意因材施教。

教师要注意听取学生对教学的意见和要求，改进教学工作，做到教学相长。

十四、学习必须依靠个人的刻苦钻研。学生个人之间在学习的基础、才能、努力程度等方面的差别是客观存在的，不能强求一律。不应该采取一些不正确的集体学习的方式，人为地拉平这些差别，阻碍一部分优秀学生学习上的进步。同学之间适当的互相帮助和互相探讨是应该提倡的，但是必须自愿，并且防止流于形式。不能把个人的独立钻研同个人主义混为一谈。

必须保证学生有充分的自习时间，自习时间不能移作别用。

学生成绩的考核，应该以本人的成绩为依据，不能以集体的成绩代替个人的成绩。

在学校中，不要搞学习竞赛运动。

第三章 生产劳动

十五、学生参加生产劳动的主要目的，是养成劳动习惯，向工农群众学习，同工农群众密切结合，克服轻视体力劳动和体力劳动者的观点。同时，通过生产劳动，更好地贯彻理论联系实际的原则。

学生参加生产劳动，主要是参加校内外的工、农业生产和其他体力劳动。各专业的学生，一般都要参加这类劳动。

生产实习属于教学范围，其中的体力劳动不计入所规定的每年一个月到一个半月的生产劳动时间之内。

十六、必须根据各专业的特点，分别确定师生参加生产劳动的内容、方式和时间。

有一些专业，例如工科的大部分专业，生产实习中的体力劳动较多，一般生产劳动可以少参加一些。

个别特殊专业的师生，根据实际情况，可以只参加少量轻微的生产劳动，或者不参加生产劳动。

根据需要，劳动时间可以分散，也可以集中。各种生产劳动要有适当的安排，以便学生得到多方面的锻炼。

教师参加生产劳动，一般平均每年半个月到一个月。男教师年在四十五岁以上，女教师年在四十岁以上的，不参加体力劳动。

十七、生产劳动应该有计划地进行。学校每学年应该根据教学计划同校内外有关方面协商，定出全校师生参加生产劳动的计划，报请省、市、自治区教育厅局批准执行。计划经过批准以后，不再变更。校外任何机关，都不得向学校自行布置劳动任务，随意调用劳动力。学校有权拒绝计划以外的劳动任务或者调用劳动力。如果有特殊情况，需要在计划之外增加劳动任务，必须报请教育部批准，并且计算在师生参加体力劳动的时间之内。

十八、学校可以根据专业的需要和可能条件，举办小型的工厂，或者同校外的工厂、农场建立固定的联系。

学校的工厂有两类。主要的一类是实习和实验性工厂，这一类工厂，主要为教学和科学研究服务，不以经济收益为目的，但是要努力提高管理水平，厉行节约，杜绝浪费。另一类是少数有条件的学校，结合专业所举办的生产性的工厂。举办这类工厂，必须经过教育部和国家计划委员会批准。这类工厂可以生产经国家鉴定合格的定型产品，生产任务应该列入国家或者地方的计划，并且实行独立的经济核算，自负盈亏。

实习和实验性工厂所需要的劳动力，除了本校师生以外，可以配备一定数量的专职职工，指导学生学习生产技能，并且试制某些产品。生产性的工厂，要根据生产任务，配备必要的专职职工，以便维持正常生产，保证产品质量。

学校同校外的工厂、农场建立固定的联系，应该订立合同，双方互相承担一定的义务。

十九、注意劳动保护。体弱和有病的师生可以不参加生产劳动。女教师和女学生不参加重体力劳动；在月经期间，应该停止体力劳动。师生参加工农业劳动，应该根据他们的体质、年龄和性别的特点，适当规定劳动定额，或者不规定劳动定额。师生不参加劳动竞赛。在校外劳动时必须注意妥善安排师生的伙食、住宿和医疗。

二十、在生产劳动中，必须加强组织领导，做好思想教育工作，建立必要的考核制度。

师生参加生产劳动有一部分是社会公益性质的，不取报酬。除此以外，受益单位应该付给适当的劳动报酬。劳动收入由学校支配，主要用于师生公共福利事业和补贴学生参加劳动的衣物消耗。

师生因病、因事少参加了生产劳动的，事后不必再补。

严禁把生产劳动作为惩罚手段。

第四章　研究生培养工作

二十一、高校应该重视培养研究生的工作，根据教师条件和科学研究的基础，招收研究生，培养科学研究人才和高校师资。

培养研究生，必须选拔优秀人才，严格保证质量，宁缺毋滥。

研究生从当年高校的毕业生中，或者从本校的青年教师中选拔，也可以由其他单位选送。研究生应该思想进步、身体健康、大学毕业或者具有同等程度，年龄一般在三十五岁以下，并且要经过审查和入学考试，合格者方得录取。

学校还可以选拔在校工作两年以上、成绩优良的教师，为在职研究生。研究生的学习期限，一般为三年，在职研究生一般为五年。研究生在一年半至两年内，在职研究生在三年至四年内，应该通过所学课程的考试。不能如期通过考试、又无特殊理由，应该取消研究生或者在职研究生的资格。在职研究生，通过规定的课程考试后，学校应该让他脱产一年，从事毕业论文的工作。

二十二、研究生都要有指导教师和具体的培养计划。指导教师由学术水平较高的教师担任。教学研究室要领导和检查研究生的培养工作。

研究生在导师指导下，学习专门课程，掌握某一专题范围内科学的最新成果，并且进行科学研究工作。科学研究时间应该占整个学习时间的一半左右。科学研究成果必须写成论文，并且进行答辩。研究生毕业论文的答辩，由国家考试委员会主持。

二十三、少数有条件的高校，经教育部批准，可以试办研究院，培养较多数量的研究生。

第五章 科学研究工作

二十四、高校应该积极地开展科学研究工作，以促进教学质量和学术水平的提高。

根据国家的统一安排，经过教育部的批准，学校可以适当承担国家的科学研究任务。高校的科学研究工作应该同科学研究机关、生产部门建立必要的联系。高校也可以接受有关部门的委托，协助解决某些科学技术问题。分配科学研究任务的部门要负责解决研究需要的条件。

二十五、高校的科学研究工作，应该根据国家当前和长远的需要，以及学校的具体情况来确定。在科学研究的选题上，社会科学应该兼顾理论、历史、现状三个方面。自然科学应该兼顾基础理论、国民经济中的重大问题、新科学技术三个方面，理论的研究应该放在重要地位。

高校应该把教科书和教学参考书的编著，当作一项重要的科学研究工作。

二十六、高校的科学研究工作，应该有计划、有重点地进行。教学研究室应该有比较固定的科学研究方向。科学研究计划要力求把国家的需要同教师本人的专长结合起来，鼓励不同学派和不同学术见解的自由探讨。应该支持教师根据本人的特长、志趣和学术见解自由选题，进行研究，并且在工作条件上尽可能给予帮助。

高校安排科学研究的任务和进度，应该从实际条件出发，留有余地，重点科学研究项目不要太多。

科学研究成果应该经过严格的审查或者鉴定，重要的应该经过国家指定的单位审查或者鉴定。优秀的成果应该给予奖励。研究成果的公布应该经过规定的批准手续。

科学研究工作，不搞竞赛和突击献礼。

二十七、高校开展科学研究的主要力量是教师。教师应该在保证完成教学任务的前提下，积极参加科学研究。对于新担任教学工作的教师和开新课的老教师，主要要求他们把教学工作做好，可以少参加或者不参加科学研究。

教师的科学研究时间，应该根据各校的教学任务和科学研究任务来安排，有的学校可以较多，有的学校可以较少，一般可以占全校教师工作时间的百分之十到三十。各个教师参加科学研究的时间，应该由系和教学研究室根据实际情况，商同教师本人来决定。如果有特殊需要，经过校长批准，可以抽出少量教师在一定时期集中进行科学研究。

学校应该为一部分学术上造诣较深的教授，配备研究工作的助手。助手不能随便调动。

二十八、高校学生参加科学研究的目的，在于获得从事科学研究的训练，培养独立工作能力。高年级学生参加科学研究应该在教师指导下，按照教学计划规定的时间进行，不允许随便停课进行科学研究。对低年级学生不规定科学研究任务。

学业特别优良的学生，在课余进行科学研究工作，应该得到鼓励和帮助。

第六章 教师和学生

二十九、高校教师的根本任务，就是认真教好学生，完成教学任务。为此，教师应该努力学习马克思列宁主义、毛泽东著作,自觉地进行思想的自我改造,认真钻研业务,不断提高自己的思想政治水平和业务水平。

必须充分发挥老教师的作用。要团结他们,热情地帮助他们进步,发挥他们的专长,鼓励他们在学术上作出成绩。

必须有计划地培养和提高青年教师。对那些有特殊才能的、做出较大成绩的讲师和助教,采取重点培养的办法,为他们创造各种条件,帮助他们迅速成长。

新老教师应该紧密团结。青年教师要尊敬老教师,虚心地向老教师学习,老教师要把自己的学术专长和教学经验,传授给青年教师。彼此取长补短,共同提高。

三十、切实保证教师的业务工作时间。严格执行中央关于保证知识分子至少有六分之五的工作日用在业务工作上的决定。教师的政治理论学习,应该根据自愿原则,学习时间不作硬性规定。党团工会的会议和社会活动,在通常情况下,应该控制在六分之一的工作日以内。必须大力精简会议,改进工作方法,提高工作效率。尽量减少教师的兼职,兼任行政职务的教师也必须保证必要的业务工作时间。

教学以外的业务工作时间和业余时间,除学校统一规定的重大政治活动以外,由教师自己支配,不实行上下班制度。

建立教授、副教授和讲师的轮流休假制度,使他们能够有一段集中的时间从事进修、科学研究或者其他工作。

三十一、教师所从事的事业和所任课程,不得轻易变动。不得随便抽调教师或者给教师布置各种额外的任务,妨碍教学工作。

教师的队伍要力求稳定,教育部直属高校教师的调动必须经过教育部批准。

学校应该定期地对教师进行考核。教师的教学职别(教授、副教授、讲师、助教)的确定和提升,要根据他们担任的教学任务、教学质量和学术水平。对其中优秀的,应该不受资历、学历的限制。

三十二、高校学生要努力学习,刻苦钻研,学好功课。

学生要努力提高思想政治觉悟和道德品质,积极参加生产劳动锻炼,自觉地培养劳动人民的思想感情。

学生要严格地遵守国家法令、校规和学习纪律。

学生要尊敬师长。

学生要注意锻炼身体,增强体质。

三十三、学生应该积极参加必要的集体活动。同时要保证学生在学习和生活中应有的个人自由。

学生的课余时间,除学校统一规定的重大政治活动以外,一律由学生自己支配。学生必须参加的集体活动,非有特殊情况,不得安排在星期六晚上和星期日。学生的课外学习和文娱、体育等活动,都必须认真贯彻自愿参加的原则,允许自由结合,不要强求一律、事事集体。个人的习惯和爱好,只要不妨害集体利益,不得限制和干涉。

民兵训练的时间不宜过多。

学生的社会活动时间,包括党团员的组织生活,在通常情况下每周不得超过六小时。注意减轻学生的社会工作和事务工作，必要的工作可以多几个人分担，不要集中在少数人身上。不要使学生中的党团干部工作负担过重，以免影响他们的学习和健康。

三十四、班是学生学习的基本单位。班成立班委会，由学生选举产生。班委会也是学生会的基层组织。

班委会的主要任务是：向教师和行政反映有关学习的情况和意见，督促同学遵守学习纪律；按照自愿原则，适当组织某些课外活动。

班的组织和活动必须力求简化，以免形成活动过多，负担过重。

三十五、学校对于在道德品质、学习、生产劳动等方面有优秀表现的学生，应该予以奖励和表扬。

对于破坏学校纪律的学生，应该分别情况给予批评教育，或者给予警告、记过、留校察看直至开除学籍的处分。

对于学习成绩低劣，不宜继续在校学习的学生，应该令其退学。

三十六、必须健全对学生学籍的管理制度。非经教育部和国家计划委员会的批准，学校及校外任何部门不得抽调未毕业的学生。

在国家规定的招生计划之外，教育部直属高校不再接受任何单位委托代为培训学生。

第七章 物质设备和生活管理

三十七、高校必须逐步改善物质设备，加强生活管理工作，为教学和科学研究服务，为师生员工的生活服务。

总务工作应该尽可能集中到学校的总务部门，各系协助办理，以便系和教学研究室能够集中力量搞好教学和科学研究工作。

三十八、高校必须根据教学和科学研究的需要，加强图书馆和资料室的建设工作和管理工作。图书资料的管理工作，应该从便利读者出发，不断提高服务质量，逐步加强资料整理、索引编制。加强图书馆之间的联系和协作。采取有效措施，防止图书资料的丢失和损坏。珍贵的图书资料，尤其应该切实加以保护。

三十九、高校实验室的建设，应该由学校统一规划，有步骤、有重点地进行。某些重要的实验室，既要满足当前教学和科学研究工作的要求，又要适当照顾今后的发展，争取逐步达到现代科学技术的水平。购置仪器设备，必须对使用效率、本校技术条件等进行切实的审查，反对盲目求全求精，力求把财力、物力用在最需要的地方，避免浪费或者使用不当等现象。

加强实验室的管理工作，建立严格的安全制度。对仪器设备建立科学的保管和使用制度，定期作好物资清查和设备维修工作，并且保持整洁和良好的秩序，使仪器设备经常处于完善可用的状态。仪器设备应该按照精密、贵重、稀缺的程度，由学校、系和教学研究室三级分别掌管，并且建立必要的责任制度和奖惩制度。

应该选派有经验的教师担任实验室主任，并且要选派一些优秀教师去作实验工作，不要轻易调动，使他们逐步成为精通有关实验原理、实验方法和实验技能的专门人才，以便提高实验的科学水平。

四十、高校应该根据学校规模和校舍的实际情况,进行规划,有步骤地改善教学与生活用房的状况,加强对现有房屋的管理、保护和维修工作。

四十一、认真办好食堂,加强民主管理。学校可以根据条件,进行蔬菜和副食品的生产。

学校要加强对保健工作的领导,做好疾病的预防和治疗工作,注意清洁卫生,增进师生员工的健康。

四十二、财务工作必须精打细算,厉行节约。一切开支都必须严格遵守财务制度。采购物资必须遵守国家的规定和市场管理。要定期清查账目,杜绝浪费和贪污现象。

四十三、高校必须加强对总务工作的领导,选派得力干部,充实总务部门。要加强教学辅助人员和行政职工的思想教育,办好职工业余学校,不断提高他们的政治、文化和业务水平。

在职工中,要树立为教学和科学研究工作服务、为全校师生员工的生活服务的思想,要表扬和奖励他们中的先进人物和服务时间较久、认真工作的老职工。学校要教育师生尊重职工的劳动,克服一切轻视职工、轻视总务工作的错误观点。

第八章 思想政治工作

四十四、高校的思想政治工作在学校党委员会的领导下进行。思想政治工作的任务是:

在全校师生员工中宣传马克思列宁主义、毛泽东思想,宣传党的总路线和各项方针政策,不断地提高他们的思想政治觉悟和道德品质;

团结全校师生员工,充分调动他们的积极性,贯彻执行党的教育方针,保证学校的教学工作和其他各项工作任务的完成。

四十五、一切思想政治工作,都必须有利于形成又有集中又有民主,又有纪律又有自由,又有统一意志又有个人心情舒畅、生动活泼的政治局面。

思想政治工作必须遵循毛泽东同志关于正确处理人民内部矛盾的理论,严格区分敌我矛盾和人民内部矛盾。对于人民内部矛盾,又必须区别各种不同性质的问题。凡属人民内部的问题,都必须根据"团结枣批评枣团结"的原则,采取民主的方法、和风细雨的方法、自我教育的方法来解决。不能采取简单粗暴的、强制压服的方法。在人民内部,不容许用对敌斗争的方法。

四十六、在思想政治工作中,必须正确处理红与专的关系。

红首先是指的政治立场。对于高校的师生,红的初步要求,就是拥护共产党的领导,拥护社会主义,愿意为社会主义事业服务。在这个基础上,还应该积极地对他们进行无产阶级的、共产主义的世界观的教育。但是,世界观的改造,是一个长期的、逐步实现的自我改造过程,应该耐心地做工作,不能操之过急,对于不同的人,不能一律要求。

思想政治工作不但要管红,而且要管专。红与专应该是统一的,只专不红,只红不专,都是不对的。高校师生的红,不但应该表现在政治思想方面,而且应该表现在他们教学和学习的实际行动中。

只有坚持反对共产党的领导，坚持反对社会主义，才叫做白。把在业务上比较努力，但是在政治上进步较慢，或者政治上处于中间状态的人，指为走"白专道路"，是不对的。

四十七、必须加强对青年进行艰苦奋斗建设社会主义的教育。应该反复宣传毛泽东同志所说的："要使全体青年们懂得，我们的国家现在还是一个很穷的国家，并且不可能在短时间内根本改变这种状态，全靠青年和全体人民在几十年时间内，团结奋斗，用自己的双手创造出一个富强的国家。社会主义制度的建立给我们开辟了一条达到理想境界的道路，而理想境界的实现还要靠我们的辛勤劳动，有些青年人以为到了社会主义社会就应当什么都好了，就可以不费气力享受现成的幸福生活了，这是一种不实际的想法。"

四十八、思想政治工作要经常地进行，细水长流，深入细致，讲求实效，反对形式主义。要在教学、生产劳动和群众生活的各个方面，结合各类人员的实际情况和特点进行工作。

在学校中开展群众性的政治运动，必须根据中央的指示，在省、市、自治区党委领导下进行。

在学校中开展群众性的政治运动，要作妥善的安排，不得妨碍教学计划的完成。

四十九、毕业生应该进行毕业鉴定。鉴定的目的，是肯定学生在校期间的进步，指出他们现存的缺点，明确今后的努力方向。鉴定的内容应该包括政治思想、学习、劳动和健康情况等方面。政治思想方面的鉴定，要着重于根本的政治态度和思想状况，不必涉及生活细节。鉴定必须实事求是，允许本人申述或者保留不同意见，并且记录本人的不同意见。

五十、为了加强思想政治工作，在一、二年级设政治辅导员或者班主任，从专职的党政干部、政治理论课教师和其他青年教师中挑选有一定政治工作经验的人担任。同时，要逐步培养和配备一批专职的政治辅导员。

第九章　领导制度和行政组织

五十一、高校的领导制度，是党委领导下的以校长为首的校务委员会负责制。

高校的校长，是国家任命的学校行政负责人，对外代表学校，对内主持校务委员会和学校的经常工作。设副校长若干人，协助校长分工领导教学、总务等方面的工作。根据工作的需要，可以设教务长和总务长，分管教学、总务工作。

高校设立校务委员会，作为学校行政工作的集体领导组织。学校工作中的重大问题，应该由校长提交校务委员会讨论，作出决定，由校长负责组织执行。

高校校务委员会由校长、副校长、党委书记、教务长、总务长、系主任、若干教授和其他必要人员组成。校务委员会的人数不宜过多，党外人士一般应该不少于三分之一。人选由校长商同学校党委员会提出名单，报请教育部批准任命。正副校长担任校务委员会的正副主任。

校务委员会在校长的主持下，讨论和决定学校工作中的重大问题：

学校的教学工作、生产劳动、研究生培养、科学研究、物质设备、生活管理和思想政治工作等计划；

各系工作中的某些重大问题；

招生计划、毕业生分配、师资培养、教师职务提升等工作；

制订和修改全校性的规章制度；

审查通过学校的预算、决算；

其他重大事项。

在校务委员会闭会期间，校长可以召集行政会议，讨论和处理学校的日常行政工作。

五十二、系是按照专业性质设置的教学行政组织。

系主任是系的行政负责人。系主任在校长的领导下，主持系务委员会和系的经常工作。根据工作需要，系可设副主任若干人，协助系主任分工领导教学、科学研究、生活管理和生产劳动等方面的工作。

系务委员会是全系教学行政工作的集体领导组织。系内的重大工作问题，应该由系主任提交系务委员会讨论，作出决定，由系主任负责组织执行，并且报告校长和校务委员会。系务委员会由正副系主任、系党总支书记、教学研究室主任及教师若干人组成，由系主任提名，报校务委员会通过，由校长任命。系的正副主任担任系务委员会正副主任。

系务委员会负责执行学校党委员会、校务委员会的决议和校长的指示，并且讨论和决定本系工作中的重大问题：

有关教学、研究生培养、科学研究和生产劳动等工作；

组织和开展学术活动；

有关教学、科学研究、生活的物质条件的保证问题；

学生的升级、留级、退学和奖惩等事项；

其他重要事项。

系务委员会闭会期间，系主任可以召集行政会议，讨论和处理系的日常工作。

五十三、教学研究室是按照一门或者几门课程设置的教学组织。教学研究室主任，在系主任或者教务长领导下，全面负责教学研究室的工作。根据工作需要，可设副主任，协助主任工作。

教学研究室主任的主要职责是：

领导和组织执行教学计划、选编教材、拟定教学大纲、编制教学日历等教学工作，科学研究工作和学术活动；

组织教师的进修工作和研究生的培养工作，

领导所属实验室、资料室的建设和管理工作。

教学研究室工作中的重大问题，应该提交教学研究室会议讨论。

第十章 党的组织和党的工作

五十四、高校的党委员会，是中国共产党在高校中的基层组织，是学校工作的领导核心，对学校工作实行统一领导。高校中，党的领导权力应该集中在学校党委员会一级，不应该分散。

学校党委员会的主要任务是：

领导校务委员会，贯彻执行党的教育方针和其他各项方针政策；

完成上级党委和行政领导机关布置的任务；

做好思想政治工作；

进行党的建设工作；

讨论学校中的人事问题，向上级和校务委员会提出建议；

领导学校的共青团、工会、学生会和其他群众组织，团结全校师生员工。

学校党组织应该善于发挥学校行政组织和行政负责人的作用，不要包办代替。

学校党组织一定要和党外人士密切合作，充分调动他们的积极性，认真听取他们的意见，善于同他们一起商量问题，进行工作。

五十五、系的党总支委员会的主要任务，是做好思想政治工作和党的建设工作；团结和教育全系人员，贯彻执行学校党委员会、校务委员会的决议，保证和监督系务委员会决议的执行和本系各项工作任务的完成。

系的党总支委员会可以就本系的工作问题，向系主任和系务委员会提出建议。

五十六、在教师、职工和学生中应该分别建立党的支部。

教师和职工中的党支部的主要任务，是做好思想政治工作和党的建设工作，教育党员模范地完成自己的工作任务，团结和教育本单位的全体人员，保证各项工作任务的完成。教师中的党员按一个或者几个教学研究室组成支部，党支部要支持和帮助教学研究室主任做好工作。

学生中的党支部的主要任务，是做好思想政治工作和党的建设工作，教育党员以自己的模范行动，影响和带动同学完成学习任务。

五十七、高校的党组织必须加强对共青团、工会、学生会和其他群众组织的领导，使它们真正发挥党联系群众的纽带作用。

共青团应该更好地发挥党的助手作用。班级的共青团支部应该教育团员积极完成学习任务，模范地遵守学习纪律和各项规章制度；帮助党组织和行政组织进行思想政治工作；做好团的建设工作；协助班委会开展工作，但是不要包办代替。系的分团委或者团总支委员会，在系的党总支委员会领导下进行工作。学生中的党支部是否领导团支部的工作，可以由学校党委员会根据具体情况来决定。班上的党小组和党员，应该支持团支部和班委会做好工作，但是不能代表党组织领导团支部和班委会的工作。

工会应该在党的领导下，在自己的成员中，加强思想教育，做好生活福利工作。

学生会应该在党的领导下，团结全体同学，努力做到身体好，学习好，工作好。

五十八、高校的党组织应该根据党章的规定，在教师、学生和职工中有计划地发展党员，健全党的组织生活。

加强对党员的马克思列宁主义、毛泽东思想的教育，党的方针政策的教育。加强党员的党性锻炼。教育党员密切联系群众，反映群众的意见。

党员应该起模范作用,没有任何特权。

五十九、高校中的各级干部,都必须认真执行"党政干部三大纪律、八项注意"。三大纪律是:(一)如实反映情况。(二)正确执行党的政策。(三)实行民主集中制。八项注意是:(一)参加劳动。(二)以平等的态度对人。(三)办事公道。(四)不特殊化。(五)工作要同群众商量。(六)没有调查没有发言权。(七)按照实际情况办事。(八)提高政治水平。

高校中党的领导干部一定要努力学习,不断提高思想水平、理论水平、政策水平。努力钻研,力求精通业务。认真总结经验,逐步掌握我国社会主义的高等教育工作的规律,提高领导水平。

六十、高校中的党组织,必须严格遵守民主集中制,实行集体领导和分工负责相结合的原则。一切重大问题,都必须开会讨论,不能由书记个人决定。各级党组织都要按照职权范围办事。凡不在自己权限内的问题,必须向上级请示报告。上级的方针、政策,必须坚决贯彻执行,有不同的意见,应该向上级反映,但是不得自行其是,以保证党的统一领导和统一行动。

高校中的党组织,一定要改进领导作风和领导方法。一定要下决心摆脱许多行政事务工作,腾出手来,抓学校工作中的重大问题,抓思想政治工作、党的建设工作、团结人的工作。一定要深入到教师中去、学生中去、职工中去,调查研究,了解情况,发现问题,同群众一起商量,提出解决问题的主张和办法。只有这样,才能真正加强党的领导。

附录九　山东省高校章程执行与落实情况调查问卷(教职工)

尊敬的老师:

为全面了解高校章程执行与落实情况,促进高校进一步完善内部治理机构,健全现代大学制度,本课题组受省教育厅委托,就我省高校章程落实情况进行调查,希望能得到您的帮助支持。您的意见对政府与高校提高教育治理和服务能力非常重要。本调研仅用于学术研究和政策参考,不涉及任何个人利益,请您根据所了解的情况进行填写。

非常感谢您的积极参与和大力协助!

山东省高校章程执行与落实情况评估组

一、基本信息

1. 您的性别(　)
A 男　　　　　　　B 女
2. 您的年龄(　)
A. 30岁以下　　B. 31~40岁　C. 41~50岁　D. 51~60岁　E. 60岁以上
3. 您在本校的工作年限(　)
A. 5年以下　　　B. 6~10年　　C. 11~20年　　D. 20~30年　　E. 30年以上

4. 您在学校的专业技术职务是（ ）

A．正高 　　　　　　　　　　B．副高　　　C．中级　　　　D．初级

5. 您在学校的行政职务是（ ）

A．校级领导　　　　　　　　　B．职能部门中层干部

C．院系领导　　　　　　　　　D．其他

6. 如果您是专业教师，请问您从事的学科是（ ）

A．自然科学学科　　　　　　　B．人文社会学科

7. 您在学校的工作岗位（ ）

A．教学科研岗位　　　　　　　B．校部行政管理岗位

C．学院行政管理岗位　　　　　D．服务保障岗位

8. 您是否有海外经历（ ）

A．有　　　　　　　　　　　　B．无

9. 您所在的学校（请填写）（ ）

二、调研问题

1. 贵校章程的发布，您是通过何种途径了解的（ ）

A．学校发放的文本　　B．学校组织的会议　　C．学校宣传栏

D．学校网站　　　　　E．学校新媒体　　　　F．不了解

2. 学校对章程的宣传程度（ ）

A．宣传力度很大　　　B．一般宣传

C．没做太多宣传　　　D．没宣传过　　　　　E．不太清楚

3. 您阅读过本校章程吗（ ）

A．认真阅读过　　　　B．阅读过　　　　　　C．粗略浏览　　D．没读过

4. 您对章程规定的学校办学宗旨、学校使命的了解程度（ ）

A．非常了解　　　　　B．比较了解　　　　　C．基本了解　　D．不了解

5. 您对章程所规定的教职工权利和义务的了解程度（ ）

A．非常了解　　　　　B．比较了解　　　　　C．基本了解　　D．不了解

6. 您对章程所规定的学校领导决策体制的了解程度（ ）

A．非常了解　　　　　B．比较了解　　　　　C．基本了解　　D．不了解

7. 您对章程规定的学校管理体制的了解程度（ ）

A．非常了解　　　　　B．比较了解　　　　　C．基本了解　　D．不了解

8. 您学校的章程符合本校特点吗（ ）

A．非常符合　　　　　B．比较符合　　　　　C．不太符合　　D．不符合

E．不清楚

9. 您认为当前学校章程的有效性如何（ ）

A．非常有效　　　　　B．比较有效　　　　　C．不太有效

D．流于形式，没有太大作用　　　　　　　　E．不清楚

10. 您参与过章程制定的大讨论并提出建议吗（　）

　　A．积极参与　　　B．参与过　　C．关注但未提出过建议　　　D．没有参与

11. 您是否发现本校章程制定实施后的学校变化（　）

　　A．变化很大　　B．变化较大　　C．有些变化　　　　　　D．没有变化

12. 本校决策的民主参与情况如何（　）

　　A．决策前广泛征求师生意见　　　B．决策前在小范围征求师生意见

　　C．很少征求师生意见　　　　　　D．不清楚

13. 本校教代会发挥作用的情况（　）

　　A．学校重大事项都经过教代会审议表决

　　B．不是所有重大事项都经过教代会审议表决

　　C．教代会流于形式，发挥作用有限

　　D．不太清楚教代会的组成人员、程序和作用

14. 学校学术委员会运行情况（　）

　　A．独立行使职权，民主公正　　　B．较为独立和民主公正

　　C．不太独立，受行政干预较多　　D．被少数人把持，不太民主公正

　　E．不清楚

15. 学院学术委员会运行情况（　）

　　A．独立行使职权，民主公正　　　B．较为独立和民主公正

　　C．不太独立，受行政干预较多　　D．被少数人把持，不太民主公正

　　E．不清楚

16. 您认为本校的管理规范性如何（　）

　　A．严格按照规章制度管理　　　　B．基本能够按照规章制度管理

　　C．管理不太规范　　　　　　　　D．管理不规范，人为因素较多

17. 您认为本校的行政权力监督约束机制健全吗（　）

　　A．健全　　　　B．比较健全　　C．不太健全　　D．不健全　　E．不清楚

18. 你校职称等重大事项的评选过程与结果，是否及时公开（　）

　　A．信息公开充分及时　　　　　　B．信息公开比较充分及时

　　C．信息公开不太充分及时　　　　D．信息公开不充分不及时

19. 您认为本校在保障教职工权利方面做得比较好的方面（可多选）（　）

　　A．公平使用学校公共资源

　　B．公平获得自身发展所需要的进修、培训、相应工作机会

　　C．在品德、能力和业绩方面获得公正评价

　　D．公平获得各级各类奖励及各种荣誉称号

　　E．知悉学校改革、建设和发展及关系切身利益的重大事项

　　F．按时获取工资报酬，享受国家规定的社会保险和福利待遇

　　G．参与民主管理，对学校各项工作提出意见和建议

　　H．对涉及个人合法权益的事项表达异议或提出申诉

I. 法律及学校规则规定或合同约定的其他权利。

20. 如果您对个人合法权益的事项提出申述,是否清楚正常的程序( )

A. 很清楚,学校有明确的制度规定　　B. 比较清楚,但需要咨询有关部门

C. 不太清楚学校的相关制度规定　　　D. 不清楚,学校没有明确的制度规定

21. 您认为本校章程最值得肯定的地方(请填写)( )

22. 请您对依法治校和高校章程建设工作提出一些具体建议(请填写)( )

附录十　湖南省高校章程实施工作专项督导指标体系

督导内容	督导指标	评分标准	评分办法
1.章程实施的组织领导情况(15分)	1.1学校和领导重视情况(6分)	章程实施工作纳入党委会、校务会、校长办公会议程,纳入党委、行政述职内容。未纳入者每项扣2分	查阅党委会、校务会、校长办公会记录本或会议纪要。查阅党委和行政述职报告
	1.2成立章程实施相关职能机构情况(5分)	成立了相关机构、明确了职权并开展了实际工作。未成立机构的扣5分,成立机制未明确职能扣2分,成立机制未实际开展工作者扣3分	查阅相关文件
	1.3章程宣传、学习情况(4分)	印发了单行本,并师生人手一册;纳入新进教师入职教育、新生入学教育和新提拔干部培训内容,未做到师生人手一册的扣1分,未做到"三个纳入"的,每处扣1分	查阅章程单行本,随机访谈师生
2.章程内容掌握及章程实施满意情况(15分)	2.1中层干部章程内容掌握情况(5分)	根据章程内容测试平均分按比例记分	随机抽取若干名中层干部集中测试本校章程内容的掌握程度
	2.2章程实施学生满意情况(5分)	根据平均满意度按比例记分	抽样调查若干名学生,对本校章程中学生权益保障方面条款的实施情况进行满意度测评
	2.3章程实施教职工满意情况(5分)	根据平均满意度按比例记分	抽样调查若干名教职工,对本校章程中教职工权益方面条款的实施情况进行满意度测评
3.章程规定落实及配套制度建设情况(70分)	3.1党委领导下的校长负责制建设情况(12分)	制定了党委领导下的校长负责制实施细则、党委会及校长办公会议事规则并有效执行。未制定实施细则和两个议事规则的各扣1分;内容中有违反章程规定的,一处扣1分,最多扣4分;以上三个制度未执行的,一处扣1分,最多扣5分	查阅党委领导下的校长负责制实施细则、党委会及校长办公会议事规则及其签发单;查阅近1年来党委会、校长办公会会议记录、会议纪要;访谈相关人员
	3.2校院(系、部)两级管理机制建设情况(12)	3.2.1二级教学科研单位的管理职权按章程规定得到落实6分。一处未落实的扣2分,扣完为止	查阅与落实二级教学科研单位在教学、科研及人财物管理等方面职权有关的文件及其签发单,访谈相关人员
		3.2.2二级教学科研单位党政联席会议制度得到执行6分。一处未执行的,扣2分,扣完为止	抽查1个二级教学科研单位近1年来的党政联席会议记录以及会议纪要,访谈相关人员

续表

督导内容	督导指标	评分标准	评分办法
3.章程规定落实及配套制度建设情况（70分）	3.3学术管理机制建设情况（12分）	已制定了学术委员会章程并得到有效执行。未制定的扣12分；条款内容与学校章程条款不相符的，一处扣1分，最多扣4分；学术委员会章程未得到执行的，一处扣2分，最多扣6分	查阅学术委员会章程及其签发单。查阅近1年来学术委员会以及党委会、校长办公会有关学术事务议题的会议记录；查阅学术委员会会议决议及其签发单；访谈相关人员
	3.4民主管理机制建设情况（10分）	制定了教代会的相关工作制度，明确了教代会组成、职责、会议规则及议事程序。未制定的扣10分；制度内容与学校章程不相符的，一处扣1分，最多扣4分；教代会职权以及教代会制度未得到落实的，一处扣2分，最多扣4分	查阅学校教代会相关工作制度以及文件签发单；查阅近1年来的教代会议程材料、会议决议以及代表提案落实情况的材料；访谈相关人员
	3.5社会参与机制建设情况（6分）	3.5.1建立了校理事会制度4分。未成立理事会扣4分；成立了理事会，但未召开理事会会议扣2分	查阅成立理事会的文件及其签发单；查阅首次理事会会议决议、理事会章程及其签发单
		3.5.2成立了校友会（本科院校校友会还须具备法人资格）2分。未成立的扣2分	查阅校友会注册资料。（专科院校校友会未登记的，查阅成立校友会的会议纪要、会议记录）
	3.6师生权益保护机制建设情况（8分）	3.6.1制定了学生权益救济程序制度4分。未制定扣4分，制定了制度未得到执行扣2分	查阅相关文件及其签发单。查阅学生重大违纪处分、退学处理以及学生投诉申诉案件处理案卷资料；访谈相关人员
		3.6.2制定了教职工权益救济程序制度4分。未制定扣4分，制定了制度未得到执行扣2分	查阅相关文件及其签发单。查阅教职工重大违纪处分以及教职工投诉申诉案件处理的案卷资料；访谈相关人员
	3.7法治工作机制建设情况（6分）	3.7.1成立了法治工作领导小组，且法治工作明确纳入有关校领导分管事项范围3分。未成立的扣2分，成立但未纳入校领导分管范围的扣1分	查阅相关文件及其签发单；访谈相关人员
		3.7.2设置了法治工作机构2分。未设置的扣2分	查阅相关文件及其签发单；访谈相关人员
		3.7.3聘请了兼职或专职法律顾问1分。未聘请的扣1分	查阅聘用文件；访谈相关人员
		3.7.4建立了重大决策的合法性审查机制1分。未建立扣1分	查阅相关文件及其签发单；查阅有关决策的会议记录
	3.8章程实施机制建设情况（4分）	3.8.1建立了章程解释修改制度，明确了章程解释修改的机构、程序2分。未建立的扣2分	查阅相关文件、会议纪要
		3.8.2建立了规范性文件制定或管理方面的制度，明确了立改废释的机构及程序2分。未建立的扣2分	查阅相关文件、会议纪要
4.章程实施特色工作（10分）		形成了特色鲜明、示范性强、有一定影响力的章程实施工作经验，在中央主流媒体作典型经验报道或全国性会议上作交流发言，取得良好的社会影响的酌情加5～10分	查阅相关材料，由督导组提出加分意见，由专家委员会集体评审

附录十一　新疆维吾尔自治区高校章程落实情况督查评估指标体系

类别	一级指标	二级指标	三级指标	权重	工作标准和要求	考评细则	数据依据
章程落实情况	（一）组织领导（20分）	1.校长作为章程执行的第一责任人	（1）明确责任人	2	学校应当以党委会的形式，明确校长作为章程执行的第一责任人	没有以党委会的形式，明确校长作为章程执行的第一责任人的，扣2分	党委会议纪要
			（2）纳入年度述职报告	1	校长应当将章程执行情况作为年度述职报告的内容	没有将章程执行情况作为年度述职报告的内容，扣1分	会议记录、相关资料
			（3）建立报告制度	2	校长每年不少于一次向教职工代表大会专门报告章程执行情况；学校向社会公开章程实施情况的报告	没有向教职工代表大会作专门报告的，扣1分；学校未向社会公开章程实施情况报告的，扣1分	会议记录、相关资料
		2.建立章程执行审查与督导机构	（1）建立章程执行审查与督导机构	2	学校建立具有一定独立性的章程审查与督导机构，专门负责监督章程的执行，受理对违反章程行为的投诉并处理	未指定工作机构专门负责监督章程执行的，扣1分；工作机构不具有独立性，扣1分	会议记录、相关资料
			（2）信息公开	2	工作机构的人员组成、主要职责、监督电话等内容应当在学校网站进行公布	工作机构的人员组成、主要职责、监督电话等内容未在学校网站进行公布的，扣2分	学校网站
			（3）建立监督机制	3	工作机构建立对章程及配套制度执行的监督机制，明确监督内容、监督范围、监督方式以及发现问题的处置方式等内容，并经党委会审定	工作机构未建立对章程及配套执行的监督机制的，扣1分；未明确监督内容、监督范围、监督方式以及发现问题的处置方式等内容的，扣1分；未经党委会审定的，扣1分	会议记录、相关资料
			（4）工作正常有序	1	工作机构运行正常有序，并有工作记录	工作开展不正常，且无工作记录的，扣1分	相关资料
		3.学校出台的重大改革发展决策、制度规范，依法、依章程实施合法性审查	（1）提出申请	2	学校出台的重大改革发展决策、制度规范，须向学校相关职能部门提出合法性审查申请	学校出台的重大改革发展决策、制度规范，未向学校相关职能部门提出合法性审查申请的，扣2分	相关资料
			（2）受理登记	1	职能部门应当对申请合法性审查的重大决策和规范性文件进行受理登记	职能部门未对申请合法性审查的重大决策和规范性文件进行受理登记的，扣1分	相关资料
			（3）出具审查意见	2	职能部门对申请合法性审查的重大决策和规范性文件应当在规定时限内出具审查意见	职能部门未对申请合法性审查的重大决策和规范性文件出具审查意见的，扣1分；未在规定时限内出具审查意见的，扣1分	相关资料

续表

类别	一级指标	二级指标	三级指标	权重	工作标准和要求	考评细则	数据依据
章程落实情况	（一）组织领导（20分）	3.学校出台的重大改革发展决策、制度规范，依法、依章程实施合法性审查	（4）未经合法性审查不得提交党委会审定	1	未经合法性审查的重大决策和规范性文件，不得提交党委会审定	未经合法性审查的重大决策和规范性文件，提交党委会审定的，扣1分	会议记录、相关资料
			（5）备案	1	职能部门对经过合法性审查并印发执行的重大决策和规范性文件进行备案	职能部门未经过合法性审查并印发执行的重大决策和规范性文件备案的，扣1分	相关资料
	（二）学习宣传（20分）	1.公布、宣传章程	（1）公布章程	1	学校网站主页设置专门栏目公布章程，章程的标题位置在网站页面上醒目、突出	未在学校网站主页设置专门栏目公布章程，且章程的标题位置在网站页面上不醒目、不突出的，扣1分	学校网站
			（2）配发章程解读文章	1	在学校网站主页配发章程解读文章	未在学校网站主页配发章程解读文章的，扣1分	学校网站
			（3）配发章程制定的有关规定	1	在学校网站主页配发章程制定的相关法律、法规和规章等有关规定	未在学校网站主页配发章程制定的相关法律、法规和规章等有关规定的，扣1分	学校网站
			（4）利用公共媒体宣传章程	1	利用校报、板报、校园网、微信公众号、主题班会、研讨会等形式，广泛宣传章程	未充分利用各种公共媒体宣传章程或宣传形式单一、不够广泛深入、效果不明显的，扣1分	相关资料
		2.学习研讨	（1）印制成册并作为培训资料	5	将学校章程及其他主要管理制度加以汇编并印制成册，并做到全校师生人手一册，同时作为新生、新进教师、新任领导干部的培训资料	未将学校章程及其他主要管理制度加以汇编并印制成册，扣1分；未做到全校师生人手一册的，扣1分；未将章程及其他主要管理制度汇编作为新生、新进教师、新任领导干部的培训资料的，各扣1分	相关资料
			（2）组织章程学习	5	制订章程学习计划并有学习记录，并且分层次组织机关领导干部和师生学习章程，将章程宣讲解读作为新生入学教育重要内容	未制订章程学习计划的，扣1分；无学习记录的，扣1分；未组织机关领导干部学习章程的，扣1分；未组织师生学习章程的，扣1分；未将章程宣讲解读作为新生入学教育重要内容的，扣1分	相关资料

续表

类别	一级指标	二级指标	三级指标	权重	工作标准和要求	考评细则	数据依据
章程落实情况	（三）学校制度建设（40分）	1.依法建立校规体系	（3）研讨章程内涵和贯彻落实的方法及实效	4	党委中心组学习研讨章程内涵，研究制定章程贯彻落实办法，分析总结章程贯彻落实中的经验与问题	党委中心组未组织学习研讨章程内涵的，扣2分；未研究制定章程贯彻落实办法的，扣1分；未能定期分析总结章程贯彻落实过程中的经验与问题的，扣1分	会议记录、相关资料
			（4）党委书记、校（院）长撰写体会文章	2	党委书记、校（院）长带头撰写体会文章。	党委书记、校（院）长未带头撰写体会文章的，扣2分	相关资料
			（1）完善管理制度	16	依据章程修订完善教学、科研、人事、财务、职务评聘、学生、后勤、安全等方面的管理制度	未完善教学、科研、人事、财务、职务评聘、学生、后勤、安全等方面的管理制度的，每项扣2分	相关资料
			（2）形成制度体系	10	建立健全符合章程精神的各种办事程序、内部机构的组织规则、议事规则、决策程序等，形成健全、规范、统一的制度体系	未制定党委会议事规则的，扣2分；未制定校长办公会议事规则的，扣2分；未制定学术委员会章程的，扣2分；未建立教职工代表大会制度的，扣2分；未建立学生代表大会制度的，扣2分	相关资料
			（3）及时上网公布	2	学校管理制度和制度体系及时上网公布	学校管理制度和制度体系未及时上网公布的，扣1分	学校网站
		2.依法清理和修订规章制度	（1）清理内部规范性文件和管理制度	4	对与上位法或者国家有关规定相抵触，不符合学校章程和改革发展要求，或者相互之间不协调的内部规范性文件和管理制度，及时修改或者废止。	未组织对内部规范性文件和管理制度进行清理的，扣2分；对与上位法或者国家有关规定相抵触，不符合学校章程和教育改革发展要求，或者相互之间不协调的内部规范性文件和管理制度，未及时修改或者废止的，扣2分	相关资料
			（2）对照修订校内相应的规章制度	2	新的教育法律法规、规章或者重要文件发布后，及时对照修订校内相应的规章制度。	新的教育法律法规、规章或者重要文件发布后，未及时对照修订校内相应的规章制度的，扣2分	相关资料

续表

类别	一级指标	二级指标	三级指标	权重	工作标准和要求	考评细则	数据依据
章程落实情况	（三）学校制度建设（40分）	2.依法清理和修订规章制度	（3）公布	1	对废止的规章制度目录以及对规章制度修改部分的说明，在学校网站等媒体上予以公布。	对废止的规章制度目录以及对规章制度修改部分的说明，未在学校网站等媒体上予以公布的，扣1分	学校网站、相关资料
		4.制度的制定程序规范	（1）广泛征求意见	1	学校重要规章制度，按照规范程序，广泛征求校内外利益相关方的意见	学校重要规章制度，未广泛征求校内外利益相关方的意见或程序与形式不规范的，扣1分	相关资料
			（2）经过适当的公示程序和期限	2	涉及师生利益的管理制度实施前经过适当的公示程序，未经公示的，不得施行。	涉及师生利益的管理制度实施前未经过适当的公示程序的，扣1分；未经公示而施行的，扣1分	相关资料
			（3）规范制度的制定、公布、修改、备案、废止等程序，保证制度的合法、有效。	2	建立制度制定、公布、修改、备案、废止等程序，经党委会研究审定后执行。	学校未建立制度的制定、公布、修改、备案、废止等程序的，扣1分；未经党委会研究审定后执行的，扣1分	会议记录、相关资料
	（四）章程实施监督机制（20分）	1.建立保障师生及利益相关方依据章程对学校行为提出异议的申诉机制	（1）建立教师申诉委员会	2	学校建立教师申诉委员会	学校未建立教师申诉委员会的，扣2分	会议记录、文件、相关资料
				1	教师申诉委员会组成人员与工作规程应当经学校教职工代表大会通过	教师申诉委员会组成人员与工作规程未经学校教职工代表大会通过的，扣1分	会议记录、文件、相关资料
			（2）建立学生申诉处理委员会	2	学校建立学生申诉处理委员会	学校未建立学生申诉处理委员会的，扣2分	会议记录、文件、相关资料
			（3）申诉机构具有广泛代表性	1	各申诉机构人员具有广泛代表性	学校各申诉机构人员不具有广泛代表性的，扣1分	会议记录、文件、相关资料
			（4）申诉机构文件在学校网站公布	1	将各申诉机构的人员组成、职权、申诉时限、申诉办理流程等内容在学校网站予以公布	未将各申诉机构的人员组成、职权、申诉时限、申诉办理流程等内容在学校网站予以公布的，扣1分	学校网站

续表

类别	一级指标	二级指标	三级指标	权重	工作标准和要求	考评细则	数据依据
章程落实情况	（四）章程实施监督机制（20分）	2.对申诉请求依法依规及时处理，并做出书面答复	（1）申诉机构负责人和工作人员熟悉办理时限、办理流程	2	申诉机构负责人和工作人员熟悉办理时限、办理流程	申诉机构负责人和工作人员不熟悉办理时限、办理流程的，扣2分	相关资料
			（2）对申诉人提出的申诉申请处置过程合法合规	2	对申诉人提出的符合受理条件的申诉申请处置过程合法合规	对申诉人提出的符合受理条件的申诉申请处置过程违规的，扣2分	相关资料
			（3）对符合受理条件并作出申诉处理决定的，制作申诉处理决定书，按规定送达	6	对符合受理条件并作出申诉处理决定的，制作申诉处理决定书，按规定送达。	对符合受理条件，但未按时作出申诉处理决定的，扣2分；未制作申诉处理决定书的，扣2分；未按规定送达的，扣2分	会议记录、相关资料
		3.涉及对章程文本表述理解歧义的，及时进行解释	（1）章程解释权	2	对章程文本表述理解有歧义的，学校党委应当及时进行解释。	对章程文本表述理解有歧义的，学校党委未及时进行解释的，扣2分	会议记录、相关资料
			（2）登记制度	1	对解释工作建立登记制度。	未对解释工作建立登记制度的，扣1分	相关资料

参考文献

[1] 马克思恩格斯全集 [M].北京：人民出版社，1995.

[2] 列宁全集：第2卷 [M].北京：人民出版社，1995.

[3] 斯大林全集：上卷 [M].北京：人民出版社，1979.

[4] 邓小平文选：第2卷[M].北京：人民出版社，1994.

[5] 本书编写组.中国共产党简史[M].北京：人民出版社，中共党史出版社，2021.

[6] 教育部课题组.深入学习习近平关于教育的重要论述[M].北京：人民出版社，2019.

[7] 教育部高校学生司.中国高等教育学生管理规章大全（1950—2006）[M].北京：首都师范大学出版社，2007.

[8] 蔡克勇.20世纪的中国高等教育：体制卷[M].北京：高等教育出版社，2003.

[9] 湛中乐.大学章程法律问题研究[M].北京：北京大学出版社，2016.

[10] 米俊魁.大学章程价值研究[M].青岛：中国海洋大学出版社，2006.

[11] 马陆亭，范文曜.大学章程要素的国际比较[M].北京：教育科学出版社，2010.

[12] 陈立鹏.大学章程研究：理论与实践的探索[M].北京：北京师范大学出版社，2012.

[13] 马陆亭，范文曜.大学章程要素的国际比较[M].北京：教育科学出版社，2010.

[14] 沈宗灵.法理学 [M].2版.北京：北京大学出版社，2003.

[15] 林立.波斯纳与法律经济分析[M].上海：上海三联书店，2005.

[16] 埃伦伯格.美国的大学治理[M].北京：北京大学出版社，2010.

[17] 张维迎.大学的逻辑[M].北京：北京大学出版社，2012.

[18] 梅贻琦.中国的大学[M].北京：北京理工大学出版社，2012.

[19] 中国人民解放军国防大学.中国人民抗日军事政治大学史[M].北京：国防大学出版社，1993.

[20] 苏力.送法下乡：中国基层司法制度研究[M].北京：中国政法大学出版社，2000.

[21] 李允杰，丘昌泰.政策执行与评估[M].北京：北京大学出版社，2008.

[22] 任尔昕.地方立法质量跟踪评估制度研究[M].北京：北京大学出版社，2011.

[23] 胡祖莹，曲恒昌.高等教育评估与质量保证：来自五大洲的最新经验与发现[M].北京：北京师范大学出版社，1998.

[24] 张成福，党秀云.公共管理学[M].北京：中国人民大学出版社，2001.

[25] 翁岳生.行政法[M].北京：中国法制出版社，2000.

[26] 毕宪顺.决策·执行·监督高等学校内部权力制约与协调机制研究[M].北京：教育科学出版社，2013.

[27] 陈学恂.中国近代教育史教学参考资料：上册[M].北京：人民教育出版社，1986.

[28] 王文杰.民国初期大学制度研究（1912—1927）[M].上海：复旦大学出版社，2017.

[29] 金林祥.中国教育制度通史：第六卷[M].济南：山东教育出版社，2000.

[30] 苏渭昌，雷克啸，章炳良.中国教育制度通史[M].济南：山东教育出版社，2000.

[31] 璩圭玉，唐良炎.中国近代教育史资料汇编·学制演变[M].上海：上海教育出版社，1991.

[32] 于述胜.中国教育制度通史：第七卷[M].济南：山东教育出版社，2000.

[33] 王学珍，郭建荣.北京大学史料：第二卷[M].北京：北京大学出版社，2012.

[34] 王杰，祝士明.学府典章：中国近代高等教育初创之研究[M].天津：天津大学出版社，2017.

[35] 南大百年实录：上下卷[M].南京：南京大学出版社，2002.

[36] 张国有.大学章程：第一至五卷[M].北京：北京大学出版社，2011.

[37] 范德格拉夫，等.学术权力：七国高等教育管理体制比较[M].王承绪，张维平，徐辉，等译.杭州：浙江教育出版社，2001：217.

[38] 加塞特.大学的使命[M].徐小周，陈军，译.杭州：浙江教育出版社，2001.

[39] 马斯登.美国大学之魂[M].徐弢，程悦，张离海，译.北京：北京大学出版社，2015.

[40] 博登海默.法理学：法哲学及其方法[M].北京：华夏出版社，1987.

[41] 湛中乐，王春蕾.大学章程核准中的若干问题探讨：以教育部核准六所大学章程为例[J].国家教育行政学院学报，2014（7）：25-30.

[42] 李威，熊庆年.大学章程实施中的权力惯性[J].复旦教育论坛，2016（6）：75-80.

[43] 王洪才.大学章程建设何以促进大学之治：兼评《学术本位视域中的大学章程研究》[J].现代教育管理，2017（4）：1-5.

[44] 刘承波.大学治理的法律基础与制度架构:美国大学章程透视[J].国家教育行政学院学报，2008（5）：84-90.

[45] 夏玉军.耶鲁大学章程:架构、特点与启示[J].现代教育科学（高教研究），2012（5）：82-85.

[46] 严蔚刚.牛津大学章程对我国高等教育实行"管办分离"的启示[J].中国高教研究，2012（2）：43-47.

[47] 尹建锋.大学章程的实施系统:架构、运行机制与建模[J].理论导刊，2016（3）：92-95.

[48] 刘香菊，周光礼.大学章程的法律透视[J].高教探索，2004（3）：39-41.

[49] 陈学敏.关于大学章程的法律分析[J].武汉大学学报（哲学社会科学版），2008（2）：169-172.

[50] 别敦荣.制定大学章程的策略探析[J].现代大学教育，2014（2）：65-72.

[51] 秦惠民.有关大学章程认识的若干问题[J].教育研究，2013（2）：85-91.

[52] 季凌燕,陆俊杰.大学章程的历史生长逻辑与价值预期[J].教育学术月刊,2009（7）：41-44.

[53] 徐铭勋.新时代推进大学依法治校研究：基于大学章程实施现状调查[J].中国高校科技,2019（4）：66-68.

[54] 李昕欣,张德祥.关于高等学校章程制定与实施的几个问题[J].高等教育研究,2006（9）：48-52.

[55] 张猛猛.大学章程实施的当下困境与破解之策：基于新制度主义的视角[J].江苏高教,2019（3）：37-43.

[56] 郁苗苗,王锦,张松,等.大学章程实施现状与推进策略：基于上海五所高校的调研[J].当代教育论坛,2016（6）:81-89.

[57] 张涛,杨春芳.地方本科院校在章程实施中的问题与建议：以天津市属本科院校为例[J].当代教育科学,2016（15）:45-47.

[58] 石连海.国外大学章程执行力的模式、运行机制与启示[J].教育研究,2014（1）:132-137.

[59] 陈大兴.论大学章程实施评估的价值基准及其指标体系[J].复旦教育论坛,2018（2）:24-30.

[60] 董柏林.协商民主视阈中的大学章程合法性建构：基于大学章程制定与实施的理性反思[J].高教探索,2017（4）：22-28.

[61] 孙芳,苗正达.我国大学章程法治效果评估的构想[J].北京教育（高教版）,2016（1）：47-50.

[62] 陈立鹏,杨阳.大学章程法律地位的厘清与实施机制探讨：基于软法的视角[J].中国高教研究,2015（2）：25-29.

[63] 祁占勇.大学章程的法律性质及其完善路径[J].高教探索,2015（1）：5-9.

[64] 武暾.我国大学章程的民间法解读[J].法律科学：西北政法大学学报,2019（4）：75-85.

[65] 于丽娟,张卫良.我国大学章程的现状及建设[J].江苏高教,2005（6）：12-14.

[66] 张正峰.中国近代大学教授治校制度建立的影响因素分析[J].黑龙江高教研究,2011（8）：1-3.

[67] 杨向卫,仵桂荣.高校"本降专"规定的合法合理性审视：兼论高校校规合法性审查机制[J].法学教育研究,2019（3）：419-423.

[68] 张磊,周湘林.问责：大学章程制定实施的制度保障[J].河南社会科学,2013（6）：80-82.

[69] 杨向卫.大学章程：软法还是硬法[J].陕西教育（高教版）,2014（3）：27,29.

[70] 柳燕妮.福建船政学堂章程对现代大学章程建设的启示[J].高教发展与评估,2015（3）：43-47.

[71] 秦惠民,付春梅.20世纪二三十年代清华大学"教授治校"制度及其文化意蕴[J].高等教育研究,2013（3）：80-86.

[72] EMERSON K, NABATCHI T, BALOGH S. An Integrative Framework for Collaborative Governance[J]. Journal of Public Administration Research and Theory, 2012（1）：1-30.

[73] WHETTEN D A. Internalizational Relations: A Review of the Field[J].The Journal of Higher Education, 1981，52（1）：36-38.

[74] ANSELL C, GASH A. Collaborative Governance in Theory and Practice [J].Journal of Public Administration Research and Theory, 2008，18（4）：12-15.

[75] DINGWERTH K, PATTBERG P. Global Governance as a Perspective on World Politics [J]. Global Governance: A Review of Multilateralism and International Organizations, 2006（12）：185-205.

[76] 习近平.在十八届中央政治局第二十四次集体学习时的讲话[N].人民日报，2015-06-28（001）.

[77] 中共中央印发法治社会建设实施纲要（2020—2025年）[N].人民日报，2020-12-08（001）.

[78] 中共中央关于坚持和完善中国特色社会主义制度 推进国家治理体系和治理能力现代化若干重大问题的决定[N].人民日报，2019-11-06（001）.

[79] 郑璜.福建完成全省49所高校章程核准工作[N].中国教育报，2016-07-07（010）.

[80] 蔡莉.大学章程建设的十年探索[N].中国教育报，2015-05-25（012）.

[81] 张文珍，王晓兵.山东大学堂暂行试办章程：中国第一部大学规章制度[N].学习时报，2019-10-04（006）.

[82] 教育部关于印发《教育部关于实施〈中华人民共和国高等教育法〉若干问题的意见》的通知[EB/OL].[2021-04-16].http://www.moe.gov.cn/s78/A02/zfs__left/s5913/s6530/s5933/199905/t19990525_125668.html.

[83] 教育部直属高校依法治校工作经验交流会议纪要 [EB/OL].[2021-04-12].http://www.moe.gov.cn/s78/A02/s5917/201001/t20100129_125085.html.

[84] 中共中央办公厅 国务院办公厅印发《关于深化新时代教育督导体制机制改革的意见》[EB/OL].[2021-03-20]. http://www.moe.gov.cn/jyb_xxgk/moe_1777/moe_1778/202002/t20200219_422406.html.

[85] 教育部办公厅关于加快推进高等学校章程制定、核准与实施工作的通知 [EB/OL].[2021-04-12].http://www.moe.gov.cn/srcsite/A02/s5911/moe_621/201405/t20140529_170122.html.

[86] 教育部关于印发《中央部委所属高等学校章程建设行动计划（2013—2015年）》的通知[EB/OL].[2021-04-12].http://www.moe.gov.cn/srcsite/A02/s5913/s5933/201309/t20130926_158133.html.

[87] 教育部办公厅关于学习宣传、贯彻实施《高等学校学术委员会规程》的通知[EB/OL].[2021-02-15[.http://www.moe.gov.cn/srcsite/A02/s7049/201403/t20140306_165877.html.

[88] 全国"211工程"高校章程全部核准发布[EB/OL].[2021-04-12]. http://www.moe.gov.

cn/jyb_xwfb/gzdt_gzdt/s5987/201506/t20150630_191785.html.

[89]《普通高等学校理事会规程（试行）》[EB/OL].[2021-02-15]. http://www.moe.gov.cn/srcsite/A02/s5911/moe_621/201407/t20140725_172346.html.

[90]《教育部关于深化高校教师考核评价制度改革的指导意见》答记者问 [EB/OL].[2021-02-16]. http://www.moe.gov.cn/jyb_xwfb/s271/201609/t20160920_281619.html.

[91] 教育部关于公布《高等学校信息公开事项清单》的通知[EB/OL].[2021-01-16].http://www.moe.gov.cn/srcsite/A01/s7048/201407/t20140728_174685.html.

[92] 教育部有关部门负责人就《关于深化高等教育领域简政放权放管结合优化服务改革的若干意见》答记者问[EB/OL].[2021-02-11].http://www.moe.gov.cn/jyb_xwfb/s271/201704/t20170406_301996.html.

[93] 学校教职工代表大会规定[EB/OL].[2021-02-14].http://www.moe.gov.cn/srcsite/A02/s5911/moe_621/201112/t20111208_170439.html.

[94] 健全高校教师发展支持体系 造就高素质专业化创新型高校教师队伍[EB/OL].[2021-02-16]. http://www.gov.cn/zhengce/2021-01/27/content_5583073.html.

[95] 北京大学规章制定管理办法[EB/OL].[2021-03-19].https://xxgk.pku.edu.cn/gksx/jbxx/gzzd/45627.htm.

[96] 广东省圆满完成高校"一校一章程"工作[EB/OL].[2021-04-12].http://edu.gd.gov.cn//gkmlpt/content/2/2095/post_2095666.html#1659.

[97] 陕西部署推进高校"一章八制"建设工作[EB/OL].[2021-04-12].http://www.shx.chinanews.com/news/2015/1030/43787.html.

[98] 广西完成55所公办高校章程核准 实现"一校一章程"[EB/OL].[2021-04-12].http://edu.gxnews.com.cn/staticpages/20151214/newgx566e93a0-14092152.shtml.

[99] 辽宁省教育厅关于印发《辽宁省高等学校规章制度建设指导目录》的通知[EB/OL].[2021-03-19].http://www.lnen.cn/zwgk/zwtz/283120.shtml.

[100] 清华校友总会集成电路专业委员会成立大会暨第一届理事会第一次会议召开[EB/OL].[2021-03-21]. https://www.tsinghua.org.cn/info/1016/33184.htm.

后　　记

当我为这本书画上最后一个句号的时候，心里却没有丝毫如释重负的轻松，反而感觉是万里长征迈出了第一步。大学章程实施研究涉及大学运行的各个方面，其深度和广度不是一本书所能概述的，希望今后能够对这一主题展开深入研究。

选择大学章程作为研究课题，是在陕西师范大学做博士后期间，在导师陈鹏教授的指导下拟定的。在博士后期间，得益于"教育法研究团队"及"教育法与教育改革"沙龙的良好学术氛围，我多次在沙龙上汇报自己的研究论文，陈老师每次都耐心地给出中肯的意见和建议，并且勉励大家将学术小火星呵护成小火苗，燃烧为燎原烈火。衷心感谢陈老师的指导和帮助！

一路走来，有众多的师长、兄弟姐妹、朋友给予了关心和帮助。感谢师大教育法团队的祁占勇教授、管华教授、王鹏炜教授、张正峰教授、张鹤教授、冯东教授、蔡军教授、王雅荔教授、冯加渔博士、刘璞教授、田虎教授、王燕妮博士、杨举鹏博士、李少博老师等所有同门的老师和同学；感谢北京大学湛中乐教授、张冉教授，复旦大学熊庆年教授，西安翻译学院校长崔智林教授，西安汽车职业大学党委书记孙冰红研究员，陕西师范大学何菊玲教授，北京工业大学王绽蕊教授，南京师范大学姚荣教授，兰州财经大学何晓雷教授，齐鲁工业大学任庆银教授，西北工业大学统战部副部长马西平、智能制造学院副书记罗向阳，陕西省教育厅督导室调研员白惠公等。他们对本研究给予了无私的帮助和支持，诸如指导理论架构、帮助设计问卷、提供写作资料、提出意见建议、帮助扩散问卷及填写问卷等。

感谢西安邮电大学校长范九伦教授、副校长韩江卫教授、发展规划处处长潘新兴教授、人事处处长张二峰教授，马克思主义学院院长袁武振教授、书记马智教授、副院长袁文伟教授等领导和同事对本研究的支持和帮助！

特别感谢我的妻子仵桂荣博士，她用瘦弱的肩膀支撑着我们温暖的家；感谢儿子乐乐，他乐观、自信、学习刻苦。他们带给我无穷的力量和勇气，鼓舞我毅然前行。

做文一时，做人一世。本书完稿之际，许多关心过、帮助过我的人常萦绕在心头。在此虽不能逐一列举，但我一定会常怀感恩之心，把这份真情化为工作、学习、生活的动力，在关爱他人、关心社会、奉献自我中谱写生命华章。

囿于个人学术水平和能力，书中难免存在诸多不足，恳请大家不吝赐教。

杨向卫

2021年7月13日

作者杨向卫，就职于西安邮电大学马克思主义学院，主要从事教育政策与法律、思想政治教育研究。本书由西安邮电大学马克思主义学院资助出版。